JN012452

大森泰人＝著
Yasuhito Omori

金融と経済と人間と Ⅰ

一般社団法人 **金融財政事情研究会**

プロローグ

　金融財政事情に2016年春から始めた連載「金融と経済と人間と」をこの本に並べました。これまでも、書いたり話したりして活字がたまる方法でしか本を作っていません。考えるのは好きだし書くのも割と好きですが、統一テーマで長く書き下すほど根気がないようです。読者から、「数ページでテーマが変わるので読みにくい」と感想をいただけば、「読んでくれと頼んだ覚えはないが」と内心思うものの、せっかく関心を抱いてくださったのだから、「そのうち読みやすい大著が書けるよう精進します」と心にもなく応じてきました。

　これまでの本は金融行政に携わった時代だったので、金融を中心に時に経済との関わりを論じています。対するこの本では民間人になったので、内容に制約がありません。門外漢の政策分野でも映画でも小説でも音楽でも旅の記憶でも、読者に伝える意味があると思えば書きます。内容が散らかり過ぎて本にならない気もしていましたが、ふと過去の連載を読み返すと、思わず笑ってしまったり、我ながら結構もっともで意味がありそうに思えたりもします。

　連載では意識的に同じ分野を続ける時もあれば、毎回違う分野になる時もあります。ただ、一見違う分野のようでも、私の中では連想ゲームが続いていたのだと、読み返して気づいたりします。また当然ながら、社会の出来事に反応しますが、出来事と一見なんの関係もなさそうな現象を結びつけて考えてみるのも私の習性のようです。行政経験を門外漢の分野に当てはめているかもしれないし、学問的訓練を受けてない人間の直観に過ぎないかもしれません。ただ、自分とまったく同じ認識の人間を見た記憶はないので、自分が考えて書く意味もありそうと勝手に思い込んでいます。

　連載は今も続いているのでどこで切っても構いませんが、2022年春まで

に書いた280本を収めました。読み返して45章に分け、書いた背景とアップデートの注を前後に追記して読みやすくしようと試みましたが、追記がかえってうざければ飛ばしても、どこから読んでも構いません。もっとも、文章や章のタイトルが内容を反映している保証はないし、あまりいっぺんに読もうとしないほうが無難かもしれません。特に金融制度や経済思想やブロックチェーンを論じた箇所は、私自身が読み返してやれやれややこしいと疲れたほどです。日めくりカレンダーみたいに1日1本を習慣にしていただくと1年弱で読み終わるな、とギャグではなく感じます。量だけはⅠ・Ⅱ巻の大著な新著になりました。

　今の私がこの連載のタイトルから金融・経済・人間研究者と称しているのは、評論家とか専門家と称するのがおこがましいからですが、研究というより適宜勉強しながら、誰もまだ論じてない認識を社会に提供できればとは思います。行政官の頃から、この社会（日本とか、世界と言っても構いません）がもっと豊かで幸せに生きやすくなる道を考えながら第2の人生を過ごしたい、これまでの経験が企業の経営に役立つならもっと身近で貢献したい、そして、地球上の文化や自然をもっと体感したい、と虫がいい希望を抱いてきました。今、考えて書いたり話したりし、共感する経営をしている企業に関与して応援し、合間に旅する生活をしています。

　思想と呼べるほど確たるものは持ち合わせませんが、証券市場に市場メカニズムと競争を持ち込む制度改革から金融行政に携わったので、その経験が原点とは思います。ただ、いわゆる市場原理主義者の観念性からは距離を置き、公平な社会に生きたいと望んでもいます。再びただ、なにが公平かの価値観は人間により違います。「努力していい大学を出ていい企業に入ったなら報われて当然」なのか、「たまたまお勉強が得意な頭脳に生まれてお勉強しやすい家庭で育っただけなら弱者への配慮が当然」なのかは、一刀両断に答えが出ません。この連載自体が、正解のない問題に答えを出そうと考えた証かもしれません。そんなわけで論旨が行ったり来たり

迷走して、「一体なにが一番言いたいの？」と読者も迷いそうな280本の旅にお出かけください。1本の量はこの「プロローグ」と同じです（注）。

 （注） 例えば、「賃金」と「給与」と「給料」と「報酬」と「所得」と「収入」は各々が文脈にふさわしいと感じて使ったはずだから、言葉は統一していません。「老人」と「年寄り」と「高齢者」と「引退世代」、「行政官」と「公務員」と「官僚」、「貸出」と「融資」と「ローン」なども同じです。人名はさんづけで統一しようかと思いましたが、「ヒトラーさん」「毛沢東さん」「トランプさん」とは書けないので諦めました。同じ人物に対してすら、さんづけか呼び捨てかはばらばらです。内容が関連している文章はかっこで追記したので、かっこを追っていく読み方もできるかもしれません。しつこいようですが、これは心身にゆとりのある時にぱらぱらと読む本であり、最初から几帳面に読み進めて消耗しないようご留意ください。

プロローグ

第 *1* 章　手探り（1〜5）

第 *2* 章　イギリス小説から（6〜10）

第 *3* 章　古典派の経済思想（11〜15）

第 *7* 章　進化論周辺の散策 （43〜47）

第 *8* 章　労働政策 （48〜54）

第 **9** 章　**教育政策への接近** (55〜63)

第 **10** 章　**読み返して笑う** (64〜69)

第 **11** 章　**ドストエフスキー＋1** (70〜73)

第12章 社会保障政策と周辺 (74〜83)

第13章 ライフステージ (84〜92)

第 **18** 章　ブロックチェーンの近未来（113～117）

第 **19** 章　あまのじゃくな日々（118～124）

第 **20** 章　ICOからグーグルへ（125～130）

第 **21** 章　**本音とギャグの混然一体**（131〜137）

第 **22** 章　**規制の諸相**（138〜144）

第 **23** 章　無意識連想の連鎖 （145〜153）

第 **24** 章　老後資金2000万円報告 （154〜156）

第 1 章

手探り（1〜5）

2016年春の講演レジュメから材料を拾って手探りの連載を始めた。考えの基本は昔から変わらないので、ここでの文章の代り映えしない変奏曲が後にも現れる。今も評価が定まらない金融ビッグバン、平成経済の象徴になった山一證券破綻、リーマンショックで裁かれる愚か者の実相、投資家に振り回される経済と金融政策、そして公平な認識の枠組みを提供するピケティの経済思想。

1　金融制度改革の記憶

前世紀末の金融ビッグバンにより証券市場の制度を自由化して競争により安くサービスを提供しても、バブル崩壊後の局面では国民がなかなか反応してくれなかった記憶と、同じ理屈による証券市場の自由化に国民が反応してバブルと崩壊を招いた近年の中国や、日本でも運送業のように違う分野の自由化には今なお国民が反応する観察の対比から、自ら携わった仕事の間の悪さを振り返る。

2　組織の論理

損失を飛ばした山一證券の論理と、金融業界と本音で対話しようと接待を受けた大蔵官僚の論理と、部数や視聴率を稼ごうと標的を作って愛国心を煽るメディアの論理を同一線上に並べる。夕刊紙やワイドショーは矯正不能としても、普通にニュースを届けたいメディアが嫌いなわけではない。が、世論形成に担う重い役割からは、もうちょっとましな報道をしてほしくてつい小言を並べる。

3　経験則

結果を知った後知恵でさかのぼって裁くのはフェアでも建設的でもないとしばしば痛感して信条になった。バブルが崩壊すれば担い手は

強欲な愚か者になるが、本人の主観では経験則に基づき手堅く仕事をしていたりする。バブル崩壊後の政策も、他に選択肢なく状況に強いられて行ったら、結果として先見性を帯びたりもするから、歳月を経ても、政策を客観的に評価するのは結構難しい。

4 投資判断の材料

　平時には投資家のファンダメンタルズの判断の集積が株価に反映されても、有事になるほど、「みんながどう思うとみんなが思うか」のケインズ美人投票の威力が増して投資家みんなの反応が政策効果を左右する。歴代FRB議長の政策も、投資家に呼応して短期の痛みを癒すか、長期の健全な経済運営を目指すかの時間軸により評価は違い、コロナ有事には久々に短期の株価対策に奏功した。

5 遅ればせのピケティ

　フローの所得の何倍の資産ストックを持つかを、ピケティは国の格差の共通指標とする。欧米は第一次大戦前の格差社会が両大戦期に公平化し、今また第一次大戦前に戻る推移を示すが、日本は1980年代末に欧米も経験してない倍率に上昇して墜落した。ピケティが評する「史上最も壮大なバブルと崩壊」は原罪と呼ぶにふさわしく感じてきたが、株価は時に意味不明な回復も演じる。

1　金融制度改革の記憶

　昨年（2015年）夏に35年いた役所を辞め、しばらく世界をさまよってから民間のシンクタンクに身を置いて勉強し直している。行政官時代の後半

20年は、金融制度の手直しや、制度を運用する金融行政に携わった。金融ビッグバンと呼ばれた証券市場の自由化に始まり、銀行の不良債権処理や、金商法だの貸金業法だのといった金融制度の整備になる。

　不良債権処理が峠を越え、制度の整備も一段落して金融行政が平時に移ると、アメリカの住宅バブルが崩壊してリーマンが破綻した。経済の潤滑油のはずの金融が、時に経済の変動を激しくし、人間を不幸にする。所得の成長が鈍ると、資産の価格上昇に依存する誘惑が強まる。金融と経済の関係を、構成する人間の気持ちや行動を含めて考え、よりましな制度や運用の処方箋を模索するのは、第2の人生の課題として意味があるかもしれない（注）。

　アメリカ発金融危機の原因として、ウォール街の強欲や金融制度の自由化があげられる。でも、1980年代後半の日本は、ウォール街ほど強欲でもなく、金融制度も自由化していないのに、常軌を逸した株価と地価の二重バブルが起きた。90年代に入ってバブルが崩壊すると、バブル期には自信を抱いていた日本型官民協調の経済や金融への疑念が次第に強まる。同時期のアメリカは、グレート・モデレーションの繁栄を享受しているように見え、最高値更新を続けるダウと、低迷する日経平均の対比が鮮明だった。

　日本型の官民協調より、民間の市場メカニズムと競争に基本を委ねるアメリカ型の政策のほうが成熟経済にふさわしい、との意識が、金融ビッグバンと呼ばれた証券市場の自由化へと展開する。業者が自由に競争して安くサービスを提供すれば、国民は反応して市場に参加し、市場の裾野が広がる理屈になる。たしかに、自由化して業者間競争は激化したが、やっと手に入れたNTT株が5分の1に下がる経験をして間がないと、国民はなかなか反応してくれない。

　中国政府は近年、農村から都市への人口流入が鈍って都市の地価上昇の資産効果が期待できなくなると、株価上昇の資産効果で補おうと試みた。

方法は、日本の金融ビッグバンと同じ制度の自由化である。業者は競争して売買手数料を下げ、安く株式投資できるようになった国民は、「政府も上がると言ってるじゃないか」のノリで参加して市場の裾野が広がった。株価が短期間にファンダメンタルズ上の理由なく倍になれば、下がる理由もいらない。

昨年夏に役所を辞めた挨拶をしていると、他国の不幸は蜜の味だから、早晩自分たちにもはね返ってくる運命が待つにせよ、金融業界は中国バブル崩壊の話題で持ちきりだった。中国の証券行政の責任者は、バブルを制御できなかったとして解任されたが、私の経験からすると、国民が政策に反応する脈があるだけまだましに感じる。

日本でも、道路運送法の自由化でバス運送業を経営しやすくなると、競争により下がった価格に国民が反応した。(2016) 年明けの軽井沢で、スキー場に向かう多くの大学生が亡くなる不幸な転落事故が起きると、零細なオフィスを構え運転手が高齢で経験不足で非正規社員だったのが行き過ぎた自由化とメディアが批判する。でも、小ぎれいなオフィスを構え運転手が若く健康で経験豊富な正規社員だけで運営しなければならないなら、１万円で丸２日スキーを楽しむサービスは提供できない。

活躍とは、活躍しない人間と比べての相対的な評価だから、どうやって１億が総活躍する社会になるのかねと思ったが、歳を重ねても、経験不足の仕事でも、身分が非正規でも、働けるうちは可能な形で働く社会と理解している。「保育園落ちた日本死ね。私活躍できないじゃん」SNSに政府が反応するのも、女性が働かないと人手が足りず、経済が円滑に循環し難いからである。だから、あまり経済に通じてない割に自信だけはありそうなメディアやメディアが選ぶ口だけ達者な有識者が、上から目線の結果論で政策を裁くのはほどほどに控えるほうが、善良な国民の経済認識にとっては無難と感じてきた。昔の金融制度改革の記憶をたどれば、足元の出来事と無縁には書けないらしい。しばらく昔話を続けさせていただく。

（注）「金融と経済の関係を、構成する人間の気持ちや行動を含めて考えるのは、第2の人生の課題として意味があるかもしれない」と退官の数年前からずっと感じていたからこう書いた。と同時に、「退官した以上は金融行政とやや距離を置いて視野を広げたい」という、矛盾するのかしないのか定かでない気分にも影響されていた。第2章以降しばらくの間は、映画の原作小説、経済思想史、旅の記憶、門外漢の政策分野、とあまり正面から「第2の人生の課題」に対峙しないのは、この気分の影響力のほうが強かったようでもある。

2　組織の論理

「フリー・フェア・グローバル」と、ちょっと気恥ずかしいスローガンを掲げて金融ビッグバンが進んでいた1997年春、第一勧銀と四大証券による総会屋への利益供与事件が発覚し、秋に損失を飛ばしていた山一證券が破綻した。総会屋事件は翌98年に入ると、金融業界による大蔵官僚接待という利益供与事件へと展開する。

　読売ジャイアンツ代表を解任されてジャーナリストに戻った清武英利さんが、山一破綻の原因解明作業を描いた『しんがり』が今もベストセラーになるのは、あの時代がまだ風化していない証に思える。実際の山一のしんがり作業を眺めた経験からは登場人物がみなちょっと格好良過ぎ、「結構狼狽して右往左往してたじゃん」とは思うがそれは当局も同じだし、多くの国民が破綻原因に関心を持つのは悪くない。

　山一の飛ばしの発端は、失脚した法人部門のトップを社長に返り咲かせるには、手段を選ばず法人部門の業績を上げねばならないサラリーマン組織の論理だった。立場が行動を規定するサラリーマン組織で、現実でなく数字のほうを動かしてしまう現象は、今も見かける。総会屋について清武さんは、先代からの人間関係を引き継ぎ、懐深くあしらうのがむしろ大物経営者の器に見られたと指摘する。接待について私は、料亭で味のない懐石料理を食べ、慇懃無礼な年増芸者にお世辞を言いながら、金融業界と本

6

音の意思疎通をするのは仕事なのだと感じていた。

　いずれも組織の論理であり、フェアがスローガンのビッグバン時代には許されなくなった。個人として清武さんは、罪の意識に乏しいまま時代のレジームが変わって断罪される人たちに同情する。だが、彼がかつて所属していたメディアは、時代を先取りする国策捜査を応援するのが組織の論理になる。検察が捕まえた以上は、悪い奴でないはずがない。自然に思えた人間関係も、報道の仕方1つで、一瞬にして国民から社会の敵と見なされる。

　清武さんがジャイアンツ代表を解任されたのはどうでもいい企業グループの内情だが、接待事件時の東京地検特捜部長がプロ野球のコミッショナーになったのと、私がMLB（メジャーリーグ・ベースボール）しか見なくなったのは、因果関係があるかもしれない。日本人選手ばかりを追うNHKのMLB報道に文句を言うと、視聴者が見たがるからだとNHK記者は反論する。でも、視聴者がなにを見たがるかは、日頃なにを報道するかの相互作用に依存する。MLBならではのプレイを日頃から見ていれば、視聴者は日本人選手にこだわらず、MLBそのものを楽しむようになる。

　（2016年）大相撲初場所の「日本出身力士10年ぶり優勝なるか」報道にも、奇怪な違和感を覚えた。難民対応をめぐり世論が分裂し極右政党が急伸するヨーロッパや、中南米人が入らぬよう壁を作ると唱える大統領候補が支持を集めるアメリカを眺めれば、スケープゴートを標的にしなくて済むこの国は幸いに感じる。でも、プロパガンダで思考の枠組みを変えられると、昨日までの良き隣人が一瞬にして殺すべき敵になるのは、ナチスのドイツも内戦のボスニアも歴史上枚挙に暇ない。

　優勝の可能性が出てきた日本国籍の琴奨菊を「日本人力士」でなく、「日本出身力士」とわざわざこなれない言葉で呼ぶのは、モンゴルから日本に帰化して4年前（2012年）に優勝した旭天鵬を除くためである。それまで多くの相撲ファンは、「やっぱり白鵬の強さが好き」「いや小兵で頑張

る日馬富士のほうが」「人柄なら鶴竜だよ」と素直に楽しんできた（注）。

　だが、「日本出身力士」の10年ぶり優勝がかかっていると知らされると、３人のモンゴル出身横綱は、一瞬にして倒すべき敵になる。「日本出身力士」を掲げなければ喚起されない感情であり、視聴率が上がればメディア組織の論理にはかなうのかもしれない。でも、どの国の出身という意識がグローバリゼーションを日本人が生きていくうえで及ぼす負の影響からすると、報道の仕方１つにも結構奥が深い課題がありそうに思われる。

> （注）　長期休場後の2021年夏に復帰した白鵬は全勝優勝して引退した。横綱になってしばらくの白鵬は過去の横綱の研究に余念なく、相手の攻めを正面から受けて余裕で返す横綱相撲を取っていた。が、それでもメディアと国民感情は「日本出身力士」との大一番となれば、白鵬の負けを願う。そんな経験を重ねるのと、勝ち続けるのが肉体的に困難になるのが並行し、次第に白鵬は横綱相撲を取らなくなった。横綱審議委員の老人が「横綱の品格に悖る」と泣いて抗議するのが真情としても、なにが品格かは定かでない。白鵬が、「手段を選ばずとも勝ち続けるのが横綱の品格」と思い至らざるを得なかったのは、メディアと国民感情の「日本出身力士」への執着にある。

3　経　験　則

　前世紀末に金融行政が大蔵省から分離してしばらくの間は、銀行の不良債権処理が最優先の政策課題だった。1980年代後半の銀行は、地価が下がらない経験則に基づき、土地担保があれば貸し、貸せば土地の実需が高まり地価が上がってさらに貸せた。こうした金融による自作自演バブルは、今世紀に入ったアメリカの住宅市場で再現する。一方、今世紀に入った日本では、銀行がバランスシートに不良債権を抱えたままだと担保の地価が下がるほど引当を積み増さねばならないから、引当から債権の切離しへと処理方針を強化した。

　「初めから切り離すべきだった」との後知恵批判は可能だが、銀行に見

放されて企業が破綻すると経済はさらに沈む。論理的には、早い時点で銀行に公的資金を注入して不良債権処理を促すのが望ましかったが、大手銀行が破綻しない限り、世論は公的資金注入を許さない。90年代半ばに不良債権問題を国民が初めて認識した住専（住宅金融専門会社）の処理では、母体行と農林系の主張の溝を埋めるわずかな公的資金にも世論は憤激した。

　日本と同時期に地価バブルと崩壊を経験した北欧諸国の対応が早かったのは、バブル崩壊直後に大手銀行が破綻しかけて公的資金を注入する他に道がなかったからである。日本では、政府に景気対策を発動する余力があり、銀行に含み益を使う余力があって、かえって不良債権処理は長びいた**（付録3　銀行行政の四半世紀）**。

　アメリカでは長年、貧富の格差を財政による再分配で是正するのは政治的に収拾がつかないから、貧しい層にも住宅を持たせ、住宅価格が上がると住宅ローン残高との差額を消費用に追加で借りられるATMにするのが現実的な格差対策だった。マイケル・ルイスが、住宅バブルの崩壊に賭けた投資家を描いた『THE BIG SHORT（世紀の空売り）』が映画になり、日本でも公開されている。貧しい層にも住宅ローンを提供すれば、住宅の実需が高まり価格が上がるが、いつまで上がり続けるかは先験的には分からない。

　「100人の女性から6人の美人を選び、全員の投票結果に最も近い投票者が賞品をもらえる」ケインズの美人投票では、みんなが、「みんながどう思うか」と思う。住宅に先立つITバブルでも、なまじ早い時点で空虚と感じて空売りに転じた投資家は、後からまだまだ行けると現れるみんなに飲み込まれて破綻した。映画の主人公も、バブル崩壊が明らかになるまでの間は、賭け金（CDS購入のプレミアム）の支払いに苦しんでいる。

　証券化商品の提供に携わった人たちは、映画では思い切り愚かしく描かれるが、やはり経験則に基づき仕事をしていた。第二次大戦後はアメリカ

全土で住宅価格が下がった経験はないから、全土の住宅ローンをプールすればリスク分散できる。返済の優先劣後構造を持つ証券化商品のAAA部分にまで損失が生じた経験もないから、AAAの基準を満たすように設計する。結果、アメリカ全土で住宅ローンが増え、全土での住宅バブルと崩壊を招いてAAA部分にも損失が生じるパラドクスになった（注）。

悩ましいのは、後にノーベル経済学賞を受けたロバート・シラーがAAA商品の原資産の住宅ローンの返済状況を追跡調査したら、デフォルト率が極めて軽微と判明したことである。要は、アメリカ全土で際限なく住宅価格が暴落してデフォルトが急増すると投資家みんなが懸念してAAA商品の需要まで蒸発させたが、そこまで懸念する必要はなかった。みんなで形成する時価がみんなの行動指針になると、みんながパニックに陥らねばならない。

リスクを無責任に切り離さないようオリジネーターにも一部保有させるアメリカの新規制は、リスクを切り離すのが証券化の元来の目的だから、適用除外の山が生まれて普通の人間にはほとんど理解不能になる。逆に日本では、銀行が完済まで債権を抱えたから、リスクが銀行に集中して機能不全に陥った。金融と経済と人間の望ましい関係を探る旅は、簡単な答えには到達しそうにない。

（注）　成功者を好きになっても無論構わないが、好きが高じて尊敬したり崇拝したり信仰したりは控えるほうが無難らしい、逆に失敗者を断罪するのは、失敗者が愚かだからでなく失敗したのをすでに知っているから、と自省するのが公平な思考法らしいとかねて思う。成功者を賞賛し、失敗者を断罪する学者や歴史家や評論家の無数の論に接すると、この手の論者から距離を置き同じ後知恵の轍を踏まないのが、将来の指針を探るより現実的な道のような気はする。

4 投資判断の材料

　平時には投資家のファンダメンタルズの判断の集積が株価に反映される
としても、「有事に金融市場でなにが起きるかは、投資家みんながなにが
起きると思うかによって起きる」と、哲学者を自認するジョージ・ソロス
は、ケインズの美人投票を言い換える。自分の好みの美人を選んではなら
ず、他人の好みを詮索するのでもない。他人もまた、「みんながなにが起
きると思うか」と思うので、全員の内心の好みに合わないが、「最近はこ
んなタイプが流行るのかも」みたいな女性が選ばれ得る（**43　ソロスの蹉
跌**）。

　（2016）年明けのマイナス金利政策の経済への影響をメディアから問わ
れて困ったのも、そもそも、「円安狙いなの？」と意図が不鮮明なのに加
え、効果は論理的な因果関係より、「みんながなにが起きると思うか」に
よるからである。ここでの「みんな」は、日銀に預かり料を払う銀行と、
金融政策に反応する投資家になる。銀行が預金金利をスズメの涙からミミ
ズの涙に下げるのは、元来自らも預かり料が欲しいくらいだから因果関係
はまだ分かりやすい。

　でも、住宅ローン金利を下げるか否かは、そんなに自明でない。すでに
預貸利ざやで稼げなくなっていても、銀行みんなが、「マイナス金利の今
がチャンス」と借り手にアピールする需要の前倒しビジネスに走ると思え
ば、嫌でも追随せざるを得ない。逆に、長期国債金利までマイナスになる
運用難に見舞われると、さすがに貸出金利を上げてカバーしなきゃと銀行
みんなの思いが強まれば、それもまた現実に起こり得る。結局、「みんな
が金利でどっちに反応しても、貸出量が増える気は全然しないなあ、住宅
ローンが増えるなら相続増税のほうが効いたんじゃないの？」くらいしか
言えない。

アメリカで公表された経済指標が悪いと、「これで利上げが遠のいた」と投資家に好感されて株価が上がるらしい現象には倒錯感を覚えていたが、イエレン議長のFRBは、慎重な手順を踏んで昨年（2015年）暮れに、「健全化への第一歩」を踏み出した。慢性金融緩和の日本と違い経済に脈（エネルギー）がある国は、緩和の後には引締めに向かう。

　年明けの株価下落は、世界の投資家がFRBに反抗して金融緩和の継続を促しているのかと思いきや、議長が投資家に配慮して今後の利上げに慎重な姿勢を示すと、「そこまで経済を悲観しているのか」とさらに下がったりする。こうした展開に対し、「イエレン議長は、市場との対話能力も学者としての能力も、前任のバーナンキ議長より劣る」なんて批判されると、「そうかなあ」とあまのじゃくの虫がうずく。

　FRB入り前のバーナンキ教授は、グレート・モデレーションの安定成長をもたらした原因の筆頭に、グリーンスパン議長のFRBによる金融政策の成功をあげていた（**167　ジャクソンホールのジャック**）。今となればグリーンスパン時代を、「資産価格バブルの生成を許し、崩壊のマグマを大きくした」と評するほうが、公平か否かはさておき普通ではある。危機が顕在化するたびマエストロが抑えてくれるなら、投資家は心おきなくリスクテイクできる。同じグリーンスパン時代を、FRB入り前のイエレン教授が単に、「運が良かった」と評しているのは、因果関係の解明の困難さへの謙虚な姿勢が好ましい。イエレン議長にも幸運が訪れますように。

　「金融政策に効果があると投資家みんなが思うだろう」と投資家みんなが思えば、金融政策は効果を持つ。「これを材料にみんなで盛り上がろうぜ！」と投資家みんなを促すのが優れた市場との対話能力なら、ハッタリと紙一重かもしれず、あまり健全とは思えない（注）。今（2016年春）はFRBに限らず、中央銀行への投資家の視線が厳しさを増す局面のようである。景気の反転局面のような市場の地合いに合うタイミングで、「できることはすべてやった」と言えば果断と歓迎されるが、同じセリフも地合

いに合わないと、「もう追加緩和はないのか」と落胆される。

　金融政策に投資家が次第に反応しなくなり、財政政策で需要を生む余力の限界にも近づいた政府はその分、需要を生むミクロの制度改革への取組みを強化しなければならない（**22　資本主義の分配法則**）。そして企業は、マクロの財政金融政策による為替や株価の変動をみんながどう思うかと思って反射的に売買されるのではなく、ファンダメンタルズとコーポレート・ガバナンスへの取組みをミクロに判断されて売買される。それがイエレン議長のFRBと同じく、有事から平時に向かう「健全化への第一歩」に違いない。

（注）　2020年春のアメリカで株価がコロナ暴落した有事の局面で、FRBのパウエル議長が放った政策は、「これを材料にみんなで盛り上がろうぜ！」と投資家を促し、日経平均もおこぼれに与った。ジャンクボンドを買いまくるFRBにより、ETFを買いまくる日銀が相対化されたには違いないが、批判も賞賛もする気にならないのは、日米ともに株価と庶民生活になんの関係もないからである。
　　　　ポストコロナを展望するFRBに、やれやれまたかとデジャヴ感を禁じ得ない。アメリカ経済には成長する脈があるから有事が過ぎれば平時に向かう健全化の力学が働くが、慢性的に政府から有事対策を求められ、国民に痛みを強いる変化も避けたいから出口なく引き返せない道を歩む日銀の金融政策は、成長する脈を失った生きものみたいな日本経済を反映している（**248　出口なく引き返せない道**）。

5	遅ればせのピケティ

　各国の対外純資産を合計すればゼロになるはずだが、統計上はマイナス（純負債）になっている。よって、「地球の資産が火星人に持たれている」とピケティはギャグを飛ばすが、計算が合わない理由はタックスヘイブンにある。パナマ文書にロシアとウクライナの指導者がともに登場するのは、政治や軍事の対立より、資産所有のほうが人間の動機として普遍的である証らしい。「政府が課税して格差を是正するのは自由の侵害」という

イデオロギーが、顧客情報を隠して課税を邪魔する自由を正当化している。

　連載の初めに、「所得の成長が鈍ると、資産の価格上昇に依存する誘惑が強まる」と書いた（1　金融制度改革の記憶）。ピケティも、全国民のフローの稼ぎである所得の成長率より、主に高所得者が持つストックの利益率が高いため、政府が放置すれば、資産を持つ者と持たない者の格差がさらに広がる認識を前提にする。

　国際的に金融情報を共有して資産課税を強化する処方箋は、本人も実現が容易でないと認めているが、国の指導者がタックスヘイブンを利用する現実に国民が覚える深刻な距離感は、ピケティの処方箋に近づく契機かもしれない。指導者が国民から、「しょせんあっち側の人間」と思われたらかなり致命的である。アメリカの政治家やメディアが、トランプ候補やサンダース候補を批判しても支持者が動じないのは、「しょせんあっち側の人間」にこっち側の苦しみなど理解できないからである。

　ピケティの『21世紀の資本』で印象的なグラフが、主要国がフローで稼ぐ所得の何倍の資産ストックを持つかを示す資産／所得倍率の長期推移だった。この倍率が高いほど格差が大きい。ヨーロッパでは、第一次大戦前まで5〜6倍と高かった倍率が、両大戦期に2〜3倍にまで下がって公平化が進み、第二次大戦後今までに再び5〜6倍に上がるU字型の推移を描いている。

　両大戦期の倍率低下は、戦争による実物資産の物理的破壊、インフレによる預金や国債の目減り、生活難による貯蓄の減少や取崩し、反資本主義思想の広がりによる株価の低迷、今から見ると懲罰的水準の累進課税の導入など、次元の違う理由をピケティはあげて解説している。最後の累進課税は、戦時に貧しい者は命や労働を差し出すのだから、豊かな者は所得や資産を差し出せという風潮が支えた。同じ理由はアメリカにも当てはまるが、歴史的にヨーロッパほど資産が蓄積しておらず、戦争による物理的破

壊も少なかったので、ヨーロッパより緩やかなU字型の推移になっている。

　対する日本の場合、今の資産／所得倍率はヨーロッパと同程度だが、歴史的推移の特徴は、株価と地価の二重バブルにより1980年代末に向け7倍へと世界に例を見ない突出的上昇を示し90年以降に転落した推移にあり、欧米のようなU字型をしていない。資産／所得倍率という、どの時代のどの国でも比較可能な指標を使い、ピケティは日本の株価と地価が、「史上最も壮大なバブルとその崩壊」を経験したと評している。

　アメリカでは1929年秋からの株価暴落後、ダウが元の水準に戻るには1954年まで四半世紀を要した。第二次大戦後は、ブラックマンデーやITバブル崩壊やリーマンショックなど何度も株価暴落は起きたが、比較的短期にダウは元の水準に戻って最高値更新が続くから、アメリカ国民にとって株価は、時に調整しながら長期には上がるものだと感じられる。日本では1989年末に日経平均4万円をうかがってから四半世紀以上が過ぎたが、生きている間に再現する水準とは思えない（注）。アメリカと日本のバブルとその崩壊は、共通点と相違点を、考え続けるに値する課題と思われる。

（注）　本稿執筆時（2016年春）の日経平均は4万円の半分だったから、生きている間に再現する水準と思えず、コロナの最中に4分の3まで戻っても依然思いは変わらない。と言うか、一時にせよ4分の3まで戻るほうが変だと思うほどの30年だった。バブル最終局面の1989年1年間で1万円上げたのが残念な最後のあがきであり、この1年がなければピークの再現を期待できたのに、とも感じてきた。ただし、同年末の円ドルは140円だから、ピケティが評する「史上最も壮大なバブル」はアメリカの投資家にとってのドルベース日経平均では一時にせよすでに再現した。

　ピケティの『21世紀の資本』はマルクスの『資本論』を意識したかもしれないが、日本語訳者はタイトル以外はキャピタルを資産と訳している。ピケティ語では、機械や工場のような実物資産でも、預金や証券のような金融資産でも、キャピタルゲインやロスとして、あるいはインカムゲインとして所有者に利益をもたらすのが資産だから、両大戦期に資産が減った本稿の解説に次元が違う理由が並ぶ。

　マルクス語では、企業が投資するために銀行から借りる資金も、その資

金で買う機械や工場も、買った機械や工場が生む一層の資金も資本であり、労働を搾取しながら資本が自己増殖する運動を強調する。後の「資産（資本）」とか「投資（資産）」といった表現は、資産や資本や投資のどんな側面を強調しようかと考えながら書いている事情による。

第2章

イギリス小説から（6～10）

連載を始めて早くも脱線劇場が始まる。ピケティがジェイン・オースティンを引用して19世紀初めのイギリス格差社会の実相を浮き彫りにした手際に触れると、1990年代に映画化したオースティンの『分別と多感』に私と同い歳のエマ・トンプソンが30代で主演していたのを連想する。そして、時代が下ったイギリスを舞台とするエマの他の30代主演映画へと連想ゲームが波及する。

6 エマ・トンプソンの3本の映画

イギリスの19世紀初めを描いたジェイン・オースティン、第一次大戦前を描いたエドワード・フォースター、20世紀半ばから戦間期を回顧したカズオ・イシグロと続く。イギリス小説を金融と経済と人間を考える素材にする必然性もないが、産業革命を生み、産業が衰えると世界の金融センターを生み、今も生きるスミスとケインズの経済思想を生んだのが、後づけ理由になるかもしれない。

7 『分別と多感（Sense and Sensibility）』

男の長子が相続する時代に、女がどれだけ資産を得て豊かに生きられるかは結婚が勝負だが、愛をも求める人間の本性は欲と愛が混然一体になり、どちらを選ぶかは性格だけでも決まらない。状況の変転を経て、分別があった姉は愛を選び、多感な妹は己の愛を諦め資産家の愛を受け入れる分別を示す。異国の昔話と思いきや、今の日本も資産格差の相続再生産社会なのを否応なく自覚する。

8 『ハワーズ・エンド（Howards End）』

芸術に親しみ人生に理想を求める資産家の姉妹に、現実的な企業家と理想を求めるが貧しい労働者が加わり、イギリス国民の属性の多様

化を示す。属性が違うから無関係に見える人間の相互理解は難しい。低金利に芸術を担う資産家が安楽死してでも、企業家にアニマル・スピリットを発揮させ労働者を失業させないケインズの展望を生んだ社会を、友人のフォースターが小説へと昇華する。

9 『日の名残り (The Remains of the Day)』

戦間期に対独融和を唱える主人を心底尊敬し、品格を持って仕えるのを使命と心得る邸宅の執事。執事に好意を寄せる女中頭にも、品格が邪魔して素直に応じられない。第二次大戦後、主人は失意で世を去り、女中頭は結婚して去り、邸宅はアメリカ人資産家の手に渡った。品格を求めて感情を抑えた人生を回顧して執事は1人泣くが、人間は人生に目的を見つけて生き続けねばならない。

10 本質の言い訳

金融と経済と人間の本質的に望ましい関係を、エマ主演映画の原作のイギリス小説に求めてはみたが、期待した成果に達しない言い訳をする。本質的と感じる仕事が見当たらなくなって海外を旅するのも、あてのない本質を求めていると言い訳する。原作の本質を反映しない映画への違和感、本質から外れて見える日々の出来事への違和感と、人間にとってなにが本質かの言い訳が続く。

||||||||||||||||||||||||||||||||||||||||||||||||||||||||||||||||||||||||||||||||||||||||||||

6 エマ・トンプソンの3本の映画

日経新聞の前田裕之さんは、長年の銀行取材の経験をまとめて昨年（2015年）暮れに出版し、私の金融制度論にも一節を割いてくれている。

この本業に先立ち前田さんは、学生時代の恩師だった岩井克人教授の経済思想も本にまとめ、そこで岩井教授は、今に至る小説への思いを語っている。若き日に衝撃を受けたトルストイの『復活』やプルーストの『失われた時を求めて』を、老境に入って読み返しても、同じ感動はよみがえらない。作家が読者の精神を揺さぶろうとする作為性に、仄かな居心地の悪さを覚えるようになった。

　今では、淡々と日常が流れるイギリス小説に親しみを覚えている岩井教授に、イギリス小説の遅ればせ読者の私も共感する。岩井教授の本業については、スミスやケインズの古典から本質を抽出し、現代の課題を改めて示す手際の鮮やかさに惹かれてきた。歴史上影響力を発揮した経済思想家ほど、人間の気持ちや行動を単に合理性として捉えるのではなく、社会に生きる存在として深く洞察してきたように思われる。

　金融と経済と人間の望ましい関係を探るこの連載は、明確な見通しに基づいて始めてはおらず、時々の社会の出来事にも反応しながら、連想ゲームのように試行錯誤するであろう展開を予め読者にはご海容いただきたい。イギリス小説の遅ればせ読者になった一因は、前回のピケティが、ジェイン・オースティンの小説を引用して、19世紀初めのイギリス格差社会の実相を鮮やかに示した手際にある。

　資産を持つ少数派だけが人間らしく生き、であるがゆえに小説の登場人物になり、読者にもなる社会。生きるだけで精一杯な多数派の小作人や召使いは、舞台環境の構成要素でしかない。もとより、オースティンは社会告発を意図しておらず、人間の気持ちや行動が織り成す物語そのものの面白さを示す。そして、イギリス社会の実相を淡々と描く小説は、後のイギリス人作家たちに引き継がれた。

　次回以降、まずはピケティにならい、スミスが没してほどない19世紀初めにオースティンが書いた『分別と多感』、次いでオースティンを敬愛しケインズの友人だったエドワード・フォースターによる第一次大戦前の

『ハワーズ・エンド』、そしてオースティンやフォースターの伝統を継承する日系イギリス人カズオ・イシグロ（イギリスに帰化したが両親は日本人なので、「日本出身力士」という用語法にならえば「日本出身作家」）が、20世紀半ばから戦間期を回想する体裁の『日の名残り』を順に採り上げたい。

　この3つの小説は、四半世紀前の1990年代前半に、私と同い歳のイギリス人女優エマ・トンプソンが30代で主演した映画になっている。『分別と多感』と『ハワーズ・エンド』ではいずれも妹に比べれば理性を備え感情を抑えて生きる姉、『日の名残り』では貴族邸宅で品格を重んじる執事と対峙する分別と多感を備えた女中頭を演じる。読者は、ナイーブな連想ゲームに呆れるかもしれない。

　ケンブリッジ大学で演技を学んだエマの経歴は、イェール大学で演技を学んだメリル・ストリープに似ている。メリルの演技に感嘆しながらも、時に見る者の感情を揺さぶろうとする作為性に仄かな居心地の悪さを覚えるのに比べ、エマの演技の自然な抑制には好感を抱いてきた。だからハリーポッターの魔法学校で端役のエキセントリックな教授として現れたりすると脱力するが、誰しも年齢に応じてできる仕事をして生きていかねばならない。

　金融と経済を考える際に、構成員である人間の気持ちや行動を観察する素材が、イギリスの小説や映画である必然性は特にない。ただ、イギリスの小説や映画が描いた社会から産業革命が生まれ、産業の競争力が衰えると世界の金融センターが生まれた。そしてスミスやケインズの経済思想が生まれ、今も現代人の思考を支配している。そんなわけで、読者には、ちょっと回り道の金融と経済と人間の話におつき合いいただければ幸いです。

7 『分別と多感（Sense and Sensibility）』

　分別という日本語の響きは、やや魅力に乏しい。分別が足りない行政官と言われてきた私も、上司の気持ちを忖度するのが分別なら、足りなくても仕方ないかと諦めていた。ジェイン・オースティンが、19世紀初めのイギリス資産格差社会を舞台に描いた結婚小説になる。途中までは、姉のエレノアが「分別」を、妹のマリアンが「多感」を体現しているように見える。

　姉妹は資産家の父と後妻の母の家庭で、文学や芸術に親しみ贅沢な屋敷に暮らしていた。豊かな資産からの所得なしに、知性や教養を備えるのは難しい。が、父が亡くなると、法律に従い前妻との間の息子が資産を相続して、母娘は屋敷を追われる。前妻の息子は生前の父との約束に基づき相続資産から母娘を援助しようとするが、欲深い妻の指図で翻意した。

　どれだけ資産を持てるかは、相続と結婚で決まり、相続は法律で男の長子に決まっているから、女にとっては結婚が勝負になる。贅沢に暮らせなくても愛に生きられれば満足と主張する多感な妹のマリアンに、分別ある姉のエレノアが望みの資産額を尋ねると、それが贅沢なのだと呆れる答えしか返ってこない。結婚で人生が決まる以上、愛と欲が渾然一体になって幸福を目指すのは、谷崎潤一郎の『細雪』みたいでもある。でも最後は逆に、姉のエレノアが貧しくとも多感な愛の暮らしを選び、妹のマリアンが自らの愛を諦め初老の資産家の愛を受け入れる分別を発揮する。

　ピケティはこの小説を、どれだけ資産を持つかで所得が決まる定常的な資産格差社会の風景として引用している。資産を持たず働くだけで精一杯な小作人や召使いは知性や教養を備える余裕もなく、小説の構成要素ではあっても主な登場人物にはなり得ない。ただし、資産を持つにしても、どれだけ持つかが肝要だから、結婚相手選びが肝要になる。妹のマリアンが

愛した男は知性も教養も備えているが、所有資産に比べて派手な暮らしで借金がかさみ、マリアンを捨て資産家の女を結婚相手に選ばざるを得ない。

　一方、姉のエレノアの恋敵のルーシーのように、知性も教養も資産もないが、愛想だけを武器にひたすら資産家に取り入って自らの幸福を目指す不気味なキャラも登場する。オースティンのルーシー評は、現代人をもぎくりとさせるだろう。「彼女のような存在は、取り柄のない人間にとって慰めに違いない。ひたすら資産家に取り入って気に入られれば、そこそこ幸福になり得るのだから」。

　そして、事態の主導権はもっぱら女たちにあり、受け身の男たちがみな精彩を欠くのも面白い。古代ローマ元老院での婦人参政権への反対論を私は思い出した。「女たちに、家の中だけでなく、外でまで支配されてはたまらない」。恋愛小説よりスリリングな結婚小説だが、読後感がほろ苦いのは、相続と結婚で資産と所得が決まった時代に比べ、現代人が幸福になったと確信できないせいだろうか。

　家計が貧しいと独学の能力に恵まれない限り、塾や私立に通って受験知識を備え、就活で足切りされない大学に入るのも楽じゃない。近所を歩けば、豪奢な戸建てとこじんまりしたワンルームアパートが交互に建っていく（**84　中野区居住地図**）。やがて戸建ては正規雇用の恵まれた子供が相続する一方、アパートの店子は非正規雇用で得た賃金の3分の1を家主に払い続け、結婚にも、前提となる恋愛にも背を向ける。

　円安で輸出製造業の業績や株価が上がれば正規雇用の恵まれた家計が活気づくから、恵まれた家計をターゲットにするメディアからは待望する声ばかり聞こえる。でも、見返りに輸入エネルギー価格は上がり、声をあげない非正規雇用の家計ほど圧迫される。オースティンとはやや様相の違う日本の新たな資産格差社会は、持続可能性があるのかと落ち着かない気持ちにさせられる（**28　家計事情**）。

8 『ハワーズ・エンド（Howards End)』

　豊かな相続資産で文学や美術や音楽に親しみ、人生に理想を求めるマーガレットとヘレンの姉妹。一方、姉妹の知人でイギリス帝国主義の一翼を担う企業家のヘンリーは対照的な現実主義者であり、産業革命前から建つ田園の瀟洒な邸宅ハワーズ・エンドに暮らす。そして、姉妹と偶然知り合った保険会社勤めの貧しい労働者レナードは、姉妹のように知性と教養を備えてジェントルマンとして生きたいと切望するが、働きながら学ぶのは楽じゃなく、無教養な妻の理解も得られない。分別あるマーガレットと多感なヘレンは前回のジェイン・オースティンのエレノアとマリアンを思わせるが、エドワード・フォースターが描く20世紀初めのイギリスは、より多様な属性の人間が構成する社会になっていた。

　姉のマーガレットは、貧しいレナードが知性と教養を備えたジェントルマンになる望みがかなうには先立つカネが必要であり、社会のカネを生むのは自分たちのような働かないジェントルマンの資産家階級でなく、ヘンリーのようなブルジョワの企業家階級だとの認識に至る。姉妹はレナードの人生を改善しようとヘンリーに相談するが、「彼の勤務先の保険会社の経営が危ないらしい」と転職を勧められた。このインサイダー情報を真に受けた姉妹の勧めに従い、レナードは銀行に転職する。だが、保険会社は持ち直し、転職した銀行からは解雇されて、一層困窮したレナードは知性と教養どころでなくなる。

　結果として誤ったヘンリーの助言に妹のヘレンは抗議するが、「誰が悪いのでもない。市場競争で勝者と敗者が生まれるのは避け難く、それでも全体として社会は進歩する」と取り合ってもらえない。ヘレンが、「自由放任で神が予定調和に導くといった嘘を暴いてやる」と誓うのは、フォースターの友人だったケインズの思想が反映している（19　正しい経済思

想)。

　もとよりこの小説は、経済を正面から描いてはいない。が、競争の結果の公平性を追求すれば効率性を損なうとする伝統的な経済思想をヘンリーは体現し、競争の敗者に無関心でいられない多感なヘレンは反発する。同時にこの小説は、帝国主義も正面から描いてはいない。が、国家間でも勝者と敗者が生まれるのは避け難く、敗者が支配されても全体として社会は進歩する経済思想の類推が勝者の支配を正当化する。

　姉のマーガレットの分別は、妻を亡くしたヘンリーの求婚を受け入れた。結局はヘンリーのような企業家が社会を進歩させるのであり、現実主義者の夫の味気なさは、理想を求める自分の性分で補えばよい、と。無教養なレナードの妻がかつてヘンリーの愛人だった事実も、マーガレットは受け入れて許す。だが、レナードへの同情が転じて彼の子供を身ごもった妹のヘレンを、不倫は許せないとしてハワーズ・エンドに泊めるのをヘンリーが拒んだ際、マーガレットの怒りは炸裂する。自分の不倫は棚に上げ、なぜ他人の不倫だけ裁けるのか。もっともらしいブルジョワ道徳の身勝手なスノビズムに堪忍袋の緒が切れた。そして、レナードへの愛が続かないヘレンはいずこかへ旅立ち、レナードは偶然にも心臓発作で死んでしまう。

　この物語は、属性が違うから無関係に生きているように見える人間が結びつき相互理解する難しさを描いている。豊かな者と貧しい者、資産家と企業家と労働者、現実にしか関心がない者と人生に理想を求める者、そして男と女。後の代表作『インドへの道』でもフォースターは、支配するイギリス人と支配されるインド人が心底から理解し合う難しさを描く。植民地支配だけでなく、経済や金融もシステムを構成する人間の相互理解がないと長く続かないのは、人間にとっては救いなのかもしれない。属性が違う人間を搾取の対象としてしか捉えないビジネスが、顧客の反抗からにせよ、政府の改革からにせよ、滅びていく風景をしばしば目にする。

ケインズは隔絶した知性と教養の持ち主として、伝統的に知性と教養の担い手だったジェントルマンの資産家階級を社会が失う可能性を懸念はしていた。だが時代の要請として、低金利でブルジョワの企業家階級にアニマル・スピリットを発揮させ、企業家階級が雇う多数の労働者階級の失業を抑えるのを優先する。結果として、金利で暮らす資産家階級の収入が減って安楽死するのはやむを得ない。ケインズの思想を生んだ社会を読者が素直に体感でき、同時に当然ながら人間は経済だけに生きてはいないのを読者に示す小説へと、友人のフォースターが懐深く昇華している（注）。

　（注）　「プロローグ」に書いた一見無関係な現象を結びつける私の習性は、「ただ結びつけてさえみれば」のエピグラフに始まるこの小説を機に文章の方法論としても自覚はした。結びつけてみないから不条理な格差を是正しようとする想像力すら働かなかった社会は、やがて第一次世界大戦と引き続くスペイン風邪による大量死を経験して初めて、誰もが人間らしく生きていけるのが課題と認識するに至る（192　ポストコロナの社会、付録6　『ドキュメント72時間』からの想像）。

　　ヘンリーは妻のマーガレットに田園の邸宅ハワーズ・エンドを贈り、マーガレットはハワーズ・エンドをそのままヘレンとレナードの子供（甥）に贈った。結びつき難かった資産家階級（母）と企業家階級（叔父）と労働者階級（父）の融和がようやく世代を経て、伝統と自然を備えた田園の邸宅の所有者になったこの子供により体現されるかに見えて読者を慰める。

9　『日の名残り（The Remains of the Day)』

　第一次大戦後、イギリス大蔵省からヴェルサイユ条約交渉に臨んだケインズは、ドイツに支払い不能な賠償を課す戦勝国の指導者とウォール街の銀行家を処女作『講和の経済的帰結』で酷評した。とりわけウォール街の銀行家は、「ヨーロッパを知らず、公的な問題を議論した経験もなく、貸したカネの回収しか眼中にない連中」と容赦ない（17　先見性と現実性）。

　カズオ・イシグロの『日の名残り』で、ケインズと認識を同じくする

ダーリントン卿に仕える執事のスティーブンスと女中頭のミス・ケントン
は、息が合うコンビだった。平和のためにドイツの負担を軽くしようと
ダーリントンが自邸で催した民間の国際会議では、ウォール街の意を受け
たアメリカ人が、「善意のアマチュアの手に余る複雑な国際経済問題はプ
ロに委ねるのが現実的」と批判する。ダーリントンは、「現実的なプロが
担うのが権謀術数なら、アマチュアが求める理想をイギリスでは名誉と呼
ぶ」と啖呵を切った。

　そんな主人を心底尊敬するスティーブンスは、品格を持って仕えるのが
執事の使命と誓っているが、強い使命感は、臨終の父親の見舞いに赴くよ
り、品格を持って賓客にワインを注ぐのを優先する。やがて世界恐慌から
ナチス政権が生まれてもダーリントンは対独融和姿勢を変えず、熟考の
末、自邸のユダヤ人女中の解雇を決意するに至る。

　その判断に疑問を感じながらも従おうとする執事のスティーブンスに、
女中頭のミス・ケントンは強く反発する。彼女にとって民族を理由に解雇
するなど、考えるまでもなく人間として許せなかった。ミス・ケントンが
スティーブンスに寄せる仄かな好意にも、感情を抑える執事の品格が邪魔
して素直に応じられない。結局彼女は、別の執事からの求婚に応じて職場
を去った。

　第二次大戦後、対独融和論者として指弾されたダーリントンは失意のう
ちに世を去り、邸宅はアメリカ人資産家の手に渡ったが、召使いが減った
ので管理が行き届かない。新しい主人はスティーブンスに、たまにはイギ
リスの田園を楽しめよ、と旅を勧める。ミス・ケントンからは、結婚生活
の不幸を仄めかす手紙が届いていた。そこで、ミス・ケントンへの好意の
自覚は封じ込めながら、彼女が住む地を訪れ女中頭への職場復帰を勧める
のが執事の使命とスティーブンスは思う。

　イギリスの田園を旅しながらスティーブンスが回顧する執事人生の出来
事には、私の想像も誘発される。仮にヴェルサイユ条約で、ウォール街が

債権放棄する理想的な判断をしていれば、後のユダヤ人抹殺を含む非現実的なまでの暴力を避けられたのかもしれないが、未来が不透明なのに、世間が現実的と見なす判断を克服するのは容易でない。でも、核の均衡の現実の中で、核なき世界を理想としてオバマ大統領が広島を訪れるなら、任期の最後に希望を取り戻し、人間は進歩できるのかもしれない。

旅の途中にスティーブンスは、チャーチルを称え、民主主義のために第二次大戦を戦ったと語る村人に出会い、心穏やかでなくなる。対独強硬論者のチャーチルはダーリントンの対極だし、凡庸な人間の多数決で世界が正しく選択できるとも思えない。優れた主人に仕える選択をした自分の人生は、誤ってなかったと思いたい。でも、再会したミス・ケントンからは、「あなたと暮らす人生を想像するたび結婚生活が耐え難くなりましたが、長い歳月をかけて克服しました」と告げられ、彼女の職場復帰は夢に終わった。

１人に戻ったスティーブンスは、品格を求めて感情を抑えてきた人生への悔恨が溢れて泣く（**146 時局に生きる**）。人生の選択を正直に回顧するのは、誰だってつらい。でも、人間は人生に目的を見つけて生き続けなければならない（注）。泣いた後、新たな主人が気に入りそうなアメリカ風ジョークをマスターしようと誓うスティーブンスに、つらくなりかけた読者の心は、仄かな希望を取り戻す。

（注）　人生でどんなつらい経験をしても自ら命を絶たない限り、人生に目的を見つけて生き続けなければならないのは自明だが、自明なだけにそんな結末の物語に惹かれる性分が後にも現れる。つらい経験もせず、努力もせずにのうのうと人生を過ごしてきたから、かえって人生の目的が見つからない自分のこの社会への収まりの悪さを反映するのかもしれない。そしてこの性分は、作者が受容者に想像する余地を広く残している物語に惹かれる性分と合体する（73　ふりをする小市民、168　すずとナターシャ、188　１本の韓国映画から）。

10 本質の言い訳

さて、ここまでのイギリス小説の要約はなんなんだよ、と感じた読者も
いるだろうし、読者に伝える意味があるだろうと始めたのになにを書いて
んだか、と私も感じてはいた。だいたい、エマ・トンプソンの3本の映画
と言いながら、映画でなく原作にしか触れてないし、人間の気持ちや行動
が経済や金融にも影響される当たり前のストーリー紹介にしかなっていな
い。先の展開を見通せませんでした、と言い訳するしかないが、金融と経
済と人間の本質的に望ましい関係に、イギリスの歴史を示す小説から近づ
こうとして空振りしている。

10年前（2006年）に、貸金業制度を手直しする仕事に携わった後は、本
質的と思える仕事が見当たらなくなった。アメリカでは金融危機が起きて
いるのに、日本の金融は平和に停滞している。気がつけば、かつてのアイ
フルCMのチワワが奥ゆかしく見えるほど、銀行カードローンCMがアグ
レッシヴに借りろと庶民を誘って心が冷えていく。気が済むまで世界をさ
まよう衝動が時に抑え難くなるのも、あてのない本質を求めて日本の現実
を避けているのかもしれない（**164　語るに落ちる話、付録1　貸金業制
度改革10年の感想**）。

先日、酔狂な出版社から、映画評論の連載をしてみませんかと打診さ
れ、第2の人生の転機になるかも、といったんその気になりかけた。昨年
（2015年）出した本でも、『ウォール街』から始めていくつか映画を語って
はいる。マイケル・ルイスの『THE BIG SHORT（世紀の空売り）』を原
作とする映画も、評論の可能性を試そうとして見たのである（**3　経験
則**）。

そして、「まあ、平凡な監督が映画にすればこうなるんだろうな」と脱
力した。ルイスがしばしば金融業界の失敗をおちょくるのは、常識を備え

たつもりで何度も同じ失敗を繰り返す平凡な人間への穏やかな憐れみと諦観に基づいている。住宅バブルの崩壊に賭けて成功した『THE BIG SHORT』の主人公が、コミュニケーション能力のない偏執的なアスペルガー症候群だったことも、隠さず公平に描く。

　一方で映画のほうは、失敗した以上は破滅すべき強欲な愚者として、成功した以上は愚者を裁いた正義の賢者として描く。「ギャンブルの勝ち負けを水戸黄門にするなよ」と心が冷えていく。それに、「マネーショート」って意味不明の邦題はなんなんだよ。エマ・トンプソンの3本の映画が示す人間の繊細な本質に遠く及ばない。そして、読者に伝える意味がある本質的な新作映画を毎週見つけるのは無理だから、映画評論の連載は諦めるしかない。

　もとより、なにが人間にとって本質的に意味があるかの判断は人間により違う。が、このところ、私の判断が世間とずれているかも、と感じる出来事が続く。例えば、ギャンブル依存症と同じく覚醒剤依存症も、意思の弱さではなく病気である。だから、清原和博さんに裁判官が余計な言葉をかける時は、「強い意思で克服してください」ではなく、「良い病院を選んで治療に専念してください」が本質的なアドバイスだろう（**174　人間、やめますか**）。

　また、子供をしつけようとクルマで置去りにするふりをして見失ってしまった父親に、「虐待だ」「刑務所行け」「実はオマエが殺したんだろ」と子供が見つかるまでの間に飛躍する罵倒に唖然とする。通行人に石を投げる子供に、2度としないよう反省させる親の責任から許されるしつけの方法と限度が、本質的な議論だろう。

　そして、伊勢志摩サミットで総理に、「今はリーマンショック級の事態」と言わせて各国首脳を唖然とさせてからなんとなく決まる消費増税の再延期。いつ崩壊するか分からないのは、日本の財政もアメリカの住宅バブルも同じであり、だから偏執的に思い込むルイスの主人公はたまたま成

功した。リーマンショックも大多数の平凡な人間には事前に分からなかったからショックであり、「大丈夫だよ」と言っていた人間は、ショック後にルイス原作の映画のほうが示すように、破滅すべき強欲な愚者として描かれる。でも実のところは、ルイスの原作が示すように、常識を備えたつもりの平凡な人間だったことは、記憶しておく意味がある本質に違いない。

第 3 章

古典派の経済思想 (11〜15)

ケインズは、古典派の元祖スミスには共感して温かい。供給主導論のリカードには理論展開力への敬意は払うが、社会に災いを招いたと断罪し、需要に配慮したマルサスを評価する。師のマーシャルの観察眼と弱者への思いやりは敬愛するが、結局はマクロの需要不足に思い至らぬから葬らざるを得ない。マルクスとシュンペーターはろくに読みもせず、「だらだら詰まらん理屈」と黙殺する。

11　(神の) 見えざる手

　価格が需給を調整する市場メカニズムを見えざる手と呼んできたのは、個々の人間が価格を手がかりに私益を追求すれば、効率的に資源が配分されて経済が成長する公益が達成されるのが、見えざる神の導きみたいだからである。でもスミスは、まず自分の農地、次いで近所の商店や工場、最後に貿易や海外投資、と人間が身近なものから理解して投資する自然な導きの順序にこの言葉を使う。

12　労働賃金と企業利益のトレードオフ

　リカードが生きた19世紀初めは、労働者は食べていくだけの賃金しかもらえない。穀物価格が上がれば賃金も上がらざるを得ず、企業の利益が減って投資できなくなると経済成長は止まる。その時期を遅らせるには自由貿易で大陸から安い穀物を輸入しなければならないが、国内の地主が大陸との競争に負けて貧しくなれば消費需要の担い手がいなくなるのをマルサスが懸念して論争した。

13　下部構造⟷上部構造

　生産力（労働と資本の能力や技術）と生産関係（契約や所有権）からなる経済の下部構造が政治や外交の上部構造を決めるのは、マルク

スが生きた時代までの現実だったから、現実を将来に延ばして社会主義への移行が不可避の法則と考えた。マルクスの死後に思想を形成した前提も変わったが、広い分野を考えまくったために、今の課題に思想のすべてが陳腐化してはいないのが面白い。

14　供給と需要、価格と量

　商品の価格は供給側の費用が決めるのか、需要側の効用が決めるのかの論争をマーシャルは、安いほどたくさん需要したい右下がりの線と、高いほどたくさん供給したい右上がりの線の交点で価格と量が同時に決まると止揚した。次いで経済成長するには企業家も労働者も人間性を高めるべき、と経済騎士道に進む。マルクスと同じく前提が変わっても、やはりすべてが陳腐化してはいない。

15　イノベーション文学

　かつてケインズとシュンペーターをアウフヘーベンできないかな、と無謀に思いついたが、吉川洋教授さえすかっと論じられない営みが私の手に余らないはずもない。ケインズは目の前の失業を減らす政策を考えたが、シュンペーターはイノベーションによる経済成長プロセスを描写した。思想の意図や構造が見えてくると、どんな局面や場所で使うとしっくりくるかも仄かに見えてくる。

11　（神の）見えざる手

　小説から歴史に近づくのに代え、しばらくはより素直に、これはと思える歴史上の経済思想の本質を虚心に考えてみる。『国富論』を読んだ契機

は、伝統的な経済思想に反抗したケインズが、元祖アダム・スミスに対してだけは筆鋒を抑え、時に温かく共感しているように思えたからだった。冒頭に、今も教科書が紹介する市場メカニズムのエッセンスが現れる。商品への需要が増えれば市場価格が上がり、労働も資本もその商品の生産に向かうから、供給が増えて市場価格は下がる。短期的には需要で市場価格は動くが、長期的には供給側の労働と資本が動いて生産費（賃金や金利や地代）を賄う自然価格に収斂する。

　教科書では、この市場メカニズムが神の見えざる手の導きであり、個々の家計や企業は市場価格を手がかりに私益を追求しているだけなのに、経済全体で効率的に労働と資本が資源配分されて成長する公益が実現する、と要約される。新規参入を阻み、独占価格をつり上げる業界団体の体質へのスミスの批判は容赦ない。このあたり、「運転手の得体が知れないウーバーは乗客を危険にさらす」とか、「素人家主による民泊はテロの温床」と業界団体がまじめに主張する日本では、依然、生きた古典になっている。より根底では、非正規雇用者をバッファに正規雇用者を長期に抱える労働システムと、資金が必要とする事業に流れにくい銀行型金融システムは、流動性が高いスミスの市場メカニズムとあまり相性が良くない。

　たしかにスミスは関税や輸出奨励金に反対した自由貿易論者だが、資本が国境を超えて自由に動くグローバリゼーションには距離を置く。スミスによる投資の自然な順序とは、まず農業、次いで国内の商業や製造業がきて、最後に貿易のための投資や海外投資がくる。『国富論』全体が、貿易差額としてため込む貴金属を国富と考える重商主義へのアンチテーゼだった。スミスにとっての国富は消費財であり、農業や国内産業を後回しにして海外で売れる贅沢品の生産を政府が推進するのは本末転倒に他ならない（注）。内需の消費が増える経済成長でなければならず、そのために国内投資が必要になる。

　そして投資する人間の本性は、まず自分の農地、次いで近所の商店や工

場までなら理解できるが、海外でなにが売れるかまで理解は及び難い。見えざる手の導きとは、需給による市場価格を手がかりに利益を追求することではなく、身近なほど理解できる人間の本性に基づく投資の自然な導きの順序という文脈でのみ登場するのは、原典を読まないと気づけない。標題にかっこをつけたのは、スミスは「神の」とは書いていないからである。

人間の本性を追求したスミスは、企業が利益を追求する際も、公平な第三者から見て共感できる方法によることを、市場メカニズムが有効に機能する条件とした。毎月分配金が今高い投信への短期乗換えや、今借りて今楽しめと勧める銀行カードローンには及第点を与えないだろう。さらにスミスは、小さな政府や自由放任を勧めてもいない。防衛や司法のみならず、経済成長に必要な基盤として公共事業を担う政府の役割を長々と論じる。関税や輸出奨励金は廃止すべきだが、既得権者が失業して社会が混乱しないよう、時間をかけて行うべきと配慮する。

実際に読んでみると、神の見えざる手の導きによる予定調和とか、自由放任主義の祖という世間の印象からはほど遠い。業界団体の体質や、人間の本性や、政府の役割への広い洞察をもとに経済的豊かさを考えた点に、同じ資質を持つケインズは共感を覚えたように思う。歴史的に形成された制度や慣行にはもとより理由があるが、その理由が今も妥当するのかを不断に検証して、理想に少しずつ近づこうとする構えになる。高度成長期に有効に機能したシステムが今では桎梏になったのに、成功体験から抜け出すのに苦労しているこの国で、今なお読まれる価値がある古典に違いない。

　（注）　国富である消費財（もの）を作るのが生産的な労働者とスミスは定義する。非生産的な労働（サービス）をする医師や教師が果たす役割は自分も教師だから軽視はしないが、作られた消費財を生産的な労働者が消費する割合が高いほど、経済は成長すると考えた。もとより医師が治療して人間が健康になり、教師が教えて労働者として能力が高まれば生産性は高ま

る。ただ、医師や教師による消費がマクロの需要を構成する視点はなく、後に非生産的な消費者である地主からの需要を重視したマルサスによって補完される展開になった。よってスミスによる生産的か非生産的か、もの作りかサービスかの区分は、今では省みられない。

スミスによる生産性（productibity）向上は、名高い分業によるピンの生産が示している。労働者が1人でピンを作れば1日せいぜい20本だが、針金を延ばす者、一定の長さに切る者、片側を尖らせる者、反対側に取っ手をつける者、と分業すれば飛躍的な本数を作れる。これはもの作りの量的な生産性であり、単位当たりの労働や資本が生む付加価値を測る現代の生産性ではない。スミスは18世紀後半に典型的だった労働を念頭に置いて生産的か非生産的か、もの作りかサービスかを区分したのだろうが、時代が下ってもこの区分は経済思想家を悩ませ、私もまた、一国の経済におけるもの作り＝製造業ともの作り以外のサービス業の関係をすかっと割り切れずにこの先も考えあぐねる。

12　労働賃金と企業利益のトレードオフ

商品の価格が、投入した労働量だけで決まる労働価値説を、マルクスはリカードから受け継いだ。スミスが、労働者への賃金に加え、銀行から資金を借りれば金利、地主から土地を借りれば地代が企業の生産費を構成し、生産費を賄える自然価格に市場価格が収斂していくと考えたのに比べ、単純化し過ぎのようでもある。

ただ、労働価値説が、マルクスにとっては資本が労働を搾取して利益を得る主張を展開する前提だったように、リカードにとっては労働者の賃金が上がれば必ず企業の利益が減るトレードオフの因果関係を導くための前提だったと思う。投入した労働量が一定なら商品の価格も一定で、労働者の賃金が上がれば必ず企業の利益は減るからである。生産資源である労働と資本が付加価値を生み、生産に要した所得が労働と資本に分配され付加価値を需要して循環する経済を描写するのが、この頃の経済思想の流儀になる。

リカードによれば、企業は利益から投資し、投資（資本）が蓄積してい

けばより多くの労働者を雇えて経済は成長する。増える労働者を食べさせるには、肥沃さ（量的な生産性）に劣る農地を開拓しなければならず、次第に穀物価格が上がる。穀物価格が上がれば労働者が食べるための賃金が上がらざるを得ず、企業の利益が減って投資が難しくなる。やがて経済成長しない定常状態に至るのは避け難いが、その時期を遅らせるには、自由貿易により海外から安い穀物を輸入しなければならない、という主張の流れになる。

　現代人は、賃金が上がれば労働者からの需要が増えるから、企業の利益が減るとは限らないと思う。でも時代は、『分別と多感』の19世紀初めであり、労働者は食べていくだけの賃金しかもらえない。地主がもらう地代は土地の生産性で決まり、賃金と奪い合いにはならない。企業が投資して経済が成長するには、労働者の低賃金が不可欠の前提になる。

　より根底でリカードは、供給はそれ自らの需要を生むと考えるから、需要の心配をする必要がない。商品を生産する労働者は、食べていくだけの賃金＝所得を得て、食糧を消費する。仮に労働者以外に所得が余った人間がいて銀行に貯蓄すれば、銀行は同額の投資が実現するように貸す。冬になったらスキーに行こうと夏の間に預金する人間が増えれば、銀行は、スキー場のホテルが冬の宿泊客の増加に備えて増築するために貸すのである。

　それはやっぱり変だろう、経済全体として供給過剰＝需要不足になり得る、と考えたマルサスが、余った所得を使う需要の担い手として期待したのは、時代の制約上地主だけだった。こうして、輸入穀物に高い関税を課して地主の所得を保証する穀物法に対し、地主の消費需要確保のためにマルサスは賛成し、賃上げによる企業利益減少の懸念からリカードは反対した。地主より企業を応援するほうが国益にかないそうなリカードの直観が、思想形成より先だったかもしれない。

　後にケインズは、需要に配慮するマルサスでなく、利益を得て投資する

供給側の企業の行動が経済を主導するリカードの思想が主流になった原因を『一般理論』で考察している。「教育のない一般人の予想と違い、社会の不公正や残酷さを進歩のための不可欠な現象と説明でき、改善しようとすればかえって害になると主張できたため、権威ある理論になった」。『ハワーズ・エンド』の企業家ヘンリーが、失業した労働者レナードに同情しながらも、競争で敗者が生まれるのは避け難く、それでも全体として社会は進歩すると言う時、リカードの権威が支えている（8　ハワーズ・エンド）。

　そして今も、構図はあまり変わらない。政府の賃上げ要請に企業がためらうのは、賃上げ余力の有無だけでなく、経済思想として正しいか疑っている。生産性を超えて賃上げすれば、企業経営は成り立たないから、疑うのは悪くない。でも、経済全体が合成の誤謬の悪循環に陥って需要不足になる可能性に目をそむけ、低賃金に依存して生産性のほうを高める可能性に目をそむける心理の構成要素としても、リカードの思想は生きている。

13　下部構造←→上部構造

　企業が機械や工場などの資本を蓄積するにつれて増える労働人口を、有限な農地で養えるかがリカードの不安だったが、幸い農業の生産性は高まり、食糧供給は喫緊の課題ではなくなった。でも、都市の労働者は相変わらず、食べていくだけの賃金しかもらえない。リカードの半世紀後の19世紀後半、ロンドンに亡命していたマルクスは、投入労働量が決める商品の価格と食べていくだけの労働賃金の差を、搾取としての企業利益と位置づけた。

　一定の資本の下でより長く労働者を働かせて搾取＝利益を増やすのは、労働者が生身の人間である以上は限界がある。でも資本蓄積につれて労働人口が増えるというリカードの前提を乗り越え、資本と労働には代替性が

あると次第に認識されてきた。必要な人手を減らして生産性を高める投資により、投入労働量の価値を低める搾取には限界がない。

　農業の生産性が高まった結果として、人手が余った農村から都市の工場に農民が移れば、都市でも人手は余る。低賃金をいとわない失業者が国内にいる限り、労働者が窮乏化するのはマルクスが生きた時代の現実だったから、これを不可避の法則と考えた。そして、予め労働者を救う結論が決まっている以上、救いに至る道筋もまた、不可避の法則でなければならない。

　マルクスの名高いテーゼとして、生産力（労働と資本の能力や技術）と生産関係（契約や所有権）からなる経済の下部構造が、政治や外交の上部構造を決める。封建制が経済の桎梏になれば市民革命が起き、地主だった封建貴族が主役の座を降りて自由な市民が構成する社会になる。労働契約は自由で対等だが、企業が資本を所有する一方、労働を売る以外に生きる術がない労働者は、自由で対等な契約により搾取される。

　企業は労働者を抑えながら、企業間での資本蓄積による生産性向上競争にも勝たねばならない。資本蓄積により供給力は過剰となり利益率が下がるから、周期的な恐慌の破壊力は次第に増す。これまた、マルクスが生きた時代の現実だったから、高まる生産力が生産関係の桎梏を破壊する階級闘争により、労働者が資本を所有する社会主義体制になるのが不可避と結論づけた。

　マルクスが死んでから、賃金はようやく上がり始める。講演でよく私は、「商品の価格＝（賃金などの費用＋利益）／生産性」という単純な関係式を使う。生産性を高めれば、利益の確保はもとより、価格を下げたり、賃金を上げたりできる。賃上げが必ず企業の利益を減らすというリカードの前提も乗り越え、企業の利益になり得ると次第に認識されてきた。アメリカではヘンリー・フォードがベルトコンベアで生産性を高め、フォード車の価格を下げるとともに、我が社の労働者が我が社のクルマを持てるよ

うにと賃金を上げる。3種の神器や3Cが普及した日本の高度成長期に国全体として機能した好循環のメカニズムになる。

　でも、19世紀後半以降のヨーロッパは、過剰な供給力を内需だけでは吸収できなかった。帝国主義国間で激化する海外市場の争奪戦が、2度の世界大戦へと展開する。20世紀末に社会主義体制が崩壊すると、グローバリゼーションが加速した。低賃金をいとわない新興国の労働者がいる限り、移民として直接的にも、貿易や海外投資を通じて間接的にも、先進国で新興国と競合する労働者は窮乏化せざるを得ない。かつての帝国主義国が、グローバリゼーションに復讐されている。

　日本の大学に今も生息するマルクス経済学者は、下部構造が上部構造を決めるマルクスのテーゼを、下部構造と上部構造の相互作用に手直しして教祖の教えを今に活かそうとしている。今なお一見して所属階級が分かってしまうイギリスでのEU離脱の国民投票は、大英帝国に郷愁を覚える高齢者や格差社会への反感を抑え難い下層階級の気分が、下層階級を蔑視しながらも導こうとする上層階級の警告を制した。この上部構造の選択が、下部構造に及ぼす長期的な影響を考える際、現代の主流から遠いマルクスの経済思想も、依然として考える手がかりを提供している（注）。

（注）　下部構造と上部構造の関係と並び、労働の内容が人間にふさわしいかにマルクスがこだわったのも、疎外論として今も生きる課題になる。スミスのピン生産でさえ1人で行えば1本作るたびに相応の達成感があるが、1日中針金を延ばすだけ、切るだけ、尖らすだけ、取っ手をつけるだけでは、人間が機械と化している。
　　労働の内容は資本の所有者が決め、生きるために働かねばならない労働者は、働き甲斐を感じられないクソ仕事にも携わらざるを得ない。働き甲斐を感じられないだけでなく、顧客に無駄遣いさせ健康を害しても、地球資源を無駄遣いして環境を害しても、目前に需要がある限り、資本の所有者は供給する。コロナでエッセンシャルワーカーが注目される反面、エッセンシャルじゃない不要不急の仕事さらには無益有害な仕事はなにかが物議を醸したが、時代を下るにつれエッセンシャルじゃない仕事の割合が増しているのは間違いないと、間違いなくエッセンシャルじゃない仕事に携わる私には思える（20　孫の世代の展望、エピローグ）。

14 供給と需要、価格と量

　商品の価格は投入労働量が決めるとか、より一般的に生産費が決めるといった伝統的な供給側決定論に対し、19世紀後半には需要側が感じる効用が決めるとする考えが現れて、生産費説と効用説が論争した。需要への注目は、労働者が、最低限の生活を脱して少しずつ豊かになり始めた状況を反映している。オレが正しくオマエは間違いと思うから論争になるが、ケインズの師マーシャルは、両説が前提とする時間軸が違うだけだと考えた。

　魚市場で今朝採れた魚が少なければ、今夜客に出さねばならない鮨屋にとって効用は高まり、価格は上がる。でも、そんなに高く売れるなら、また漁に出ようと漁師が動く。しばらく価格の高止まりが続くなら、船（資本）を増やしたりもするだろう。短期には供給を変えにくいから需要が価格を支配するが、長期になるほど労働と資本が動いて供給側の生産費が価格を決めるようになる。読者は、需給で決まるアダム・スミスの市場価格が、やがて生産費を賄える自然価格に収斂するのと同じ構造と気づくだろう。当時の激しい論争の記録には、なにをそんなに興奮していたのかと微笑ましくも訝しい。

　こうして、縦軸に価格、横軸に（需要と供給）量をとるグラフで、安いほどたくさん需要したい右下がりの線と、高いほどたくさん供給したい右上がりの線の交点で価格と量が同時に決まる教科書のマーシャリアン・クロスが現れる。これは特定の商品の市場の部分均衡論だが、教科書はしばしば、すべての市場の需給が一致するワルラスの一般均衡論の前段階に位置づける。すべての財やサービスに加え、労働市場では賃金という価格が、資本市場では金利という価格が需給を一致させ、効率的な資源配分を可能にする。そして、世界中を市場メカニズムと競争で覆えば、世界経済

の資源配分が効率化するグローバリゼーション推進論へと展開する。ここに人間の幸福に直結する所得分配論の居場所はない（注）。

理屈を追い過ぎると現実から離れると感じたマーシャルは、自らの部分均衡論から一般均衡論には向かわず、代わりに経済と人間という課題を考えた。そして迷いながら、経済成長するには、企業家も労働者も人間性を高めるべき、という答えにたどり着く。「なにそのプリミティブな答えは？」と呆れる読者がいるかもしれない。

たしかに短期ではリカードが指摘したように、労働者の賃金を低く抑えるほど企業の利益が増えて資本を蓄積できる。でも長期になるほど、労働者への配慮が生産性を向上させる。リカードと同じ19世紀初めのマルサスは、労働者が性欲を抑えられないから労働人口が増え、いつまで経っても食欲を満たすだけの賃金しか得られないと考えた。でも労働者も、食欲や性欲を満たすだけでなく、知性や教養を備えれば生産性が向上するのが、マーシャルの「経済騎士道」の世界になる。そして、マルクスが観察した現実から思想を形成したのと同じく、労働者に配慮する企業家と知性や教養を備えた労働者が増えてきた現実が、マーシャルの思想を形成した。

理論に精神性を持ち込んだかに見える経済騎士道は、今では省みられないが、現実が理論どおりに動く保証はない。今なお、市場メカニズムと競争、イノベーションの推進で供給を増やす論と、財政金融政策や所得再分配で需要を増やす論が、オレが正しくオマエは間違いの前提で争う状況が続く。師のマーシャルの現実への観察眼と弱者への温かな思いやりを弟子のケインズは敬愛し、マーシャルを土台に自らの経済思想を形成した。

でも、結局のところ、供給はそれ自らの需要を生むとする伝統思想の側に身を置くマーシャルを、伝統が機能不全に陥った局面でケインズは葬るしかなかった。鮮やかに葬り過ぎたせいで、ケインズの凡庸な弟子たちは、常に政策的に需要を増やす論に傾いて、後の論争をさらにかみ合わなくする。その構図を解きほぐし、建設的な政策論争への道を探ってみたい

（「なーんて上から目線のもっともらしい一般論で文章を締めるだけなら簡単なんだよな」と読み返して反省するのだけど）。

（注）　追記する意味があるのか不明だが、経済思想を翻訳原典で独学すると、生産に必要な資源（resource）である労働と資本の配分（allocation）と、生産資源が生産した付加価値の所得（income）としての分配（distribution）において、配分と分配がひっくり返しただけの日本語なので脳が違いを直ちに識別できずに思考を制約する。英語なら資源配分（resource allocation）と所得分配（income distribution）が違う言葉で思考の制約は生じないから、日本語で経済学の訓練を受けてないせいかと感じてきた。
　　　　生産資源である労働と資本が付加価値を生産し、生産した付加価値を所得として労働と資本に分配し、分配した所得が需要として供給される付加価値の支出に向かう三面等価の経済循環を思い浮かべてかろうじて思考が続く。先日、ブロガーのちきりんさんも右と左の違いが直ちに識別できず、「えっと右は箸を持つほうの手だから」と思い浮かべてかろうじて思考と会話を続けると知り、気持ちが楽になった。
　　　　特定の言葉を直ちに識別できないとか、自宅の鍵を何度でもなくすとかの現象は、訓練の不足や資質ではなく、脳のちょっとした癖に起因するさほど珍しくない現象らしい。「統計学は最強の学問」らしいから何度も独学するがちっとも身につかず、「偏差値〇〇」と言われてもちっとも実感できないのは、自分が偏差値世代の前に属するせいでもないらしいと思うようになった。以上、「言葉を直ちに識別できないのは生き方や資質に問題があるのでは」と懸念する読者の気持ちが楽になるために追記しておく。

15 イノベーション文学

　これからしばらくケインズを、と思ったが、シュンペーターを先にするほうが経済思想の流れとしては分かりやすそうだと思い直した。かつて官民の若手有志と一緒に金融庁でケインズの『一般理論』を読んでいた時、参加者から、「終わったらシュンペーターを読みたい」と提案された。マクロ経済の需要不足を政策で埋めて経済循環を維持するケインズと、供給側のイノベーションが需要を生むのを経済成長の原動力と描写するシュンペーターを比べるのは悪くないが、イノベーション論を展開した『経済発

展の理論』は、最初に無味乾燥な単純再生産の描写が延々と続く。これで
はイノベーション論に達する前に脱落者が続出しそうなので、提案に応え
られなかった。

　単純再生産過程で価格競争が貫徹していれば、企業に利益は生まれな
い。そこに、イノベーションを思いつく企業家が現れる。この企業家は、
洞察力があり、意思強固で、抵抗勢力の妨害を克服する。企業家の精神
は、私的帝国を建設する野望に満ち、勝つまで諦めず、創造の喜びに燃え
ている。無味乾燥だった描写はにわかに文学性を帯び、ニーチェの超人か
スティーブ・ジョブズの伝記みたいになる。供給側の革新により需要を喚
起するイノベーションは、新商品の開発や品質の向上に限らず、既存の商
品を大量生産して価格を下げ、より有利な原材料の調達先や商品の販路を
見つけるのでも構わない。

　企業家がイノベーションを実現するために投資したくても、価格競争が
貫徹する単純再生産の世界では定義上利益が生まれないから余裕資金がな
い。そこで、信用創造できる銀行の出番になる。企業家と銀行家が二人三
脚でイノベーションを実現すれば、企業の稼ぎで銀行に返済できる。でも
早晩、他の企業もイノベーションを模倣して、追随投資と借金が増える。
この必然の過程が好況に他ならない。やがて供給過剰になるから、価格が
下がり売れなくなって企業利益が枯渇し、投資も借金も減る。この不可避
の過程が不況に他ならない。

　テレビや冷蔵庫や自動車を大量生産するための投資を活発に行い、戦略
的に価格を下げながら需要を喚起した内需主導の日本の高度成長期を描く
には、ケインズよりシュンペーターが適している。だが、世界恐慌期に明
確な処方箋を示したケインズに比べ、シュンペーターには描写を目的とす
る理論の性格上、政策的な処方箋がない。不況に政策が介入すれば、淘汰
されるべき企業が残って経済成長の邪魔をする。

　供給主導のメカニズムは経済思想の伝統を継承しており、日本でも時に

シュンペーターのイノベーションが称揚される。でも、経済がキャッチアップ段階を脱してフロントランナーに至ると、なにが需要を喚起するイノベーションかは判然としなくなる。これまで電話機、カメラ、テレビ、ラジカセ、パソコンと新しい機器が登場するたびに買ってきたのが、今やスマホ1台あれば済むと感じる人間が多い。冷蔵庫も、今晩食べる分だけコンビニで買うからいらないと感じる人間が、一層増えるかもしれない。

　シュンペーターの描写は需要を喚起するもの作りのイノベーションだから、サービスのイノベーションに当てはめて有効かは定かでない。音楽を聴く機器を所有させたソニーが、音楽配信サービスを利用させたアップルに凌駕された歴史を、予知能力を誇りたい経営学者はそのまま自動車に当てはめる。自動車を所有し続けるコストはもはや正当化されず、公共交通やシェアリングにより移動サービスを利用する流れに変わるらしい。

　たしかに私を含む都市の生活者は移動できれば手段を問わず自動車を所有しない人間も多いが、バスが2時間に1本なんて地方の生活者はそうもいかない。シェアリングなんてよほどの僻地でしか制度的に認めないのがこの国の風習でもある。国境を超えてアメリカ人を眺めると、自分で運転して移動しないと気が済まないほどクルマ所有への信仰が目につくから、自動車も所有から利用に流れが変わるかはさほど確証が持てない。

　さすがに自動運転が普及すれば、プロのドライバーは失職し、世界が必要とする自動車台数が減るだろうとは思う。でもそれまでの間は、経営学者がある分野の観察を他分野に当てはめれば予知できるほど、経済と人間は単純にできてない気がする。昔も今も変わらないのは、イノベーションの成功を、シュンペーターが文学的に描いた企業家精神が支えている事情に違いない。

第 4 章

ケインズとピケティ （16〜22）

『一般理論』に限らず、ケインズが時々の課題に反応したジャーナリスティックな論考も、ここでの文章に反映している。一貫するのは、ケインズ自身が学んできた理論に捉われない臨機応変な発想になる。私より若いピケティは理論より事実の解明を重視し、老いた私の認識の枠組みに影響を及ぼす。理論を道具と捉える発想の臨機応変さが、ケインズ以来の経済思想家の登場にも思える。

16 財政金融政策と労働市場改革

ミクロで賃下げすれば雇用を増やせる気がするが、マクロで労働者の消費需要が減れば、ミクロでも売れずに雇用を増やせない。有効な政策は時によってだけでなく、所によっても変わる。賃下げしやすくしたドイツの労働市場改革は、生産の半分を輸出する国では輸出競争力が重要だから有効だったが、内需依存度が高いスペインが追随しても、低賃金の内需抑圧力のほうが効いてしまう。

17 先見性と現実性

将来の破綻を避ける先見性と現実性を備えた提案を、先見性のない人間が現実性がないとして葬る光景は昔も今も変わらない。ケインズ信者ではないが、第一次大戦後のアメリカの債権放棄案も、固定相場制への割安ポンドレートでの復帰案も、第二次大戦末期の世界共通通貨や世界中央銀行の構想も、歴史上の経済思想家として、最も先見性と現実性をともに備えていたのは確かに思える。

18 ローカルとグローバル

国内で相対的に安く作れるもの作りに特化して輸出し合うリカードの比較生産費説が妥当しなくってきたのをケインズは感じた。もの作

りの費用に差はなくなり、もの以上に、輸出できないサービスや不動
産への支出が増えている。先端産業の自動車や産業基盤の鉄鋼や田園
を守る農業は、イギリス国内に残したい。輸入するより高く国民が払
っても、高い費用は国内需要の源泉の所得になる。

19 正しい経済思想

　論争相手の主張が完全には正しくないとか、常には正しくないとい
う理由で誤りだと断罪しなければ、不毛な論争は減る。ケインズは、
経済の局面により必要な政策は違うと完全に認識していたが、常に今
必要な政策を主張したから、今の局面で論争相手の主張は完全に常に
誤りなのだった。そして経済の局面が変わると、ケインズの主張は経
済思想ですらないと逆に断罪される不毛に至る。

20 孫の世代の展望

　半ば冗談で「孫の世代の経済的可能性」を考えたケインズは、「経
済が人間の課題でなくなる」と展望し、「不発の予言」とおちょくら
れている。でも孫の世代には経済よりも人間としての生き甲斐が問わ
れると示し、今を生きる世代の将来への期待を高めようとした。対す
る今の日本の国債発行や世代間所得移転は、改革しないと孫の世代の
人生の不安が高じずには済まない次元に達している。

21 資本主義の成長法則

　「資産／所得倍率 β ＝貯蓄率 s ／成長率 g 」をピケティは資本主義
の成長法則と呼ぶ。所得の12％を貯蓄して資産になり、所得の成長率
が２％なら、「資産／所得倍率」が６倍だと安定した均衡になる。ハ
ロッドが、 g ＝ s ／ β とピケティを入れ替えて経済成長の不安定性を
導いたのは、局面により貯蓄が美徳にも悪徳にもなり得ると示して、

先輩のケインズとともに伝統を擁護する意図を感じる。

22　資本主義の分配法則

　ピケティが、「資産所得割合α＝資産利益率ｒ×資産／所得倍率
β」の定義式と、前回の「β＝貯蓄率ｓ／成長率ｇ」を合わせて、
「α＝rs／ｇ」としたのが資本主義の分配法則になる。貯蓄率ｓが変
動しにくければ、「資産利益率ｒ＞所得成長率ｇ」だと格差や貧困が
拡大する。日本でも金融緩和が限界に達して今後金利が上がると、一
定の成長率を確保するのが社会にとって一層切実な課題になる。

16　財政金融政策と労働市場改革

　賃金を下げれば雇用を増やせる＝失業を減らせる、のか。時給1000円を
500円に下げれば、倍の労働者を雇える気もするが、ケインズの『一般理
論』は冒頭からそう主張してきた古典派への喧嘩腰の議論を展開する。経
済思想史上は、投入労働量や賃金など供給側の要因で商品の価格が決まる
のを古典派、供給と需要の均衡により価格と（供給・需要）量が同時に決
まるのを新古典派と区別するのが普通だが、ケインズは両方ひっくるめて
古典派と呼ぶ。新古典派も、供給はそれ自らの需要を生むと考え、マクロ
の需要不足に思い至らないのは古典派と違わないからである。

　そして、企業が雇用を増やす際、増やした労働者が稼いでくれる額まで
なら賃金を払おうとするのを古典派の第１公準、労働者が、働く苦痛を埋
め合わせてくれる賃金までなら働こうとするのを古典派の第２公準と呼
び、第１公準は認めるが、第２公準は認めない。たしかに、個々の労働者
が企業と対等に交渉して賃金を決める前提の第２公準は、組合交渉の現実

と合わなくなっていた。グラフの縦軸に賃金、横軸に雇用量をとり、賃金が安いほど雇いたい労働の右下がり需要曲線（第1公準）と、賃金が高いほど働きたい労働の右上がり供給曲線（第2公準）の交点で賃金と雇用量が決まるなら、賃金が変動して需給を一致させるから失業は生まれないはずである。

古典派経済学者によれば、この市場メカニズムを組合が邪魔して高賃金に固執するのが失業の原因になる。ケインズは、組合の現実の活動を観察した。労働者が生活していくうえでは、名目賃金より、物価と比べての購買力を示す実質賃金のほうが大事なはずだが、物価が少し上がって実質賃金が少し下がっても強硬に賃上げを主張したりしない。でも企業が、他社と比べ自社の名目賃金を少しでも下げようとすれば抵抗する。他社と比べて不公平と感じるからだが、ケインズの言によれば同時に、「幸いにも労働者は、古典派経済学者より合理的だからである」。

ミクロの企業は賃下げにより失業者を雇う余力が生じると思っても、マクロで見れば賃下げされた既存の労働者の購買力＝消費需要が減って、結局は雇用を増やせない。同時にケインズは、古典派経済学者が重視した家計の貯蓄を敵視する。貯蓄が投資され生産性を高めて経済成長する前に、貯蓄は今の消費を同額減らしてしまう。世界恐慌期だから、財政金融政策によりマクロの需要を追加して正常な経済循環を取り戻せとケインズは提言した。そして第二次大戦が迫って完全雇用に近づくと、今度は強くなり過ぎる需要を吸収するために強制貯蓄を提言した。でも、ほとんどの国の政府は、置かれた局面に応じて機動的に政策を変える能力を備えていない。ケインズの周囲はまだ世界恐慌のさなかと思っていたから提言に絶句する。

ここまでは局面によって有効な政策が異なる話だが、ここからは場所によって有効な政策が異なる話になる。EUでのドイツの一人勝ちは、しばしば労働市場改革の成果と解説される。賃金交渉の舞台を、強い産業別組

合から弱い企業別組合に移して柔軟に決められるようにし、雇用形態を多様化して非正規が4割に達した一方で有能な正規は手元に置く。日本型の労働市場に近づけて成功しているのは、生産の半分を輸出する経済では、輸出競争力が決定的に大事だからである。もとより輸出競争力は日本にとっても大事だが、9割弱が内需の国では、低賃金が内需を抑圧するデメリットのほうが強く現れてしまう。

スペインはEUから支援を受ける見返りに、ドイツ型の労働市場改革に取り組んだが、非正規が増えた分だけ正規が減り、失業率はあまり改善していない。スペインはドイツより内需に依存する経済であり、世界恐慌期や日本の失われた四半世紀のようにバブル崩壊からの回復過程では、やはり低賃金の内需抑圧力が効いてしまう。

そして、ドイツとスペインにはさまれたフランスの社会党政権も、ドイツ型の労働市場改革に不退転の決意で臨み、組合は不退転の決意で抵抗している。これを、組合が失業者を犠牲にして自らの雇用の既得権に固執している、とばかりは言えない、とここまでしか言えないのが私の観察能力と分析能力の限界になる。

17 先見性と現実性

第一次世界大戦でアメリカのウォール街から戦費を借りたイギリスとフランスは、ドイツから賠償金を取り立てないと借金を返せない。ドイツが復興しないと賠償できないのに、賠償金は復興を不可能にする規模だった。ケインズが現実的と考えたのは、世界一の経済大国になったアメリカの債権放棄である。だが、ウィルソン大統領は、「借りたカネを返すのは当然」と主張するウォール街を抑えるのは現実性がないと考えた。こうしてドイツには、「ヴェルサイユ条約の破棄」を掲げるナチスが台頭する。処女作『講和の経済的帰結』でケインズは、敗戦国と一蓮托生の運命と気

づけない戦勝国の指導者とウォール街を酷評した（9　日の名残り）。

　将来の破局を避ける先見性と現実性を備えた提案を、先見性のない人間が現実性がないと判断する構図は今もあまり変わらない。ユーロの債務国は経済成長しないと借金を返せないのに、返済の処方箋としてもっぱら緊縮財政が求められる。債務国と一蓮托生と気づけない債権国ドイツが、悪意なくヴェルサイユ条約に復讐しているかのようでもある。

　第一次大戦後のイギリスでヴェルサイユ条約に続く課題が固定相場の金本位制への復帰であり、蔵相チャーチルは戦前の為替レートを採用した。金本位制を時代遅れと考えたケインズも、みんながまだその調整メカニズムを信じている以上、復帰自体は容認する。だが、この間に賃金や物価が上がって戦前のポンドレートは割高になっており、経常収支が均衡するには、賃金が1割下がらねばならない。『チャーチル氏の経済的帰結』でケインズは、割高な固定相場への復帰が賃金を抑えてマクロの需要減の悪循環を招くと批判した。

　チャーチルは、日本の蔵相井上準之助と同じく当時の正統派経済思想に基づき、目先の痛みを乗り越えてミクロの競争力を取り戻そうとしていたから、局面に応じて臨機応変に処方箋を考えるケインズがマクロの需要減の悪循環を懸念するのが目先の人気取りに見える。有名な捨てぜりふをチャーチルが残している。「6人の経済学者に処方箋を問うと答えが7つ返ってきた。うち2つはケインズからだった」。

　後に世界恐慌が深刻化し、イギリスは金本位制を維持するために高金利の緊縮財政を講じる。みんながなお金本位制の調整メカニズムを信じている以上、ケインズも維持は容認するが、そんな状況で提案した政府増収案は、「望ましくないなかでは一番まし」な関税だったから自由貿易を信仰する経済学者から裏切り者呼ばわりされる。そしてイギリスが金本位制から脱落し、緊縮財政自体の必要が消えると、あっさり関税案を撤回した。ほどなく日本の蔵相も高橋是清に代わって金本位制から離脱し、国債日銀

引受けによる周知の積極財政を展開する（246　坂の上の雲の頃）。

　第二次大戦の後半、勝利の兆しが確かになり指導者として余裕が生まれたチャーチルは、『一般理論』で正統派経済思想に反逆したケインズにお世辞の手紙を書いた。「このところ、あなたの考えにますます共感するようになりました」。返事はそっけない。「そうですか。でもたった今、私は考えを変えたところです」。当時のケインズは、アメリカと戦後の国際通貨体制を協議していた。経常収支の不均衡が構造的な場合に為替レートを変更できる固定相場制にするところまでは双方異存がない。

　でも、不均衡の是正責任を赤字国だけでなく黒字国にも負わせ、調整のために世界共通通貨や世界の中央銀行を設けるケインズ案を、アメリカは相手にしなかった。ドルが共通通貨になれば済むし、その恩恵を放棄する気もない。チャーチルがルーズベルトの副官と自任する当時の力関係では、ケインズ案は現実性がなかった。でも、アメリカ一強の経済体制が揺らぐほど、ケインズの先見性に現実が追いついてくる。

　今なお、なにが経済の現実かをめぐり論争は紛糾する。経済は因果応報の道徳劇ではないから局面によって有効な政策は存在するが、万能のフリーランチが存在しないのもまた現実に違いない。ケインズを含む特定の経済思想による現実の諸課題の一挙解決願望からは距離を置き、ケインズの生涯に学んで先見性を発揮していかねばならないようである。

18　ローカルとグローバル

　グローバルに分業して貿易する利益を、19世紀初めのリカードは各国内の生産費の相対的な比較から導いた。イギリスではワインを作るのに12、毛織物を作るのに10の費用がかかり、ポルトガルではワインを8、毛織物を9で作れる。両商品とも絶対的にはポルトガルが優位だが、イギリス国内では1単位の毛織物で0.8（10／12）単位のワイン、ポルトガル国内で

は1単位のワインで0.9（8／9）単位の毛織物を得られる。

　国内で相対的に安く作れる商品として、イギリスが毛織物、ポルトガルがワインの生産に特化して互いに輸出すれば、イギリスは1単位の毛織物で1.1（9／8）単位のワイン、ポルトガルは1単位のワインで1.2（12/10）単位の毛織物を相手国から得られるから、国内で相対的に優位な生産に特化するほうが互いに得をする。互いに得をするのは、特化すれば両国の両商品の生産量が増えるからである。ポルトガル人が美しいドブロ河渓谷でブドウを採って河口のポルトで熟成するポートワインは、昔からイギリス人の好物だから、得心できる事例だったに違いない。

　リカードが論じた時代は、綿織物から始まった産業革命が、毛織物マニファクチュアに及びつつあったから、自然条件に規定されるワインに比べ、毛織物生産の相対的優位性は今後一層高まると見込まれた。要は、農業国のポルトガルと工業国のイギリスという国際分業を正当化する事例になっている。今なお目からうろこの経済思想として教科書が紹介するリカードの比較生産費説に、1世紀後のケインズは自由貿易論者を絶句させた寄稿「関税の得失」と「国家的自給」で疑問を呈した。

　生産が自然条件に規定される商品の割合は次第に減り、規格化された設備を使えば、賃金水準を別とすればどの国でも同じ費用で作れる時代になっている。また、もの作りより貿易されない身近なサービスへの支出が増え、さらに住宅のように貿易されない不動産への支出が増えているから、リカード説を金科玉条の前提にする必要はない。

　ケインズは、イギリス国内に確保したいもの作りとして、当時の先端産業の自動車と、衰退しつつあるがなおすべての産業の基盤になる鉄鋼と、田園の美しい自然を守る農業をあげる。輸入するより費用がかかって価格が高くとも、輸入に関税をかけてでも、これらの産業で働く労働者の生き甲斐には代え難く、高い費用は内需の源泉の所得になる。また当時は、輸出や海外投資先をめぐる各国間の競争が、しばしば戦争へと展開した。思

想や芸術や旅行は性質上グローバルであるべきだが、サービスはもとより、もの作りも合理的ならローカルに行い、とりわけ金融は国家的にしよう、とケインズは提唱する。

　こうしたケインズの提唱を振り返ると、東日本大震災の復興を公的資金で金融支援した経験が思い出される。商店街を構成するのは小売や飲食や旅館や理美容や洗濯や塾などの中小零細サービス業だが、まとまった規模で事業を再開すれば、入ってくるようになった日銭で互いに客になり合い、仮設住宅からの客も呼び込んで、ローカルな経済循環が起動する。

　一方、グローバルに販売してきた被災地の製造業はコモディティ化や為替レートの変動により、ローカルなサービス業より経営が不安定になりがちだった。無論、ローカルなサービス業とグローバルな製造業の一般論をしているのではなく、自治体からの情報に基づき、震災前から客が多く生産性が高い事業者を優先して再開したから、ローカルな経済循環もより円滑に起動したには違いない。

　今後、生産年齢人口が一層減る環境で生産性と経済循環を両立させるには、政府が決めたやや高めの最低賃金を払える生産性の事業者だけが、内需の源泉になる所得＝購買力を労働者に提供しながら存続する、といった割り切りも必要になるだろう（注）。1世紀前にケインズがたどった思考の跡は今なお、もやもやした頭を整理する手がかりになる。

（注）　さらっと書いているが、震災前から客が少なく生産性が低い事業者を相手にしなかったのは、仕事を再生する政策だからである。「これじゃあ事業を再開しても黒字になりませんね」が謝絶理由になった。コロナの特例貸付は生活を再生する政策だから、選別は許されない。コロナ前からぎりぎりの生活だった世帯に貸しても、往々に返済の目途は立たない。世帯主は内需の源泉になるほど十分な所得を得てないから、子供を持ち住宅ローンで家を買う当たり前の営みがハイリスクな綱渡りだったのをコロナにより気づかされる。

　　　行政官時代の終盤に携わったこの仕事に正面から向き合ったか、今も忸怩たる思いがある。「優秀な経営者を見つけたら口出しせずに任せる」が信条には違いない（205　政府系事業再生ファンド）。ただ、口出しでなくも

っと本気を出して手伝えば、もっと多くの事業者を支援できたかもしれない。結構ちゃらんぽらんな人間だったシンドラーが映画の終盤で、「もっと本気を出せばもっと多くのユダヤ人を救えたのに」と泣くのは、普通の観客には、「あんたは十分頑張ったよ」と思わせる。が、本気を出せる立場だった私にはシンドラーの悔悟が分かる。

19 正しい経済思想

　論争相手の経済思想を、完全には正しくないとか、常には正しくないという理由だけで誤りだと断罪しなければ、不毛な論争が減って建設的なのに、とは思う。供給は全体としてそれ自らの需要を生み、個々の需給の不均衡は価格が調整してくれる古典派の思想が完全に常に正しければ、マクロの需要不足にならない。だから古典派に反逆したケインズは世界恐慌期に、売れそうにないから作らない＝需要されないと供給しない因果関係を強調した。でも供給に携わって得た所得が、少なくとも部分的には供給される財やサービスを消費する需要になるのは当たり前だし、少なくとも完全には誤っていない。

　所得から消費して残る貯蓄が、そのまま投資されて生産性が高まり経済成長する古典派の思想に対しても、ケインズは、貯蓄が同額の投資になるのではなく、投資が同額の貯蓄を可能にするほど所得を増やす因果関係を強調する。投資が何倍もの所得を生む乗数理論は、マクロの需要不足を克服する政策手段として編み出された。供給に携わって得た所得から消費した残りが貯蓄になり、需要は消費と投資が構成するから、需要が供給より弱いとは、結局、投資が貯蓄より弱いことに帰着して投資主体としての政府が登場する。

　『一般理論』の前著『通貨論』でのケインズは、需要が供給より弱いと価格が下がると定式化した。でも世界恐慌期には価格が下がっても、需要が復活する気配はない。だから『一般理論』では、需要が減ると供給が減

ると定式化し直した。供給を減らさないために、財政金融政策で需要不足を埋める結論が予め決まっていたからである。恐慌期に将来を悲観して、所得が減る以上に消費や投資の需要を減らし、需要が減る以上に供給を減らして所得が減る悪循環は、政府が止めるしかない。悪循環には政府が介入してくれるのが常識になれば、所得が減っても消費や投資を減らす悲観に歯止めがかかり、政府介入の必要性も低くなる。

『自由放任（レッセフェール）の終わり』でケインズは、経済思想の根幹に自由が座った経緯を検証する。元来は、国王や教会の権力から逃れる思想や資産所有の自由だった。そして、企業が価格に導かれて自由に私益を追求すれば、効率的に資源配分されて経済が成長する公益を実現できるのが、古典派の経済思想になる。神の摂理のような価格による調整に、政府が介入するのは倫理に悖ると意識された（**8　ハワーズ・エンド**）。神の影響が弱まると、適者生存のダーウィン進化論の経済への応用が登場する。自由な競争により経済成長するだけでなく、そもそも成功した人間自身が自由な競争により生存した適者である以上、価格による調整を邪魔してはならない意識が一層定まった（**45　自然科学と社会科学**）。

ケインズは、ミルやマーシャルなど一流の思想家は単純に自由放任を称揚せず慎重に政府の役割を考えたが、自由放任が成功した企業家や政治家の私益に合うから安易に飛びついて二流のイデオロギーとして定着したと指摘する。でも同時にケインズ自身もしばしば慎重さから遠く、ミルやマーシャルを含め、量より価格が調整する古典派を誤りだと断罪してしまう。

完全には正しくないとか、常には正しくないでは、ジャーナリスティックな主張として迫力に欠け、ジャーナリストを自称したケインズ好みではない。経済の局面によって必要な政策は違うと完全に認識していたが、常に今の局面で必要な政策を主張するから、今の局面で論争相手の主張は完全に常に誤りなのだった。そして時が経てば、「ちょっと喧嘩腰過ぎたか

な」と微笑ましく自省する。後に経済が回復局面に至ると、価格より量が調整する『一般理論』は経済思想ですらないと逆に断罪され、不毛で非建設的な論争が続いた。

　日本では、かつてタクシーの価格を維持したまま運転手の参入を自由化して供給を増やした。総需要は変わらないから、運転手1人当たりの所得が減って過労による事故増加が懸念され、1人当たりの走行距離を制限して平等に貧しくなる奇妙な供給抑制策に戻る。試行錯誤の末に今ようやく、初乗り価格に限って少し下げたら、需要がどれほど増えるかの官民共同実験が始まった。自由放任（レッセフェール）が、克服すべき経済思想でなかった国の風景は、ちょっと寂しくも思われる。

20　孫の世代の展望

　そろそろケインズを終えるが、ここ10年ほど惹かれてきたのは、経済を考える発想の臨機応変だけでなく、経済にとどまらない視野の広さらしい。後に妻になったロシア人バレリーナへのラブレターが残っている。「あなたの魅力に比べたら、経済を考える私の文章など、なんと色褪せて見えることか」。ここまで書かれてはケインズに惹かれ、経済を考える文章の訓古的研究に生涯を捧げた経済学者を落胆させて余りある。

　経済にとどまらない視野の広さは、シュンペーターの資質でもあり、この2人が揃って資本主義の将来を展望しているのが面白い。「資本主義が社会主義に道を譲る」のがシュンペーターの結論になる。資本主義の進展につれて合理的な思考が浸透し、イノベーションを実現したい企業家の破天荒な情熱を部下の実務家が抑えるようになる。教育が普及して知識階級が台頭し、資本主義に伴う所得や資産の不平等を許せない意識が高まって、資本主義そのものへの敵対行動に至る。

　今のところ、当たっているとは言えないが、シュンペーターが、自律的

に調整する経済の論理でなく、経済を構成する人間の気持ちや行動を考える視野の広さには共感する。「99％の国民を尊重せよ」という近年のアメリカの運動は、社会主義を指向してないが、１％への所得や資産の集中が危険領域にあるのを示している。

　一方、「孫の世代の経済的可能性」を展望したケインズの結論は、「経済が人間にとっての課題ではなくなる」だった。他人より豊かになりたい相対的な欲望にはひょっとすると限界がないかもしれないが、人間が生きるのに必要とする絶対的な欲望は有限である。執筆時までの経済成長を将来に向けて単純に延ばせば、孫の世代は、食べるために週15時間働けば済むとケインズは指摘した。

　これまた今のところ、当たっているように見えないが、資本の論理が生むクソ仕事を除けば実現しているのかもしれない（13　下部構造←→上部構造）。執筆時は世界恐慌のさなかである。打開するには計画経済しかないという社会主義者の主張と、経済の自律的調整が終わるまで政府にできることなどないという保守主義者の主張が対立する環境で、ケインズは達観していた。「供給力の成長がちょっと早くて需要が追いつかなくなっただけだから、政策的に需要を追加すれば、経済は循環を取り戻しますよ」と。

　でも、この文章でケインズは経済論議の詳細は避け、経済が課題でなくなった孫の世代に人間がどう生きるかを夢想していく。「将来に備え、現在の消費を我慢して貯蓄する必要もなくなる。高金利は悪で、金銭欲は卑しいという人間性に戻ることができる。高潔に有意義に過ごす方法を教えてくれ、人生を陽気に楽しみ、労せず紡がざる野の百合のような人間を尊敬するようになる」。そして、「経済学者の元来の仕事は歯医者のように技術的なもの」であり、それが実現する日を期待して、ケインズは筆を措く。

　読者は、お気楽と感じるだろうか。みんなが経済の現在や将来を悲観し

ている時に、経済なんてたいした問題じゃないし、処方箋はあるし、むしろ経済が課題でなくなる将来のほうが人間らしく生きられるのを示して、そんな将来への期待により、現在の経済が循環を取り戻すよう励ましているみたいに私には見える。この文章は「予言を外したケインズ」としておちょくられてきたが、眼目は現在にあり将来の予言は冗談半分の風情である。第二次大戦が迫って完全雇用に近づき、現在の需要が供給より強くなると、ケインズはためらわず国民に強制貯蓄を提案した（**16　財政金融政策と労働市場改革**）。

　現在の日本のように長く需要不足が続くと、国債を発行して政府支出で補うのが、経済の循環を維持するための慢性的な政策になっている。引退世代の医療や年金を維持するために現役世代から所得移転する負担も限界に達し、成長率も生産性も賃金も低迷が続く。そんな中で、この国の「孫の世代の経済的可能性」がどうなるか、ケインズが問うた時代ほどケインズの処方箋に頼れなくなっており、ケインズが葬った処方箋の中に手がかりがあるかもしれない。それを探し出し、世代間の対話を深めて所得移転の流れを変えないと、孫の世代の人生の不安も高じずには済まない（**60　世代別資産格差、228　誤差内の誤差、232　公平の再考（上）**）。

21 資本主義の成長法則

　ピケティの『21世紀の資本』が、ケインズの『一般理論』以来久しぶりに繰り返し読んだ本になったのは、理論より事実を解明する流儀が新鮮だったせいと思う。どんな国でも全国民が毎年稼ぐ所得と、主に豊かな国民が過去に所得から貯蓄や投資をして蓄積した資産（資本）があり、各国の資産／所得倍率の推移を比較可能な格差社会の指標として示した。

　資産／所得倍率の推移を説明するのが理論や法則の役割だが、ピケティはあまり重きを置かず、教科書風の理論でもそれなりに説明はつきます

よ、といった風情になる。立派な理論を打ち立てても時代の制約は逃れられないし、局面を問わず当てはまる理論などないと達観しているのかもしれない。需要不足だと完全雇用に満たない水準でマクロ経済が均衡してしまうから、政府が財政金融政策で需要を追加して経済を循環させるのがケインズの処方箋だった。不況時に賃下げすれば家計の購買力を弱めるし、貯蓄もまた消費需要を減らす悪徳である。でも、賃金が下がれば雇用を増やそうとする企業が増えるし、貯蓄も投資の原資として生産性を高めるのが伝統的な経済思想からの反論になる。

　賃金や金利を含む価格の調整機能により経済は完全雇用で安定成長できるのか、それとも不安定性を避けられないのかを考えるには、所得から貯蓄や投資をして、資産（資本）を蓄積し経済成長していく過程の分析が必要になる。事後的に等しくなる貯蓄と投資のどちらが主導するのかというケインズがこだわった論点は、ひとまず棚に上げよう。

　多くのピケティ解説は、「資産／所得倍率β」が長期的には「貯蓄率sを所得の成長率gで割った値」に収斂していく、「β＝s／g」という資本主義の成長法則を重視して紹介する。トートロジーみたいな解説だが、所得の12％を貯蓄して資産になり、所得自体が２％で成長する国では、資産／所得倍率が６倍だと需給が均衡した安定成長になるからである。

　ピケティ以前にケインズの『一般理論』を経済成長論へと展開した後輩のハロッドは、成長率を説明するためにピケティのβとgを入れ替えて、「g＝s／β」と表現していた。所得からどれだけ貯蓄するかの貯蓄率s（分子）は短期には変わらない。仮に存在する労働も資産（資本）も完全雇用されて安定成長する場合の安定成長率に比べ、現実の成長率が高いとする。そうした状況は、「現実の資産／所得倍率β（分母）」が、完全雇用で安定成長する場合に比べて現実には低いことを意味する。そこで企業は投資して「資産／所得倍率β」を高めようとするから、現実の成長率は一層上がってしまう。

逆に現実の成長率が安定成長率より低い場合は、「現実の資産／所得倍率 β」が完全雇用で安定成長する場合に比べて現実には高いことを意味するから、企業は投資を減らして現実の成長率は一層下がってしまう。また、中長期で考えると、人口増加や生産性向上の限界から成長率には上限がある。この上限が労働と資本が完全雇用される安定成長率より高ければ、貯蓄を投資して上限に追いつくのが望ましいから好循環で経済は成長し、逆ならば貯蓄は需給ギャップを広げて悪循環で失速していく。

　要は、伝統的な経済思想では貯蓄を投資して生産性を高めるのは美徳だが、『一般理論』のケインズが貯蓄を消費需要を減らす悪徳と断じたため、ケインズより伝統を擁護したいハロッドは、状況次第で美徳にも悪徳にもなると示して伝統と先輩の折合いをつける動機があった。ケインズの財政政策は賢人が担ってこそ機能するハーヴェイロードの前提に注意喚起したハロッドならではとも言える。

　もちろんケインズは世界恐慌期の処方箋を示しただけだが、『一般理論』を読むあまり丈夫でない頭脳は、局面を問わない不変の啓示と信仰する。ハロッドは自らの不安定性理論に強い自信を示したが、昔からこの理論がすとんと腹に落ちない私には、謙虚なハロッドにしては強い自信の示し方に、動機を隠す意図を隠していたのではと疑っている。ハロッド以降に伝統が復活していく過程と、ピケティの資本主義の分配法則を次回に紹介して、ささやかな経済思想の旅に区切りをつけたい。

22 資本主義の分配法則

　自由放任政策の下では、存在する労働と資産（資本）を完全雇用して安定成長するのは難しく、好況はさらなる好循環、不況はさらなる悪循環を招きがちだという資本主義の不安定性をハロッドは指摘した。サミュエルソンやソローなどのアメリカのケインジアンは、マクロ経済の需要不足を

財政金融政策で補えば、伝統的な経済思想の取り柄である価格調整による市場メカニズムを機能させられると考えた。

　ソローは、経済成長についても価格調整を導入する。労働が資産（資本）より多く供給される好況時には、賃金が金利より安いので、機械などの資産から労働に生産要素が代替される。それが現実の資産／所得倍率を下げるので、好況に歯止めがかかる。不況時には、その逆。賃金や金利を含む価格調整が機能すれば、需給が均衡した安定成長が可能になるのは、供給はそれ自らの需要を生むとする伝統思想を、経済成長論に応用している。常に正しくはないにせよ、通常は失業も人手不足も永続はしないから、一定の価格調整は機能している。

　日本でも今後長い目で見れば、生産年齢人口の減少が続くにつれ供給制約が本格化し、財政金融政策も愛想尽かされて、賃金も物価も金利も次第に上昇基調をたどるだろう。ピケティが、「資産／所得倍率 β ＝貯蓄率 s ／成長率 g 」の成長法則に続いて示した資本主義の分配の定義式は、所得に占める資産所得の割合 α が、資産の利益率 r と資産／所得倍率 β の積になる「 $\alpha = r\beta$ 」だった。資産の利益率が５％、資産／所得倍率が６倍なら、所得に占める資産所得の割合は ５×６＝30％になり、裏腹に労働所得の割合は70％になる当たり前の定義式になる。

　前回の成長法則「 $\beta = s / g$ 」と今回の分配の定義式「 $\alpha = r\beta$ 」を合体すれば、資本主義の分配法則を示す「 $\alpha = rs / g$ 」になる。貯蓄率 s があまり変わらず、「 r ＞ g 」なら、資産所得の割合が高まって格差社会化が進む。ピケティは、「 r ＞ g 」を理論的に立証したのではなく、そうなるだろうという直観に頼っている。今の日本では、資産の利益率を代表する金利も所得の成長率もともに低迷しているから直観も働きにくいが、今後は次第に上昇基調をたどるであろう金利に対し、一定の経済成長を確保しないと、絶対的な貧困と格差が悪化する。

　経済思想の終わりにハロッドが登場したのは、高校生の頃、清水幾太郎

さんが岩波新書で日本に紹介したハロッド晩年の『社会科学と道徳と神秘』を読んだせいかもしれない。人間が経済を構成する以上、経済の動きを理解するには人間の気持ちや行動を理解する必要があり、そのために優れた小説を読め、とある。

　ピケティがオースティンやバルザックを採り上げて、格差社会の実相を活写したのも、同じ思いに基づく。私がイギリス小説を採り上げたのも同じ思いに基づくが、力不足はいかんともし難く、さしたる含意を引き出せない。そこでオーソドックスに経済思想を旅して、思想の構造の理解を深めた気はするし、私が思想の本質と感じたさわりの紹介で読者の知見が豊かになったなら喜ばしいが、改めて、どんな時代のどんな経済状況にも妥当する思想はないという当たり前の確認以上のものではない。

　市場メカニズムを活用し競争を促して効率化するほうがよい分野もあれば、財政金融政策でマクロの経済循環に配慮するほうがよい局面もある。税制や社会保障政策や労働政策や教育政策や最低賃金保証は、国の形を示す制度とその運用に他ならない。諸々の制度を観察し分析して、マクロ経済を支える需要をどうやって生むか、需要に応える生産性をどうやって高めるかを考える、というあたりが月並みな方向感のようである。

　去年の今頃（2015年夏）は、役所勤めから解放されて世界をさまよっていた。金融と経済と人間のよりましな処方箋を求めて、やはり月並みではあるけれど、縦に気になる経済思想をたどった後は、横に気になる世界をたどってみたい。読者には、さまよいながら続くこの連載に、もうしばらくつき合っていただけると幸いです。

第 5 章

アメリカの観察 (23〜32)

ここから第7章までは当時の旅の記憶が流れている。黒船に国を開き、GHQに民主主義を与えられ、安全保障を依存し続け、と理由はきりがないが、政府にいるとまずアメリカはどうか、を気にしてきた。縦に経済思想の旅を終え、横に世界を観察するならこの国から始めるしかない。オバマを大統領にできる国は、トランプを大統領にできる国でもあったと判明したのを機にひと区切り置く。

23　アメリカ対○○

　新興国アメリカ対旧宗主国イギリス、は第一次大戦を終え決着した。第二次大戦を終えての「資本主義アメリカ対社会主義ソ連」も半世紀足らずで決着する。次の○○は日本かも、の期待はバブル崩壊とともに消えた。やがて、「アメリカ対中国」の構図が鮮明になるが、国の主導権争いの前に、民主主義下の資本主義市場競争により国民の分断が進んだアメリカは、国内から国の形を問われている。

24　アメリカの変わり身

　「日米上位企業の30年前と今」では、アメリカ企業の激変と日本企業の不変が印象深い。アメリカの市場型金融システムがもの作りから解脱する産業構造の変化を促したと感じてきたが、GAFAにもなお繊細なもの作りをするアップルや、依然サービス以上にものを売るアマゾンがいる。労働と資本の流動性が高く変わり身が早いのがアメリカの強みだが、それがすべてでもないらしい。

25　デトロイト、破綻の風景

　テレビのように他国に勝てない産業分野は冷静に諦めるアメリカも、最大産業の自動車では諦めが悪かった。政府を動かしてライバル

国に圧力をかけ、金融や買収にも精を出す。ライバル国より良い品質のクルマを作る以外の活動に注力し過ぎ、本拠の自治体破綻まで招いた。でも、どん底まで落ちると西海岸と連携して復権し、「やっぱり諦めないでよかった」と展開しないとも限らない。

26　下町とNASAのロケット

『下町ロケット』にNASA帰りの敵役が現れて禁じ手を連発するが、最後は品質で勝負しようと下町工場の主人公と誓い合って幕となる。「月に行くぞ」とケネディ大統領が一方的に宣言して官民一体で頑張ったのは、市場競争を重んじるアメリカ流儀ではないが、さすがに月に行くロケットを作るには官民一体体制が必要なのかもしれず、先端産業での政府の役割にはまだ教科書がない。

27　アメリカの世界遺産

原爆ドームの世界遺産登録にアメリカは、戦争早期終結のためには原爆投下が不可避であり、世界遺産の守備範囲を超えている、と難色を示した。同じく人類に反省を促す公民権運動の遺産は、すでにアメリカの候補リストに入っている。まだリスト入りしてないグラウンドゼロ・メモリアルが世界遺産になれば、人類が繰り返してはならない行為への日米相互理解が格段に深まるだろうと思う。

28　家計事情

たまたま、利益を生む資産を持つ側に我が家は属してしまい、今後は親が残す資産も相続する。所得の成長が低迷しても、資産の利益率が下がらないから格差が広がるピケティの指摘を体感している。ピケティが提案する国際的な資産課税の強化に、「オレの資産はオレの能力と努力の成果であり、自由と所有権の侵害だ」と本気で怒るアメリ

力の多くの資産家よりは謙虚でありたいと願う。

29　良い〇〇悪い〇〇

インフレや円安はそれ自体の良し悪しを論じるより、立場によって影響が違う現実を議論の前提にするのが建設的と思う。FRBが金融緩和の出口を指向すれば、「まだ早い」と世界の投資家が不満の声をあげるが、経済成長の果実のほとんどを所得と資産の最上位層が吸い上げてしまうアメリカのような国では特に、物価にせよ為替レートにせよ、貧困層の実質所得への配慮が欠かせない。

30　オバマのホワイトハウス

オバマ政権が不運なのは、金融危機の直後に発足したタイミングにある。1929年秋のニューヨーク株価の暴落から3年以上経ち、どん底まで落ちたと国民が感じた局面で登場したルーズベルト政権は、大胆な指導力を発揮しやすい環境にあった。楽天的と自称するオバマ大統領は、「歴史は正義に向けてゆっくり弧を描く」と語る。ならば国民の後任選択は、一時の弧のゆがみに過ぎまい。

31　もしトラ

無論私も、「こんな奴がアメリカ大統領であっていいはずがない」と思いながら、冷静を装って大統領選の分析まがいをしている。「トランプ大統領でアメリカが変わる」と言うより、アメリカが正気を失うほど変わって、トランプが大統領になった。開票速報に伴う株価暴落の後、しらじらしく分断の止揚を説く就任演説に最高値更新で反応する金融市場の美人投票性にやれやれと脱力する。

32　金融危機の原因と対策

　政権準備中のトランプ陣営が、21世紀版のグラス・スティーガル法を導入すると表明しても真に受ける必要もないが、自分が携わった分野だから記憶を呼び戻す。銀行を元来の仕事の預金と貸出に専念させるのがグラス・スティーガル法の基本思想だが、銀行が証券を扱えば、抱えるリスクが増えるか、業務が多様化してリスクを分散できるかは、局面と場所によって違うとしか言えない。

23　アメリカ対○○

　「アメリカを旅するって、時間がもったいなくないですか」と、ハーバード・ビジネススクールをトップで出て、アメリカを体感してきたライフネット生命の岩瀬大輔社長（今は卒業）から問われると、返す言葉に詰まる。たしかに物見遊山の旅先としては歴史や文化の厚みがある国のほうが魅力的だし、これまでの旅先選択でもアメリカは劣後してきた。

　一方、ちょっとまじめにこの連載の契機を繰り返すと、金融行政が有事から平時に戻ったと思ったらリーマンが潰れてアメリカ発金融危機が起き、経済の潤滑油のはずの金融のせいで経済の変動が激しくなって人間が不幸になる不条理に遭遇したからである。危機の原因の指摘も、再発防止の処方箋も当を得ているとは思えず、金融と経済の関係を、担い手である人間の気持ちや行動も含めて勉強し直し、より望ましい制度や運用の処方箋を模索するのが、ライフワークとして意味があるかもしれないとここ数年来感じてきた（1　金融制度改革の記憶）。

　同時にここ数年来、世界を自分の目で見たい衝動がますます抑え難くなった。本やネットで分かる場合もあるが、訪れて初めて国の形を体感でき

る場合もある。昨年（2015年）夏に役所を辞めてしばらくの間は、ライフワークと世界をさまよう衝動が相まって、アメリカと中国を交互に旅した。もとより物見遊山だが、世界で1番と2番の経済（名目か実質かで順位が変わる）を体感したい。

　資産家が作ったニューヨークのメトロポリタン美術館を、王室コレクションであるヨーロッパの美術館に比べれば、やはり印象派以降が比類ないからヨーロッパからの購買力を高めた19世紀後半の急激な経済成長を思う。成長の担い手だったフォードやロックフェラーやカーネギーの足跡を求め、デトロイトからクリーブランド、ピッツバーグとグレイハウンドのバスで回るのは、たしかにいささか時間がもったいないかもしれない。

　標題の〇〇には、イギリス、ソ連、中国が順に入る。19世紀後半のアメリカ経済の成長は、宗主国だったイギリスに追いつき追い越す過程になる。イギリスがブリテン島を出て海洋に大英帝国を展開したのと対照的に、アメリカは北米大陸を西に進んで大量移民を受け入れた。鉄を作り鉄道を作り石油を掘って電気を流しクルマを作る活動が、旺盛な需要に迎えられて経済は成長する。「新興国アメリカ対旧宗主国イギリス」は第一次大戦を終えて決着し、世界一の経済大国になったユーフォリアが1920年代のニューヨーク株式市場を活気づけ、活気づけ過ぎて暴落し、世界恐慌の契機になった。

　第二次大戦を終えるともはや資本主義国にライバルはおらず、「資本主義アメリカ対社会主義ソ連」の構図になる。ロシアはユーラシア大陸の北部を17世紀に東に進んでいたから面積でも大国同士だが、この勝負も半世紀足らずでアメリカに軍配が上がった。冷戦の末期、次の〇〇に入るのは日本かも、の期待がバブルを生成させたが、崩壊とともにうたかたの夢が消える。旧宗主国イギリスに勝ち、社会主義国ソ連にも勝った成功体験は、今に至る株価の長期上昇基調を支え、時にユーフォリアがITや住宅で暴走する。リーマン創業家がメトロポリタン美術館に寄贈したコレクショ

ンの一角で、栄枯盛衰という言葉が脳裏をよぎる。

　やがて、「アメリカ対中国」という構図が鮮明になるが、多くのアメリカ人は、自国の民主主義と資本主義市場経済が、権威主義と社会主義市場経済の中国に負けるはずがないと思っている。多くの中国人が、ハーバード・ビジネススクールに学びに来るではないか（注）。でも、国同士の主導権争いが激化する前に、アメリカの民主主義と資本主義市場経済は、国内から国の形を問われている。

　トランプが共和党大統領候補になり、サンダースが民主党予備選で健闘するのは、アメリカの競争力の揺らぎとともに、市場競争に伴う格差が許容範囲を超えた現れに他ならない。そして、アメリカ社会に融和して生きてきたように見えたイスラム教徒が頻繁に銃を乱射するのは、民主主義とは次元が違う価値観に突き動かされている。ともあれ、経済思想の歴史を旅した後に現代世界を観察するなら、この国から始める選択しかない。

（注）　中国に対するアメリカ人の自負を読み返しても陳腐化したとは感じないが、ハーバード・ビジネススクールを卒業した中国人がかつてのようにそのままアメリカで就職せず帰国するようになったのは、携わるに値する仕事が中国で増えたからではある。日本から中国に赴任した家族も、大学受験期に子供が帰国して日本の大学に進むより、そのまま清華大学や北京大学で学ぶほうが人生に期待できそうな時代になった。なまじ遅れていたからキャッチアップ過程をリープフロッグ（蛙飛び）して世界経済の先端に躍り出る現象は歴史上しばしば見かけ、アメリカがイギリスを抜いたのもイギリスのように産業革命の成功体験のしがらみがなく、時々の先端技術をためらわず採用できたのが主因とされる。

　　　が、先端IT技術を国の現実に活かすビジネスモデルを編み出して、近年の中国ほどの規模で劇的にリープフロッグした事例は歴史上に見当たらない気がする。豊かになれば民主主義と人権尊重が定着するとの先進国の期待を、中国は裏切り続けてもいる。鄧小平の「先に豊かになれる者からなれ」の放し飼いが進み過ぎて国民の格差への不満が許容範囲を超えた事情は、むしろアメリカと似ている。違いは市場経済を制約してでも格差是正を権威主義的に進めるところにあり、それを多くの国民が歓迎する。アメリカは格差是正を貧困層の住宅価格上昇により民主主義が許容する形で進めるしかなかった（3　経験則）。

民主主義と異なる権威主義原理で運営する中国に世界経済の主導権を渡さないために、アメリカはもはや手段を選べなくなった。今も私が最も頻繁に訪れる国は中国だし、この章が「アメリカの観察」なら「中国の観察」もあって然るべきだが、連載でまだ正面から取り上げてない。先進国からの既存の現代中国論は、理念で現実を解釈してしっくりきた試しがないし、虚心に中国人と接したつもりでも、政府をどう捉えるかのスペクトラムが多彩過ぎて一筋縄で理解できた気がしない。しっくりくる中国像を形成するには巨大で複雑過ぎる対象だが、観察し考え続けるに値するテーマと意識はしている。

24　アメリカの変わり身

　行政官時代、ワシントンで金融行政に携わるカウンターパートが、数年前はウォール街の投資銀行にいた、なんて経験は珍しくもなかった。官民の人材交流は、民間企業を転々と移ってキャリアアップする慣行が、範囲をちょっと広げただけである。同時に官民を問わず、上司への忠誠心や部下への支配力が日本よりめちゃ強いな、としばしば感じた。やがて、これは雇用の流動性の高さと裏腹と気づく。自分を引っ張ってくれた上司の気持ちに従い、自分が引っ張った部下の気持ちを従わせるのは、国民性以前の人間の性に違いない。所属する組織への忠誠心は持たなくてもよいが、上下のヒエラルキーにKYだと、アメリカで働くにはかなり致命的である。

　ハーバード・ビジネススクールのウェブサイトが、授業内容でなく、ネットワークの重要性を強調しているのは微笑ましい。「あなたの関心が経営陣への出世であれ、起業であれ、公的組織の運営であれ、卒業生から懇切な支援が受けられます。就職のほとんどはコネクションで決まっており、当校のネットワークは大きな武器です」。

　そして、最高の経営能力を身につける授業をしているはずの学校が学生に、「卒業生に依頼する際に好感度が高いメールの書き方」を詳細に伝授している。こうしたネットワーク構造を象徴するのが、大統領の交代に伴

い、役所の一定以上の幹部も道連れに交代する慣行になる。政策中枢が、新大統領のネットワークのメンバーに変わるのが良いか悪いかは、新大統領が変えたい政策が良いか悪いかによる、としか言えまい。

　やはり行政官時代に斉藤惇東証CEOの講演録を読み、自分と同じ資料「30年前と今の日米時価総額上位企業の顔ぶれ」を使っているのに気づく。アメリカ上位企業の顔ぶれはさま変わりで、もの作りが後退し西海岸のITと東海岸の金融が牽引する産業構造になった。IBMやGEのような老舗も、もの作りからサービス業や金融業に転じている。一方、日本上位企業の新顔はソフトバンクと楽天とユニクロくらいしか見当たらず、老舗は30年前と変わらずテレビを作っていたりする（**217　ガバナンスの現段階**）。

　斉藤さんも私も、必要な産業構造の変化に整合する金融システムは、銀行型でなく市場型だと伝えたい。保守的な銀行員でなく、不特定多数の投資家に支持されて資金が集まり、事業の実現や拡大が可能になる。投資家の支持を失えば、事業を変えたり、縮小撤退したりを余儀なくされる。それは組織を構成する人間が、頻繁に職場を変えるのを意味する。単純に言うと、労働も資本も流動性が高い。

　1980年代後半の日本のバブル期には、それこそがアメリカ産業の弱みと批判された。証券市場の短期的評価に振り回され、長期的視野からの人材育成や設備投資ができないから、日本水準の繊細なもの作りができないのだと。風向きが変わった理由として、基幹技術がアナログからデジタルになり、垂直統合の系列ですり合わせるより、グローバルに水平分業してモジュールを組み合わせる時代になって、もの作りから解脱する変わり身の速さが善になったと説明される。ソニーに勝てそうにないなら、テレビはさっさと諦めてもの作りでない道を模索する。たしかに、グーグルやフェイスブックを眺めれば、そんな説明がすんなり腑に落ちる。

　一方、依然日本水準の繊細なもの作りをしているアップルを眺めると、ソニーの創業者に憧れたスティーブ・ジョブズのこだわりが息づいてお

り、iPhoneが売れて一番利益が落ちる国は、本社が企画するアメリカでも、iPhoneを組み立てる中国でもなく、繊細で高性能な部品を供給している日本である。アマゾンで買うのは、音楽や映像の配信サービスより、依然iPhoneみたいに作られたもののほうが多い。テレビにこだわるほど凋落した日本の電機メーカーの教訓からは、アメリカの変わり身の速さを見習って、労働と資本の流動性を高める必要がある。でも、それがすべてと言えるほど世界は単純にできてもいないようだから、もうちょっと繊細に見ていきたいと思う。

25 デトロイト、破綻の風景

　デトロイトではGMタワーがあるダウンタウンに泊まろうとしたが、まともな旅人は治安を考えて郊外のホテルを選ぶと旅ブロガーから学び、移動手段がタクシーだけになった。郊外のホテルからダウンタウンのデトロイト美術館に送ってくれた運転手からは、「クレイジーな連中がうようよしているから勝手に街を散策するなよ」と釘を刺される。

　財政再建のために作品貸出中が目立つ美術館を見終え、まさか市バスは危なくないだろうと乗ってみれば、叫びながらナイフで座席を切り裂くヤンキーがいて他の乗客は見ないふり。デトロイト市が破綻して、ダウンタウンのスラム化に拍車がかかっている。崩れそうなビル街にたたずみ栄枯盛衰に思いをはせるのは嫌いではないが、ホームレスの人たちが出入りするので落ち着かない。

　対照的に郊外にはフォードの輝かしい歴史を展示する博物館があり、これほどの栄光は、変わり身が早いアメリカ人でも容易に捨てられなかっただろうと得心する。キング牧師が公民権運動を率いる契機になったボイコットの市バスはフォード車であり、ローザ・パークスが座席移動を拒否したバス席には、座ってみたい世界の観光客が長蛇の列。人種平等に関心な

さそうに見える福音派白人のおばあさんから、「ローザ・パークスの席はどこ？」と問われ、しばし迷った後、やっぱりオレも座っとかなきゃと列に加わった（**242　モンスター身障者──わきまえる意味**）。

テレビ作りのように競争力を失った産業を冷静に捨てられるのはアメリカの強みだが、さすがに最大産業だった自動車作りは容易に捨てられない。第二次大戦でデトロイトは連合軍の武器を作ったが、GMはドイツの子会社を通じてナチスの武器作りにも技術提供した。だから戦後、国防長官に就任するGMのCEOは議会で官民の利益相反の可能性を問われる。この問いに泰然と、「アメリカにとって良いことは、GMにとっても良いことであり、逆もまた然り」と答えた頃が、アメリカ自動車産業の黄金時代になる。

やがてドイツや日本がより安くより良いクルマを作るようになると、デトロイトは不当なダンピングと主張して、アメリカ政府に輸入割当や日本市場の開放を要求する。開放したところで、日本人は燃費が悪く大きなアメリカ車など欲しくない。クルマの魅力で勝てないなら、クルマを買いやすくしようと自動車ローンを強化し、やがてクルマと無関係な金融取引で稼ぐようになるが、持続性に乏しい。自前の開発費用を抑えるべく、世界の自動車会社を買収して技術を吸収しようとしたが、ライバルに勝つ水準に至らない。要は、ドイツや日本より良い品質のクルマを作る競争以外の手段に依存し過ぎたように見える。

コーポレート・ガバナンスの歴史は、経営者仲間からなるGMの社外役員たちが、業績悪化に際しCEOに名誉ある引導を渡したのを嚆矢とする。その後のGMの経営は、なるべく早く利益を生んで株主に還元するガバナンスの要請に応えてきたが、長い目で見てクルマ作りの競争力は高まらなかった。なまじ最大産業として力があったから政府を動かしてライバルに勝とうとし、リーマンショック後の破綻の危機は政府に救われる。ライバルと同じ土俵での競争を避け続けたツケが、自治体の破綻として現れた。

でも、後知恵の宿命論なら、失敗した以上は愚かだったと誰でも言える（3　経験則）。どん底まで落ちた挙句の今後は、EVや自動運転をデトロイトと西海岸の連合が制し、やっぱりアメリカはクルマ作りまで捨てなくてよかった、と展開する可能性は、誰にも否定はできないだろう（注）。

（注）　2016年の大統領選はデトロイトを含むラストベルトがトランプ当選の決め手になったとされ、任期中のトランプも世界の自動車メーカーを促して自動車産業でのラストベルトの雇用期待に応えようとした（41　好みのクルマ）。2020年の大統領選でラストベルトが伝統の民主党に回帰すると、新自由主義のメディアや経済学者は、「自動車産業への政府支援の限界を認識して正気に戻った」のを祝福した。でも、最近はラストベルトにGAFAや製薬業や金融業の拠点が増えて産業構造が変わっており、僅差の選挙結果の原因を自らの新自由主義思想に基づいて解説する流儀は一層怪しさを増している。

26　下町とNASAのロケット

『半沢直樹』の倍返しに爽快感を味わってきた視聴者は、最後に100倍返しで証券子会社に出向させられる帰結に唖然とする。まあ、役員会で上司を土下座させる部下を銀行内で抜擢するわけにもいくまいが、爽快な後味とは言えない。同じく池井戸潤さん原作の日曜劇場『下町ロケット』では、繊細で高水準なもの作りにこだわるJAXA出身の佃製作所の社長が社員たちに叫ぶ。「銀行の奴らに笑われたよ。でもな、いい歳したおっさんが夢見てなにが悪い、町工場が夢見てなにが悪いんだ！」。

国産ロケットのバルブにせよ、子供の命を救う心臓弁にせよ、いいものを作って社会に貢献して生き甲斐を得られる仕事が減ってきた。NASA帰りが売りのライバル社長は、佃製作所からのエンジニアの引抜き、納入先への過剰接待に裏リベート、性能データの偽造と禁じ手を連発して逮捕へと転落する。が、落ちるところまで落ちると最後に、「佃より性能が良いバルブ」を携えて正面からの競争を挑み、佃社長も望むところだと応じ

て幕となる。爽快な後味とともに、デトロイトの自動車産業を思い出した。

　政府に働きかけて日本車の輸入を制限し、金融やM&Aに注力して短期の業績を支えても、より良いクルマを作る正面からの競争を避けては、長期の転落は避け難い。でも、政府に救済されて落ちるところまで落ちると、NASA帰りのライバル社長のように、より良いものを作る初心がよみがえるような気もするから、前回の終わりにあまり根拠なくアメリカ自動車産業の復権の可能性を書いてしまった。佃製作所の社員たちが、納入先の要求水準を満たすバルブや心臓弁を作る苦労は並大抵でない。だからこそ達成時の感慨もひとしおだが、苦労し続ける職業人生に誰もが耐えられるわけでもなく、より楽な選択肢があれば、意識しないで選んでしまうのが人間の性かもしれない（**129　もの作りの喜び**）。

　NASAはヒューストンでもオーランドでも、アメリカ有数の観光地である。「この部屋からアポロ11号の月面着陸を管制し、コンピューターは紙テープで動いていました。みんな緊張し、タバコの煙で視界が悪くなりました」なんて時代を偲ばせる解説が、観光客の笑いを誘う。ケネディ大統領が、「1960年代中に月に行く」と一方的に根拠なく宣言し官民一丸となって実現を目指したのは、市場での競争を重んじるアメリカ的風景でないが、さすがに月に行くロケットは官民一体じゃないと作れないのかもしれないし、少なくとも、「小さな政府が放任するほどうまくいく」ドグマへのアンチテーゼには違いない。

　かねてより、経産省の製造業（もの作り）信仰はちょっとうざいなと感じてきたが、信仰する理由がなくもなさそうな気もして腰が定まらない。シャープのテレビは諦めても、トヨタのクルマは同じ道を避けてほしい。経済が成長するにつれ、労働人口やGDPに占める製造業の割合が下がるのは、製造業がサービス業より生産性を高めやすく、より少ない人数でより安く作れるようになるからである。生産性が高ければ当然、労働者は

サービス業で働くより豊かに暮らせる。

　所得の高さだけでなく、製造業で働くほうが、ゼロサム競争のサービス業で働くより生き甲斐を覚えそうなのも否めない。3種の神器や3Cを作って社会に貢献していると感じながら、自らも豊かになった成功体験からの脱却が日本の課題と言われれば、そうだろうと思う。情報化が進むポスト工業社会のもの作りは新興国に任せ、先進国は付加価値が高いサービス業に注力すべきと言われれば、そうかもしれないとは思う。

　一次産品に恵まれれば輸出して、欲しいもの（工業製品）は輸入するのが楽な選択だが、一次産品価格が変動して安定成長が続かないから、多くの国が輸入代替のもの作りに取り組んできた。狭い国内市場向けでは往々に生産性が高まらないから、自由な国際競争にさらすと、たいてい負けて破綻してしまう。19世紀後半のアメリカのようにある時期まで政府が保護し、競争力を備えたら自由に国際市場を席巻できればよいが、ある時期がいつかは理論的な答えがない。そもそもポスト工業社会論者が主張する情報化や付加価値が高いサービス業が、付加価値が高い製造業から独立して存立し得るのかも定かでない（注）。短兵急に答えを求めず、引き続き世界や歴史をさまよってみるとする。

　　（注）　退官後は企業に関与するようになったので、優れた経営に触れようとテレビ東京の『ガイアの夜明け』や『カンブリア宮殿』を見れば、GDPの産業構成に比べ、広義の製造業を採り上げる比率が高い。テレビやクルマに限らず、衣食住や生産過程で必要になるもの作り企業が目立つ。やはりいいものを作る苦労と達成感と客に感謝される喜びは、ゼロサムで競争するサービス業より視聴者の琴線に触れるらしい。そして、視聴者の琴線に触れようと作った番組に影響され過ぎないよう、GDPの産業構成を眺めて認識を矯正する。

27　アメリカの世界遺産

　人類が守っていくべき顕著な普遍的価値をユネスコが認めたのが世界遺

産である。遺産の所有国が申請し、専門家の評価を経て世界遺産委員会が登録を決める。自薦だからなにを我が国の売りと考えているかを反映しているが、当然、ありふれていては評価されない。奈良、京都と登録が続けば、「武家の古都鎌倉」もと日本人なら思うが、戦士が都を構えた痕跡は世界史上特に珍しくはない。「鎌倉が審査に落ちたのに明治時代のウチの製糸場なんて」と富岡住民は懐疑したが、先端繰糸機を輸入して繭の育成法に工夫を重ね、武家の娘が規律正しく働いて短期間で外貨の過半を稼ぐほど成長した絹産業の展開は世界史上に珍しい。

また、黒船に驚いてから半世紀で、石炭、鉄鋼、造船業が欧米水準に達したのも珍しいから、明治日本の産業革命遺産として登録された。韓国が第二次大戦中の労働者強制連行に抗議すると、日本政府は、①この遺産の対象期間は幕末からの半世紀である、②第二次大戦中の韓国人労働者は自由意志で日本に出稼ぎに来た、③仮に強制連行があったとしても当時の韓国は日本だから国民の義務だった、と応じた。整然たる論法だが、韓国人の怒りが強制連行より、幕末から半世紀で日本国民にさせられたほどの軍事力を生んだこの遺産の本質に向けられているとは、思い至らなかったらしい。

ヨーロッパの世界遺産は、歴史的な寺院や宮殿や庭園が多いが、産業革命が起きたイギリスを始め、産業の栄光期を偲ばせる工場や製鉄所や鉱山の登録が増えている。イギリス綿工業の飛躍的な生産性向上がインド綿手工業を壊滅させて綿花供給地に変え、ドイツの製鉄所にはナチス占領国の住民が強制連行されたように、産業の光には影が伴う。

アフリカの世界遺産には奴隷貿易の積出港が多く、人類として粛然とし、繰り返してはならないと誓う負の遺産として、原爆ドームと同じ位置づけになっている。かつて原爆ドームの世界遺産登録にアメリカは、「戦争の早期終結のためには原爆投下が不可避であり、世界遺産の守備範囲を超えている」と難色を示した。中国は、「された記憶もあなたには大事で

しょうけど、あなたがした記憶も忘れないでください」と注意喚起した（226・227　あえて旅して気づく（上）（下））。

　さて、前置きが長くなったが、アメリカの世界遺産である。西部の国立公園を別にすれば、東部には歴史的な寺院や宮殿や庭園がない代わりに、独立記念館や自由の女神やジェファーソンの住居を登録している。産業遺産には興味なく、「自由と民主主義」こそ我が国の売りと考えているらしい。宗主国イギリスからの自由は、先住民を駆逐してフロンティアを広げる自由であり、アメリカ民主主義を体現するジェファーソンを含め奴隷を搾取する自由でもあった。

　が、同時に、自由と民主主義の適用範囲を広げてきたのがアメリカ史でもある。ワシントンの博物館では、白人専用の食堂に居座って迫害されたアフリカ系学生の席が、デトロイトのローザ・パークスのバス席と同じく巡礼地になり、第二次大戦中の日本人強制連行収容を悔悟する碑もある。世界遺産が遺産の生まれた時代を問わなくなったから、そろそろ公民権運動から登場してもおかしくないな、と思ったら、すでにアメリカの自薦候補リストに載っていた。旅しているうちに、アメリカ人感覚に近づいたのかもしれない。

　そして、未だ候補リストに載ってないが意義深い有力候補たり得るのが、グラウンドゼロ・メモリアルだな、と訪れて痛感した。亡くなった富士銀行の行員が小学校で金賞をもらった習字とか高校剣道部時代の名札とか、犠牲者１人１人の人生の記録が膨大に集められている。世界から集まった大勢の多様な人生がワールド・トレード・センターの2001．9．11で突然消えた現実に、人類誰しも粛然とし、繰り返してはならないと誓う。アフリカ系のアメリカ大統領が広島を訪れる時代になった今、なぜ日本人が原爆ドームを人類として守っていくべき世界遺産に望んだのかをグラウンドゼロ・メモリアルの登録によりアメリカ人も共感でき、相互理解が一層深まるに違いない。

28 家計事情

　時に問われる。「なぜ、のうのうと海外を長旅する経済的余裕があるのですか。ひょっとして老後の人生設計をしてないとか」。もちろん私はしてない。が、設計しているはずの女房が許容するのが旅の前提ではある。今回は脱線して（と言うか、毎回脱線みたいなものだけど）、我が家の家計事情を語りたい。それが、金融や経済を考える際に影響を及ぼしているからでもある。

　新婚の頃、ミケランジェロの最後の彫刻があるミラノの美術館前で、泣きじゃくる赤ん坊を抱えて怒鳴り合う日本人若夫婦に遭遇した。他のお客様に迷惑だからと入館を断られたと見える。「だから私の実家に預けようって言ったじゃない」「でもオマエも結局連れてくるの納得したろ」「ここ楽しみだったのに、どうやって預かってくれるとこ見つけりゃいいのよ」と妻まで泣き出す。

　同年代の夫婦喧嘩は他人事でなく、女房に言った。「まあ、オレたちは、当分子供はいなくていいよな」「そうだね、旅できなくなるもんね」。そして、「当分」が永続する役所用語みたいな展開を経て今に至る。この国でこれから生まれる子供が幸せに生きられるのか、仄かな懐疑に囚われていたかもしれない（188　1本の韓国映画から（注））。

　両親や祖父母の愛に依存してデフレの例外になっている教育費がないと、家計に余裕が生まれる。もとより旅そのものに費用をかけない。今（2016年）春、メキシコのグアナファトに向かう機内で偶然、短期スペイン語留学に向かう金融庁の若手に遭遇した。「あれ、大森さん、エコノミーすか？」「飛行機は着きゃいいんだよ」。到着後、「あれ、このしょぼいとこ泊まるんすか？」「ホテルは眠れりゃいいんだよ」。無論、節約しても費用はかかるが、たまたま大家になった家計事情が支えている。

15年前（2001年）、女房が住友不動産から紹介された１億円超の中古住宅を買うと言い出した。「そんなに高いとローン返済で海外を旅できなくなるだろ」と疑問を呈すると、生活水準を変える必要はないと言う。この住宅を所有していた老いた母親は、３人娘の末娘の家族と３世代で暮らしており、家計の足しになさいと広い敷地にワンルームアパートを建てた。

　母親が亡くなり、同居の末娘が相続すれば波乱はなかったが、姉２人が待ったをかける。「あんたはお母さんを経済的に面倒見たわけじゃない」と相続権を譲らない。かくて骨肉の争いを経て、住宅を手離して遺産分割せざるを得なくなる。住友銀行は審査らしい審査もせず１億円貸してくれた。公務員の信用など関係ないのは、返済原資が私の稼ぎでなく、立地が良いアパートの家賃だからである。住宅譲渡契約の席上、３姉妹は互いに一言も口をきかない。かつては仲良くしていただろうに、生活の必要性が肉親の情を凌駕してしまった。

　以来15年間、たしかに生活水準は変えずにアパートが借金を返し続けて完済し、今後は家賃が家計の足しになる。この経験のせいで、資産を持つ者と持たざる者の格差が広がるピケティ指摘のメカニズムを実感した。経済成長による所得の伸びが低迷しても、資産の利益率は下がらない。たまたま資産を持つ側に属してしまうと、苦労して所得から家賃を捻出しているであろうアパートの住人に後ろめたさを覚える。おかげさまで、のうのうと海外を長旅しております（101　レジーム・チェンジ）。

　加えて、相続である。私も女房もつましい中産階級の家庭に育ったが、バイトして高校や大学に通わねばならない境遇ではなく、就職後も経済的に親の面倒をみる必要もなかった。つましい家庭だったから、今後は親が残す住宅や金融資産を相続する。日本は、高齢になるほど所有資産が増える唯一の国であり、持つ親から相続する子と、持たざる親から相続しない子の格差はさらに広がる。残念ながら、貧乏が遺伝するのは否定し難い（7　分別と多感、271　（今更ながら）課税の公平）。

ピケティが提案した国際的な資産課税の強化により、私の海外での移動手段が飛行機から長距離バスになり、泊まるホテルの星数がさらに減っても、人間社会にとって正しい政策として甘受する。思考が経験に単純に影響されているが、あり余る所得も資産も自らの能力と努力の成果であり、国際的な資産課税は自由と所有権の侵害と本気で信じて拒絶する多くのアメリカの資産家よりは、謙虚でありたいと願っている。

29　良い○○悪い○○

　標題の○○には、「インフレ」や「円安」が入る。1970年代の2度の石油ショックは、原油価格の値上げが産油国を潤す一方、輸入国では物価が上がって労働者は賃上げを求めざるを得ず、コストプッシュの悪いインフレとされた。日本経済も戦後初のマイナス成長を経験したが、変動相場制への移行期に重なったから円高が原油高を相殺し、労使協調で賃上げ幅も抑え、先進国の中では相対的にダメージ軽く切り抜けた。

　特に第二次になると一層の円高が進み、あまりショックだった記憶も残っていない。対するアメリカ経済の第二次石油ショックでは、ボルカーFRB議長の厳しい引締めによる戦後最悪の不況を代償に、ようやくインフレを沈静化させた。高金利が世界の資金を集めてドル高になり、レーガン政権は強いドル強いアメリカを標榜したが、さすがに産業競争力が心配になり、1985年のプラザ合意で方針転換に至る。結果として日本では、壮大な資産価格バブルが始動した。

　一方、売上げが増え、失業率が下がった結果として労働者の賃金も上がるディマンドプルなら良いインフレとされる。最近の日本ではさらに、「良いインフレ」から、「インフレは良い」に移行して、「原油価格の回復基調が続けばインフレ目標2％の実現も視野に入る」なんて聞かされると、「それでこの国の誰が幸せになるのですか」と尋ねてみたくなる。

経済思想家を援用して権威づけるのはなるべく避けたいが、デフレ脱却が最優先課題とするリフレ派が、「ケインズもデフレよりインフレが良いと言った」とさかんに言うから、「ケインズが物価にこだわった記憶はあまりないけどそうだったっけ？」と探してみた。たしかに、カネを借りてチャレンジする事業者の負担が減り、貸す金利生活者の失望が増すインフレのほうが、失業を伴うデフレより活気ある状況だとケインズも指摘している。が、物価とは、生産性や人口動態や労使の力関係の結果として形成されるものだから、インフレとデフレそれ自体の良し悪しを追求するより、金融政策により安定を図れば足りると結論づける。それ自体の良し悪しではなく、立場によって影響が違うから安定するのが望ましい。

　円安になれば、輸入価格は直ちに上がるが、やがては輸出量が増えるJカーブ効果は、最近は観察されない。輸出企業は過去の円高局面で値上げせずに我慢してきたので、円安になったからといって比例して値下げしたりはしなくなった。仮に円安により輸出量が増えるなら仕事が増えて失業率が下がるが、今では輸出企業の利益が増えて株価が上がるにとどまる。輸出企業の社員の所得には還元され、飲み屋で使うカネが増えれば飲み屋のバイトにも少しは恩恵が及ぶが、輸入価格が上がる分と相殺される。

　現実の失業率が下がった主因は、人口が減ったためと思うが、もっぱら円安のおかげと主張する人たちがいる。物価に比べての実質賃金が下がった主因は、円安で輸入価格が上がったためと思うが、もっぱら消費増税のせいと主張する人たちがいる。自分だけ正しいと強弁する気もないが、さまざまな原因の結果として形成される物価や為替レートの変動は、ケインズに学んでそれ自体の良し悪しを論じるより、立場によって影響が違うという現実を議論の前提にするのが建設的とは思う。

　この場合、円高が進めば、売上げが減ると心配する輸出中小企業の経営者と買い物が楽しみと空港で期待する海外旅行者を対比するだけでは公平な描写とは言えない。声なき低所得の労働者や国民年金の受給者にとって

も、円の購買力が増すほうが、生活の支えになる。イエレン議長のFRB
が利上げを指向すれば、「まだ早い」と世界の投資家は不満の声をあげ
る。でも、FRBが世界の投資家より重視しなければならないのはアメリ
カ国民になる。経済成長の果実のほとんどを所得と資産の最上位層が吸い
上げてしまう国では特に、物価にせよ為替レートにせよ、貧困層の実質所
得への配慮が欠かせない（注）。

（注）　円高を恐れる日本政府に比べ、アメリカの大統領や財務長官は、「強い
　　　ドルはアメリカの利益」と一貫して主張してきたのが対照的に見える。も
　　　ちろんアメリカだってそこそこドルが安くて輸出企業の利益が増えるのは
　　　歓迎している。でも、輸出企業の利益増を喜ぶ前に経常収支赤字を世界の
　　　投資家からファイナンスしてもらわねばならないから、「ドル安歓迎」と
　　　明快に言えないに過ぎない。そして強いドルは、国内貧困層の実質所得へ
　　　の配慮になる。2021年にバイデン政権のイエレン財務長官が、「あなたは
　　　強いドルを信じますか」と恒例の質問を受け、「私は市場で決まるドルを
　　　信じます」と答えたのは、珍しい反応として興味を引いた。
　　　　今世紀に入ってからの物価上昇率は、ユーロ圏が4割、米英が5割、中
　　　国が6割だが、日本の物価も名目為替レートもほぼ横ばいだから、日本の
　　　購買力を示す実質実効レートは石油ショック期並みにとどまっている。名
　　　目為替レート変動による経常収支不均衡の是正メカニズムが働いてない。
　　　日本の実質所得は横ばいだから、コロナが収束したら購買力が増したイン
　　　バウンド観光客にとっては一層割安な国になる。言い換えれば化粧品も薬
　　　も文房具も工芸も高級品とは、日本人の金持ち客よりインバウンド観光客
　　　に買ってもらおうと提供される国になる。ただ、ウクライナが台湾に波及
　　　すると、インバウンドが戻るなんて事態はさらに遠のくかもしれないが。

30　オバマのホワイトハウス

　昨年（2015年）秋、中国成都の諸葛孔明の祠で、Tシャツにオバマと毛
沢東の顔写真を並べ、「OBAMAO」とプリントしたのがおかしくて衝動
買いした。くだらないが、詰まらなくはない。今回の標題は、オバマ政権
の2期8年をイギリスBBCが検証した番組に由来する。眺めながら、T
シャツのように毛沢東と並べてみたくなった（注）。

大統領就任時の2009年初めの課題は、金融危機がアメリカ経済を沈没させないための対策になる。どこまで住宅価格が下がってローンの借り手が破綻するか想像できない状況で、沈没の悪循環を止めるには政府が需要を作らねばならない。議会で共和党の賛成者を増やすには、政府支出だけでなくオバマ政権が効果を信じていない減税も盛り込む必要がある。

　経済が今より沈まないための対策は、存在しなければどこまで沈んだのかが判然としないから、なかなか評価が定まらない。論者の信条や好き嫌いに応じてFRBの金融政策のほうが効いたという声もあれば、より大規模な中国の対策に救われたという声もある。毛沢東の大躍進や文革が示したように、議会を通す苦労がない中国では機動的に対策を打てるが、さすがに5兆元は世界の度肝を抜いた。仔細に見るとすでに決定済みの事業への政策融資を積み上げたりして真水が限られる日本流ではあるが、世界経済におけるプレゼンスを示したのは間違いない。

　日本のバブル崩壊後の累次の経済対策も、はかばかしい効果をあげたようには見えなかったが、存在しなければどこまで沈んだのかはやはり判然としない。やはり論者の信条や好き嫌いに応じて同時期の日銀の金融緩和が不十分だったと批判する声もあるが、批判を踏まえて行っているらしい今の金融緩和に対しても百家争鳴だから、過去の政策の評価がいつ定まるかは定かでなく、定まらなくともたいして困らないような気もする。

　オバマ政権が不運だと感じるのは、金融危機の直後に発足したタイミングにある。対照的に、1929年秋のニューヨーク市場の株価暴落から3年後、どん底に沈んだ局面でルーズベルト大統領は登場した。就任時は預金者の不安から銀行取付けが頻発し、全国の銀行が閉鎖されていた。国民がどん底まで沈んだと感じる局面では、政治のリーダーシップを発揮しやすい。

　ラジオの炉辺談話でルーズベルトは国民に語りかける。「政府がしっかり検査して安全を確認した銀行だけが、来週から業務を再開します。ベッ

ドの下に現金を置くより安全ですからみなさん安心して預金にお出かけください。大丈夫、国民が団結すれば乗り切れます」。これだけで金融不安は解消し、続く短期間のうちに、前例のないニューディール改革に取り組めた。こうした教訓が重なると、政府はどん底まで沈む前に手を打つようになるから、政策の効果も一層判然としなくなる。

　大手金融機関を国有化するか、ストレステストにとどめるかの選択に直面したオバマ政権は、国有化の副作用を心配してストレステストを選んだが、長い間、逆算して健全とつじつまを合わせているかのような疑念がつきまとった。もはや大統領が語りかければ、国民が素直に信じる時代ではない。金融危機がようやく沈静化してオバマ政権は、2008年にオバマの代わりにも、2016年にオバマの後継にもなり損ねたヒラリー・クリントンが大統領夫人だった時代に挫折した医療保険改革に取り組んだ。保険に入れないから命が失われるのは、先進国にあるまじき事態と日本人は思う。でも、怠け者を救うためにまじめに働くのはごめんだと多くの国民が感じると、歴代政権と同様、鬼門の課題になってしまう。

　それでもなお、楽天的と自認するオバマ大統領は番組の最後に語る。「社会保障も人種差別も銃規制も、ゆっくりではあるが、歴史は正義に向けて弧を描く。仮に生きたい時代を自由に選べるとしても、ほとんどの人間が今を選ぶだろう」。政策の効果が直ちに現れる課題はますます珍しく、歴史の評価はますますゆっくりとしか定まらない。「唯一のアフリカ系上院議員を大統領にするほど変われるアメリカはやっぱり凄いな」と素直に共感した8年前を思い出しながら、今回の後継大統領の選択の意味に思いをめぐらせる。どうやら正義に向けた弧はゆがんでしまったようだが、ゆがみはどんなに長くても4年間に過ぎない。

　（注）　天安門広場の毛沢東の遺体だけでなく、湖南省の生家に訪れるほどの物
　　　好きだが、遺体や生家自体より、見にくる大量の中国人を見ているのかも
　　　しれない。中国以外の海外の旅先で出会うのとはまったく別種の中国人で

あり、今なお毛沢東語録を信仰していそうな風情が漂う。文革で紅衛兵が掲げた毛沢東語録の陳腐さに唖然とした印象は今も変わらないが、経済成長のための競争による格差社会の現実と公平社会の理想の相克を、今また毛沢東の復権により克服しようとするかのような中国政府の動きは、欧米ステレオタイプの視線を捨てて虚心に観察しなければとは思う。

31　もしトラ

　ポリティカル・コレクトネス（PC）が苦手だから、時に物議を醸してきた。「給料が減れば生活費を補おうと消費者金融から借りるのでなく、肉野菜炒めのキャベツを増やす工夫が必要」と言えば、メディアには、「貧乏人はキャベツを食え！と暴言官僚」の見出し。ちなみに「貧乏人は麦を食え」と言ったとされる元祖池田隼人の実際の発言は、「所得の多い人は米を多く食い、少ない人は麦を多く食うのが経済の原則」というもので、揚げ足を取るメディアの流儀は昔から変わらないらしい。「主婦連幹部から励ましの手紙をいただきました。高度成長を牽引した宰相になぞらえられて光栄です」なんて言い返す私も大人気なかった。初めから、「家計をやりくりする工夫が必要」とでも言えば、問題にならない（**付録1 貸金業制度改革10年の感想**）。

　でも、「それじゃアピールしないぜ」が暴言王トランプの流儀でもあり、PCこそモットーのメディアや知識人にとっては許されざる者になった。かくて、「民族や女性への偏見をまきちらすポピュリストを支持するのは、負け組のプア・ホワイト男性」みたいな先入観が形成される。事前の世論調査がヒラリー優勢だったのは、トランプ支持は恥ずかしいイメージだから本音を隠す有権者を把握できなかったせいとも言い訳されている。

　でも、支持者の属性は、事前に明らかになっていた。所得も年齢もトランプ支持者のほうが高く、高いほど投票に行く。高所得者の多くは低所得

者のための負担はごめんだと思い、高齢者の多くはグレートだったアメリカへの郷愁が強い。女性は仲間としてヒラリー支持かと思いきや、台所で焼く我が家のクッキーに価値観を見出していたりすると、勝ち組のエスタブリッシュメント女性にかえって嫌悪感を抱いていたりする。アフリカ系は概ねヒラリー支持だが仲間のオバマの時ほど投票に行くとは期待できず、先行してアメリカ人になったラティーノには壁で後続を止めてやると公言するトランプが食い込んでいる。

　国民はアメリカのために選ぶ、のではなく自らの損得や生理に従う自由がある。わざわざ平日に投票に行かせるには、整然とアメリカのために政策を語るより、PCを粉砕して反エスタブリッシュメント感情に訴えるほうが有効だったらしい。世論調査に限界があっても、先入観を持たずに分析すれば、結果にさほど驚かずに済んだようにも思えるが、メディアも知識人もエスタブリッシュメントの一翼だから、自らが欲する現実を見ようとしたり、最後は良識が制するはずと根拠なく思い込んだりするのかもしれない。メディアが良識を応援しようとトランプ支持を隠さない有権者を登場させる時は、誰が見ても、「こんな奴と一緒にされたくない」みたいな奴をことさらに選んだ。

　メディアや知識人が、結果に驚くだけでなく、国民がポピュリストに騙された結果と解説するのも、Brexitのデジャヴになっている。一見して所属階級が分かってしまうイギリスや、経済成長の果実を最上位層が吸収してしまうアメリカの格差社会が、拒否されたとは感じないらしい。トランプ大統領でアメリカが変わる、というより、アメリカが社会の良識を失うほどに変わってトランプ大統領が生まれる。貧しさを是正しようと国内での再分配を目指すサンダースが大統領候補に残れなければ、次善としてヒラリーに流れるより、むしろ再びグレートになって国外からの再分配を目指すトランプに流れる。中道政党が支持を失って共産党とナチスが台頭したような現象は歴史の枚挙に暇ない。

「もしドラ」（もし高校野球の女子マネージャーがドラッカーを読んだ
ら）ほどまじめに、「もしトラ」（もしトランプが大統領になったら）の可
能性を考えてこなかったから、開票が進むにつれ動揺から株価はいったん
暴落し、トランプが手のひらを返して謙虚にアメリカの分断を止揚しよう
と呼びかけるふりをする勝利宣言に投資家も安堵して最高値を更新する。
ん？　投資家も安堵して、と言うよりは、投資家みんなで安堵するふりを
して、と言うべきだろう。これからはイエレンよりトランプの言葉に反応
する金融市場になるのなら、それはそれで、結構気が重い事態には違いな
い。

32　金融危機の原因と対策

　今（2016年暮）、政権準備中のトランプ陣営は一応、21世紀版のグラ
ス・スティーガル法導入を表明してはいる。2010年初め、エドワード・ケ
ネディ上院議員の死に伴うマサチューセッツ補選に民主党は負け、上院議
席を過半数割れの59に減らしたのが、オバマケアなど後の法案成立の壁に
なった。負けた翌日にオバマ大統領とボルカー元FRB議長は、銀行によ
るヘッジファンドへの投資や銀行自己勘定でのトレーディングを禁止する
ボルカールールを公表した。前日の補選との因果関係はさておき、金融危
機の原因は住宅価格の上昇を前提とする住宅ローンの提供とその証券化な
のだから、銀行のファンド投資やトレーディングを制限しても、危機の原
因と対策が整合していない。

　でも、先祖返りと考えれば理解しやすくはなる。1929年秋までニュー
ヨーク株価が上がり過ぎたのが、企業情報を開示せず、意図的な価格つり
上げを放置したのが原因の一端なら、開示義務を強化し相場操縦を禁止す
るのが整合する対策にはなる。と同時に、貯蓄手段として家計に元本保証
の預金を提供し、預金を原資に企業に貸す銀行の基本機能を守ろうとした

のが、銀行と証券を制度的に分離したグラス・スティーガル法になる（注）。証券には手を出さず銀行を元来の業務に専念させ、過剰なリスクテイクを抑える狙いがボルカールールと共通する。

　でも銀行が、預金を原資に貸すのと、証券を引き受けたり売買したりするのと、どちらが強くリスクテイクしているかは、先験的には明らかでない。土地担保があれば銀行は貸し、貸せば土地の実需が高まり地価が上がってさらに貸せる1980年代後半の日本の金融自作自演バブルは、銀行と証券を明確に分離する金融制度の下で生じた。アメリカの金融危機も、収入から返せない相手にまで住宅ローンを貸せば住宅実需が高まって価格が上がる自作自演に依存しており、証券化は世界中から原資を集めるツールに過ぎない。

　アメリカ金融業界は、経済が堅調だったケネディ大統領の頃まではグラス・スティーガル法を桎梏と感じなかったが、やがてベトナム戦争が泥沼化し、変動相場制に移行し、2度の石油ショックが起き時代は流動化する。1980年代に入るとラテンアメリカの債務危機が顕在化してアメリカの大手銀行は貸すリスクを一層認識し、リスク分散のために証券業務への多角化を指向した。FRB議長がボルカーからグリーンスパンに代わるとグラス・スティーガル法の緩和を段階的に進め、ヒラリー・クリントンの夫が大統領だった20世紀末に完了する（**157　根拠なき要請**）。

　こうした経緯をトランプ陣営がどこまで意識的に総括して再びグラス・スティーガル法への先祖返りを指向したのか定かでなく、ボルカールールを柱とするオバマ政権の複雑な金融規制を緩和する方針と渾然一体になっている。たしかに金融規制の現状は、原則と例外がうんざりするほど錯綜はしている。オリジネーターから切り離すのが証券化の目的なのに、無責任に切り離さないよう一部所有を義務づけたりするからであり、よりシンプルにできるなら歓迎する金融関係者が多いとは思う。従来から共和党は、オバマ政権の複雑な金融規制として大手金融機関の規制を強化すると

ともに整然と清算する手続も、「Too Big Too Fail」に効果がないとして廃止を主張してきた。清算手続が存在するから安心して潰せるのか、規制の強化に安心するから大きくなってしまうかは神学論争の領域にある。

　今、トランプ陣営の真意を詮索しても、真意が存在するかさえ定かでなく、耳当たりが良い出まかせを並べているだけみたいにも見える。「金融規制の緩和で経済成長する」総論には誰も異存がないから、金融株が上がるのかもしれないが、各論に入るほど原因と対策の因果関係が錯綜する神学論争化は避け難い。オバマを大統領にできる国は、トランプを大統領にできる国でもあると明らかになったのを機に、しばらくアメリカから離れたい。が、次にどの国を考えるかも決めてない無計画な連載になる。

　（注）　「元本保証の預金を原資に企業に貸す銀行」とは、資金需要が旺盛で銀行が預金獲得競争に邁進した時代の通念を前提とする定型表現であり、原資の預金がなくても、銀行は貸出先企業の預金口座に数字を書き込めば貸せる。預金が他行に流出すれば新たに資金が必要だが、銀行間市場から調達すれば済む。「預金が貸出の原資」と通念に基づく定型表現を使うのは、預金と貸出の基本機能を守ろうとするグラス・スティーガル法の目的や、銀行が証券市場よりリスクマネーを供給しにくい性質を説明するのに便利だからに過ぎないが、資金需要がない時代になっても銀行が預金を原資に貸す通念は根強く生きており、それがMMT（モダン・マネー・セオリー）の是非や金融政策の正統性論争を無用に混迷させたりする（**163　通貨量と物価、240・241　預金の生まれ方（上）（下）**）。

第 6 章

通念を疑う （33〜42）

東アジア経済がテイクオフし、ラテンアメリカ経済が停滞した原因
は、政治体制、政策、国民性、歴史の経緯、運とさまざまあり得る
が、結果から原因を探して通念化する作業は凡庸な学者にもさして難
しくない。2016年末年始に韓国とラテンアメリカを旅し、両方の歴史
を思い出しながら、通念への疑問を綴る。やがてトランプのアメリカ
に回帰するも、すかっと書けずにうろうろする。

33　豊かな国

　国の豊かさの指標としての１人当たり実質GDPは、日本と韓国と
イギリスがアメリカのほぼ７割で並んでいる。中国が2.5割、インド
が１割なのは旅の実感に合う。ラテンアメリカの国々は、概ね中国と
インドの間に位置している。先進国入りした韓国とラテンアメリカの
経済は対照的に論じられてきたが、幸せに余生を送れない大統領が多
い共通性は、通念を疑う手がかりかもしれない。

34　経済史の解釈

　国民に媚びるポピュリズム政権や国民を統制する軍事政権は経済的
にうまくいくはずがないように思えるが、残る選択肢としての新自由
主義政権にも即効性はない。健全財政を維持して競争を推進すれば次
第に生産性が高まり、続いて貧困層に再分配すると内需を支えて好循
環になり得る。が、継続する貧困層への再分配に生産性向上が伴わな
いと、経済は再び失速する可能性が高まる。

35　国内でする仕事

　人口一定規模以上の国が、価格が変動する一次産品輸出だけに依存
しては安定成長が覚束ないから、ブラジルのように輸入代替の工業化

を目指すが、原材料と製造設備の輸入で貿易赤字と海外からの借金が
かさむ。韓国は初めから国際市場で勝負したのが明暗を分けたと評さ
れるが、国際市場で勝負できるほどの財閥が君臨すれば国民の分断が
進み、大統領は余生を牢屋で送らねばならない。

36 輸入代替

　経済史家がラテンアメリカの経験から、輸入代替工業化は理論的に
誤っており、東アジアの四小龍や中国の経験をもとに、初めから輸出
して国際市場で勝負するのが理論的に正しい、と導くのは近視眼に感
じてきた。イギリスの産業革命はインドから輸入する綿織物を国内で
代替生産し、日本の戦後復興はアメリカから輸入するテレビや自動車
を国内で代替生産する試みだったからに他ならない。

37 ステレオタイプの偏見

　エルピーダ・メモリの経営を諦めた元社長は、日本政府が韓国政府
のように厳格に自国通貨安の為替管理をしないのは国の責任放棄と非
難し、原発事故で経産省が当事者能力を失った状況で銀行からリスト
ラを迫られるより、自らギブアップして主導的に社員の受け皿を探し
たかったと述懐した。が、諦めた2012年の暮れ以降に、自民党政権が
復帰して急速な円安が進む皮肉な展開になる。

38 12歳の少年

　朝鮮戦争の司令官を解任されて帰国したマッカーサーは、「日本人
は12歳の少年のようなもの」と語り、将来の成長可能性を指摘された
のではなく、単に見下されたと感じた日本人は急速に彼を忘れた。
今、多くの日本人が、「感情を顕わにする韓国人は12歳の少年のよう
なもの」と感じている。感じるのは自由だが、感情が顕わになる原因

の日韓関係史を知るのは、日本人の義務だとは思う。

39　生産性と国民性

　サンパウロの日本移民館で、「ブラジル農業の生産性を高めた勤勉な日本移民」の解説を見て、「狭い国から来たせいだろ」と思う。同じ移民館を見たちきりんさんは、土地（資本）に投入する労働を増やして収穫を増やすのは資本生産性の向上であって労働生産性の向上ではない、と指摘する。サービス業の「おもてなし」も際限ない労働投入が支えているなら、誇ってばかりもいられない。

40　日系ホテル

　ホテルの生産性向上なら、冨山和彦さんによる受付や清掃や配膳を兼ねる多能工化を思い出す。「おもてなし」度は下がるが、下がった価格との兼ね合いを客が評価する。海外の日系ホテルは、日本人の国民性に合う設備やサービスを工夫して、リピーターを増やす。そして、経営者が「南京大虐殺は虚構」と主張するホテルは、中国人客への「おもてなし」の破壊が持続可能かを実験している。

41　好みのクルマ

　日本の自動車メーカーが輸出する量とアメリカが輸入する量が見合っているのは、自由貿易の経済理論を持ち出して不均衡を正当化するだけでは済まない気はする。「アメリカ人が使うクルマはアメリカ人が作る」というトランプ政権の主張が、ラストベルトの働き甲斐を取り戻す運動なのは、「日本人が食うコメは日本人が作る」政策を死守する国として、経済対話に際し心得てはおきたい。

42 あちこちの思考停止

衝動だけで動くトランプ大統領も、『我が闘争』の思想形成過程を解説した本まで発禁にしてしまうドイツ政府も、トランプが気に食わないから脈絡なくヒトラーと並べる日本のメディアも思考停止しているように見える。フォードの若いユダヤ人社長がトランプの衝動に右往左往しながらも、懸命に思考して会社や地域を守ろうとする試行錯誤のほうが、まだしも理解できる光景に違いない。

33 豊かな国

人口が減っていく日本は規模の経済大国からは次第に脱落していくが、相対的に豊かな国ではあり続けたいと願う。国の豊かさは通常1人当たりGDPで測るが、名目値のドル換算で比べても時に実感に合わない。阪神・淡路大震災が起きた1995年に1ドル80円になり、日本の1人当たり名目GDPがアメリカの1.5倍になっても、「オレたちがアイツらより5割も豊かなはずがない」と同僚と語り合う。当時の日本はまだ物価が高く、円はいくらなんでも過大評価されていた。以来、国の豊かさの指標としては、物価と比べての購買力を示す1人当たり実質GDPランキングを眺めている。

OECD統計（2015年）では、今では並んでいる日本と韓国の上に30か国もいる。1位カタール「天然資源に恵まれているからね」、2位マカオ「ラスベガスを超えるカジノになったし」、3位ルクセンブルク「タックスヘイブンだろ」、とここまではあまり参考にならないが、4位にシンガポールがいる。かつて国際金融センターの条件を求めて調べてみたが、狭い国土にそこそこの人口だと、市場メカニズムと競争で勝負する国づくり

ができる、と言うか、この周辺環境ではするしかないのだと感じた。マレーシアから追い出されたリー・クワンユー首相が、泣きながら国民に結束を訴える映像は、今もシンガポールのいろんなミュージアムで見られる。

シンガポールとインドで立て続けに、地元の少年から英語で話しかけられた記憶が残る。マーライオン公園では、瀟洒な制服を着て疲労の色を浮かべた小学生。「算数の成績が落ちてママに叱られちゃった。まあ子供にとっては生きづらい国ですよ」「大人にとっても同じじゃないの？」「勝負がついた後なら諦めて生きていけますけどね」。人生を悟るには、小学生はやや早過ぎるように思われた。

タージマハル前では、破れたTシャツを着て目に力を宿す少年。「母ちゃんの揚げポテト屋台を手伝ってるから学校は行ってないけど、観光客と話して英語を勉強してる」「偉いな、将来なにになりたいの？」「もっと英語がうまくなって観光ガイドで稼いで母ちゃんに楽させてやりたい」。柄になく心打たれて母ちゃんの屋台の揚げポテトを買ってしまい、あろうことか食べてしまい、案の定の胃腸事態になった。

1人当たり実質GDPランキングはインドが125位、中国でも87位と、多くの国民を抱えて豊かになるのは楽じゃない。比べてアメリカが、多くの国民を抱えて1人当たりでも相応の豊かさを維持しているのは目を引く。でも、イギリス経済が世界最大だった19世紀には、1人当たりで最も豊かなのもイギリスだった。経済の規模だけでなく、国民が豊かだから国際的責任を担う意思が生まれる。

最大経済大国の座がイギリスからアメリカに移ってしばらく経つと世界恐慌になった。保護主義の応酬で世界経済が沈まないために、最大経済大国は市場を開放し、資金繰りに困った国には融通する国際的責任がある。19世紀に責任を担ったイギリスにはもはや能力がなく、能力があったアメリカには責任を担う意思がなかった、というのがキンドルバーガーの名高

い世界恐慌の主因論になる。

　第二次大戦後のアメリカは、能力に応じた責任を担おうとしてきたが、次第に難しくなった局面でトランプ政権が登場する。すでに中国の実質GDPはアメリカを超え、３位インド、４位日本と続く。豊かさの指標として１人当たり実質GDPをアメリカと比べると、日本や韓国やイギリスが７割、中国が2.5割、インドが１割と旅の実感に合う。(2016)年末年始に旅するつもりのラテンアメリカの国々は概ね、中国とインドの間に位置している。規模の経済大国と豊かな国の乖離は、避けられそうにない。

　１人当たり実質GDPが31位の日本に並ぶ32位の韓国を、豊かな国と呼びたくない日本人も多いだろう（188　１本の韓国映画から）。が、アメリカの観察に続いては、パク・クネ大統領の退陣要求デモを見てきたばかりの韓国と、これから見にいくラテンアメリカをしばらく考えてみようかな、と思う。経済がなかなかテイクオフできないラテンアメリカと、首尾よくテイクオフした四小龍の一翼を担う韓国は対照的に論じられてきた。ただ、ラテンアメリカでも幸せな余生を送れない大統領が多いのは、韓国との共通性もありそうな気がする（注）。

　（注）「出生率が0.8なのに投票率は８割」が2022年春の韓国大統領選の印象だった。若者世代が韓国で子供を持って育てたいとは思えない生きづらさが日本を下回る極端な低出生率に現れているが、大統領選に行くのは日本のように誰に投票しても変わらない国ではないからである。北朝鮮対応ひとつとっても、「太陽の継続」と「北風の強化」は真逆であり、勝った大統領は全国民の融和より公約の実行を優先し、そのための権限も与えられている。それだけに負けた側の勝った大統領への憎しみは執念深く続き、破滅させる手段を選ばない。

　「これって、ラテンアメリカの政治も同じ構図だな」と思う。選挙で勝って公約どおり社会主義路線を推進したチリのピノチェト大統領がアジェンデ将軍のクーデターで殺されたのは極端だが、ブラジルでもアルゼンチンでも勝った大統領が全国民の融和より公約を推進できる権限が与えられているから負けた側の憎しみは、反ポピュリズムであれ反軍政であれ反新自由主義であれ容赦ない闘いの道を選ぶ（130　旅の良識）。「韓国とラテンアメリカは幸せな余生を送れない大統領が多い共通性」なんて書いたの

に、読み返すとどこにもきちんと答えを書いてないから、生煮えの仮説を考えてみた。

34 経済史の解釈

「大統領の汚職の疑いが浮上して街頭はデモで埋まり、国会は弾劾罷免手続に乗り出した。国民に見放されたと感じた大統領は辞意を表明し、副大統領が後任に昇格する」。隣の韓国の話？、いや韓国に副大統領はいないはずだからブラジルかな、と思った読者は正解である。ただし、先般のルセフ大統領は弾劾で罷免されており、自発的に辞めたのは1990年代初めのコロル大統領になる。こんな書き出しは、先月（2016年11月韓国）、今月（同年12月ブラジル）と、旅に出る前に歴史を勉強し直す習性に由来する。

この場合、経済や金融の理論通と称する歴史家は避ける。理論で歴史を解釈するのでなく、出来事だけを発生順に並べてもらい、繰り返す出来事の原因は自分の頭で考えたい。ラテンアメリカを特徴づけるポピュリズム政権とか軍事政権という言葉は、うまくいかないという価値観を含んでいる。でも、例えば予約したリオのホテルが面する通りは、アルゼンチンのペロン大統領と並ぶ代表的ポピュリストのヴァルガス大統領の名を冠し、今も多くのブラジル国民が郷愁を寄せている。第二次大戦前のクーデターによる独裁者ヴァルガスは、戦後に普通選挙が再開されると今度は国民に選ばれた大統領になり、政争に追い詰められて自殺した。

ヴァルガスのようなポピュリズム政権も、続く軍事政権も経済を成長軌道に乗せられず、1990年代初めのブラジルに残されたのは新自由主義の処方箋だけだったから、ポピュリズムの匂いがした労組出身のルーラ候補をコロルは破る。だが、結局はインフレを沈静化させられず、国民の不満が高まる中での自主辞任劇になった。

続く新自由主義政権下でインフレはようやく収まり、21世紀になると
ルーラが初の労組出身大統領になる。ポピュリズムの再来が懸念された
が、低所得層への再分配は内需を強め、好調な外需と相まって世界の投資
資金を集めた。この頃ブラジルの輝かしい未来が喧伝されたのは記憶に新
しく、日本でもドルをレアルに交換する通貨選択型投信が人気を博す。

　だが、ルーラ路線を継承したつもりのルセフ政権下で成長率は次第に下
がってマイナスに至り、国民の不満が高まってルセフは弾劾で罷免され
た。もとより、中国経済の減速とかFRBの緩和終了を見越した外資の逃
避とか、外部要因はさまざま解説されているが、ブラジルの内部要因も考
え、国民のどの部分がデモで抗議しているのかも観察しなければならな
い。

　リオのヴァルガス通りのホテル近くに、コロル大統領が辞任した90年代
初めに商店主から頼まれた警官がストリートチルドレンを射殺した教会が
ある。商店はしばしば、貧民街ファベーラの子供たちに襲われていた。当
時の空気の一端は、銃を持つ子供たちの生態を描いた映画『シティ・オ
ブ・ゴッド』で感じられる。ルセフ退陣要求デモを、ファベーラの住民は
不安げに眺めていた。自分たちを保護してくれる母親が、中間以上の層に
追い落とされているように感じたのである（注）。

　新自由主義政権が市場メカニズムを掲げて競争を推進し健全財政を維持
すれば、世界の投資家は好感するが、ちょっとしたきっかけで逃げ出す
ケースは珍しくないから、競争政策は時間をかけ粘り強く続けなければな
らない。やがて生産性が高まれば、競争の敗者への再分配は公平なだけで
なく、マクロ経済循環の需要を支える視点からも正当化されるが、新自由
主義政権は再分配が必ず国力を損なうと考える。ルーラ政権からルセフ政
権に至っての経済の失速は、継続する再分配に生産性向上が伴わなかった
のが基本原因と考えられる。

　片や韓国のデモは、強過ぎる財閥のプレゼンスと歴史的に形成された生

きづらい競争社会への不満の蓄積が臨界に達したのは否めない。独裁者だった父親への郷愁から娘に同情する高齢者以外の支持を、パク・クネ大統領は失った。ヒラリー・クリントンを含め、「女に政治は無理だよ」とうそぶくオヤジは世界になお蔓延しているから、偏見の被害者と言えなくもない。旅先を決めては歴史を勉強し直し触発される場当たりの考察を、今しばらく続けさせていただく。

（注）　ルーラ政権がサッカーワールドカップとリオオリンピックの招致を決めたが、ワールドカップ開催時はルセフ政権になっており、ドイツにブラジルが「7−1」で負けたやり場のない屈辱の憤懣が政権を直撃した。ブラジル人のサッカー愛を体感した後は、弾劾罷免原因のかなりの割合が、この試合だったと本気で思う。

　　ブラジルの多様性と奥深さに惹かれて2年後の2018年暮れにもリオを再訪し、ファベーラツアーに参加した。時にツアー参加者が流れ弾に当たって死んだりすると、「怖いもの見たさの軽薄な好奇心の自業自得」と批判されるが、参加者はこの国の格差の実相をまじめに学びにきている。そして、ブラジル人にとって、ブラジル生まれのカルロス・ゴーンはブラジル人なのだとも学ぶ。「新聞を見てもなんで日本の検察が捕まえたのか分かんねーぞ」「オレもだよ」なんて会話をコパカバーナのさして豪奢とも言い難いゴーンのマンション前で交わした（135　ゴーン論争不戦敗、222　企業の数字を読む）。

35　国内でする仕事

　ワインも毛織物もポルトガルはイギリスより絶対的に安く作れるが、両国が国内で相対的に安く作れる商品の生産に特化して自由貿易するほうが互いに利益が増すリカードの比較生産費説に触れた際、生産費の仮定に、ポルトガルは生産性を高めにくい農業国、イギリスは世界が相手の工業国として分業していくリカードの意図を感じた。毛織物は早晩、イギリスのほうが絶対的にも安く作れる展望を前提としている。リカードが選んだイギリスの比較対象がポルトガルなのは、政治的影響力を及ぼしてきた国だからでもある（18　ローカルとグローバル）。

ブラジルの歴史を勉強し直すと、イギリスはどの国にも同じ姿勢で臨んだのだと改めて気づく。ナポレオンがスペインに侵攻すると、ポルトガルのイギリス大使は、国王にブラジル植民地への亡命を迫った。ナポレオンが舞台を去ると国王はポルトガルに戻ったが、ブラジルに残った皇太子が自由貿易派に支えられて独立宣言する。

　宗主国としか貿易できないから植民地なのだが、国王がブラジルに来てしまえば、ブラジルがポルトガルとしか貿易できない理由はなくなる。外から自由貿易を求めたのは無論、生産性が高い工業国イギリスになる。ブラジルにとっては、コーヒー、タバコ、ゴム、食肉と豊富な一次産品を輸出して、生活に必要な工業製品はイギリスから輸入すれば済む。いったん味をしめたブラジルの自由貿易派は、国王がポルトガルに戻ったらポルトガルとしか貿易できないなんて耐えられない。

　経済理論通と自称する歴史家を避けると前回書いたのは、例えば自由な競争をアプリオリに善として国同士の関係も深く考えずに適用したりするからである。国土回復のレコンキスタを終えたポルトガルとスペインが大航海時代を先導し、オランダ、イギリス、フランスと続く海外進出競争が、ヨーロッパの覇権をもたらしたと説く。ヨーロッパ内の戦争さえ、イノベーションの源泉と捉える。一方、大航海時代に先立って明の永楽帝は鄭和の大船団をアフリカまで送ったが、競争相手がいなかった中国はいったん内向きになると沈んでいく。小国間競争が大国の停滞に勝るのは、一見もっともらしい。

　でも今、中南米に分布する小国と、北米の豊かな大国のアメリカ、カナダを眺めると、小国間競争優位論もまた覚束なくなる。例外的にブラジルが大国なのは、たまたまポルトガルとスペインが談合して地球の縄張りを線引きし、ポルトガル植民地になった経緯に由来する。スペイン植民地の独立運動を率いたシモン・ボリバルは大国の形成を目指したが、中南米地域リーダーの自我を抑えられなかった。対するブラジルでは、独立宣言し

た皇太子が国王になって求心力が働き、旧スペイン植民地の中南米共和制国よりは安定した社会を享受した。今ブラジルに国王がいないのは、19世紀末の遅ればせの奴隷制廃止に合わせ、軍部が王制にも引導を渡したからである。

　奴隷制は非人道的だが、非人道的だから非効率的とは必ずしも言えない。効率的に綿花を育てイギリスに原料供給して稼いでいたアメリカ南部は、北部に勝てると踏んだから内戦を始めた。が、北軍艦隊の海上封鎖を突破してイギリスに出航できる『風とともに去りぬ』のレット・バトラー船長は、意気上がる南部連合の幹部に冷水を浴びせる。「勝てないよ。奴らには工場があるからな」。一次産品に恵まれ、輸出で稼いで豊かに暮らす人口数百万の小国は今も多い。でも人口数千万オーダーの中規模国以上になると、価格が変動する一次産品輸出への依存だけでなく、国内で生産性が高い工場を営まないと、低開発状態を脱却する持続的な成長は難しいように見える。

　ブラジルの指導者もそう考え、輸入代替の工業化を進めたが、原材料や製造設備は輸入しなければならず、貿易赤字と海外からの借金がかさんだ。対照的に韓国は、初めから輸入代替にとどまらず世界市場で勝負しようとした姿勢が明暗を分けたと凡庸な経済史学者は解説する。ただ、韓国も原材料や製造設備の輸入で貿易赤字と海外からの借金がかさみ、前世紀末には金融危機に陥ったから、明暗とは活動地域と競争力の程度の差に過ぎないかもしれない（注）。

　加えて国の規模に比べ、世界市場で勝負できるほど大きな産業が財閥として君臨するのも、国民の分断を招いて経済政策の難易度が増す。金融危機が１年で収まってＶ字回復したのは韓国らしくもあるが、経済構造は変わらないから、大統領が経済の舵取りに失敗すると、牢屋での余生を覚悟しなければならない。

　（注）　書こうとしたことと実際に書いたことがずれたから分かりづらいと、読

み返して感じたので書こうとした背景を追記しておく。リカードが理論化したイギリスとポルトガルの自由貿易が両国の利益になるとしても、イギリスは先進工業国としての政治的影響力をポルトガルに及ぼして生産性を高めにくい農業国としての分業を固定化する理論だったのも否めない。より一般的に、先進工業国が政治的影響力を途上国に及ぼして、食糧や原材料の一次産品調達先に組み込んで途上国の低開発状態が持続してしまうのが、ウォーラステインの世界システム論になる。読書家だった義兄の勧めで勉強した（118　死亡ビジネスネットワーク）。

　ラテンアメリカの輸入代替工業化は世界システム論に対抗する試みであり、東アジアの四小龍さらには中国の輸出工業化は一層ドラスティックに対抗する試みだったとも結果的には言える。ただ、次回が示すように、イギリスの産業革命も日本の高度成長も初めは輸入代替であり、やがて海外から品質を評価されて輸出できるようになる。

　輸入代替か輸出かを初めから決めて工業化を目指すわけでなく、両者の分かりやすい違いを経済史学者は重視し過ぎた気がする。むしろ途上国が余剰労働力の低賃金を武器に工業化を進め、余剰が解消して賃金が上がった段階で中低所得国の罠に陥らずどう国際競争力を維持するか（それはおそらく、もの作りの付加価値を高めるだけでなく、もの作り一本鎗から先端サービス業への多角化の試みなのだろう）が、経済史がもっと考えるに値する課題に思える。

36　輸入代替

　しばらくブラジルの歴史をたどって韓国と比べたのは、ラテンアメリカ一般の輸入代替工業化政策が理論的に誤っており、東アジアの四小龍さらには中国のように初めから世界の工場としてグローバルな輸出工業化で勝負するのが理論的に正しいとする経済史の通念に違和感を覚えるからである。たしかに工業製品を輸入する代わりに国産を目指せば、原材料や製造設備の輸入で貿易赤字と海外からの借金はかさむ。

　でも当然ながら、最終製品が国際競争力を持って輸出できれば貿易赤字と海外からの借金は減っていく。ラテンアメリカではそうならなかった現実から、アプリオリに国内市場向けの輸入代替では生産性が高まらない理

論を導いているように見える。結果として成功した事例を観察して、初めからその結果を目指さねばならないとする論法なのである。同様に、四小龍は国内市場が狭いからグローバルに飛躍できたとする通念も短絡的に感じる。じゃあ中国はどうなんだ、もっと虚心に分析しろよ。

　産業革命のイギリスで綿織物のイノベーションが生まれたのは、インドから輸入した安い綿織物が国民の人気を博したため、インド産綿織物に代替しようとしたからである。高賃金のイギリス労働者が、低賃金のインド労働者と同じ手作業をしていては、勝てるはずがない。紡績であれ織布であれ、高賃金の労働者が動かしても採算に合う機械と蒸気機関の原動力を工夫して輸入依存から脱却した。これが輸入代替工業化に他ならない。もとより産業革命が生んだ高い生産性は、イギリスの国内需要を満たすだけでなく、結果としてインドやブラジルを含むグローバルな需要に応えた。そしてインドの綿織物産業は衰え、後にガンジーはイギリス製品の不買と自らの糸紡ぎを抵抗の象徴とする。

　高賃金がイノベーションを誘発する産業革命の因果関係は、イノベーションの阻害にも働く。既述のように、20世紀初めのアメリカで、ヘンリー・フォードはベルトコンベアによりフォード車を安く量産できるようになると、「ウチの労働者がウチの車を持てるように」と賃金を上げた。高賃金が需要を生むミニ好循環になる（13　下部構造←→上部構造）。

　一方で、イギリスの道路交通を支配していた馬車組合の御者の賃金は高かったから、自動車に負けて落ちぶれるわけにはいかない。馬車組合は、自動車が走る際は、前方に赤旗を振る人間を配して通行人に注意喚起させる法律を議会に作らせた。安全や秩序の立派な理念を掲げたに違いない。でも、自動車を買えば、赤旗を振る人間を雇わねばならずスピードも出せないなら、買う意欲は大幅に削がれる。これではいくらケインズが、自動車製造がイギリス労働者の職場にふさわしく、そのためにアメリカ車より高く払う用意があると唱えても、主力産業として定着しない（18　ローカ

ルとグローバル)。

　日本の高度成長期は、アメリカのテレビや自動車並みの製品を国産しようと目指す輸入代替として始まり、フォードのミニ好循環を国全体として機能させたように見える(**15　イノベーション文学**)。当初は原材料に加え製造設備も輸入しなければならず、経常収支が赤字になりかけると固定相場制を維持するための外貨が足りなくなり、日銀が引き締めて景気が反転する慣行だった。次第に自前の設備投資により生産性を高め、製品価格を下げ賃金を上げて内需主導の循環を実現する。さらにはグローバルに品質が評価され、外需も循環に加わる。

　同時にその過程では、まず繊維、次いで鉄鋼や電機、さらに自動車や半導体の分野でアメリカとの貿易摩擦を招いた。アメリカのライバル企業は、日本企業以上に品質を高めようと努力するより、政府に依存して日本企業を抑えるほうが楽な選択だからである(注)。ただ現実は、政府に依存する産業は必ず衰えると断言できるほど、因果応報が貫徹しない。次回は、追われる側になった日本企業から追う側になった韓国企業を眺め、国際競争力というややこしい課題を別の角度から考えてみたい。

(注)　蒸気機関を原動力とする産業革命の先陣を切ったイギリスが、電気を原動力とする第二次産業革命ではアメリカやドイツに劣後したように、成功は失敗の母になりがちとは言える(**23　アメリカ対〇〇**)。戦後の日本のように後からキャッチアップするのは効率的だが、キャッチアップの手際は政治体制や歴史や教育水準や国民性にも依存するから、経済史学者が単純な理論を導きにくい。

　　世界経済を牽引するのが製造業から情報産業に移ると、変化への柔軟性が国際競争力の源泉として、成功体験から脱却できず労働と資本が固定したままの日本と変り身が早いアメリカが新たなステレオタイプになった。民主主義が根づき、フロンティアスピリットを発揮してきたアメリカだから変化への柔軟性があり、労働と資本の流動性が高いと指摘される。

　　ただ、中国のようにキャッチアップ過程を省略してビッグデータやAIやブロックチェーンの最先端にリープフロッグするケースが現れると、政治体制や歴史や教育水準や国民性の影響も、一層予断を排して虚心に分析し展望しなければなるまい。BATはGAFAの中国版には違いないが、中

国経済の現状に即した工夫によりリテールのキャッシュレス決済システムを構築し、さらにビッグデータを集めAI解析してローンや保険を提供している。そして、規制の緩い金融業は貧困ビジネスとして格差をさらに広げるのが、BATを放し飼いにしてきた中国政府が手綱を締めねばならない背景になる。

37 ステレオタイプの偏見

リーマンショックで破綻しかけたエルピーダ・メモリに経産省が諦めずに講じた金融支援策と、ほどなくやっぱり破綻した顛末を行政官時代に論じた。が、支援策をまとめた経産省幹部によるエルピーダ株式のインサイダー取引と、破綻前に私の母親が野村證券の勧めでエルピーダ社債を買った事情が重なり、公平に論じられたか自信がない。既存半導体メーカーの不採算部門だったDRAMを、経産省主導で外出し・統合してエルピーダが生まれた経緯から、「価格勝負のコモディティになったのに延命しようと無理を重ねた挙句の因果応報」みたいなステレオタイプの偏見に包まれていたかもしれない。

エルピーダを率いた坂本幸雄元社長が敗軍の将として兵を語るのを聞く機会もあり、今では落ち着いて再考できる気もする。日本の産業にとって国産DRAMが必要か、輸入すれば済むかは、経産省が判断する任にある。もっとも、行政官は自分が担当する企業を可能なら救いたいDNAだから、過去の成功体験や希望的観測で目が曇りがちにはなる。もっとも、担当する金融機関を救うため、この国は将来もこの金融機関を必要としているのか否かを深く展望しないまま支援の奉加帳を回した過去を持つ私もまた、批判する資格がない（付録3　銀行行政の四半世紀）。

結局のところエルピーダの経営課題は、サムスンとサムスンが動かしてきた韓国政府に伍して競争していけるかに帰着するようである。トヨタが日本政府を動かすとは普段言わないが、韓国の主権は長らく財閥にあるよ

うに見えた。パク・クネ大統領の父親は、国際競争力を持つ産業として、既存の財閥を育成するのが早道と考える。「漢河の奇跡」と称されたが、日本のように厚みがある中小企業群は形成されず、グローバルに展開する財閥企業と零細企業群との二重構造になった。

　財閥企業に入るための競争は過熱し、首尾よく入っても社内競争に生き残るのは容易でない。こうして一握りの勝ち組と、挫折経験を持つ大多数に分かれた。生まれ育った地元で疑問を持たず地元から需要されるサービス業を営み、ゆったり豊かに暮らす日本のマイルドヤンキーとは、かなり距離があるメンタリティに見える。

　財閥企業は国内市場より世界市場で売るから、韓国の歴代政権にとって、ウォン安維持が経済政策の絶対前提だった。エルピーダの坂本元社長は、日本政府が国内産業を守るための為替管理の任を果たさなかったと怒りを顕わに炸裂させる。気持ちは分かるが、韓国でもすでに潮目は変わり始めている。国民1人当たりの実質GDPは日本と韓国が並んだと前に書いた（**33　豊かな国**）。その基盤だった物価安定が、ウォン安で輸入物価が上がって掘り崩されていくのを韓国国民は許さず、激しい抗議デモが起きる。以来韓国でも、国民よりサムスンを向いた為替管理は難しくなっている（**268　補助金ランダム妄想**）。

　エルピーダによる突然の会社更生法申請は2012年2月であり、経産省幹部によるインサイダー取引の刑事告発が破綻に間に合わずに間が抜けていた。元社長は、前年の原発事故後に経産省が当事者能力を失った状況で、銀行から追加支援を得て管理されながらリストラが進むのは忍びなく、主体的に雇用の受け皿を探そうと判断したそうである。銀行団は申請の唐突さに絶句した、と関係者から側聞した。でも、その年の暮れに自民党が政権復帰して日銀が新体制になりユーロ危機の収束と相まって急速に円安に戻るのを予見する術もないのが、諦めるタイミングの難しさを感じさせる。申請後、1人もリストラせず受け皿に移し終えた、と元社長は語っ

た。

　でも、リストラを避けられたのは円安だけでなく、借金を踏み倒したおかげだから、私の母親は社債の紙屑化に立腹して野村の担当者を出入禁止にした。が、ほどなく寂しくなって呼び戻したのが野村の末端営業力を感じさせる。今回はいつにも増して読者が、「なにを言いたいんだよ」と訝る展開になっているのは十二分に自覚している。韓国政府がサムスンにメスを入れる時代なのに、円安に戻って株高に安堵している日本へのステレオタイプの偏見に包まれているのである。

38　12歳の少年

　第2の人生の活動拠点を提供してくれている第一生命の旧館は戦後にGHQだったから、マッカーサーの部屋が残っている。東芝に転じた石坂泰三社長の部屋だから、マッカーサーにとっては小さな机と椅子を使って戦後日本を構想したのが感慨深いが、金融分野は大蔵省が面従腹背で取捨選択したので、さほど影響が残ってない。

　例えば世界恐慌が生んだ証券法をアメリカから輸入したが、SECのような合議制行政機関は日本に向かないとして削り、バブル崩壊後の損失補填騒動に際して市場監視分野に限って復活した。不正や偽計はダメといったアメリカ流のざっくりした一般条項は、どうせ使わないから害もないかと残しておき、半世紀以上を経て使わねば投資家の市場への信頼を守れなくなると使った（**付録2　日米のSTO形成過程**）。

　地主制を軍国主義の温床と見てマッカーサーは農地解放したが、解放した農地が細分化されると、農民が自らの土地を得て意欲と生産性を高める教科書的な効果は限られた。地主が小作人を搾取するのは非人道的だが、非人道的だから非効率的とは限らないのが、ラテンアメリカを始め世界中で農地解放の利害調整が難航してきた背景になる。マッカーサーが、正し

いと信じれば超越権力を行使できるのは快かったろうとは思う。

　でも日本では、小作人の息子でも士官学校に入れば将校になって地主の息子を部下にしたから、固定した階級社会とも言えなかった。むしろ農村の窮状を実体験して将校になると、外国から奪うしかない脅迫観念がつのったかもしれない。パク・クネ大統領の父親も述懐している。「日本が子供を学校に行かせろと指示したので、親から農作業を強要されずに済んだ。成績が良かったから教師が東京の士官学校への進学を勧めた。そこでも成績が良かったから卒業式で総代を務めた。扱いは公平だったよ」。

　敗戦後5年間の日本は、石炭や製鉄や造船といった産業の基盤を立て直し、インフレにより政府が借金を踏み倒して財政を立て直し、さすがにインフレを抑えなきゃと思うと古典派経済思想に染まったデトロイトの銀行家を招いて緊縮財政を進めたところに朝鮮戦争が起きた。半島の苦難と裏腹に、経済成長のきっかけを得た形になる。マッカーサーは資本主義陣営の司令官に転じて反転攻勢をかけたが、中国が参戦して戦況は膠着する。中国への核攻撃を主張したマッカーサーを、トルーマン大統領は解任した。日本で超越権力を行使した将軍でも小柄な文官に従うのは、シビリアン・コントロールに失敗した日本人には印象的だったに違いない。

　帰国後にマッカーサーは、「日本人は12歳の少年のようなもの」と語り、多くの日本人は、自らの成長の可能性を指摘されたのではなく、見下されたと感じて急速に彼を忘れていった。そして今も多くの日本人が、「韓国人は12歳の少年のようなもの」と感じている。「なんでそんなにテンション高いのですか」「なんでいつまでも歴史を蒸し返すのですか」「なんで大統領の末路は必ず不幸なのですか」。疑問を感じるのは自由だが、疑問を生んだ日韓関係史をより深く知るのが相互理解の前提になる。

　韓国歴代大統領の末路を眺めれば、パク・チョンヒは逮捕でなく暗殺されたから偉人になったとさえ思う。私が少しは韓国人を知るのは、在日の金融機関をいくつも破綻処理せざるを得なかった経験に由来する。自分の

行政判断を在日韓国人から、かつて朝鮮侵攻した豊臣秀吉や初代朝鮮統監の伊藤博文の罪状と並べて糾弾されるのには閉口したが、相互理解の前提になる日韓関係史の教養が足りないのは自覚せざるを得なかった。

　欧米の植民地主義を後追いする日本の近代化に落ち着かない思いを抱いていた夏目漱石は、『門』の主人公に、「伊藤博文は朝鮮人に暗殺されたから偉人になった」と言わせている。この作品は、駆け落ちした夫婦の情愛をほのぼのと描きながら、行間から日韓併合への違和感が滲む漱石にしては珍しい作品になる。ソウルオリンピックに先立ち、千円札の肖像を伊藤博文から夏目漱石に変えた程度では、相互理解の努力も足りないのかもしれない。

39　生産性と国民性

　マッカーサーが農地解放しても土地が狭い日本農業の生産性は高まらなかったと書いて昨年（2016年）の連載を終え、年末年始はラテンアメリカを旅した。サンパウロの日本移民館で、「ブラジル農業の生産性を高めた日本移民の勤勉な国民性」という解説を見て思わず、「そりゃ、狭い国から来たせいだろ」と突っ込む。20世紀初めから、土地が広い割に人間が少ないブラジルは、土地が狭い割に人間が多い日本から移民を招いた。ブラジルでは人間が、日本では土地が希少な資源であり、希少だから補い合う政策インセンティブが生まれる。移民により投入労働量を増やすのがブラジルの政策であり、日本移民は、品種や土壌や肥料を改善する工夫を重ねて収穫を増やした。

　帰国後、社会派ブロガーを自称するちきりんさんの新著『自分の時間を取り戻そう』で、同じ移民館を見ての同じ感想に出くわしてちょっと驚く。ちきりんさんは、私の突っ込み以上に論を進め、日本移民は勤勉な国民性ゆえに労働生産性が高いとの通念を否認する。日本の意識では土地は

希少だが、人間は希少でないから、ブラジルに来ても相変わらず産めよ増やせよの集約的な労働投入だったと指摘するのである。

言い換えれば日本移民は、土地という資本の生産性向上には熱心だったが、労働の生産性向上には関心がなかった。ここで労働生産性の向上として想定しているのは、広い土地をトラクターで耕し、自動植付け機を使って労働そのものを節約する工夫になる。母国日本では、農地を細分化したマッカーサーの農地解放は労働生産性の向上に直結しなかったが、高度成長期に都市の高賃金目当てに農村から人間が移って人手不足になると、機械化のインセンティブが生まれた。が、いかんせん農地が狭いから、機械化の効果も限られる。

生産性は、単位労働が生む付加価値で論じるのが普通だが、日本移民が集約的に労働を投入しながら品種や土壌や肥料を改善して高めたのは、単位土地（資本）が生む付加価値だった。収穫を増やすために、これまで土地を切り開いて農地を増やしてきたブラジルに来た日本移民は、農地に投入する人間を増やした。要は母国でしていたことと同じであり、勤勉な国民性により労働生産性を高めたわけではない、とちきりんさんは結論する。

イギリスの産業革命論の向こうを張って、日本の勤勉革命論を唱えた経済史家が怒りそうな指摘ではある（147　産業革命と勤勉革命）。結果として収穫が増えるなら、労働の生産性を高めるほうが、資本の生産性を高めるより偉いわけではない。ただ、どの国も往々に置かれた環境の下で投入が容易な生産資源を増やす道を選びがちだが、生産性向上には明確な目的意識が必要とするちきりんさんの論争誘発術は相変わらず健在と思う。

日本の国民性としての「おもてなし」を自画自賛する風潮へのちきりんさんの違和感も、それが生産性を度外視した際限ない労働投入により支えられている疑いに基づく。「自分の時間を取り戻せない」ほど働いては、「おもてなし」も持続可能でなくなる。日本では長らく、生産性が製造業

のオペレーションの効率性と同一視され、イノベーションにより高める対象との意識に乏しい。一方で、日本のサービス業の低い生産性は、国際比較の数値としては意識されても、国民性にも起因する即効解決困難な課題と思われてきた。

　でも、大手広告代理店の新人女性が、クライアントへのプレゼン資料を作るなどというしょーもない仕事のために死なねばならない社会は、構造的な欠陥があるに違いない。また、底辺の仕事が多いサービス業だからこそ、生産性を高めて人間らしく暮らせる糧を得なければならない。しばしの間、生産性と国民性という茫洋としたテーマにつき、ちきりんさんの切れ味もなく、右往左往させていただく。

40 日系ホテル

　ブラジルへの日本人移民が、限られた土地に集約的に労働を投入し品種や土壌や肥料を改善して生産性を高めたのは、勤勉な国民性のせいか、土地が希少な狭い国から来たせいかというサンパウロの日本移民館で芽生えた私の疑問は、狭い国で苦労した記憶が勤勉な国民性を形成したと考えれば、表現の仕方に帰着する。

　ただしもちろん、国民性が勤勉なら生産性が高まる保証はない。生産性は成果である付加価値を投入資源である労働や資本で割った比率であり、分母の投入資源を増やせば分子の成果も増えるのは当たり前なので、比率を上げるのが肝要になる。なまじ勤勉だと、ひたすら分母を増やして分子を増やそうとして、比率はむしろ下がるかもしれない。

　マクロの生産関数では経済成長を、増えた投入資源（労働と資本）の量と生産性向上の和と捉えるが、生産性そのものは計測できないので、経済成長率と投入資源増加率の差として生産性向上が認識される。低所得者への分配を増やしてマクロで消費性向が高まったために経済成長率が上がっ

ても、定義上は生産性向上になるのが供給と需要の不可分性を反映していよう。

　投入資源量は際限なくは増やせないので、日本の高度成長期のように高い成長が続いている時は、生産性向上が伴っている。もっと簡単にGDPを人口×生産性で示す場合は、人口以外の要素をすべて生産性概念に含めており、GDPを人口で割った1人当たりGDPが生産性になる。就業者1人当たりGDPだとより労働の生産性を直截に示す。既述のように私はよく、「価格＝（賃金などの費用＋利益）／生産性」という関係式を使う。設備投資して分母の生産性を高めれば、労働者の賃金を上げられ、企業は追加投資のための利益を確保でき、価格を下げて需要も喚起できる高度成長期の好循環になる（13　下部構造←→上部構造）。

　人口が減っていく日本では、このメカニズムがサービス業でも機能しなければならない。旅して出会う宿泊サービスならまず、産業再生機構で冨山和彦さんが、専担だった従業員に受付も清掃も配膳も布団敷きも兼ねさせた多能工化の事業再生経験が浮かぶ。「おもてなし」度は下がるが、下がった価格との兼ね合いを客が評価して選んでくれればよい。

　次いで、日系オーナーの「おもてなし」を期待してではなく、コスト・パフォーマンスを評価して選んだサンパウロやリマの3ツ星日系ホテルが浮かぶ。部屋は狭いが、ラテンアメリカには珍しく日本人好みにバスタブがある。テレビもないが共用リビングにNHKが流れ、食事はスーパーで買った惣菜を共用台所のレンジで温めれば足る。再びサンパウロやリマを訪れるなら、同じホテルを選ぶだろう。日本人の国民性を踏まえたオーナーの工夫により、リピーターを増やして生産性を高めている。

　最後に浮かぶのは、中国との外交問題を惹起している日系ホテルであり、やはり低価格のコスト・パフォーマンスによる生産性を追求している。信用金庫出身の女性社長の巨大な顔写真看板を初めて見た時、昭和の保守系裁判官の決まり文句のように、「公序良俗に反する」のを感じて決

して泊まるまいと思った。また、侮辱が犯罪である日本で、「南京大虐殺は虚構」と主張する信用金庫同僚の社長の夫が言論の自由の範囲内かは判然としない。ドイツでは、ホロコーストの否認は犯罪である。

　なにより、社長の夫と認識を共有しない従業員が、「南京大虐殺は虚構」と主張する本が置かれた部屋を掃除しなければならないのは、精神的につらいだろうと同情する。ますますインバウンドに依存せざるを得ない宿泊業界において、侮辱されたと怒る精神を隣国に、侮辱する気はないのにと忸怩たる精神を社内に抱えて経営が走り続けられるのか、中国人客への「おもてなし」を破壊する実験がいつまで続くのか、観察も続けるに値する。

41　好みのクルマ

　ブラジルでは、日本車やアメリカ車よりフォルクスワーゲンやフィアットなどのヨーロッパ車が目につく。ボリビアに北上すると中古の日本車一色になり、ドライバーは、「あんたの国はグレートだ」と素直にほめてくれる。さらにペルーに北上すれば日本車よりヒュンダイに勢いがあって、ドライバーも、「トヨタと価格の差ほど性能に差はないよ」と醒めたコメントをする。エクアドルに至りやっとフォードなどアメリカ車のプレゼンスが増すのは、ドルが通貨の国に来たのを感じる。これだけなら、各国の産業政策や国民の好みの反映だが、帰国すると、アメリカ内外の自動車メーカーに、「アメリカで作れ」と求めるトランプのツイッター指先介入が、フォードやトヨタを翻弄していた。多くの日本人が、1980年代じゃあるまいしなにを今さらと反発する。

　反発の背景として例えば今（2016年）、日本メーカーは国内で年間900万台強を作るが、海外では倍の1800万台を作るほど生産立地の多様化に努めてきた。日本の輸入がドイツ車ばかりなのは、国民の好みの反映だから仕

方ない。経済理論は長らく、国内の比較生産費が安い国で作って貿易する
のが世界の消費者に裨益すると教えてきた。なにより、テレビやパソコン
と同じくクルマの最終組立も付加価値を生む仕事でなくなり、アメリカで
の工場立地にこだわれば、むしろ部品輸入でアメリカの貿易赤字が増えか
ねない構造に変わっている。いずれももっともな反発に見えるが、論点の
すべてをカバーしてはいない。

　日本国内で900万台強を作り、国内で500万台が売れるから、差の400万
台強は海外で売っている（輸出している）。ドイツは国内で600万台を作
り、国内で350万台が売れるから、海外で売る差は250万台になる。韓国や
メキシコが国内で作って海外で売る比率は日本より高いが、輸出量はドイ
ツと同程度にとどまる。最大の2500万台を作る中国では、国内で2500万台
が売れて均衡している。そして、国内で1200万台を作るアメリカでは、国
内で1700万台が売れる。この差としてアメリカが海外から買う（輸入す
る）クルマと、日本が海外で売る（輸出する）クルマの量が概ね見合うの
は、単に、「話せば分かる」構造ではなさそうにも思える。

　もとより、ラストベルトで失われた雇用を日本のせいにされても甘受せ
よと言いたいのではなく、甘受して日本メーカーがアメリカでの工場立地
を増やしたところで、アメリカの貿易赤字は増えかねない。ただ、「アメ
リカ人が使うクルマはアメリカ人が作る」という主張に、「日本人が食う
コメは日本人が作る」政策を死守しながら、クルマの生産立地の多様化に
努めてきたとか日本人はアメリカ車を好まないと言い訳したり、2世紀前
のリカードを持ち出して貿易不均衡を正当化したりしても、アメリカの輸
入量と日本の輸出量が見合っている以上、簡単に議論がかみ合う気がしな
い。日本国内では、「バカなトランプが無茶言ってやがる」と自らの正当
性を疑わない主張ばかりなので、「それだけじゃアメリカは収まらないで
しょ」と指摘したくなるのである。

　アメリカはもの作りが競争力を失う過程で、西海岸のITと東海岸の金融

が牽引する産業構造に変わり、市場型の金融システムが変化を促した。対する日本はもの作りの成功体験にこだわり、銀行型の金融システムが変化を妨げた、とこれまで書いてきたが、すべてのもの作りを一括して論じるのは大雑把過ぎ、アメリカ人にとってクルマが持つ意味には思いを致すのがよさそうに思う。職業に貴賤がないとしても、社会に役立つものを作る仕事が、ゼロサム競争のサービス業に携わるより働き甲斐を覚えるのは否めない。

クルマの社会への役立ち方は所有から利用へと多様化し、クルマ自体が早晩自動運転になると一層多様な可能性が開けるから、IT企業もクルマ作りに注力する。一方で、住宅ローンの次はサブプライム自動車ローンが懸念されるほど、アメリカ人がクルマを愛して所有する意欲は依然強い。庭でクルマの手入れをする姿が、しばしば育児みたいな献身に見える。クルマ作りを愛してきたラストベルトからの得票が誕生の決め手になった政権が自動車の国内生産と雇用を政策目標に掲げる時、単に失業していなければよいのではない。

「America First」や「Make America Great Again」はトランプの素朴なスローガンかもしれないが、ラストベルトにとっては稼ぎとともに働き甲斐を取り戻す運動である（15　イノベーション文学、25　デトロイト、破綻の風景）。「日本人が食うコメは日本人が作る」政策を死守し続けるなら、そこまで視野に入れたうえで、懐の深い経済対話を辛抱強く重ねなければなるまい。

42　あちこちの思考停止

「冷静にトランプを考えるのはけったくそ悪いから、トランプみたいに思考停止して本能のままに論じる」のはやはり避けたい。前回はトランプ政権の自動車国内生産方針を、ラストベルトの住民が稼ぎとともに働き甲

斐を取り戻す運動と評してなにを言いたいか分からない舌足らずの展開に
なったので、今回はこれまでの繰り返しを含め、これまでの考察に関連す
る経済史と政治史を整理してひと区切りつけたい。

　高賃金のイギリスでインド産の綿織物に対抗するのが、18世紀後半から
生産性を飛躍的に高めた産業革命の主な動機になる。機械を壊す労働者も
現れたが、価格が劇的に下がって世界の需要を喚起し、イギリス繊維業の
労働者はかえって増えた。20世紀初めにヘンリー・フォードがベルトコン
ベアでフォード車を量産し、価格を下げるとともに、「我が社の労働者も
買えるように」と賃金を上げた背景にも、そうしないと労働者を確保しに
くいアメリカの高賃金がある。農村から都市の工場に人口が移るには、工
場で働くほうが稼げなければいけない。

　アフリカ系労働者も積極的に雇ったフォードの生涯で、ヒトラーに協力
した反ユダヤ主義者だったのが汚点とされている。ユダヤ人をフォード
は、労使が共存共栄する自らの思想を理解せず、貸したカネは手段を選ば
ず取り立て、労働者を搾取する原始資本主義の担い手と見た。第一次大戦
後のドイツへの過酷な賠償も、アメリカがイギリスに貸したカネを回収す
るためにウォール街を支配するユダヤ人の論理が貫徹した結果であり、そ
の非現実性と平和への脅威をケインズも糾弾した。

　戦間期のケインズはまた、裾野が広い先端産業である自動車生産は、イ
ギリスの労働者が働き甲斐を持って携わるにふさわしく、そのために自分
はアメリカ車より高く払う用意があると表明している。産業の基盤である
鉄鋼と田園環境を維持する農業もイギリスに残したいが、競争力が歴然と
落ちた石炭や繊維まで残すとは言わないのが、競争力と内需のバランスを
とる難しさになる。国内の生産と雇用を続けるには国内の消費者が高く払
わねばならないが、払われる側の働き甲斐と購買力も高まる（**18　ローカ
ルとグローバル**）。

　でも同時期に、アメリカやイギリスより世界恐慌から鮮やかに回復した

のは、ヒトラーのドイツだった。フォルクスワーゲンを量産し、アウト
バーンを走らせて雇用を生むのは、フォードの実践をより組織的、統制的
に応用している。隣国への侵略を外交で正当化したいヒトラーが、「私に
は団結した国民がついている」と誇って、連合国が屈服せざるを得なかっ
たのは、いたたまれない真実の言葉だからである。

　並行したユダヤ人迫害を多くのドイツ国民が見て見ぬふりをしたのは、
自分が対象でなければ構わないエゴイズムだけでなく、「気の毒だけど、
あの人たちはちょっとねえ」と偏見に支配されていたのは否めない。ホロ
コーストを反省する際は、ユダヤ人への偏見が形成された過程を真摯に分
析しなければならないと感じてきた。ヒトラーの『我が闘争』は常軌を逸
しているが、なぜそんな思想が形成されたのかを解説する本まで発禁にし
て、単なる狂人の妄想と位置づけるドイツ政府は、反省のあまり思考停止
している。

　競争力が落ちた近年のアメリカ自動車産業は政府に頼ってきたから、工
場を海外に移すなと指示するトランプ指先介入にも、フォードの若いユダ
ヤ人社長はあっさり屈したように見えた。でも特定国を標的にしたトラン
プ政権の入国禁止令に対しては、ヘンリー・フォードの曾孫の会長ととも
に、多様性を尊ぶアメリカの理念に反すると強く抗議する。

　立派な見識かもしれないし、フォードの本社所在地はアラブ人地区だか
ら、社内の平穏のために場当たりで右往左往しているのかもしれない。高
賃金のアメリカでフォードの工場が競争力を持つには作業工程を自動化せ
ざるを得ず、自動化するほど雇用は減ってサービス業が受け皿にならざる
を得ない。製造業ほどの働き甲斐を持って携わりにくいサービス業の運営
には低賃金を甘受する民族の多様性が不可欠という構造の中での右往左往
は、トランプがけったくそ悪いから脈絡なくヒトラーと並べて論じる日本
のメディアの思考停止よりは、理解しやすい観察対象には違いない。結
局、今回も引き続きなにが言いたいか分からない舌足らずな展開には、読

者のご海容を請うしかない（注）。

（注）　ブラジル政府が国産車を生産する代わりに、優れた資質の人材と資本を国有企業での航空機生産に投入した試みは長く芽が出なかったが、民営化により軌道に乗り、今ではボーイングとエアバスに次ぐ位置にある。経営学では民営化の成功事例とされるが、政府が優れた資質の人材を集めていたから、民営化により高い潜在能力を発揮できたとも言える。

　　　　今では半導体産業は先進国政府の支援競争の様相を呈し、民間の自由競争理念へのこだわりが国際競争力を制約する事態となった。政府支援により受託生産トップの位置にある台湾TSMCを熊本に優遇誘致するために経産省が法改正までするのは、理念より現実の観察を重視して、『官僚たちの夏』の時代へ回帰しているとも言える。

第 7 章

進化論周辺の散策 (43〜47)

2017年初めのガラパゴスで、ダーウィンが進化論を生んだ自然環境を体感した。ガラパゴスの自然環境に加え、人間社会を観察したマルサスの『人口論』からダーウィンが着想した進化論は、後に社会科学に再応用され、さらに後の人類学者も自然科学と社会科学を行き交う。もとより現実の人間社会をどうしたいかの判断が先にあり、進化論はその判断を正当化する位置づけに過ぎない。

43　ソロスの蹉跌

「トランプ相場をショートしたソロスが大損」とガラパゴスで知る。ケインズの美人投票にならい投資理論としてはみんながどう思うとみんなが思うかを重視するソロスが、難民受入れでは人間としての信念を表明するように、「こんな奴がアメリカ大統領であって良いはずがない」と人間としての信念が自らの投資理論を凌駕してしまった挙句の大損なら、人間としてむしろ微笑ましい。

44　地合いとマクロ・ミクロの政策

異次元緩和の実験開始がユーロ危機の収束に重なったように、地合いに合うマクロ政策には投資家が反応して円安や株高をもたらし得るが、円安で輸出企業の利益が増える分、すべての国民が高く輸入しなければならない。地合いと無縁なミクロの制度改革もすべての国民には裨益しないが、既得権層が失う利益より新たに需要を生む利益が大きければ、社会として試み続けるに値する。

45　自然科学と社会科学

ダーウィンがマルサスに学んで展開した競争による適者生存のメカニズムを、後の社会学者は、富裕層も支配国も競争による適者生存の

摂理の現れとして正当化した。増える人間が足りない食糧を奪い合って争う事態へのマルサスの懸念は農業生産性の向上により無用化したが、初めから子供を持つのを諦めるほうが人道的、と考えたマルサスの処方箋は今の日本の現実になっている。

46 自然淘汰と棲み分け

競争による種の自然淘汰を考えたダーウィンに対し、今西綿司が種の協調により棲み分けるメカニズムを考えたのは、競争の前提作法を第三者の共感としたスミスを思わせる。誰しも自分は豊かになりたいし、貧者のために自分の豊かさが損なわれるのに抵抗するが、貧者の生活の実相に心が痛むのもまた人間だから、トランプ政権によるオバマケアの見直しも、容易に決着するはずがない。

47 サピエンスの形成

ヨーロッパが世界を席巻したのは、優秀だったからでなく、たまたま運が良かったからと説くジャレド・ダイアモンドはリベラルの感性に整合したが、リベラルだから正しいとは限らない。「サピエンス」の歴史を描く若いユヴァル・ノア・ハラリは新しいタイプの知性として通念を破壊する使命感はなく、科学革命や資本主義や帝国主義をイデオロギーとは無縁に是々非々で骨太に論じる。

43 ソロスの蹉跌

足元にイグアナが寝ている、やや非日常的なガラパゴスの食堂で、そのCNNニュースを見た。「ジョージ・ソロスが、トランプ相場をショートし

て10億ドルの大損」。連れのアメリカ人が、「ホメロスも時に居眠りする」とつぶやく。日本語では筆を誤る弘法が、英語では寝ぼけた詩を書くホメロスになるのを学び、日本での日常みたいな連想に引き戻された。

ソロスを有名にした1992年秋のポンドのショートの本質は、ポンドが高過ぎるという自らのファンダメンタルズの判断以上に、みんなもそう思っているから追随するに違いないという見極めにある。100人の女性から6人の美人を選び、投票の集計結果に最も近い投票者が賞品を得る周知のケインズの美人投票に他ならない。

自分の女性の好みで選んではならず、他人の好みを詮索するのでもない。他人もまた、「みんなはどう思っているか」と思っているので、誰の内心の好みにも合わないが、「最近はこういうタイプが流行るのかも」みたいな女性が選ばれ得る（4　投資判断の材料）。利益はおろか、売上げもないのに社名にドットコムとつくだけで株価が上がったITバブルのメカニズムも同じである。早い時点でばかばかしいと感じて逆張りに転じると、まだまだ行けるぞと思って現れる大勢の投資家に飲み込まれて破綻する。

ソロスの蹉跌に反応したのは、このハンガリーから来たユダヤ人の自称哲学者が、長年金融市場の特質を考えながら発信してきたからである。彼が小難しく解説する再帰性理論とは結局、「金融市場でなにが起きるかは、投資家みんながなにが起きると思うかによって起きる」というケインズ美人投票の言い換えと理解している。アメリカ大統領選の前は、ほとんどの市場関係者が、「万一トランプが当選すれば、株価は下がり金融市場は混乱する」と危惧した。危惧どおりだったのは開票進捗に伴う動揺中だけで、「アメリカの分断を止揚し、全国民の大統領になる」と勝利宣言して以降は、最高値更新が続く。

トランプ相場を眺めてふと、再帰性理論も、「投資家みんながなにが起きてほしいと思うかによって起きる」と手直しするのがよいのではと一瞬

思った。が、すぐに必要ないなと思い直す。投資家みんなが内心では、今後のアメリカ経済に打撃を与えそうなトランプ政権が生まれないでほしいと願っていたとしても、「でも今は、みんながほっとしてるところだから、しばらくは買いだな」と思えば株価は上がる。「しばらく」の賞味期限は、ITバブル同様、事前に予測できない。

ソロスはユーロ危機やヨーロッパの難民受入れに対しては、国民感情や政治的思惑を度外視して、投資家みんなより人間としての自分の信念を発信してきた。貿易や財政の黒字国は、国内の賃上げや政府支出や難民受入れに黒字を充てれば、全ヨーロッパが裨益する。が、現実には赤字国のほうが赤字を減らすための緊縮財政を求められる。保守的な政治家さえ、緊縮財政で内需が弱まれば、かえって貿易や財政の赤字が増える可能性を本能的に認識している。

でも、赤字を実力以上の暮らしをした報いと条件反射する世界の平凡な投資家が納得する政策を優先せざるを得ない。平凡な投資家が、ユーロ圏の保守的な政治家より見識や人間性が劣ると言いたいのではない。平凡な投資家とは、自分がどう思うかでなく、みんながなにが起きると思うかで反応するから、ルペンがフランス大統領になってユーロが解体に向かっても、「為替レートの調整力復活にみんなが期待しているなら、しばらくは買いだな」と条件反射しかねないと指摘したいだけである。トランプ相場をショートしたソロスの蹉跌が、「みんながなにが起きると思うか」を見極めねばならない自らの投資理論を、「こんな奴がアメリカ大統領であっていいはずがない」という自らの信念が超えたせいならば、人間としてむしろ微笑ましい。

44 地合いとマクロ・ミクロの政策

トランプ相場をショートして大損したジョージ・ソロスを前回論じた後

に、（第一生命経済研究所）同僚の藤代宏一さんが、大統領選でヒラリー・クリントンが勝ったとしても、ファンダメンタルズからドル高＝円安と株高が進んだ可能性が高かったと指摘し、「みんながなにが起きると思うか」の美人投票性ばかりを強調したのはちょっとバランスを欠いたかな、と自省する。

　たしかに大統領選前からアメリカの経済指標は好調で、世界経済も在庫調整が一巡して企業は利益予想を上方修正していた。金融市場でファンダメンタルズと美人投票性のどちらが価格形成に強く効くかは、平時はファンダメンタルズが効き有事に美人投票性が強まると一般論では言えるが、今がどの程度の平時か有事かは先験的には分からない。トランプ政権誕生を懸念していたはずの金融市場が、実現してしまえば歓迎ムードに包まれると、「しょせんは投資家の腹の探り合い」と価格形成を揶揄したい心理が私を捉えたのは否めない。

　ファンダメンタルズを相場の地合いと言い換えるのはやや乱暴かもしれないが、地合いを捉えた政策には金融市場が反応して効果が増幅し、捉えなければ反応しない現象は日常的に観察される。自民党政権が復帰し日銀が新体制になってしばらくの間の金融政策は、ユーロ危機収束の地合いを捉えて意図した円安と株高が進んだが、ユーロ危機収束とどっちが効いたのかは判然としない。ドラギECB総裁は、「ユーロを救うためならなんでもやる」と、投資家みんなが言ってほしい時に言ったからマジックが効いたが、いつも反応してくれるとは限らない。

　「ゼロ金利下で中央銀行が、民間銀行が持つ国債と通貨を交換し続けても論理的にはなにも起きない」はずだが、金融市場での美人投票は論理でないから、時に効果を持つ。今後の経済への展望がやや明るくなり、投資家が材料視するマクロ政策が金融から財政に移る局面で、トランプ政権の減税やインフラ投資が注目されている。よってしばらくの間は株価が下がれば、「トランプ財政への期待が後退した」という解説を目にする展開に

なる。

　トランプ大統領が日本の円安誘導を批判するのは、これまで世界が感じていても遠慮してきた発言を遠慮しない指導者の登場として妙味があると思うが、誘導能力を過大評価しているとも思う。「目指しているのは円安でなくインフレ目標」という日本政府の見え透いた反論も、所得が追いつかないインフレでは実質消費が一層減るだろ、と思う。

　経済は因果応報の道徳劇ではないから、地合いを捉えたマクロの財政金融政策が効果を持ち得るが、円安もインフレも立場によって影響は違い、参加者全員に裨益するフリーランチはない。円安で輸出企業の利益が増えれば、すべての日本国民が高く輸入するのを強いられる。政府への信用で物価が決まるとする新しい経済理論も、政府が信用を失えば実質的に借金を踏み倒せる効果くらいしか頭に残らない。

　論じるのがマクロの財政金融政策のほうが、ミクロの制度改革より知的で効果も大きそうだから、長い時間が費やされる。でも、そろそろマクロ政策で諸課題を一挙に解決する願望から距離を置き、ミクロの制度改革で新たな需要を生む努力の積み重ねに重点を移す時と思われる。制度改革もマクロ政策と同じく参加者全員には裨益しないから、既得権層は抵抗するが、新たな需要を生むには岩盤を崩す努力が避けて通れない（**22　資本主義の分配法則**）。既得権層が失う利益より新たな需要を生む利益が大きければ、試み続けるに値する。

　地合いを捉えない制度改革に携わってきた私に、こんな主張をする資格はないかもしれない。国民の1割が応募したNTT株が暴落して間もない局面で、投資需要を喚起しようと証券市場へのプレイヤーの新規参入や売買手数料を自由化して手数料水準が大幅に下がっても、国民はあまり反応しなかった（**1　金融制度改革の記憶**）。でも、意図したとおりにならなかった経験も教訓にはなり得るから、こうしてささやかに言論活動を続けている。

45　自然科学と社会科学

　ガラパゴスから帰国してダーウィンの『種の起源』を読んだのは、ガラパゴスの饒舌なガイドが、進化論を生んだ鳥としてダーウィンフィンチをさんざん喧伝したからである。大きな木の実しかないガラパゴスの島に南米大陸から渡ったフィンチは、食糧獲得競争において、たまたまくちばしが大きいと生き残る確率が高いが、小さいと木の実が食べられずに淘汰される確率が高い。生き残ったくちばしが大きいフィンチの子供のくちばしも大きいから、長い歳月のうちに大きな木の実しかない島の環境に適応して、全体としてくちばしが大きい別種の鳥へと進化する。

　この競争による自然淘汰・適者生存の理論を、ダーウィンがガラパゴスで着想したと聞き、フィンチを眺めるだけの凡人は、異次元の頭脳とはどういうものかと興味が湧く。でも、『種の起源』には、フィンチの進化なんてどこにも書いてない。別の学者の観察に基づく業績がダーウィン伝説に混入し、ガイドは原典を読まずに解説していた。代わりにダーウィンは、自らの自然淘汰論は、人間の社会を観察したマルサスの人口論を動物に応用したものだと書いている。

　マルサスは、人間は食欲が満たされれば性欲の赴くままに子供を作ってしまうが、人口の増加に食糧の増加が追いつかないのを自然法則と考えた。食糧が足りなければ、飢饉や病気や争いにより人間は過酷に淘汰されざるを得ない。貧しさを緩和する救貧法(当時の生活保護)は一見人道的だが、援助で食欲を満たせばやはり性欲を発揮して人口が増え、結局は競争による過酷な淘汰が待っている。それよりは貧しい人間が、初めから結婚し子供を持つのを諦めるほうが人道的、と多くの現代人が唖然とし、でもちょっとでも考えると昔話とばかりは言えんなあと気づく論理を展開する。

19世紀初めにマルサスが、食欲と性欲だけが行動原理の人間を冷厳に描くのは、自然界の動物を観察する趣がある。マルサスの社会科学を自然科学に応用したダーウィンの進化論は、すべての生物を神が創ったとする聖書の教えに反するが、競争による淘汰のメカニズムもまた神の摂理と捉えれば、さほどの反感に遭わない。そして自然淘汰論を社会科学者は、やはり原典を読まずに社会に再応用した。富裕層も支配する側の強国も、競争による適者生存の産物である。貧困層や支配される側の弱国への援助は一見人道的だが、不適者まで生存するのは神の摂理に反する（**19　正しい経済思想**）。

　19世紀末になると富裕層ほど子供が減ったのは、食欲と性欲以外に娯楽や芸術を求める行動原理が多様化し、豊かさを保とうと少数の子供に高い教育を与えようとしたためという説明がしっくりくる。ミクロの家庭が子供を減らす合理的行動が、マクロの人口減を招かぬよう、育児や教育への支援が新たな政策になった。

　先進国の人口減と農業生産性の向上につれ、マルサスの食糧不足の懸念は無用化したが、観察眼と思考法はまだ生きている。非正規雇用の貧しい若者が、初めから結婚し子供を持つのを諦めるマルサス推奨の現象が、今の日本で増えている。子供を持ってから夫と別れて母子家庭になれば、子供に意欲と能力があっても貧困から大学進学する豊かな人生を諦める現象が先進国らしからぬ水準に達している。

　高齢者対応と違って票にならない分野は光が当たらないが、仮に、不条理を是正しようと、育児や教育への支援を一律に強めれば、意欲も能力もない子供まで大学に行く行動を促して、人手不足が悪化する。人間の社会の解明と改善を志す社会科学が、自然科学の法則性を求めて失敗するのは、両者が未分化だった時代のマルサスやダーウィンにも責任の一端があるかもしれない。でも、原典を読み、異次元の頭脳に接すれば、時代を超える示唆が残っているのが、凡人の頭脳にもたしかに感じ取れる。

46 ┃ 自然淘汰と棲み分け

　進化論でダーウィンに先立つラマルクは、キリンの長い首は神が創ったのではなく、高い枝の葉を食べようと努力を長く重ねるうちに、長い首に進化したと考えた。でも今では、後天的な努力は遺伝しないと分かっているから、ラマルクは省みられない。ダーウィンは、たまたま首が長いキリンは食糧獲得の生存競争に勝ち残る確率が高く、首が短いと淘汰される確率が高いから、遺伝を重ねるうちにキリン全体の首が長く進化したと考えた。これだけでは、なぜ今も首が短いキリンがいるのかを説明していないから、やがて自然淘汰に突然変異という理屈が組み合わされる。突然変異で首の長いキリンが生まれ、競争に有利だから自然淘汰で徐々に時間をかけて種を席巻していく。席巻過程では当然、首の短いキリンも残存する。

　高校時代、ダーウィン進化論を批判する今西錦司博士に心酔する教師がいたおかげで、話を聞く機会に恵まれた。競争による種の自然淘汰が適者を生存させるメカニズムへの疑問から始まり、種が協調して棲み分ける＝共存する持論へと展開する。棲み分け理論も今では省みられないが、適者ではなく、運が良ければ生き残ると言っているように聞こえ、案外社会はそんなものかもしれないなと微笑ましい。なにより齢80に近い碩学が、「長年自然科学者として生きてきたが、今では社会科学者になった」と語るのは、どうやら自分に理科系は向いてなさそうと感じていた18歳の高校生の記憶に残った。

　スミスの「見えざる手」は、一般には価格に導かれた自由な利益追求競争が効率的な資源配分を実現するメカニズムと認識され、自然淘汰による適者生存のアナロジーになっている（11　（神の）見えざる手）。では、キリンに自由競争させたらどうなるか、とケインズは皮肉に問う。高い枝の葉に届く首の長いキリンは食べ過ぎ、首の短いキリンは飢え、激しい競争

により葉が落ちて踏まれ資源配分に無駄が生じ、元来は穏やかなキリンの顔は不安や競争心でゆがんでいる（**19　正しい経済思想**）。

　だから政府が自由競争に介入する必要性を説くケインズに対し、シュンペーターは自由競争を前提に、進化論における突然変異を、自らのイノベーションのアナロジーと位置づけた（**15　イノベーション文学**）。馬車しかない社会に鉄道を持ち込むイノベーターは先行利益を得るが、模倣しようと努力する者が続々現れるので輸送市場を独占できない。模倣者が現れ続ければやがて利益は消えるはずだが、現実にはその前に別のイノベーションが現れて利益は消えない。こうして輸送市場では、鉄道やトラックや船や航空機が、特性に応じて棲み分けている。模倣をラマルク的な後天的努力、棲み分けを今西的な共存と捉えれば、進化論では省みられなくなった思想が、現実の社会には生きているとも言えよう。

　経済学者として「見えざる手」と書いたスミス自身が、道徳学者として人間の本性を、赤の他人の運命にも感情を揺さぶられる存在と書いている。他人の幸運は心を和ませ、他人の不運に心が痛む。自由な利益追求も、第三者が共感できる範囲で行うから許されるのが前提の作法になる。オバマケアにより無保険者は減ったが、すでに保険に入っていた者の負担は増えた。「自分のカネを努力しない怠け者に与えたくない」感情が、トランプ政権による見直しの原動力には違いない。

　でも、たまたまアフリカ系に生まれ、スラムに育ったから病気の治療を受けられずに淘汰される（死ぬ）不運を、自己責任と突き放せるほど多くの人間は酷薄にできていない。オバマケアは、貧しいなりに、豊かな者と棲み分けて生きていく道を提供した。トランプ政権によるその見直しは、予定調和の自由競争原理主義への信仰と、現実社会を見る人間の本性の間で引き裂かれ、容易に決着するはずがない。

47 サピエンスの形成

　自分の専門分野が記事になると、「もっと勉強して正しく書いてよ」と不満を覚えてきた。でも、門外漢分野の記事だと無条件に正しいと思い込むのは、疑問を抱く能力や知識がないせいだとは存外気づけない。本を読む場合にも同じ構図に遭遇する。かつて朝日新聞お抱えの有識者が必読書の１位に選んだのが、ジャレド・ダイアモンドの『銃・病原菌・鉄』だった。

　大航海時代にスペインからインカ帝国に侵攻したピサロが、わずか168人で２千万人を征服したのは、直接には、鉄のよろいや剣、さらには銃を持つ軍事力で圧倒し、インカ内部の仲間割れ情報を利用したからである。鉄や銃だけでなく、文字も持たないインカの先住民は、先立ってコルテスがアステカ帝国を征服した情報も知らず、ピサロの意図を測りかねた。そして、戦闘の死者よりはるかに多くの先住民が、スペイン人が持ち込んだ家畜の病原菌に抵抗できずに死んでいる。

　スペイン人が軍事力と情報利用力と伝染病の免疫を備えていたのは、優秀だったからではなく、たまたま住んでいた自然環境と文字利用による、とダイアモンドは説く。人間（サピエンス）が狩猟採集から農耕定住に移行する際、栽培に適した植物と家畜化に適した動物がいる土地は限られ、たまたまヨーロッパは恵まれた土地だった。農耕牧畜の定住生活を続けるうちに余剰食糧から政府が生まれ、軍事力や予防医療の水準が高まる。このプロセスを情報社会として促進する文字は、メソポタミアの楔形やエジプトの象形より、たまたまヨーロッパが採用したアルファベットのほうが機能は高い。

　なるほどそんなものかねと感じながら読み進めるが、話が日本に及ぶと、にわかに怪しさを覚える。「名乗りあげての一騎打ちに誇りを持って

いた侍は、足軽の銃に殺されるのを恥じて江戸時代に銃を捨てた」「アルファベットと同じく高機能のかな文字を持つのに今なお複雑な漢字を併用するのは、社会的ステータスを維持するためである」。

それまでに感じた説得力は、「にほんいがいのちいきへのわたしのむちによるのかも」と不安になる。ヨーロッパが対外進出して植民地を形成したのは、たまたまの自然環境や文字の選択によるという説はリベラルな感性に整合するから、朝日新聞お抱えの有識者は共感した。でも当然ながら、リベラルだから正しいとは限らない。

ダイアモンドが推奨するユヴァル・ノア・ハラリの『サピエンス全史』を遅ればせに読んでみた。民族や政府といった抽象概念を集団で想像できる人間の祖サピエンスの能力が、協調行動を可能にして世界を支配していく骨太の論理を展開する。1万年前の農業革命を経て、大航海時代以降の科学革命で飛躍した人間が、資本主義や帝国主義と渾然一体になって歩んだ歴史を努めて客観的に描こうとする。

神が創ったにせよ、自然淘汰の結果にせよ、ヨーロッパ人種が優秀だから世界を支配する能力と責任があるというかつての通念を破壊する使命を、ダイアモンドは強く意識していた。ただし彼が、自然環境が厳しい未開社会の人間のほうが能力が高くないと生き残れないから、受け身でテレビばかり見ている先進社会の人間より、自然淘汰の結果として有能になる、と説くのはさすがに贔屓の引き倒しの感が否めない。テレビの視聴時間と頭の悪さに相関関係があっても、テレビを見るから頭が悪くなるのではなく、頭が悪いからテレビばかり見るのである（注）。

対する若いハラリには、この手の無理がない。広く勉強した成果を駆使し、科学革命や資本主義や帝国主義を是々非々で受けとめて浩瀚に論じる姿に、問題意識が希薄なまま怠惰に老いた自分を省みる。でも、若い世代が人間の歴史をようやくイデオロギーから自由に論じられるようになったのは、老いた世代にとっても以て瞑すべき状況に違いない。

（注）「頭が悪いからテレビばかり見る」とは極論を書いたものだと思ったが、ワイドショーやバラエティーや大半のドラマが念頭にあったらしい。朝の放送大学に疲れて卒業して以降、テレビは録画した良質なドキュメンタリーやドラマを晩ごはんの時に見るだけだが、晩ごはんにはゆっくり致死量まで飲みながら時間をかけるので、女房の不満が蓄積している（67　**放送大学の罠**）。酒量を抑えないと健康に支障をきたすと自覚しているが、惰性への安住は簡単には変われない（182　**インドの禁酒州**、254　**孤独のグルメ**）。

　今のところ、ネットよりテレビに見る価値がある良質なコンテンツが多いとは思う。そして、民放よりNHKのほうが、製作者がまじめで世間知らずなのと裏腹に良質なコンテンツが多いから、受信料を払うのは甘受する。この判断は、ほとんどのCMのせこくこざかしい思惑が神経に障る事情にもよる。リテラシーの怪しい人間に購入反応を喚起させたい見え透いた詐欺。また、CM製作者の悪意なく鈍重な精神が性別役割分業を固定し、ジェンダー平等度120位の名誉ある地位から浮上できない元凶とも思う。一方で良質なテレビコンテンツが往々に信じ難いほど時間をかけて製作した割に放映すれば消えてしまうのは、ネットコンテンツに比べ時代錯誤で工夫不足と評するしかない。

第 8 章

労働政策 (48〜54)

連載も1年が過ぎ（2017年春）、門外漢の政策分野に目を向け始めた。「働き方改革」が最大の政策課題になり、歴史的に形成された日本的雇用を振り返る。正規と非正規、男性と女性、中高年層と若年層、ホワイトカラーとブルーカラーと異なる属性間の公平に向けた政策の実現可能性と副作用の避け方を、門外漢だから経験も知識もない分、新たな認識が生まれないかと期待しながら考える。

48　最高裁の判断──同一労働同一賃金

　正規雇用者が定年後に非正規で雇用延長され、仕事は同じなのに企業が賃下げしたのは違法と認めた地裁判決を、高裁はどこの企業でもやってることだからと覆した。労働規制として、非正規で雇い続ける期間の「上限規制」とか、ひと月の残業の「総量規制」とかいう言葉が貸金業規制と同じと気づき、ならば貸金業規制と同じく、最高裁の判断が社会を変える契機にならないかと空想する。

49　月100時間までの残業

　総合職と一般職や正規と非正規の区分をやめ生産性見合いの職務給に一本化すれば、裏腹に終身雇用と年功序列が消え夫婦の家事や育児の分担も公平になるが、現実は理屈に向けて一挙には変わらない。ライフを充実しようとワークを減らして貧しくならないためには生産性を高めねばならず、月100時間までの残業規制は、個人の価値観に応じて働く時代への出発点にはなり得る。

50　日経連の闘い

　戦後、欧米に追いつくために、経営の必要性に応じて流動的に雇用し、同じ仕事なら年齢を問わず同じ職務給を払う同一労働同一賃金

を、財界人事部として闘う日経連は志向した。やがて日本的経営がむしろ経済成長に有利と認識が変容したが、バブル崩壊後は非正規の部分的流動化ばかりが進んだ。役割を終えた日経連はなくなったが、認識の変容の道のりは教養として知っておくに値する。

51　女性の保護と公平

　女性の残業は、戦後に厳しく制限した。男女雇用機会均等法ができると、企業は女性差別に抵触しないよう、総合職と一般職を用意して現実を規制に合わせたが、次第に総合職女性が増えると、機会を公平に与えるなら、保護も公平に奪わねばならない。育児に必要なら残業は免除されるが、子供がいなければ関係ない。かくて、過労自殺した広告代理店新人女性には、保護が空白になっていた。

52　ホワイトカラーの仕事

　残業を減らしても貧しくならないよう基本給を上げるなら、解雇規制のほうは緩和して正規雇用の費用を下げねばならず、ホワイトカラーに成果で払う目的も軌を一にする。4割の非正規雇用者の待遇に多数派6割の正規雇用者は同情しても、自らの待遇を削るのは多数決で抵抗する。結局は意識的に生産性を高めた成果を、非正規雇用者の待遇改善に優先的に充てるしか穏当な道はない。

53　多数決から三者協議へ

　多数決が支配する労使協議に政府が加われば、公平に向けた譲り合いを促す力学が働くかもしれない。政府は公平に向けた労働規制を強化し、育児や介護の支援を強化する。労働者は時間と賃金の切り離しや解雇要件の緩和を受け入れ、夫婦は家事や育児の公平な分担を進める。企業は労働規制を守り、複線の働き方として副業容認や時間、勤

務地、職務が多様なタイプの正規雇用を用意する。

54　規制運用のさじ加減

　働き甲斐がある仕事なら相当な残業も苦にならないが、詰まらぬ仕事は少しの残業も耐え難い。新たな労働規制を執行する行政は、職業に貴賤なしの建前からは距離を置き、社会に貢献して働き甲斐がある仕事を邪魔しないセンスを要する。民間の予測可能性が求められる以上、どんな場合に摘発され得るかの実践的な事例集を、金融行政にならって労働行政は用意しなければならない。

|||||||||||||||||||||||||||||||||||||||||||||||||||||||||||||||||||||||||||||||||||||||||||||||

48　最高裁の判断——同一労働同一賃金

　貸金業規制の改革を振り返った際、使う言葉や議論の構図が労働規制と同じだと気づいた（**付録1　貸金業制度改革10年の感想**）。非正規（有期）で雇い続けられる期間を5年までとする「上限規制」や労使合意してのひと月の残業時間を100時間までとする「総量規制」といった言葉と、こうした弱者保護規制の目的を副作用が必ず凌駕してヤミ○○が跋扈すると市場原理主義者が批判する構図である。ヤミ非正規やヤミ残業が、ヤミ金融と同じく改革しない言い訳になる。

　しばらく労働規制を考えてみるとして、まず同一労働同一賃金から始めたい。日本では司法が正規雇用の解雇を強く制約してきたのが、副作用として非正規雇用を増やす一因になった。法律は正規と非正規（無期と有期）の不合理な待遇格差を禁じていて、大半の企業が違反していそうだが、職務や責任や転勤の扱いが違うと言い訳する解釈でしのいでいる。

　昨年（2016年）春、定年に伴う雇用延長で非正規になった運転手が、職

務が変わらないのに賃下げされたのは違法と認めた東京地裁判決を、大企業ホワイトカラーは非常識と感じた。でも、すでに低賃金の中小企業ブルーカラーは、同じ肉体労働を続けているのに賃下げされ、生活が苦しくなる不満を切実に感じた。採用でなく雇用延長の結果として非正規になり、かつ職務を変える余裕がない中小企業だったので言い訳が困難で違法になる。

　当時、別媒体にこう書いた。「もとより裁判官も常識を働かせるが、条文が許す範囲での常識だから、上級審で覆るハードルは意外に高いかもしれない」。だが、昨年秋に東京高裁は、あっさり判断を覆した。理由を煎じ詰めれば、「雇用延長で賃金が減るのは常識でしょ」。さらに煎じれば、「違法な道もみんなで渡れば怖くない」となり、気持ちは分かるが条文が許す範囲を超えている。

　大企業ほど、なにをするかの職務給でなく、どれほど能力があるかの職能給になっていて、職能が勤務年数に比例するフィクションに基づき賃金体系ができている。結果、大企業の多くの中高年は生産性を超える賃金をもらってきたから、雇用延長に伴う賃下げを甘受する。昨年末に政府のガイドラインは同一労働同一賃金につき、「将来の役割への期待が違うだけでは、現在の待遇が違う理由にならない」と明記した。正規雇用というだけではもう優遇できないはずだが、現実が規制に追いついていない。

　貸金業規制と労働規制が同じと感じたのは、使う言葉や議論の構図だけでなく、最高裁の判断が社会を変える契機かもしれないからである。借り手は利息制限法を超える金利を払う法的義務がないが、かつては任意に払ったら有効とみなすグレーゾーンがあった。最高裁は任意性の条件を次第に厳しくし、2006年初めには、借り手が延滞したら期限の利益を失うという、どんな貸金契約にも存在する条項があれば支払いを強要しているから任意でないとして、グレーゾーンにとどめを刺す。

　貸金契約の常識否定判決を主導したのは、大阪弁護士会出身の滝井繁男

裁判官だった。滝井弁護士はかつて尾上縫の破産管財人として、興銀が尾上縫に売ったワリコーを担保に貸す逆ざやや事前確定スキームを不当と訴え、逆ざや分の利益を興銀から回収している。後任で最高裁入りした田原睦夫弁護士からはかねて、破産管財人が回収できるところからして債権者の気持ちを和らげる大切さを教わっていた。

　正規雇用だから長期に身分保証される一方で、無制限に残業して会社に尽くすのは今も社会の常識である。ただ、人間が生きやすい社会にするには、非常識との謗りを甘受すべき局面もある。仮に最高裁が再び高裁判断を覆せば、正規と非正規の格差是正に加え、正規雇用を職務給体系に移行して賃金を生産性に合わせない企業は生き残り難い。滝井、田原弁護士が相次いで鬼籍に入られた今、そんな光景を見てみたいと空想する（注）。

　　（注）　後に最高裁は高裁の結論を基本的には踏襲したが、結論に至る論理と結論自体は、労働者のさまざまな事情と、さまざまな希望を持つ労働者の存在を考慮に入れてより精緻で現実的になっている（106　その他の事情）。金融庁が貸金業制度改革に続き多重債務者対策を行っていた2007年には、破綻した銀行をリストラされた後、難関資格を取りまくって孤高のスーパー高給派遣社員になった篠原涼子のドラマ『ハケンの品格』が放映され、2020年には続編が放映された。同一労働同一賃金の原則にどう対峙するかがドラマに通底する課題であり、正規と非正規だけでなく、階層も世代も性別も能力も性格も違う登場人物たちが織り成す物語は、労働規制を特定の思想に基づいて一刀両断に論じる警告になっている。

49　月100時間までの残業

　金融庁の課長の頃、切りの良さから、課員に月100時間超の残業を禁じた（もちろん遵守できないが）。今般の新たな残業規制が労使で合意しても月100時間までなのも、現実を踏まえた切りの良い出発点に思われる。同じ頃、課員の女性の披露宴で来賓祝辞をしたら、間もなく離婚したと報告を受けた。「なんで？」「亭主関白で家事を公平に分担してくれないんで

すよ」。我が家では共働きだった頃から、私は家事をした記憶がないので返す言葉がない。でも、彼女は総合職（役所語でキャリア）として男性以上に働いており、家事の公平な分担という意識は当然に思われた。

男性は総合職で採って無制限の残業と転勤を課し、一般職で採った女性は結婚や出産を機に辞め、育児が一段落したら非正規で再就職、というステレオタイプは、崩れかけてはいてもまだ根強い。本気で男女を公平に扱うなら、総合職と一般職、正規と非正規の区分を廃止して、非正規に適用されている生産性見合いの職務給に一本化しないと完結しない。裏腹に終身雇用や年功序列は消え、夫婦の家事や育児の分担は公平になる。

「そこまでの覚悟があるの？」と問えば、多くの男性はもとより女性も、「ちょっとドラスティック過ぎるかも」と感じるのが現実に違いない。企業は若くて安い社員が必要だが、終身で抱える負担は増している。労組は既存の正規雇用者の賃下げや解雇に抵抗する。結果、人手不足の相当部分を正規の残業で補ってから、なお不足する分を非正規の採用で補い、育児終了後の主婦や年金だけでは生活できない高齢者が加わって今や非正規割合は4割に近い。

仕事に対する若者の意識はかつてほど一枚岩でなくなった。終身雇用や年功序列への評価は、かつては高齢者ほど高かったが、最近は若者の評価も高まって世代による評価差が消えている。せっかく就活を勝ち抜いて手に入れた正規雇用の地位は安定していてほしいと願うのが自然ではある。でも、パイが増え続けた時代と違って今や安定は幻想であり、レールに沿って歩んでも豊かになれないと自覚していれば、転職をためらわない。

「ゆとりでしょ？　そう言うあなたは　バブルでしょ？」。第一生命が募集した今年（2017年）のサラリーマン川柳のうち、「秀逸だなあ」と記憶に残る句になる。「最近の若者ときたら」とはプラトンも言ったから、世代間の意識の差を客観的には識別しにくいが、バブル世代がゆとり世代を根性も辛抱も足りないと感じているのは間違いない。でもそれは、バブル

世代が深く考えず期待もせずに就職先を選び、入社後の残業まみれの生活を所与として受け入れたのに比べ、就職氷河期を経たゆとり世代は、深く考えないと就職できなくなった事情を反映している。

「我が社を志望する動機は？」と問われ、御社に惹かれた個性的ストーリーを展開できなくては、就活の成功は覚束ない。それだけに、入社後の仕事に期待とのギャップを感じれば滅私奉公する気になれず、若者の早期退職率が高止まりする理由がある。一方で、早期退職しない若者のほうは、上司や先輩から根性も辛抱も足りないと圧迫されても、転職は依然容易でなく、就活を勝ち抜いて得た地位を手放したくない気持ちが勝っている。

日本より労働時間が２割も少ないのに時間当たり所得が５割も多いドイツを眺めると、隣の芝生の青さは割り引くとしてもなお、厳しい残業規制と監督体制を前提に企業独自の取組みを加え、国全体として、ライフの充実がワークの生産性を高めるとの認識を深めたようである。余暇を増やしたければ残業を減らし、賃金を増やしたければ残業を増やすのではなく生産性を高め、２兎を追いたければ追う（261〜263　45歳定年制の構図（上）（中）（下））。

個人の価値観に応じて働く労働環境に向け、今般の規制強化は出発点にはなり得る。そして前回、最高裁の再逆転に期待したように、企業からは非常識に見えても、時に裁判所は長期的に人間の生活を改善する判断をし得る（106　その他の事情）。仮想敵を掲げて断罪すれば済むほど単純にできていない労働規制の構造を、引き続き考えてみたい。

50　日経連の闘い

終身雇用、年功序列、企業別組合という日本的経営は、第二次大戦時に基本が確立した。金融システムも戦前は直接金融の比率が高く、経営者も

株主が推す外部登用が目立ったが、戦時には株主の権利を制限し、銀行貸出を軍需産業に割り当て、経営者は内部登用する。労働者は企業別の産業報国会に編成し、長く雇用を保証される産業戦士として経営者と目的を共有する。

戦後も、労働者の年齢に応じ家族を含めて生活できる賃金を払う戦時に形成された慣行が規模の大きな企業ほど続いた。こうした欧米と違う慣行が、欧米にキャッチアップする経済成長の足かせになるのを、財界人事部として闘う日経連は危惧していた。同じ労働なら年齢を問わず同じ職務給を払い、経営の必要に応じて柔軟に雇用し解雇する欧米流のオーソドックスな思想を抱く。

1960年に政府が決めた所得倍増計画は、終身雇用や年功序列が、今後のイノベーションに応じて同一労働同一賃金の職務給に進化していく見通しを述べており、日経連イデオロギーを反映している。でも、企業の現場はこのイデオロギーに、やや距離感を覚えていた。投資が投資を呼ぶと評された高度成長期には、労働者は常に新しい機械や生産工程に習熟しなければならず、オンとオフのジョブ・トレーニングを繰り返す。慢性的イノベーションに対応して新しい職務を身につける意欲は、長く雇用を保証され、将来の賃金が増える期待がなければ続かない。機械を動かせるだけでなく、故障すれば修理でき、より生産性を高める提案もできる多能工からなる優れた現場が、飛躍的な成長を可能にした。

高度成長を終わらせた70年代の石油ショックには、組合は雇用を優先して賃上げ要求を抑え、先進国中最も軽微なスタグフレーションで乗り切る(29　良い〇〇悪い〇〇)。高度成長が内需主導だったのに比べ、石油ショック以降は国際競争力を評価され、貿易摩擦も激しくなった。この頃には日経連も、日本的経営が日本の経済成長に整合するとの思想に転じている。そして、貿易摩擦対策としての為替協調介入による円高進行に対応する過程で起きた80年代後半の株価と地価の二重バブルは、なによりも21世

紀は日本の時代と確信する日本的経営へのユーフォリアが支えていた。

　バブルが崩壊して経営環境が変わった1995年、日経連は、「新時代の日本的経営」を提言し、労働者のタイプを、①長く蓄積した能力を活用して職能給を払う正規雇用に加え、②専門能力を活用して業績給を払うより流動的なタイプと、③さらに柔軟に雇用して職務給を払う非正規雇用に分ける。これが経営のエゴとして物議を醸し、後に日経連の立案者も、③の非正規雇用タイプばかりが想定以上に増えていく状況への忸怩たる思いを述懐している。賃金や社会保険料の負担を抑えたい経営者の思いは、想定以上に強かった（261〜263　45歳定年制の構図（上）（中）（下））。

　金融行政に携わり始めた当時の私は、バブル期までの日本的流儀に自信を失った時代に整合する金融システムは、戦前の直接金融の復権かもしれないと迷いながら右往左往していた気がする。高度成長期までの「同一労働同一賃金」という理念先行も、バブル崩壊後の「部分的流動化」という現実追随も、今では評価が低く、21世紀に入ると財界人事部の存在意義が問われて日経連はなくなった。

　でも、あらゆる時代に有効な思想が存在しないのと同じように、どんな思想でも形成された以上は有効な時代が一時は存在したようにも思われる。誰も期待しない大企業正規雇用者の春闘が期待どおりに終わる一方、人手不足による非正規雇用者の賃金の伸びが目につくようになった。ただし、いつまたクビを切られるか分からないから、増えた賃金は消費されずに貯蓄される。正規雇用の多能工からなる優れた現場を守れという声も、正規雇用の既得権を流動化せよという声も理由があるが、地合いを踏まえてどこに向かうか考える際、日経連の長い闘いの道のりは、今なお教養として知っておくには値する。

51 女性の保護と公平

　2014年の日本映画『ジャッジ！』は大手広告企業「現通」を舞台に、この業界を戯画的に描く。慢性パワハラがしみ込んだ現通の社長は主人公に、「ムチャと書いてチャンスと読め」と言い放つ。クライアント社長の息子が趣味で作ったしょーもないCMを国際広告祭で受賞させる使命を負わされた主人公は、広告祭での審査がまた、持ちつ持たれつの権謀術数渦巻く現実に翻弄される。

　この映画のPRとして、複数のデザイナーによるポスターの人気投票が行われ、翌2015年のオリンピック・エンブレム盗用騒動で有名になる佐野研二郎さんも参加していた。エンブレムの審査が身内同士の馴れ合いとして、交友関係が延々と報じられたが、『ジャッジ！』を見ていれば、「まあ、この業界はこんなもんだろ」とさして立腹せずに済んだかもしれない（255　裏の裏の裏）。

　映画の主人公は理不尽を克服して公私ともにハッピーエンドになるが、「現通」のモデル企業のほうはそうはいかない。四半世紀前、過労と革靴に注いだビールを飲まされるパワハラで若手男性が自殺したのを、裁判所が企業の安全管理義務違反と認定した前歴があった。労働監督当局が、「懲りねえ奴らだな。今度は社長のクビを取るまで追い込むぞ」と息巻くのは、私も似た立場にいた経験があって想像に難くない。

　以下、東大卒の新人女性が過労とパワハラで自殺したのを知って去来したちょっとややこしい気持ちを解きほぐす。戦後の労働基準法では女性は保護の対象であり、日2時間、週6時間を超える残業を禁じた。一家の大黒柱は男性であり、女性は結婚まで補助的業務を担う役割分担が前提になる。1986年に男女雇用機会均等法を施行すると、企業は女性差別禁止に抵触しない言い訳として、基幹的業務を担う総合職と、補助的業務を担う一

般職の身分別コースを用意した。

　この枠組みの中で次第に女性総合職が増え、公平に機会を与えるなら公平に保護も奪わねばならないから、20世紀の終わりに女性の残業規制を廃止する。育児や介護の必要があれば残業を免除され得るが、労働者から請求しなければならず、請求主体として想定されているのはもちろん幼い子供や被介護者を抱える女性になる。

　先進国では珍しくない展開だが、日本では残業時間が労使協定さえ結べば事実上青天井である。残業規制の空白期間に独身の新人女性だったがゆえに、保護も空白になっていた。ただし、法律を作るために月300時間超も残業する（もちろん私が、ではなく部下がである）が誰も精神は病まない職場にいた経験からは、彼女を追い込んだのは働く時間の長さより、働く環境のどうしようもなさだったろうと想像する。クライアントの要望に体育会系感覚の無限残業で応える企業文化を誰も疑わない昭和オヤジの閉塞階層組織。

　フルタイムでない女性の雇用として、育児が一段落した後の主婦パートの歴史があるが、家計を補完する必要性が高まるにつれ、フルタイムのパートタイムという形容矛盾になっている。高度成長期の初め頃は日経連や政府が、同一労働同一賃金の職務給を目指し、当時増えてきた主婦パートについても、時間当たりでは正規雇用の男性と公平に賃金を払うべきとの意識が強かった。それが高度成長期を通じて、男性の終身雇用や年功序列の日本的経営への自信が深まると、家庭を本拠とする主婦パートを身分として自然に差別する意識を育んだように思う。

　過労自殺した新人女性の母親が娘の勤務先で体育会体質を改めるよう訴え、新社長は改革を誓ったと報じられた。聴衆の中には、「あんたがもっと娘を強く育てていれば、自殺しないで済んだ」とうそぶく昭和オヤジもいるから、敵地に赴いて過労死しない職場になれと説くのは勇気がいる。犠牲者の遺族が積極的に社会改革に取り組むのは、アメリカ社会に近づい

てきたのかもしれない。娘が銃犯罪の犠牲になれば、その死を無駄にしないために母親は銃規制強化を訴える。アメリカでも日本でも、不条理に死んだ娘への母親の思いが本気で尊重される社会であってほしい。

52 ホワイトカラーの仕事

2017年明けに毎日新聞の経済人賞がバブル崩壊後初めて金融界から第一生命の渡邉光一郎会長に贈られ、授賞式で祝福する審査員には、政界引退後に大学学長に転じた柳澤伯夫元金融大臣がいた。1999年春、主要行への7.5兆円の公的資金注入を指揮して日本の金融システムは安定を取り戻し、柳澤大臣は「アジアの星」と賞賛される。この成功体験が、再注入に慎重な構えにつながって竹中平蔵大臣に交代したが、実のところ両大臣の違いは、りそな銀行の繰延税金資産への見方とその結果としての再注入方針くらいしかないように感じてきた（注1）。

後に第一次安倍政権の厚労大臣として、ホワイトカラー・エグゼンプションの導入を試みたが、「残業代ゼロ法案」や「過労死法案」との反対合唱の中で断念する。柳澤厚労大臣は、「女性は子供を産む機械」とか、「ブルーカラーは労働時間だけが売り物」といった発言を批判されたが、先立つ文脈を見れば、差別の意図はまったくないのが分かる。

ホワイトカラーの残業と賃金を切り離すエグゼンプション法案は今また再登場し、デジャヴのような展開を経てまた消えた（注2）。元来時間給でなかったホワイトカラーに、ブルーカラーのように時間に応じて残業代を払う慣行は次第に浸透したが、ブルーカラーとイコールフッティングには至らない段階で、ホワイトカラーのサービス残業が批判された。

このため経済界は、労働時間と成果が比例しないホワイトカラーには制度として正面から残業と賃金を切り離すよう政府に求め、生産性向上を促す姿勢を強める。エグゼンプション法案の廃案後、労働基準法を改正して

大企業の割増率を上げたが、これだけでは、政策として残業を減らしたいのか増やしたいのかさえ判然としない。割増率が高いと少ない残業で済むとも、残業を増やそうと誘われるとも言える。

　ホワイトカラー・エグゼンプションへの反対にも、一理ある。初めは高賃金労働に限って導入しても、次第に対象職務が広がるのは想像に難くない。ブルーカラーの多能工と同じく、ホワイトカラーも自分の仕事と同僚の仕事の範囲に明瞭な線引きがない。能力を理由に解雇できないから、仕事は有能で性格が良い人間に集中していく。仕事が集中した対価として得てきた残業代がなくなれば、気力もなえて職場がすさみそうだから、残業時間の短縮と合わせて導入しなければならない。残業時間が減ればエグゼンプション非対象者からは、「生活できないから基本給を上げてほしい」との声が切実になるが、残業が減るだけでは高い生産性が自動的には伴わない。

　これまで日本企業は厳しい正規雇用者の解雇規制の下で、仕事の繁閑を雇用者数より労働時間で調整してきた。忙しければ、まず正規雇用者の残業が増え、それでも足りないと非正規雇用者の数を増やすが、一転暇になれば、非正規雇用者を切って正規雇用者を守る。6割の正規雇用者は4割の非正規雇用者の待遇に同情し改善を願っても、そのために自らの待遇を削るなら賛同しない。多数決だと6割が4割に勝つ。

　残業規制の強化に合わせて基本給を上げるなら、解雇規制のほうは緩和して正規雇用者を守ってきた費用を減らさねばならず、ホワイトカラーに成果で払う目的も軌を一にしている。成果は時間に比例しないから残業のインセンティブを削ぎ、エグゼンプション対象者の残業代用に貯めてきた財源は基本給上げに回せる。加えて職務を問わずゼロサムの多数決を避けて正規雇用者の待遇を落とさずに非正規雇用者の待遇を改善しようとすれば、財源としては意識的に生産性を高めるしかない（**92　神学論争から社会実験へ**）。

（注１）　2021年春に柳澤元大臣が平成金融危機を回顧した本が送られてきた。
竹中元大臣の同種の本が（読んでないが、金融庁の同僚によると）「自画
自賛の嵐」なのに比べ、時間の経過に沿って何事も隠さずに書かれた冷静
で客観的な回顧に思えた。と同時に柳澤さんが、大臣であれ大学学長であ
れどんな社会的地位にあろうが、根がまじめで几帳面で勉強好きな行政官
時代からちっとも変わっていないようにも思えた。貴重な時代の記録であ
り、信頼して参照するに値する歴史資料である。ただ、まじめで几帳面で
勉強好きだから、読み物としてはあまり面白くない。面白くないのは金融
庁の後輩たちが編集を手伝ったせいばかりとも思えなかった。
（注２）　ホワイトカラー・エグゼンプション法案は2017年夏に廃案の後、2018
年夏に高度プロフェッショナルに限って成立したが、金融業務をわざわざ
細分化してずらずら並んでいるのが目立つのは、いかにも普通の労働者に
は無縁ですよと演出したい立案者の思惑が感じられる。

53　多数決から三者協議へ

　企業の経営環境が変わるのに、労働者を雇用し続けるのは、当然、経営
が行き詰まるリスクを伴う。アメリカでは解雇に理由がいらず、仕事を失
った労働者は傷つくが、労働市場の流動性が高く新たな仕事を割と見つけ
やすい。ヨーロッパではアメリカほど自由に解雇しないが、されても手厚
い失業保険や職業訓練がある。日本の正規雇用者は、よほどの理由がなけ
れば解雇されない。単純に言えば雇用のリスクを、アメリカは労働者、
ヨーロッパは政府、日本は企業が負っており、アメリカでは流動的な労働
市場、日本では企業自体が、元来のヨーロッパ型セーフティネットを代替
している。

　日本の残業時間を規制で減らしても、自動的に高い生産性や高賃金は伴
わないから、正規と非正規、ホワイトカラーとブルーカラー、男性と女
性、中高年と若年の間の不合理な格差を是正し、労働市場をより流動化し
て生産性を高めやすい環境を整える必要性が指摘されてきた。非正規雇用
者が４割に近づいても、正規雇用者のほうが多く、大企業にいるほどせっ

かく入った勝ち組から簡単に追い出されては困ると思う。その気持ちを汲む大企業の経営者は、解雇の金銭解決にさえ反対する。大企業より雇用が流動的な中小企業の経営者は、従来スズメの涙で解雇してきたのに新たに多額のカネを払う気になるはずがない。結局、多数決だと現実が変わらないから、多数決の外にある司法判断にひとまず期待したりする。

就職氷河期に正規雇用されずに貧しい中年になり、そのまま老いれば低額年金しか生活の糧がない。一方、近年の就活は売り手市場になり、人材を求めて企業が汗をかいている。就活生の意識として仕事に生き甲斐を求める割合は減り、雇用の安定や高い賃金・福利水準を求める割合が増えているのは、自分が長く安定した職場にいたから言えた義理ではないがちょっと寂しい気はする。ただ同時に、今の就活生がワークライフバランスを重視し、企業も我が社はブラックでないと釈明しなければならなくなったのは、人間らしく生きるには望ましい傾向に違いない。

海外の事例を単純に称揚するのは慎重でありたいが、1970年代のオランダで政労使三者が協議してワークシェアリングを推進し、高かった失業率を顕著に下げた経験は、課題は違っても今の日本の参考になりそうな気はする。多数決原理が支配しがちな労使協議に、政府が加わって譲り合いを促すのが妙味になる。就職氷河期だったから、あるいは子連れの離婚女性だから貧しくなる人生が気の毒という気持ちは誰もが持つが、救うために自らを犠牲にする気持ちまで持てないのが恵まれた人生と多数決の限界になる。恵まれた人生は能力だけでなく、運が良かったのも自覚して、政労使三者が協議して譲り合う。

政府が目指すのは生産性の向上と雇用の不合理な格差の是正であり、育児や介護の支援を拡大し、労働規制と監督を強化する。労働者は時間と賃金の切り離しや解雇要件の緩和を受け入れ、家庭では男女の家事や育児の負担の公平化を進める。企業は労働規制を守り、複線の働き方として副業の容認や、時間や勤務地や職務が柔軟なタイプの正規雇用を用意する。

現状が望ましいと考える人たちの多くが主観的には既得権に固執する意識に乏しく、自分なりの正義を守りたいと考えている。そこに、トップダウンでグローバリゼーションや市場の論理を貫徹させようとしても難しく、現場の良心や優れた実践まで圧殺しかねない。犯人を探して糾弾し合うイデオロギー論争は、そろそろ卒業してもよいだろう。アメリカほど殺伐とはせず、ヨーロッパほど政府負担もかけない雇用の新たな日本モデルを、政労使三者が落ち着いて探っていく時期にきているように思われる。

54　規制運用のさじ加減

　今の日本の大切な課題と感じて門外漢の労働政策を考えてきたが、最後に気になる論点を2つあげたい。1つは規制を執行する体制とセンスになる。かつて金融検査も、人手不足の時代に日銀考査の応援を受けたり、資産査定至上主義の是非を問われたりしたが、労働行政が今後も限られた人手で規制を社会に有効に活かすのは、より息が長い課題に思われる。

　『下町ロケット』の町工場のように、労使一体で国産ロケットのバルブや子供の命を救う心臓弁を作ろうと寝食忘れて働いている職場に監督官が行き、「働き過ぎだよ」と諫めるなら、「放っといてやれよ」とドラマの感興も削がれるだろう。大手広告代理店がクライアントの要求を体育会系感覚の無限残業で処理する社風なら、規制の強い執行姿勢が生産性向上を後押しするかもしれない。

　かつて横浜ベイスターズを買おうとするDeNAへの球界首脳の偏見が伝統産業至上主義と批判されたが、今、「残業規制の強化は、IT企業のイノベーションを損なう」と批判を聞いても共感しないのは、モバゲーに子供をハマらせて課金中毒にし、怪しい医療サイトを閲覧させようと必死で残業しても、社会貢献度はちっとも定かでないからである。

　要は、職業に貴賎はないとの建前からちょっと距離を置き、社会にとっ

て残業に値する仕事か否かを見極めながら違反を摘発するセンスが必要になる。さじ加減とは嫌な言葉であり、私の経験上も、公平に権限を行使しているつもりなのに、行政の私益で動いているように指弾されると気持ち良くはない。また現実にも、額に汗して働かないのは美しいこの国にふさわしくないと判断されてIT企業が摘発され、新興市場に閑古鳥が鳴いたりするので、独善的な権限行使を避けるべきは当然である。それでもなお、日本企業に一律の労働規制が強化されようとしている今、規制の執行には良い意味のさじ加減＝センスを備え、生産性と働き甲斐の向上に貢献する必要性を強く感じる。

　もう１つの気になる論点が、前回書いた労使協議の実効性になる。労働規制を多数決で決めようとすると、既得権の側が多数を占めるから、政府も交えた労使協議で譲り合うのが有効、ときれいごとを書いた。譲り合うほど協議するには経営情報を労使で共有するのが前提になる。労組の組織率は下がる一方だから、政府が春闘を応援しても組織外の労働者には無縁であり、組合交渉を補う労使協議機関の組織率も、1980年代末のバブルのピークから下がり続けている。株主の利益に配慮するコーポレート・ガバナンスの浸透に伴って労使協議機関の組織率が下がったとする解説は、経営者が株主を意識するようになったのは近年に過ぎぬから実感に反する。

　実際にはバブルのピークにインサイダー取引規制を導入し、未然防止の取組みが浸透するにつれ、経営情報を労使で共有しなくなったのが組織率低下に影響していると思う。コーポレート・ガバナンスもインサイダー取引規制も、上場企業の話であるにせよ、である。たしかに労働者が経営者から、「実は今期は赤字見込みだから、ベア凍結をのんでほしい」と要請され、了承すると同時に自社株まで売ってしまっては困る。各社が未然防止のために、社内情報の管理と社員の自社株取引手続に注意を払うゆえんである。でも、李下に冠を正さない姿勢を徹底しようとすれば、なにも語らないのが一番になってしまう。

そしてインサイダーとして経験上言えるのは、インサイダー取引を摘発する金融行政も、「うっかりインサイダー」と言われた悪質性がないケースを摘発して仕事の邪魔をしないよう、良きさじ加減のセンスを発揮しようと長年努めてきた。労使協議が実効性を持つ労使の情報共有体制とインサイダー取引の未然防止体制が齟齬をきたさぬよう、労働行政と金融行政が連携してモデルとなる体制を企業に示せれば、一種のセーフハーバーとして機能する。

　バブル崩壊後、金融行政の裁量性が批判され、透明性が重視されるようになったのは、民間の予測可能性を高める意味があった。ただし、透明でさえあればみんなが幸せになれるほど、社会は単純にできていないのが現実と言わざるを得ない。金融行政が示してきたインサイダー取引摘発事例集は、どんな場合に摘発するかの目安を、法令やガイドラインよりは民間が実感できるよう、かつ裏をかかれないよう綱渡りの工夫をしてきた。労働行政もこれにならい、労働規制違反で摘発する目安を、懇切に示さねばなるまい。

第 9 章

教育政策への接近 (55〜63)

「モリカケ」と呼ばれた２つの学園の国会論戦など見たくない。ただ、森友学園騒動の舞台の近畿財務局では、世紀の変わり目に濃い金融行政経験をしたから、職員の運命には関心を持つ。加計学園の獣医学部新設が喚起したのは近畿財務局の前に携わった需給管理の是非論だから、自らの経験と比べたくはなる。そこで教育周辺からさまよい始め、次第に教育政策論らしくなったようではある。

55　東アジアの仲間

　欧米人からは区別がつかない日本人と中国人と韓国人に、東アジアの仲間意識がもっと強まり、歴史の経緯や偏見に基づく無益な近親憎悪がもっと和らいでほしいと願うだけの素朴な文章になる。教育に関係する箇所は、嫌中本と嫌韓本が氾濫する国民心理にうんざりした後で、「国会では子供に教育勅語を唱和させるアナクロ右翼のどうでもいい話題がいつまでも続く日本」だけに過ぎない。

56　大口預金者負担の連想

　キプロス金融危機での大口預金者負担から、ペイオフ１号の日本振興銀行を連想し、競争させない需給管理を卒業した金融行政と教育行政を連想し、大学を需給管理する例外の獣医学部に官邸が風穴を開けたのを連想する。前川元文科次官が、「行政がゆがめられた」と評するのはちっとも腹に落ちないが、違和感はむしろ、あらゆる政策への賛否が政権不支持か否かだけで決まる構図になる。

57　昭和の人生すごろく

　経産省若手の会が、「正規雇用され定年まで勤める昭和の人生すごろくが達成できない時代になったから、社会保障費を減らして教育投

資を増やせ」と提言するのは理解できるが、育ちが良いだけに、昔からすごろくを達成できない大量の人間が視野から抜けている。また、どんな教育投資ならこの国に有益かが紛糾する論点だから、お勉強が得意だった頭脳でもっと考えてほしいと思う。

58　教育論の迷宮

国会では空虚な2つの学園論戦が続き、子供保険のようなまじめな提案も現れる中で、する側とされる側にとっての教育の意味、政府が支援する必要性、支援するなら教育のどの段階か、支援方法は貸付型か給付型か、そして社会において教育される者とされない者の関係、を考えているうちに迷宮に陥って映画紹介する変な文章になる。有村架純が何度も出てくるのは偶然に過ぎない。

59　教育の意味──経済効果と精神効果

大学を出るほうが経済的に豊かになれるかは、ますます判然としなくなる。ならば経済的に豊かになれる職業教育を求める声には、大学は精神を豊かにするための場だと教授は逆上する。そんな教授の経済を支える費用は、学生が負担しなければならない。GAFAの席巻に、プログラマーの職業教育強化を求める声もあがるが、画期的なプログラムとは豊かな精神が生むのかもしれない。

60　世代別資産格差

本稿執筆時に50代だった私は、高齢層と若年層の間で公平に判断できる年代と感じていたが、資産格差は50代以上と40代以下で断絶しているのを知る。現役世代が所得の減った高齢世代を支援しながら、高齢世代の資産は増えていく。育児や教育への支援は現役世代だけでなく全世代で負担するのが公平で現実的だから、シルバー民主主義を克

服する世代間対話が喫緊の課題になる。

61　制度の作り方（上）

　獣医学部の久々の新設認可から、街の酒屋とスーパーの競争条件、大学需要者の学生に与える教育バウチャーと供給者の大学に与える補助金、医療バウチャーとしての保険証、弁護士資格は法科大学院まで長く学んだ対価なのか大学まで短くしか学んでないが優秀な頭脳の対価なのか、そもそも弁護士の仕事の現実からは難関の国家資格が必要か、と制度の作り方への連想が散漫に広がる。

62　制度の作り方（下）

　需給と価格をどこまで管理し、どこから市場に委ねるかは業界により違う。供給にハードルが高い国家資格を要する医師と弁護士は、国家資格前に求める教育の要件も違う。加えて医師の場合は、全国民に安い医療を提供する使命が価格を市場に委ねるハードルになってきたが、自分の命や健康のために払える国民には払ってもらって需要を生むのが今後の医療制度の方向感になる。

63　返せない奨学金

　奨学金を貸す学生支援機構が、出身大学別の延滞率を公表して、底辺大学を代弁する私学教連の怒りが炸裂した。「大学の返済指導を強化するために公表した」とする支援機構の建前説明を論難するが、返せる教育をしろと迫る本音に怒っている。意欲も能力もあるのに貧しく進学できない者に給付型奨学金ができたが、意欲も能力もなく貧しい者との格差拡大をどう考えるかの答えはまだない。

55　東アジアの仲間

　タイの王宮に入ろうと行列に並んでいた前世紀末、目の前にいたのは中国人団体だった。王宮入口の案内人は、1人ずつ中国語パンフレットを渡していたが、私にはさっと日本語版に切り換える。自然な手並みに感心してしばらく眺めていると、尋ねもせず中国人と韓国人と日本人を識別していた。「日本人は質がいい淡色の服で落ち着いて構えているから分かるよ」。

　たしかに、当時の中国人は人民服の延長みたいな格好で所かまわずタバコの煙と痰を吐き、韓国人の服は原色鮮やかでにぎやかだから識別しやすかっただろう。でも中国人と韓国人の洗練度が増した今では、東アジアの仲間といえども、見分けにくくなったに違いない。これがヨーロッパやアメリカなどアジアの外だと、日本人と認識されるのはまず期待できない。日に何度も、「ニーハオ」と声をかけられ、「コニチワ」より、「アニョンハセヨー」のほうが多い日もある（**190　ビルマのたわごと竪琴編**）。

　スイスアルプスを旅するなら晴れていないと見晴らしがきかないが、ユングフラウと相性が悪く、パノラマの視界を得るまでに山中を貫く登山列車に3度乗った。最初は英語やフランス語やドイツ語やイタリア語に続き、アジア人向けアナウンスは日本語だけである。2度目に韓国語が加わり、3度目に中国語が加わった。この（2017年）GWはマルタで、ついにアジア人向け解説が中国語しかない博物館に遭遇し、さすがに寂しさを禁じ得なかった。

　阪神・淡路大震災が起き、1ドル80円に円高が進んだ1995年に日本人の海外旅行者は1500万人を超えたが、以来、一進一退を続けている。この間、日本人旅行者が使うカネが3割減ったと知れば、寂しさも増す。対する韓国人の海外旅行者は2000万人、中国人の海外旅行者は1億人を超えた。物売りが東アジアの旅人を見てまず、「ニーハオ」と声をかけるのは

理に適っている。もとより海外を旅すれば、日本のクルマやアニメを熱く語るオタクに遭遇し、「ノー、アイムジャパニーズ」と言えば、「ソーリー、豊かで、清潔で、礼儀正しい国だ、チャイナより100倍好きだぜ」とお世辞が返ってきたりする。でも、普通の外国人が、東アジア人の区別などできないのは、知っておくのがよいだろう。

　日本の本屋には、これでもかと中国経済崩壊の本が並ぶ。売れるから並ぶのだが、残念ながら読んで日本の現実に安心するために買っている。内では一党独裁で少数民族を抑圧し、外では傍若無人に振る舞う国の経済が順調に成長するはずがないから、早晩崩壊すると思いたい。でも、市場競争を正面から受け入れて切磋琢磨するイノベーターの姿は、視野に入っていないようである。そんなイノベーターから見る日本は、「動きが止まっているみたい」。大学国際ランキングの上位校の数も未上場で時価総額が大きいユニコーン企業の数も勝負にならない。ノーベル賞受賞者の数で日本が勝るのは、日本の全盛時代の研究が今頃評価されるからであり、生きている間に逆転されるのを見なければなるまいと覚悟する。

　韓国の特異性を強調する本も、劣らず多い。通例の末路を迎えた大統領の後任は、よりによって北朝鮮に融和して日本を敵視する特異なポピュリスト左翼と思いたい。財閥総帥の決断力で国際経済に地歩を築いてきた韓国は、取り残された国民の怨嗟を受け、国の形を模索している。でも、サラリーマン役員が長々相談しても経営方針を決められず、幼稚園で子供に教育勅語を唱和させるアナクロ右翼夫婦のどうでもいい話題がいつまでも国会で続く日本が、上から目線で論評する立場にあるとも思えない（注）。大韓航空機内でナッツの配り方に怒って飛行機をリターンさせた財閥の娘を嗤う前に、エアラインも空港も、中国と韓国にハブ機能の明白な差がついてしまったのを省みたい。

　中国人や韓国人なら直行で目的地に飛べるのにともどかしく出かけ、帰りも上海や仁川を経由しなければならない手間には身体以上に精神が疲弊

する。中国や韓国を旅しても、日本人という理由で嫌な思いをした経験は私にはない。「外国人から見りゃ区別がつかない東アジアの仲間」意識がもうちょっと強まり、歴史の経緯や偏見に起因する無益な近親憎悪がもうちょっと和らぐのを心底から願う（103・104　サハラ・ポンポコリン（上）（下））。

（注）　感じていることを過不足なく表現できるわけではないし、なにを感じているかさえ明快に認識できるとは限らない。前章では労働政策につき同一労働同一賃金とか、ワークライフバランスとか既成概念を使って書いたが、「好きな仕事をして食べていけるなら幸せに生きられる」が、より根底にある素朴な感覚になる。そして子供がそのように生きられるよう応援するのが、教育政策の最も本質的な使命だろうと素朴に感じる。子供の性格や資質は個々に違うから、応援の仕方ももちろん子供により違う。

　　でも教育の現場では、「みんな仲良くし、勉強頑張ってなるべくいい進学や就職を目指そう」と一律の学校価値観を提供し、価値観を共有できない子供は脱落する。アナクロ右翼夫婦が、国有地売却交渉で近畿財務局を困惑させた以上に、真理として一律に子供に教育勅語を唱和させる実践のほうが違和感を覚えたが、教育全体がしている一律の実践も程度の差に過ぎない。この感覚に達したのが数年後なので、この章ではやはり既成概念を使って書いている（279　ややこしい釈明）。それが経過的な認識というわけではないと思うが、読み返しての素朴な感想は追記しておきたい。

56　大口預金者負担の連想

　古代ローマや中世ヴェネチアが支配した時代の遺跡ときれいなビーチだけではキプロスに寄る気にならないが、4年前（2013年）の金融危機へのEU支援の際、あっさり大口預金者負担が決まった展開は、長く預金の全額保護に携わってきただけに記憶に残り、この国の今を眺めようとマルタから向かう。島の南のギリシャ人のキプロスから国連PKOの検問を超え、トルコ人の北キプロスに入ると、モスクや隊商宿の風情はさておき、貧しい途上国に変わった感は否めない。

　でも、南の先進国も、経済と金融のバランスが崩れると、豊かさも覚束

なくなる。EU支援対象銀行の店舗は、キプロス国内よりギリシャやロシアに多く、調達も運用も両国に依存した。ギリシャ人の国だからギリシャ依存は自然だが、ロシア依存はロシア人に金融サービスを提供するキプロス政府の政策判断に基づく。

　ギリシャの不動産価格が下がり国債もデフォルトする母国の混乱により窮地に陥ったキプロスの銀行をキプロス政府は救いたいが、国に比べ不相応に大規模だから財政はすぐに逼迫する。そこでEUの出番だが、ロシアのマネロンで肥大化した印象がぬぐい難く、自己責任の要素がないと支援側の国民が収まらない。

　当初案がすべての預金者に広く薄く負担を求めようとしたのは、ロシアの大口預金者に迷惑をかけたくないキプロス政府の忖度の現れだが、キプロス議会が否決する民主的プロセスを経て、預金保険のルールどおり10万ユーロ超の大口預金者に負担させると決まった。今も街角には金融危機に伴う緊縮財政の傷跡が残るが、預金を失わずに済んだ庶民の危機の記憶は和らぎ、母国ギリシャの停滞をよそに穏やかな時が流れている。

　日本で1000万円超はペイオフという預金保険のルールに戻ろうとするたび、世論や立法府が時期尚早と心配し、全額保護の期限延長を繰り返した金融行政の記憶をたどっていたら、ペイオフ第1号の日本振興銀行が清算を終えたと報じられた。12万人の預金者のうち3400人が1000万円を超え、6割が弁済されたそうである。4割を負担した大口預金者に申し訳ないが、日本振興銀行ほど混乱を避けたい第1号にふさわしい銀行はなかった。大蔵省の護送船団行政は銀行の新規参入を拒み、競争させないことにより潰さず、潰さないことにより預金者を守る構えだったが、もはや競争させない需給管理手法への限界感が強まった。

　そこに、「今の銀行はリスクを取る能力がないから、オレが中小企業金融を刷新してやる」と主張する日銀出身の経営者が現れれば、半信半疑でも免許を与えざるを得ない。「高利で預金を集め、不良債権を量産して破

綻し、大口預金者に迷惑をかけるくらいなら、需給管理手法に戻るべき」との考えもあり得なくはないが、いったん一線を越えると、非可逆の領域に達した気はする。

　文科省も大学新設での需給管理手法を卒業した結果、奨学金を借りバイトに苦労して卒業しても職業人生にちっとも貢献しない大学が増えたが、そんな大学なら初めから存在しないほうがよいのか否かは、簡単には答えが出ない。少なくとも法律上は、大学は卒業生を食べさせるために存在しているのではない。

　ただ、医師会や獣医師会の発言力が強い医療分野だけは、まだ需給管理手法が残っており、医師や獣医師の数が少ないのは、食べていくのには貢献している。獣医学部の新設要望に対し、獣医数の需給見通しや近隣の獣医学部の有無を獣医師会に忖度しながら判断するような仕事をいつまで行政が続けるのか、「やりたきゃやらせて競争してもらえばいいだろ」と自らの経験はささやく。

　だから、「官邸の圧力で無駄な獣医学部ができ、行政がゆがめられた」とする前川喜平前文科次官の述懐はちっとも腹に落ちないが、需給管理手法への議論が深まる契機になってほしいとは思う。「獣医学部の需給管理を維持すべきか」否かとか、「出会い系バーに通ったのは若者の貧困調査のためだったか」否かの判断が、政権不支持か否かだけで決まる議論の構図は寒い。

57　昭和の人生すごろく

　「不安な個人、立ちすくむ国家」とちょっと仰々しく題する経産省若手の提言は、高度成長期に形成された「サラリーマンの夫と専業主婦の妻による昭和の人生すごろく」が、もはや達成（コンプリート）できなくなったとの認識から始まる。女性は結婚し、出産し、夫と添い遂げるのが「家

族」のコンプリートであり、男性は正規雇用され、定年まで勤めあげるのが「仕事」のコンプリートと定義する。

　1950年代生まれと80年代生まれの女性100人を比べると、そもそも結婚しないのが7人から19人、結婚しても子供を持たないのが5人から13人、結婚しても離婚するのが7人から10人に増え、逆から見ると「家族」をコンプリートできたのは81人から58人へとかなり減っている。一方、同じ年齢の男性100人のうち「仕事」をコンプリートできたのは34人から27人へと、減ってはいるが元から少なかったのが分かる。この間、男性非コンプリートの非正規雇用は3人から14人へと増えたが、昔からいったん正規雇用されても半分くらいは転職しており、正規雇用の有難味が増して転職が減ったので非正規雇用の増加と相殺されコンプリートの減少が小幅にとどまっている。

　「高度成長期に形成されたシステムが今や機能不全に陥っている」という論理は珍しくなく、金融行政官だった私も、「キャッチアップ時代に機能した元本保証の預金を原資とする銀行型の金融システムを、不確実な時代に機能する市場型に」といった作文をずいぶん書いたから、提言した若手の思考回路は理解できる。結論も、「高齢者を一律に弱者と見なさず、働けるうちは働いてもらって社会保障費を削減し、その分を教育投資に回す」というものであり、方向として違和感はない。

　ただ、彼らのほとんどは、親が人生すごろくをコンプリートできた家庭に育ち、自らもコンプリートできるだろうと想定し、提言を書く際に意見交換した有識者もコンプリート組だから、克服すべきキャッチフレーズとして「昭和の人生すごろく」を設定する際、昔からコンプリートできなかった大量の人たちが視野から抜けている。

　もちろん私も、経産省若手を批判する資格などない。中卒で集団就職した同世代の若者の成人式までの5年間を追跡取材した1979年製作のドキュメンタリーを、今さらに追跡するNHKのドキュメンタリーを見た。元の

ドキュメンタリーでは、親は貧しくて高校に行かせてやれなかったと悔い、子供はそば屋の見習いから自衛官に転じたり、中卒を侮られるのを苦に故郷に戻ったりして、5年間勤め続けた者がほとんどいない。今では落ち着いた人生を送っている者もいれば、今なお不安定な状況に置かれている者もいる。ひたむきに生きる同世代にこれまで思いを致してきたとは、残念ながら言い難い。みんなが高校に行く今も、3割は家計を支えるためバイトに追われていると聞けば、進学校経験しかない身は言葉を失う。

別のNHKドキュメンタリーで、「絵を描くだけが取り柄なのに家が貧しくてデザイン学校に進めない」と政府の支援を訴える女子高生がいったん視聴者の同情を集めた。が、自宅に32インチのテレビがあり、イタリア料理屋に通っているとSNSで判明すればバッシングに遭う。でも、32インチのパナソニックテレビもサイゼリアも安く、進学するのは高いから困る（付録6 『ドキュメント72時間』からの想像）。奨学金を借りバイトに追われ苦労して大学や専門学校を出ても、豊かな人生が保証されてはいない。昼は老人の介護や子供の保育をしながら、夜は風俗で成人の欲望に応えないと暮らしていけない女性も珍しくない。

膨れ上がる社会保障費を抑えて教育投資を増やす経産省若手の提言を、自らの産業政策を棚にあげて越境侵犯している、などと批判するのは大人気あるまい。なにを対象とする教育投資なら日本の現在と将来に有益なのか、それこそが肝心な論点であり、議論が紛糾する論点でもある。お勉強が得意だった頭脳でさらに考えてみてほしい。

58 教育論の迷宮

進学も就職も親に相談せず自分で決めたから、高3で受けた模試の順位表が父の遺品から出てきたのは意外だった。「興味なさそうでいて、気にかけてくれていたのか」としみじみした気持ちもつかの間、順位表の1、

2位を始め私より上位に大蔵省の同期が結構いる。みんな秀才だったのだな、と改めて感心するとともに、入省時の気まずい空気を思い出す。

　「おまえ、四谷大塚でいつも上位だったろ」「おまえこそ」と子供の頃から互いに名前だけは知っていた同士の会話を聞けば、学習塾など存在しない田舎出身の私には経験に基づく素朴な疑問が湧く。「中学の劣等生も小学校の授業は容易に分かる。高校の劣等生も中学の授業は容易に分かる。なら子供の頃から塾で勉強しなくても、大学入試前にどこまで伸びるか試せば足りるんじゃないの?」。長い努力の積み重ねを疑問視する無遠慮な田舎出身者の意見は、まるで相手にされない。

　が、映画『ビリギャル』を見て、自分の経験に基づく「最後だけ頑張る理論」も、さほど荒唐無稽でなかったかも、と感じた。「聖徳太子」を「せいとくたこ」と読み、「尾張三英傑」が「ええケツ」に聞こえる有村架純の女子高生は、原作者の塾講師から小学生並み学力と認定される。そこで、小学生のドリルから始め、中学生、高校生のドリルへと進み、志望する慶応大学の傾向と対策を講じて学年ビリから現役合格に至る。

　一方、朝井リョウ原作の映画『桐島、部活やめるってよ』は、文武両道のキャプテン桐島が突然バレー部をやめて消息を絶ち、残された友人や恋人や部員が動揺して平穏だった高校生活の歯車が狂っていくさまを描く。高校にも社会の縮図としてカーストがあり、勝ち組は、「なにをやっても簡単にできる奴もいれば、どんなに努力したってなにもできない奴もいる」とうそぶく。物語に桐島本人は登場せず、部活をやめた理由が分からないから、やはり自分の経験に基づき勝手に想像する。「田舎の高校でリア充でも、オールジャパンじゃしれてるぜ。やっぱそこそこの大学入っておかなきゃ就活で相手にされないから、入試に生活切り換える頃だな」。

　この無粋な想像は、後に朝井リョウが就活を描いて映画になった『何者』を見て、やはりさほど荒唐無稽でなかったかも、と感じた。演劇部をやめ就活に切り換えた主人公は、今も不器用に演劇を続けたり、逆に演劇

と縁を切り就活用の名刺を作ったりする友人を、イタい奴らとツイッターの裏アカウントから論評する。就活にも部活にも距離を置いてクールに生きる友人にも、口だけの奴と論評する。だが、密かに高みから友人を論評することによってしか、「何者」かとしての自我を維持できない精神構造を、友人の有村架純から指摘されて衝撃を受け、不器用でも自分を表現していかねばと決意する。

　これらの映画に触発された同世代の若者のかまびすしいSNS反応を、それこそイタく感じるのは、入試や就活が今ほど精神を圧迫しなかった世代に私が属するせいに違いない。「何者」かになりたい野心などちっとも抱かず中卒で集団就職し、山一證券が最初に潰れかけた昭和40年不況で勤め先が潰れてもひたむきに生きる朝ドラ『ひよっこ』の有村架純に世代が近いのである。世代だけでなく、『ひよっこ』と同じく田舎で長くのほほんと生きてきたせいもある。

　いつにも増して今回の文章が変なのは、引き続き教育政策に思いめぐらしていたら、迷宮に陥ったためである。進学への政策支援や教育国債やこども保険といった議論が高まり、国会はいつまでも2つの学園問題でかまびすしい。する側とされる側にとっての教育の意味、そこに支援する必要性、支援するなら教育のどの段階か、支援の方法は貸付型か給付型か、そして社会において教育される者とされない者の関係、はこの国の本質的な論点と思うが、どこからアプローチしようか迷っていたら映画紹介になってしまった（注）。態勢を立て直して考えてみよう。

（注）　底辺高校から東大合格を請け負う弁護士の阿部寛が、「バカとブスこそ東大に行け！」を決めゼリフに生徒を鼓舞するドラマ『ドラゴン桜』が2005年に続き2021年に放映された。バカとブスに生まれるのは不平等でも、自力で勉強する権利は平等である。「東大の入試問題は物事の本質を考えさせる。政府だけでなく国民の視点がなければ解けない」とか言われるとそうなんだろうなとは思う。ただ、そんな資質を認められて入学を許され、資質にさらに磨きをかけたはずの東大生は、国民のためにルールを作る霞が関の仕事にますます背を向けている（88　結婚したい男性の職業

は？）。そしてメディアは、どんな私学や塾に入ればどんな大学に到達できるか親の強迫観念を煽り続け、「勉強する権利は平等である」阿部寛の前提を掘り崩している。

　前編で生徒だった長澤まさみは東大を出て続編で阿部寛の右腕弁護士になったが、きれいな建前の教育理念に囚われた底辺高校の教師たちが赤裸々な現実にうろたえる構図や、法律を知らずに借金で身動きできなくなる家庭事情を抱えた生徒の存在や、たった数人の東大合格者が出るだけでほとんどの生徒の人生には無縁な物語のカタルシスや、弁護士のステータスとして虎ノ門に事務所を構えたい阿部寛の野心は変わらない。本稿で私が感じた迷宮論点に、１つの切り口から答えを示そうとしたドラマとも言える（260　親ガチャ）。

59　教育の意味──経済効果と精神効果

　給付型奨学金の新設に反対する論拠として、「大学を出れば生涯所得が平均で5000万円増えるから、その10分の１程度の貸付型奨学金は返せる」と主張された。大卒が少数派だった時代には5000万円増えたかもしれないが、半数以上が大学に行く今では、稼ぐ力の差もはっきりとは現れなくなっている。より本質的な疑問は、大卒と高所得に相関関係があっても、大学を出たから生涯所得が増えるのか、元来稼ぐ力がある者が大学に行くのか、因果関係が定かでない。

　入試の偏差値と生涯所得の相関関係も同じ構造であり、東大卒のほうが早大卒より生涯所得が多いが、東大の教育のほうが稼ぐ力が身につくわけではない。両方に合格した受験生を統計母体に、教授の顔ぶれを見て東大を選んだ学生と早大を選んだ学生を比べれば、生涯所得の差は消えてしまう。異論の多い政策の常として給付型奨学金も、足して２で割る妥協の末に新制度が生まれる。

　企業が大学に、仕事に役立つ教育を求めないから、教授の浮世離れは当然という声もある。転職するのが普通なら、企業も大学での人材育成に少しは期待するだろうが、定年まで長く働いてもらう前提なら、ポテンシャ

ルのありそうな人材にOJTを施すのが効率的と考える。よって大企業間では、ポテンシャル指標としての高偏差値大学を出たての学生を一括採用する競争になる。

　冨山和彦さんが、今後、製造業や情報通信などのグローバル産業での雇用が減り、流通、飲食、宿泊、娯楽、介護などのローカルなサービス業で働く者が一層増えるので、後者の人材を供給するローカル大学は、学問研究でなく職業教育に転換すべきと主張して物議を醸した。例えば英文学部なら作品を研究するのではなく、英語で地元の観光名所を解説する能力を身につける。

　潰れかけた企業の再生に大学教育が役立っていない実感に基づくから説得力があるが、英文学の教授は、精神を豊かにするのが学問であり、経済を豊かにする手段ではないと逆上した。そんな教授の研究業績を見ても読書感想文の域を出ず、直に作品を読むほうが精神は豊かになりそうな気はする。一方で、龍安寺の石庭を訪れたアメリカ人に、禅の精神を短く英語で解説するのもなかなか容易でない気もする。

　これまで大学に招かれると、自らがグローバルに活動する可能性を想像できず、法律は詰まらんと背を向けた失敗経験に基づき、「若いうちに英語と法律をマスターしておけ」とオヤジ説教してきた。「仕事に役立つが学ぶ喜びを感じにくい分野は若いうちに身につけ、小説や思想や芸術は余暇の人文教養として歳をとっても学べる」と感じるが、大学で人文教養を教える教授は、自らが学ぶ喜びがあり、教えられる学生の精神を豊かにすると考えて研究分野を選ぶ。そして、教授の経済を豊かにする費用は、学生が払わねばならない（注）。

　教育は身近だから誰もが教育の意味を語る割に、経済の豊かさと精神の豊かさの優先順位は、さほど自明でない。「世界の時価総額はアメリカのGAFAが牽引しているから、日本でももっとプログラマーを増やさねばならず、プログラムを書く職業教育を強化すべき」と指摘されるが、新たな

需要を生む画期的なプログラムは、人文教養に支えられた豊かな精神が生み出すのかもしれない。シリコンバレーのスタンフォード大学のカリキュラムは、人文教養の先端を走っている。

　たいていの政策立案者は、貧しくて子供を持てないとか、持っても進学させられない事態はなんとか改善したいと願う。が、子供を持ち進学させた結果がマクロの経済やミクロの人生にどう影響し、必要な費用を国民の中でどう負担するのが公平かは、あまり突き詰めて論じられてこなかったように思える。簡単に答えに到達する問いではないが、答えを探して議論する意味がある問いには違いない。

　　(注)　読み返した時の朝ドラは、ラジオ英会話が世代をつなぐヒロインたちの人生に寄与する『カムカムエヴリバディ』だったから、本稿の視座がちょっと高く感じ、職業教育を唱える冨山和彦さんにより共感した。中高6年で英語の読解や作文の授業を受ける代わりにラジオ英会話を繰り返し聞くほうが、ほとんどの子供の人生に有益なのは間違いない。言い換えれば、教育行政において、すべての子供になにを教育すれば幸せの総和が増すかとの視座の不在になる。

60 世代別資産格差

　アメリカで住宅バブルが崩壊すると、住宅価格とローン残高の差額に連動する借入枠からATMのように引き出していた家計の負債が急減し、ほとぼりが醒めた今（2017年夏）、再び家計負債は史上最高の水準に達している。一方、日本では1990年代に入ってバブルが崩壊しても、前世紀末までは家計負債が増えた。

　日本の家計負債の対象も概ね住宅だから、親と違ってマイホームを諦めるほど高騰したバブル期の地価が反転して、親のライフサイクル行動を見習う意欲が復活したようである。今世紀に入って負債水準は落ち着いたが、所得が緩やかに減ったので、負債／所得比率は緩やかに上昇してい

る。そして、ピケティが世界を観察して指摘したように、マクロで所得が減っても資産は増え、負債がほぼ一定だから純資産（資産－負債）も増えている。さらに家計の資産と負債を分析するなら、世代別に見なければならない。

今世紀初めに60歳以上が家計資産の5割強を持っていたのが、今では7割に達したと知れば、いくら高齢層の数が増えたとはいえ、若年層への再分配、と言うより現実には高齢層への再分配の圧縮、という問題意識が生まれる。そんな折に、50代の私は、高齢層と若年層の間で中立公平に判断できる立場にいると感じてきた。バブル期にはまだ若く崩壊後の期間が長いから、少子化と高齢化の負担から逃げ切れそうな団塊世代ほど生まれた時期の恩恵を感じない。でも、世代別の純資産を見ると、むしろ50代以上と40代以下の間に断絶があって、にわかに団塊以下の世代と共犯みたいな気持ちになる。

今の60代が10年前に、70代が20年前に50代だった頃と同水準の純資産を今の50代は既に蓄積している。50代はバブル崩壊前に社会人になり、崩壊後に家庭を持って育児や進学や住宅取得に費用をかけながらもトータルでは着実に貯蓄でき、若い頃から負債超過になった経験がない。一方、今の40代は若干の負債超過、30代は大幅な負債超過になっている。40代は10年前に30代だった頃からはマイナス幅が縮んだが、10年後の50代に若干のプラスに浮上しても、今の50代の資産水準に遠く及ばない。「ぎりぎりセーフの時期に就職し、非流動的な労働市場に守られたオレたちが団塊以下の世代に続く最後の逃げ切り世代なのかも」と忸怩たる疑念が湧く。

バブル崩壊後に成人し、就職氷河期で扉を閉ざされたり、非正規雇用しか働き口がなかったりすると、当然所得が少なくて貯蓄できず、借金への依存も増える。首尾よく就職して家庭を持っても所得は増えず、子供を私立に通わせているうちに住宅ローンが返せなくなる。親に迷惑をかけられない子供は奨学金で大学に通い、長く返済負担がのしかかる。生まれた時

期により、親のライフサイクル行動を見習うと人生が壊れるのは、不条理な資産格差に違いない。

　育児を支援する「こども保険」構想に対しては、子供を持つのはリスクでなく自由選択だから、持たない家庭と不公平との批判がある。でも我が家のように、子供を持つ経済的リスクのなさを実感していると、未来への責任を果たさなかった見返りに保険料負担くらいは甘受する気持ちになる。そしてやはり、子供を持つ負担は、現役世代だけでなく引退世代を含む国民全体で負うのが公平な社会の作法と思う。

　団塊世代の上野千鶴子さんが、「再分配して平等に貧しくなろう」と提唱した時、「逃げ切り世代の身勝手」と批判された。でも上野さんは、自分の世代を除いて再分配せよとは言ってない。そしてもし、所得だけでなく、所有する資産にも着目しての再分配なら、平等に豊かになる選択肢が広がる。損得感情はひとまず脇に置き、この国の未来のために世代間対話を深める時にある。

　政治もメディアも高齢者の支持が存立基盤だから、始めから世代間対話を諦めるシルバー民主主義が発想と行動の前提になっている。引退世代が、「我々が現役の頃は引退世代を世話したから、今の現役が我々を世話するライフサイクル行動は当たり前」と思ったとしても、引退世代／現役世代割合にせよ、両世代が持つ所得と資産にせよ、対話の前提がまるで違う。引退世代は、「我が亡き後に洪水が来たれ」なんて思ってない。対話の前提と今後の見通しを両世代が共有すれば、シルバー民主主義は政治やメディアが克服できないと信じるほど高い壁とは思えない（**228　誤差内の誤差**）。

61　制度の作り方（上）

「獣医学部新設を1校に限らず、意欲があれば2校でも3校でも認め

る」とする総理発言への郷原信郎弁護士の反論を見て、制度の作り方への連想が広がった。郷原さんとは考えが近い、と言うか考えが近かったから検事の頃からのつき合いだが、この件ではかなりずれる。「大学の新設は酒屋の免許と違い、継続的に補助金を支給する国民負担が伴うから安易に行えない」と指摘して郷原さんは反論を始める。

たしかに街の酒屋は免許を持つだけでは補助金をもらえないが、スーパーがビールメーカーからもらうリベートを原資に安売りするのに対抗できるよう、財務省が安売り取締りの法改正をしてスーパーに官製値上げを余儀なくさせる。街の酒屋の免許が距離や人口の基準に守られた時代よりは競争条件が厳しくなったが、だから政府がスーパーのほうに介入して国民負担が増す事態は、出身母体の政策として残念に思う。

一方、教育を供給する大学への補助金は必然的ではなく、需要する学生にバウチャーを補助する方法もあり、給付型奨学金もバウチャーになる。供給側の競争を促し需要側の選択肢を広げる教育バウチャーは、10年前の第一次安倍政権でも検討課題だったが、文科省は教育格差が広がるとして反対し、総理退陣により沙汰やみになった。ミルトン・フリードマンがバウチャーを考案して以来、いかにも経済学者が好みそうな突飛なアイディアと思われているが、さほどでもない。

患者が保険証を持って好きな病院を選ぶ時、保険証は医療費の7割を補助するバウチャーになっている。国民の選択の自由が確保され、患者数に応じて病院の収入は増えるから、患者が通える病院を指定して補助金を支給するより効率的な仕組みに違いない。これまでは需要側の学生を補助する教育バウチャー（給付型奨学金）より、供給側の大学を補助する現行制度を前提に、支給基準を大学の規模でなく教育成果に連動させよ、と官邸の有識者会議が提言してきた。これを受けて文科省は、司法試験合格率が低い法科大学院への補助金をカットしたりしている。

そして郷原さんは、規制緩和が正しいとは限らない事例として、この法

科大学院をあげる。弁護士を増やそうと司法試験を易しくするだけでは、難関を超えた既存の弁護士が不服だから、教育期間を長くして補おうとした。今から見ると、「弁護士の供給が増えれば国民に法律業務が身近になって需要増の好循環が起きる」という程度の理屈に弁護士会が納得したのが不思議だが、理想家肌の幹部が多かったのかもしれない。文科省も、業界団体の抵抗が強く影響力も強い医療分野を除き、需給管理の思考法は卒業していたので、申請された法科大学院をすべて認めた。その結果、今や半数が募集停止に追い込まれ、卒業しても合格できない多くの若者の人生を狂わせた、と郷原さんは指摘する。

　でも、教育期間を長くして受験資格のハードルを上げるのを、そもそも規制緩和と呼べるのだろうか。貧しくて法科大学院に行けない大学生に司法試験の受験資格を与える難関の予備試験が、皮肉にも本流コース化しつつある。弁護士資格が、法科大学院まで費用をかけて長く勉強した対価なのか、大学まで短くしか勉強していないが優秀な頭脳の対価なのかは、論理的には答えが出ない。難関国家資格さえ取れば人生は安泰、と思って若者が選択を誤るなら、むしろ資格を持つ弁護士だけが法律業務を行える前提を考え直すほうが、制度論の筋に思える。

　一方で、「人間の命を預かる医師は、国家資格による品質保証が当然」と考えるのが常識に違いないが、入口の医学部の供給を抑えて医師の生活を保証する手法には共感できない。開業医が幅を利かす医師会の政治力のおかげで医師の供給は制限され、病院勤務医の過労は限界に達している（234　公平の再考（下））。獣医学部になると需給管理の根拠はもっと希薄になる。牛や豚や鶏を殺して食べるために大量生産しながら、犬や猫をペットとして愛するのが人間である。その愛に応える獣医になるのに、人間の医師と同じく大学で6年も学ばせて資格を取らせねばならないか、需要に見合う供給を入口の獣医学部から抑えねばならないかはまったく自明でなく、獣医の生活を保障したい獣医師会の政治力以外からの理解はできな

い。

62 制度の作り方（下）

「獣医学部新設を1校に限らず、意欲があれば2校でも3校でも認める」とする総理発言は、郷原信郎弁護士だけでなく、かつてゆとり教育に携わった文科省OBの寺脇研教授も批判した。「需給を管理せず市場に委ねる競争が獣医から医師に広がれば、貧富を問わずみんなが同じ医療を受けられる今の制度が崩壊してしまう」。

総理は医師には言及してないし、実際には、参入による需給に加え価格や業務範囲まで市場に委ねるか否かで競争の形は変わるが、「アリの一穴」への危機感だろう。既述のように、かつてタクシー業界は価格を維持したまま参入だけ自由化してドライバーが増え、1人当たりの収入が減ったので1日の走行距離を制限して供給を抑えた。ちょい乗り需要を喚起しようと短距離の価格を下げる（と同時に中距離以上での値上げを目くらましする）最近の実験が始まるまでに、長く試行錯誤している（**19　正しい経済思想**）。

職業人を生む制度を作る際に、「ある程度は稼がせてやらねば」という思考法は、医師や獣医の場合、始める前に難しい資格が必要な事情によって増幅される。弁護士会にも長く、「弱者のために活動するには、ある程度の収入が必要だからあまり仲間を増やすべきでない」とする思考法が支配的だったが、「供給はそれ自らの需要を生む」古典派経済思想への疑念を、医師会や獣医師会ほど強くは抱かなかったらしい。資格を取って仕事がないのも困るが、法科大学院を出ても資格が取れず、30歳で仕事がないのはもっと困る。とはいえ、市場に委ねず厳格に需給や価格や業務範囲を管理すれば、日本経済の明るい未来が開けるわけでもない。

資格を取得した見返りに仕事を独占させて保証する手法は、そろそろ限

界にきたように感じてきた。郷原さんを始め多くの見識ある弁護士とつき合ってきたが、その見識が難しい試験に由来すると感じた経験はない。弁護士でない従業員に過払い金請求させる法律事務所は非難されるが、誰が見たってエクセルでできる仕事である。新設が自由だった法科大学院とは対照的に、供給制限の結果として医学部の偏差値ばかりが上がり、中高一貫の私学に身を置いて特定の塾に通わないと合格が覚束ないのは、将来の日本経済が必要とする人材供給経路として健全とも思えない。

　タクシーの業界団体が、「運転手の得体が知れないウーバーは乗客を危険にさらす」とか、旅館の業界団体が、「素人家主による民泊はテロの温床」とか、床屋の業界団体が、「洗面台のないカットだけの格安店は不衛生で飲食店が迷惑する」とか主張するのは既得権死守と分かりやすく、対抗して岩盤規制を崩さねばならない構図になる。

　医療が一筋縄でいかないのは、寺脇さんが言う「貧富を問わずみんなが同じ医療を受けられる今の制度」の評価に直結するためである。豊かな人間が、上質の服を着て、おいしい料理を食べ、瀟洒な家に住み、死んだら豪華な葬式をあげること自体はやむを得ない現実として誰もが容認している。死ぬ前の段階の医療や介護につき、公平に提供しようと頑張り続けるのか、「自分の命や健康のためならもっと払ってもいい」と思う人間には払ってもらうのかが争点になる（82　死ぬ前の平等）。

　マクロ経済にとって意味がある規模の需要は、医療や介護の分野くらいしか残っていそうにないから、需給や価格の管理を緩めて市場に委ねる部分を増やすのが、「命や健康をカネで買う」違和感が伴うとしても、数少ない成長戦略と感じてきた。新たな残業規制の適用を見送らざるを得ないほど患者が溢れて忙しい病院で働く医師の半数が、医師の需給も医療の価格も管理する今の制度を、労働環境としても病院や政府の財政から見ても、もはや維持できないと感じている。獣医学部の新設については、需給管理を前提に「1校ずつ漸進的に進める」方針が閣議決定されていた。閣

議決定を軽く超えてしまった今般の総理の本音？は、この国にとっての大きな検討課題をはからずも露呈した形になっている。

63 返せない奨学金

　奨学金を貸している日本学生支援機構が、返済者の出身大学別の延滞率を公表すると、私大教職員組合の私学教連は烈火のごとく糾弾した。返済できる収入がなくて延滞するのだから、支援機構が大学に求める本音は、「返済できる職に就ける教育をしろよ」となるが、直接教育内容には注文しづらい。よって大学には、「学生への返済意識の指導強化を求め、大学の指導強化の取り組み支援のために公表した」と理由づけるが、これを私学教連は、「まったくもって支離滅裂」と評する。延滞するのは、非正規雇用の増加による低収入などの貧困にあり、いくら学生に返済指導を強化したところでない袖は振れないからである。

　要は、支援機構による建前の理由を正面から受け止めて因果関係が支離滅裂と「立証」し、従って延滞率は「意味のない数字」であり、公表後の独り歩きにより個別の大学の「名誉を毀損」しているからサイトを閉鎖せよ、と求める論理構成になる。糾弾に対する支援機構の本音を忖度すると、「だから正規雇用してもらえる教育をしろと言っている行間を読めよ」とでもなるだろう。

　私学教連の怒りはひしひし伝わってくるが、支援機構の建前の因果関係の支離滅裂が文字どおりに怒りの原因なら、腹にすとんと落ちない。怒りは伝わるが、原因が腹に落ちない松居一代ブログじゃあるまいし。夫婦の痴話喧嘩はどうでもいいが、私より年上で売れなかった女優の日々の意味不明な喜怒哀楽を追う人たちが大勢存在する現象は理解しづらい。

　延滞率リストの上位には、見たことも聞いたこともない大学がずらりと並び、砂漠を旅するような印象を抱く。入試の偏差値リストとほぼ逆順に

なっているのは、想像に難くない。「借金してこんな底辺大学を出ても、返済は難しいですよ」と公表するのは、「大学さえ出れば」と漫然と進学し、「こんなはずじゃなかった」と人生が暗転するリスクへの警鐘にはなるだろう。一方、延滞率が高い底辺大学のほうは、圧力としての公表に立腹しても、奨学金なしには経営が成り立たないから支援機構と正面から対立できないし、どうすれば改善するかも分からない。

　社会派ブロガーのちきりんさんは、「大学を学生の保証人にすれば、返済できる職に就ける教育に必死で取り組まざるを得なくなる」と提案する。そして、「もちろんアカデミックに学問を追求するのは自由だが、それなら我が校で学んでも就職には役に立ちませんと入試前から明示させる」と加える。ちきりんさんらしく過激で論理的だが、延滞率や偏差値のリスト上の位置を問わず、大学とは制度の定義上、学問の研究や教育をする場であり、そのPRは、「どんな人間を形成するか」であって、「どんな就職に有利か」ではないから専門学校ではないのである。

　でも今や高校卒業生の57％が（短大を含む）大学に進み、22％が専門学校に進み、就職するのは２割弱になった。愛する学問を職業とする幸運に恵まれた大学の教職員は、このところ強まる一方の教育の就職貢献論に反発し、底辺大学を代弁する私学教連の怒りも、支援機構が行間に潜ませた本音のほうに向けられている。さりとて自らの職業を愛せない大多数の国民にとっては、大学の学問へのこだわりが浮世離れに見えるのも否めない。

　ともあれ、意欲も能力もあるのに貧しくて進学できない若者を給付型奨学金により支援するのは、各論の線引きに異論があっても総論はコンセンサスを得て発足した。日本より大学進学率が高い国もあり、学問の裾野が広がるのは心豊かな社会には違いない。どんな大学でも、学問を追求する教職員に触れた経験は、人生にいくばくかの潤いをもたらし得るとは思う。

でも、意欲も能力もあるのに貧しいから給付型奨学金を得て進学する者と、生まれつき意欲にも能力にも恵まれなくて貧しい者との格差が広がるのは、どう考えればよいのだろうか。学問より、「今日の松居一代ブログ」にしか関心が向かない大勢の人間のために、メディアは今日も彼女の怒りを追いかけて報じる。そしてふと、浮世離れしていない大学教授が、早晩確実に滅びる組織として、①地上波テレビと、②紙の報道と、③大学、を掲げた予言を思い出した。

第 10 章

読み返して笑う（64〜69）

役所を辞めて2年経った2017年夏、民間の生活になじみ、テーマの連続性にもこだわらず自由に書くようになったらしい。ここでは、教育政策への関心が続いているようないないような、マクロの経済政策や労働政策やミクロの制度設計への関心も失っていないような雑多な展開になる。無関係に見える現象を結びつけて考える習性が現れ、読み返して我ながら思わず笑う文章が続く。

64　メンカウラー王の顔

エジプト古王国の3大ピラミッドのうち、1つ目と2つ目が以前のピラミッドに比べ格段の規模と完成度を示し、3つ目が格段に小さいのはなぜかという素朴な疑問にケインズとシュンペーターを当てはめた与太話になる。通貨や金融がない時代でも、農業や建設業の生産性向上と公共事業の需要創出効果と節度ある財政方針が、古王国で機能したマクロ経済メカニズムらしいと思う。

65　半面教師

リフレ派という反面教師は、国民が豊かになれない元凶を日銀の金融政策に求め、日銀さえ悔い改めれば経済成長できる容易な道を説き、容易さに惹かれる信者を集める。対する野口悠紀雄教授は構造改革抜きのマクロ政策による容易な成長の道など存在しない前提に立ち、因果応報の摂理を説く。大蔵省の先輩なのは別として、半分くらいは傾聴に値する半面教師としてのフォローが続く。

66　雇用と賃金と消費の連動

マクロの雇用が増えれば賃金が増えて消費が増える経済の循環が、非正規雇用の増加によって機能しなくなった。企業が5年非正規で雇

ったら正規に転換させ、非正規への社会保険適用の年収要件を下げる力技のような政策を、「クビになるだけ」「労働者が労働時間を減らすだけ」と冷笑する経済学者を裏切る展開になるほどの人手不足であり、主婦も働かねばならない家計事情になる。

67　放送大学の罠

この歳で毎朝タダの放送大学の講義を眺めて新たな学問分野の知見を得るのが面白くてハマり、知見を得るのが教育の目的なら、費用負担を考えてきたこれまでの営みはなんだったのかと思う。が、当然ながら放送大学を支えているのは、大卒資格を得てキャリアアップする目的を持つまじめな労働者であり、朝からハマって勝手に消耗している初老フリーライダーはまれな例外に過ぎない。

68　牛をつないだ椿の木

田舎の公立中学の国語の授業で、教科書的な正解を教えるのでなく、物語の登場人物の気持ちを生徒に自由に想像させる若い教師の実践に接した記憶になる。教育の方法次第で、クラスメート全員をかなり高い次元に連れて行くのが可能だった経験をしたから、教育による可能性を捨てきれない。書いていて、この物語の舞台みたいな奥飛騨の故郷で中学の同窓会をしたいと痛切に感じた。

69　需給管理の復活

需給管理手法を卒業した金融の自由化が大学新設の自由化に影響したが、一層の人口減少と東京一極集中は、文科省による東京23区大学の定員凍結として需給管理手法を復活させ、大学側は先祖返りに抵抗する。自ら携わった仕事は正当化したいし、「需給管理しないから教育行政がゆがめられた」とする元文科次官の主張に説得力は感じない

64 メンカウラー王の顔

　4500年前、エジプト古王国時代の3大ピラミッドは、クフ王と子のカフラー王のものが同じくらい巨大であり、カフラーの子メンカウラー王のものは格段に小さい。ピラミッドは過酷な奴隷労働の産物であり、暴君クフ王と違い心優しき孫のメンカウラー王は奴隷の酷使を嫌って自らのピラミッドを小さくしたという説がある。

　第一生命が協賛したボストン美術館展は、穏やかで知的なメンカウラー王の石像を展示し、一見、奴隷労働説を裏づけるかのようである。これに対し、ピラミッドを農閑期に失業する農民を救うための公共事業とする吉村作治教授の説は、ケインズを単純に当てはめるだけでは芸がないなと感じてきた。マクロで需要が足りない時、生活の役に立たない公共事業の需要でも労働者が失業を脱して賃金を得れば経済が循環する例として、ケインズはピラミッドと大聖堂をあげる。宗教的情熱の対象は住宅や鉄道と違い、どれほど作っても需要が飽和しないという冗談半分の思考実験になる。吉村教授みたいに冗談半分を真に受けるお調子者もいれば、逐一生まじめに反論する学者もいるから困るが、こういう手合いは黙殺するのがケインズの遺志にかなう。

　最近、3大ピラミッド付近で、農民でなく専業の建設労働者の街の痕跡が見つかり、「親愛なる王を称える」労働者の落書きや、労働監督者の「今日は二日酔いの欠勤が多い」といったのどかな記録が出土した。これによって奴隷労働説の旗色は悪くなったが、もとより失業農民救済説が勝利したとも言えない。ピラミッドを作るには専業建設労働者を養えるマク

ロの余剰貯蓄を必要とし、研究者の推測によると、ナイル川からの灌漑施設が農業生産性を高め、家畜の飼育開始と相まって古王国の礎を築いたようである。

　そして、ナイル川を少しさかのぼれば容易に分かるように、クフ王のピラミッドの建築技術上のイノベーションは、3大ピラミッド前に比べ空前の水準に達している。今なお作り方が分からないほどの創造性を建築技術において発揮したなら、農業や畜産の技術でも空前の創造性を発揮して生産性を高めても不思議でない。この生産性向上が、新たに専業のピラミッド建設労働者集団を養う余剰貯蓄を生んだ。

　日本の高度成長期にはシュンペーターが説いたように、企業のイノベーションを体現する設備投資が生産性を高め、賃上げと値下げを可能にして需要を喚起する好循環が生じたが、生産性向上と需要喚起力が次第に鈍化する局面では安定成長にソフトランディングしなければならない。生産性向上が止まったのに財政で需要を追加しても経済成長が伴わないから財政は悪化する。フローの成長鈍化が寂しいからと言ってストックの価格上昇に頼ると、ストックバブル崩壊後に家計も企業も貯蓄や債務返済を優先する需要不足で失業者が増え、設備投資を控えた企業の供給力も下がる。こうした事態に陥ってしまうと、ケインズ政策も容易には効かない。

　金融はおろか通貨すら存在しないエジプト古王国に、ケインズ政策を単純に当てはめるのは無理があるが、需要と供給の相互作用の中で政府が舵取りに苦労するメカニズムは働いていたと思われる。クフ王の時代に生産性が高まり、農民が作るパンや肉やビールの余剰を建設労働者に回せるようになった。建設労働者の食糧購買力は、王と民の宗教的情熱によるピラミッド公共事業がもたらす。

　父のクフ王時代の生産性向上と需要喚起による好循環の高度成長にあやかろうと子のカフラー王も同じくらい大きなピラミッドの建設に乗り出したが、イノベーションはすでに完成し農業も建設も生産性向上は止まって

いた。そうなると当然に財政負担のほうが懸念され、賢明で節度ある孫は安定成長へのソフトランディングのために需要を生む公共事業の支出規模を抑制する。以上、上野の東京都美術館でメンカウラー王の顔を見ながら思いついた、学問的裏づけを完璧に欠く与太話になる。

65 半面教師

長らく、「インフレ目標を設定し、大胆な金融緩和により期待を形成すればインフレは実現できる」と主張するリフレ派を観念の世界に生きる反面教師と感じてきた。でも、霞が関には意外とリフレ派が多く、「保守的な日銀貴族ども」への批判が始まると居心地が悪い。自民党政権が復帰し、日銀が新体制になってしばらくの間は物価上昇率がプラスに浮上し、「ようやく好循環が始まった」と歓迎する霞が関で、「円安でエネルギー価格が上がっただけだろ」なんて水を差すと浮いてしまう。

最近では、財務省による安売り取締りの法改正でスーパーがビールを値上げしたのを、インフレ目標に向けた出発点と評価するリフレ派の論考に絶句した。まあ輸入物価の上昇が海外の懐に入るのに比べれば、国内ビール会社がスーパーへのリベートを節約するほうがましかもしれないが、ビールで酔わせた女性とのアバンチュールを期待する炎上CMに大金をかけているようでは、平均的な労働者の懐は豊かになりそうにない。

だから、霞が関から変わり者の先輩と見られている野口悠紀雄教授のアンチ・リフレ論に接するのはすがすがしい。教授とて、円安だと輸出企業の円換算の利益が増え、株価が上がり、税収も増えるのは事実として否定しようがない。だが、今や輸出企業は円安でもドル建て価格を下げないから輸出量は増えず、下請け中小企業にはトリクルダウンしない。

恩恵が輸出の最終段階の大企業に限られるのに比べ、全国民が高く輸入しなければならないから実質ベースで所得や消費が低迷する。そして、そ

もそもの異次元緩和と円安の因果関係すら、教授は否定する。自民党政権が復帰する前から、ユーロ危機が収束してユーロに資金回帰し始め、ドル回帰が追随しただけであって異次元緩和が効いたのではないとする。

でも（以下、「でも」を繰り返す）、円安の地合いを読み、地合いに整合する異次元緩和だから世界の投資家が反応したのが観察者の実感だったと思う。教授が円安に否定的なのは、製造業を捨ててアメリカ型の高度サービス業を目指す持論の産業構造転換を邪魔するからである。それは、新興国との低賃金競争に勝てるはずがない前提に立つ。でも、新興国との賃金格差も次第に縮まり、国内に製造業の基幹部分を残して海外と分業する余地が増してきた。それに、アメリカの東海岸の金融や西海岸のITでの働き甲斐が、いいものを作って世界のユーザーに喜んでもらうより大きいかは議論の余地がある。そんなわけで、教授のもの作り放棄論への反応はかねて煮え切らない。

また、教授が主張するように金融政策が無力なら、無力な政策で日本が滅ぶとまで激しく攻撃しなくてもよいのでは、とも思う。実のところ教授は、金融政策の無力さではなく、財政ファイナンスに陥っていると攻撃しているのである。でも、日本の財政が崩壊寸前とは、私の学生時代からの教授の主張であり、結果としてオオカミ老年になった。でも、いつかは当たりそうな半面教師として、これからも半分くらいは傾聴すると思う。

最近、有効求人倍率のバブル期並みの上昇は、景気回復でなく、生産年齢人口が減った帰結に過ぎないとする教授の論考に接し、またもや半分ツッコミたくなった。教授によれば、分子の求人数の増加は景気回復の反映だが、分母の求職数の減少は生産年齢人口減少の反映であり、分母の影響のほうが大きいとする。でも、分子の求人数が増えた原因である景気回復で失業者が減れば、当然に分母の求職者も減る。また、分母の求職者が減った原因である生産年齢人口減少が続くと見越した企業が、今から人手を確保しておこうと分子の求人数を増やすのかもしれない。こうして分母と

分子の変動要因を截然と区分できない程度に奥が深くなったところで、ツッコミは次回に続く。

66 雇用と賃金と消費の連動

　政府と政府批判者の対話。「景気が回復して失業率の低下も有効求人倍率の上昇も空前の水準にある」。「それは生産年齢人口が減ったからでしょ」。「いや、現実の雇用者数は増えている」。「それは高齢者や女性の非正規雇用が増えたからでしょ」。政府にいた者としては残念だが、批判者に軍配を上げるしかない。団塊の世代が65歳を超えて、15歳以上65歳未満の生産年齢人口は減っているが、65歳を超えても働く高齢者や女性の労働参加が増えて人手不足を補っている。

　増えた労働者は非正規雇用が多く、平均賃金はなかなか上がらない。かつて労働組合は、インフレ率＋生産性向上の分け前、を賃上げ要求したが、大手金融機関さえ潰れる前世紀末の経験を経て、雇用優先の方針に転換した。賃上げは業績次第になり、物価との連動も希薄になる。マクロで雇用が増えれば賃金が増えて消費が増える正常な連動が機能していない。

　正規と非正規の拡大する雇用格差を是正しようと、非正規の有期雇用を５年続けたら正規の無期雇用に転換させる2012年の法改正を、「企業に裏をかかれて５年でクビになるだけ」と新自由主義の経済学者は冷笑した。労働政策機構の調査によると、来年（2018年）の期限を控え企業の多数派は、賃金や社会保険の待遇を含めて正規化するか、少なくとも無期化しようとしている。役所の別働隊の機構から問われて、「雇い止めします」とは言いにくいにせよ、非正規ばかりが増えた従来と違い、すでに足元の2015年以降は正規も非正規を上回って増えている。あまり賢そうに見えなかった力技みたいな政策意図が、人手不足によって実現するのかもしれない。

昨年（2016年）秋にまず従業員500人超の大企業に対し、パートなど短時間労働者の社会保険適用の年収要件を130万円から106万円に下げたのは、正規と非正規の格差是正とともに、非正規雇用者が制度の壁を気にせず働きたいだけ働ける環境整備を意図している。非正規の数を増やすのが限界に近づき、その労働時間も延ばさないと人手不足に対応できなくなった。

　独身やシングルマザーなどの非婚者にとっては、これまでの国民年金や国民健康保険の保険料負担が厚生年金や健保組合の折半負担に移行し、老後の年金給付も報酬比例部分が加わるから助かる。でも主婦にとっては、自身の負担なく医療も年金も使える特権があったのに追加の保険料負担が生じるから、やはり経済学者は、政策意図の裏をかいて主婦は改正後の年収要件まで働く時間を減らすと予想した。

　実際には多くの主婦が特権を捨てて社会保険に加入し、労働時間を増やしている。長生きすれば元が取れると合理的に計算したのではなく、追加負担を避けて働く時間を減らせる職場環境にないし、減らす意思もない。企業もまた、追加負担を甘受しても労働時間を確保しようと、またも経済学者の予想を裏切っている。正規雇用者の老後や健康のための社会保険に、専業主婦の妻と子供の伝統家族形態を守りたい政策意図が組み込まれ、非婚の非正規雇用者の負担との格差に居心地の悪さを覚えてきたのが、ちょっとだけ公平化に向けて歩み始める。

　社会保険適用の年収要件の引下げは、マクロの人手不足環境を踏まえ、ミクロの企業と労働者の双方が、目先の追加負担と中長期の合理性を秤にかけてどう反応するかを予測しながら講じる微妙な政策になる。今年（2017年）春からは従業員500人以下の中小企業への任意適用が始まり、どう反応するかの影響が大企業より大きい。企業規模が小さいほど非正規雇用に依存し、社会保険の追加負担に脆弱だから、まずは任意で様子を見るのはこの国では常識的と言うか、致し方ない対応とは思う。そして、雇用と賃金と消費が連動する正常な経済を取り戻すため、遠からず一律適用の

決断を迫られる時がくる（注）。

（注）　本稿は第一生命経済研究所の同僚だった櫛山順子さんの知見に依拠して
　　　おり、本職のエコノミストではない櫛山さんは人事異動で経済研究所に来
　　　て担当分野を勉強して的確に解説し、人事異動で第一生命に戻っている。
　　　こういうタイプの同僚の仕事から、多く勉強させていただいた。2020年の
　　　制度改革により社会保険適用の年収要件の引下げは、2022年秋から従業員
　　　100人超の企業、2024年秋から従業員50人超の企業に適用される。中小零
　　　細企業の目先の負担に配慮してこの国ではこうしたスロースケジュールに
　　　なるのが常識的と言うか、致し方ない対応とは思うが、従業員50人以下の
　　　零細企業を放置しておくわけにはいかない（233　公平の再考（中））。

67　放送大学の罠

　知らない学問分野がとても多いのは、いい歳をして人生、なにをやって
きたのだか、と自嘲する。人生の選択肢を狭めているかもしれないし、い
ろんな分野を客観性なく勝手に書いているかもしれない。知る必要がある
のに知らない分野はなにかさえ分からなければ、放送大学を試してみるの
が一案かもしれず、すべてが45分×15コマに構成されている。

　まず、身近なところで金融論と現代経済学とヨーロッパ美術史を録画し
て眺めた。金融論はさすがに仕事だった分野だから頭の整理以上の意味は
ないが、仕事でつき合ってきた講師陣の懇切な講義には、自分に大学教授
は向いてなさそうだと自覚はする（239　池尾さんの記憶）。ノーベル経済
学賞を受けた学者の業績を紹介する現代経済学になると、これまで断片的
に接してきた分野を体系的に知る意味が増す一方、社会科学のうちことさ
ら経済学にノーベル賞を贈る無意味さも痛感する。ヨーロッパ美術史は、
趣味が違う講師の熱演が暑苦しいが、音を消して絵画や彫刻や建築の変遷
を眺めるのは楽しい。

　3科目見終えて、次にもの作り論と途上国論と教育社会学を選んだ。も
の作り論に登場する経産省ご用達の教授を、採算を度外視して国内生産に

こだわる元凶かとしばらく色眼鏡で眺めたが、ミクロの優れた現場の紹介はやはり惹かれる。もの作り教を延々聞かされると脆弱な私の頭脳は影響を受け、野口悠紀雄教授のもの作り放棄論から一層離れた痕跡が前々回に現れている（**65　半面教師**）。

　途上国論は、先進国との格差是正を目指した国際社会の支援の挫折史でもあり、マラリアを防ごうと蚊帳を大量に贈れば現地の蚊帳作り産業が壊滅し、贈られた蚊帳が綻びる頃にはもはや誰も蚊帳を修復できない善意の罠が強調される。善意が社会の進歩を妨げるリカードの経済思想みたいだが、必ずしも正しいとは言えないのもリカードみたいである（**12　労働賃金と企業利益のトレードオフ**）。先進国の善意の技術革新は、後に綻びない蚊帳を開発した。

　先進国の学力パフォーマンスが主に学校より家庭の環境で決まるとする教育社会学の実証分析は、格差の再生産の証明だが、途上国ほど学校の環境の重要性が増すとの分析は人間にとっての救いかもしれない。進学率を上げようと、教科書をタダで配っても効果がないが、給食をタダにしたら劇的に効いた途上国論での紹介事例を思い出す。

　こうして、関心分野の広がりが加速する。財政を勉強し直すなら、中核になる社会保障の現状と展望を把握し、国際比較の知見も得ておきたい。労働経済と労働法の知見は人間を考えるうえで有用だろう。日本と世界の歴史や地理や文学も最新の視点から捉えたい。何度読んでもすぐ忘れる統計学とファイナンスは、この流儀で学べば記憶に残る気もする。人間とはなにかを求めて、心理学や文化人類学や進化生物学にも手を出してみる。本を読むよりテレビを眺めるほうが楽だろうと始めたが、頭は結構集中している。仕事への集中は若い頃に卒業したが、音楽を聴いたり、映画を見たり、絵画を追ったり、旅に出たりを、楽しみよりは修業みたいに集中してきた。

　放送大学に正規入学すれば、リーズナブルな授業料を払い、テキストが

送られてきて試験も受けるが、誰かに認めてもらう気はないので、タダの
テレビを眺めるだけである。テレビを眺めるだけでこんなに知見が得られ
るなら、教育の費用負担を考えてきた最近の連載はなんだったのかとも思
うが、もちろん私のようなフリーライダーは例外に過ぎない。まじめな看
護師や介護士が大卒の資格を得てキャリアアップしようと受講するのが、
放送大学とのまじめなつき合い方になる。

　もとより当てが外れる講義も多い。魅力的に語れる講師は少なく、海外
の理論を日本の現実と無関係に援用したり、問題の所在を単純化し過ぎた
りと期待水準に達しなければそこでやめる。毎朝3〜4コマ眺めるだけな
らどうってこともないと思ったが、上から目線で批判しながら吸収してい
ると結構消耗し、初老のオヤジにはキャパ限界だったかもしれない。朝の
受講を続けるうちに、自宅を出る頃には頭がどんより重くなって新しい考
えが湧いてこないから今回は、善意の罠ならぬ放送大学の罠を書くしかな
い。いい歳をして人生、なにをやっているのだか、と自嘲する。

68　牛をつないだ椿の木

　標題は、児童文学者の新見南吉が若き晩年の太平洋戦争中に書いた短編
童話であり、30年後に中1の国語の授業で出会った。車引きの海蔵は、道
端の椿の木に牛をつないで離れた水のみ場に行った間に、牛が椿の葉を食
べてしまい、地主の老人に叱られる。「この道端に井戸があれば村のみん
なが便利だ」とスポンサーを求めて募金箱を置くが、村人には相手にされ
ない。自力でやるしかないと覚悟した海蔵は趣味も諦め費用をためるが、
病床の頑固な地主は井戸の設置を認めない。

　見かねた地主の息子がそっと助け舟を出す。「親父はもう長くないか
ら、オレの代になったら認めるよ」。この顛末を晩ごはんの際に嬉しそう
に話す海蔵を、母親は叱る。「人の死を願うのは悪いことだぞ」。反省して

再び地主を訪れた海蔵は、死を願ったのを詫び、別の場所を探すと伝える。これに心打たれた地主は自らの頑固さを詫びて海蔵の無私をほめ、井戸を認めて費用分担も申し出た。月日は流れ海蔵が日露戦争に出征する日、今では村になくてはならない存在になった井戸に立ち寄って水を一杯飲む。「小さくても役に立つことができて良かった」。海蔵は村に戻らなかったが、井戸は今でも村人に愛されている。

　当時、大学の文学部を出たての闊達な国語教師は、教科書的な正解より、登場する人間の気持ちを生徒に自由に想像させる実践を重ねていた。そこで出るのは、こんな意見。「早く死ねってのは海蔵の内心に過ぎんのにわざわざ地主に詫び、別の場所を探すといらんことまで言った。だから詫びには違いないけど、地主の気持ちを変えたい下心もあったんちゃうか」。「下心いうより地主への思いやりやないか。このままやと頑固で欲張りのジジイで人生終わってまう。死ぬ前に一緒に村の役に立とうと呼びかけとんのやろ」。「思いやりは地主の息子にも向かっとるで。海蔵が地主の死を願ったのは息子が井戸を認めるからやと地主が気づくやろ。ホントに頑固で性格悪かったら、死ぬ前に親子で修羅場やから、そうならんように、あんたの場所は諦めたて、いらんことまで言ったんやないか」。「母親のひと言が大事や。息子の善意は分かっとんのに、それでも人の死を願うのを叱るのは、目的のために手段を選ばんのは許さんてことやろ」。「連合赤軍と逆やな（笑）」。革命のための同志のリンチ殺人が、社会を震撼させた頃だった。

　そして発言は戦争論に移る。「海蔵は、村のために井戸を残し、国のために命を捨てた。太平洋戦争中にこういう人間を書くのは、やっぱ軍国教育やな」。「一流国になった日露戦争てとこが、国のためにもなったと読者を慰めるんやないやろか。太平洋戦争の南洋で飢えて死んだら悲しいで」。「いや、そうでもないやろ。負けて反省して今の日本は豊かになった。戦争の影響はそんなに簡単やないわ」。「作者は敗戦前に死んどるんやから、

深読みし過ぎやろ（笑）」。

　40年以上前の授業の記憶を私が再現できるのは、最後のまとめ役を教師に依頼されていた走り書きのノートが残るからなのだが、つけ加える言葉はなかった。「代わりに質問があります。大学の文学部て今日みたいな議論をしとるんですか」。「うん。まあそうだね」と答えて教師はちょっと間を置く。「でも、今日のはボクの大学以上かもしれんな」。

　この連載はしばらく教育の周りをうろうろしてきた。遺伝的素養を重視したエリート教育を強化せよとの主張には、きれいごとを言ってられない時代になったのかなとは思う。一方で、今回の記憶が示すように、田舎の公立中学でさえ生徒を等しく高みに導く教育の可能性を、信じたい気持ちもなかなか捨てられない。授業の発言主たちは今も、奥飛騨の地元で平穏に暮らしている。

69　需給管理の復活

　産業への新規参入や価格設定や業務範囲の規制を緩和すれば、通常は供給側プレイヤーが増えてプレイヤー間の競争が盛んになり、価格が下がったり顧客の選択肢が増えたりして需要を喚起する。新規参入を認めず護送船団と呼ばれた金融行政が自由化に舵を切ったのも、バブル崩壊後に日本型需給管理への自信が揺らぎ、アメリカを見習ってもっと供給側に自由にプレイしてもらうほうがよさそうとの期待に基づいていた。だが、自由化前に生じた株価と地価の二重バブルが崩壊した傷が深過ぎて、意図した供給の増加や多様化による需要の喚起は十分には実現していない。

　今世紀初めに大学設置基準を、「需給管理の事前予防から原則自由の事後チェックへ」とする報道を見て、前世紀末の金融自由化と同じ表現なのが面白かった。大学という教育業は金融業と違い、供給側の新規参入意欲も、需要側の学生やその親の進学意欲も旺盛だったから順調に進学率は上

がる。その結果、卒業しても非正規のアルバイトにしか就けず、奨学金の返済に苦しむ若者が増えたが、だから大学を増やしたのが間違っていたとも言えないのは、就職先だけで教育業を評価できないからである。どんな大学でも学んだ経験は精神を豊かにする可能性はあり、帰宅途上に夕刊紙を読んだり帰宅後にワイドショーを見たりしなくて済む人間を形成できるかもしれない。

　道路運送業の規制を緩和すれば、運転できる人間は多いからバスツアーを提供しやすくなった事例から連載を始めた（1　金融制度改革の記憶）。昨年（2016年）初めにスキー場に向かう多くの大学生が亡くなった軽井沢のバス転落事故に対し、メディアは行き過ぎた規制緩和により、零細ツアー企業の運転手が高齢で経験不足で非正規雇用だったと後知恵批判した。規制緩和の副作用としての供給の質の低下に備え、安全チェック体制を強化する必要があるのは産業分野を問わず違わない。

　ただ同時に、1万円で丸2日スキーを楽しめるから、貧しい大学生も参加する気になった。大手ツアー企業の運転手が若く経験豊富で正規雇用でなければならない規制なら、需要を喚起する安いツアーは提供できない。無論どの産業分野の制度をどう変更するかは、日本の経済を見渡して考えねばならず、新たな制度に財源が必要なら、日本の財政を見渡して考えねばならない。

　雇用や社会保障の制度も広い意味で産業規制の一環を構成しており、緩和や強化に規制対象の企業と労働者がどう反応するか予測しながら実施する。既述のように、企業が5年間非正規で雇ったら正規に転換させる規制により企業は5年でクビにするとか、パート主婦の社会保険適用の年収要件を下げたらパート主婦が労働時間を減らすといった経済学者の予測が外れるのは、規制される企業と労働者の側に規制の裏をかくインセンティブより、企業は人手不足に備えて正規化や社会保険適用に応じ、労働者は社会保険料を払ってでも労働時間延長に応じる意欲が強いのが、公平化に向

けた政府の愚直な政策意図を後押しするためである（66　**雇用と賃金と消費の連動**）。

　以上から、産業規制を設計する際は、①規制変化に規制対象がどう反応しそうか、②規制変化の結果として生じる副作用にどう備えるか、を考え、制度に財源が必要なら、③他の分野の次元が違う価値観とどう優先順位をつけるか、を考える。獣医学部の新設に際し獣医師会が登場するのは、需給管理が残る例外産業だからであり、大学教育業一般は、需給管理の思考法を卒業したと思っていた。だから財源を予算措置して給付型奨学金を導入するなら、①として導入したら利用者がどの程度見込まれるか、②の副作用として導入が底辺大学を延命させたり給付型奨学金を利用できない者との格差を広げたりしないか、③として出産や育児への支援との優先順位をどうつけるか、を考えながら検討するのだろうと思った。

　だが、加速する人口減少や東京一極集中という事態は、需給管理の思考法を復活させる。このままだと地方の大学はますます定員割れが厳しくなるから、文科省は東京23区大学の定員＝供給の凍結を打ち出し、23区大学は自由競争への不当介入と抵抗している。国内で人口を奪い合う事態への価値観により判断が分かれる問題には違いない。でも、証券市場のプレイヤーの需給管理をやめたかつての自らの経験を正当化したい気持ちからも、また獣医師会の予定調和的な獣医需給均衡見通しだけに基づいて新設を批判する元文科次官の視野の狭さにがっかりした経験からも、23区大学の抵抗に無駄な声援を送りたくはなる（注）。

　　（注）　無論23区大学が抵抗したところで国の方針には勝てない。この方針は多くの受験生が目指す人気大学も卒業後の就職を目指す人気企業本社も、東京に集中し過ぎの現実が前提になる。政治首都と経済首都が分離し、人気ある大学も企業本社も広い国土に分散しているアメリカでは考えずに済む政策に違いない。だから、コロナにより大都市圏から離れるリモートワークが増えた日米共通の現象は、収束の暁に東京では、いったん離れた人間がしぶとく回帰しそうな予感はする（208　**北アルプスの麓に住む？**）。

第 11 章

ドストエフスキー + 1 （70〜73）

「第2章　イギリス小説から」に続いて脱線したのは、サンクトペテルブルクで『罪と罰』の舞台を散策して帰国後に高校時代以来40年ぶりに読み返し、次いで、『悪霊』『カラマーゾフの兄弟』と読み返すと、ロシア帝政末期を生きたドストエフスキーについてしか書く気がしなくなった。読み返しながら聴き返していたのが、ソ連体制期を生きたプラスワンのショスタコーヴィチになる。

70　ラザロの復活

『罪と罰』の主人公が金貸しの老婆を叩き殺すのは、ギャンブルにハマって借金を重ね、ヒット作を連発する力技で返すしかなかった作家の人生を反映する。読者をハマらせるには、異常にキャラの濃い登場人物たちが狂ったり死んだりする物語が続くしかない。旧知の新聞記者から、「文芸評論家に転身してはいかがですか」と、ほめているのかおちょくっているのか判然としない手紙が届く。

71　溺れ死ぬ主義者

社会主義者として逮捕され、キリスト教人道主義者に転向したと称した作家は、革命家批判と称する『悪霊』を時の皇太子に献呈した。誰しも生きていくのに必要な振る舞いをして生きる。どんな主義にも内心共感できない作家は、観念に取り憑かれた主義者たちが、高慢にも軽薄にもなりながら溺れ死んでいく物語を紡ぐ、歴史を主義者として紡ぐ営みもまた、陰影に乏しくならざるを得ない。

72　父　殺　し

本能の赴くままに生きる父と長男が女を奪い合い、長男による父殺しの裁判をヤマ場とする『カラマーゾフの兄弟』は、本能を抑えて理

性に生きようとする次男や長男の婚約者が幸福になるなら読者はまだ救われるが、高慢にも軽薄にもなりながら狂ったり錯乱したりと、作家は読者を揺さぶり続ける。久々に読み返すと、虐待され続けた人生を自ら清算した真犯人の召使いの存在が重くなる。

73 ふりをする小市民

役所の講話に出席させられた私のふりと、共産党の講話に出席させられたショスタコーヴィチのふりがたまたま一致し、小市民ぶりに親近感を抱く。作曲家として偉大だろうがなかろうが、迫害はされたくないし、家族は豊かで幸せに暮らさせたい。政治体制への共感や反感から、作品の好き嫌いでなく良し悪しを論じてきたのは、長く傲慢で不毛な過程だったと感じずにはいられない。

70 ラザロの復活

ドストエフスキーは中毒性が強い。大学受験に集中しなければならない時に、受験テキストと交互に読まずにはいられず、斧で叩かれ血まみれになる奇怪な夢にうなされた。私みたいな中毒経験を持つ物好きは、サンクトペテルブルクで『罪と罰』の舞台を散策する（2017年夏）。何万人も殺したナポレオンが英雄になるように、選ばれた超人は多数の凡人を救うためなら、世俗の善悪を超える権利を持つとの理論を妄想した主人公ラスコーリニコフのアパート、この理論に基づき金貸しの老婆を斧で叩き殺し、はからずも現れた老婆の義妹まで殺してしまったアパート、殺された義妹の信仰仲間の若い娼婦ソーニャが、精神を病んだラスコーリニコフに促され、キリストが死者をよみがえらせる聖書のラザロの復活の奇跡を読

み聞かせたアパート、そして現実に、借金取りの督促に苦しみながらドストエフスキーがこの物語を書いたアパート。もとより最後以外はフィクションの舞台に過ぎないが、「お、刑事がラスコーリニコフを取り調べたのは今も現役の警察署か」とリアルな設定を楽しんだりする。

　登場人物の気持ちや行動の解釈を、かなりの程度までドストエフスキーは読者に委ねる。ラスコーリニコフの理論は、優秀なのに貧しくて大学の学費が払えずに退学させられた自身の不公正な経験が出発点には違いない。そして社会に目をやれば数限りない不公正に満ち、神の存在など到底信じられない。だから社会の害虫である金貸しの老婆を殺して奪ったカネを、英雄である自身を含む貧しき者が活用するのが正当化される。不公正への人一倍強い感受性が、社会主義でなく英雄を指向するのは、テンションの高い人間が左翼と右翼を行き来するのに似ている。

　金貸しの老婆が質草を預かる間の金利は日本の質屋営業法の範囲に収まり闇金ウシジマくんほど暴利でないが、ドストエフスキーに金貸しを必要悪と見る同情は一切ない。徹底して殺されて然るべき社会の害虫と位置づけるのは、ギャンブルにハマって借金がかさみ、ベストセラーを連発する力技で返さざるを得なかった作家の人生を反映している。読者を中毒にしてハマらせないとベストセラーは続かないから、異常にキャラが濃い登場人物が、異常な状況に追い込まれて狂ったり死んだりが続く。

　娼婦ソーニャの父は、アル中で失職し後妻から甲斐性なしと殴られて贖罪の快感に溺れる。連れ子を抱える狂いかけの後妻＝ソーニャの義母は、生活のためソーニャに売春を強い、強いられた仕事を終えて帰ったソーニャの足に贖罪のキスをする。不公正な境遇から無神論に至ったラスコーリニコフとは逆に、ソーニャは不公正な境遇ゆえに信仰に救いを求めるしかない。罪深い存在である自らへの神の赦しを請い、同じく罪深い同胞を愛する。理論倒れのラスコーリニコフのほうは、殺人決行前には老いた雌馬がなぶり殺される夢を見てためらい、ようやくの決行後は罪の意識に苛ま

れて精神を病む。だがそれは、自らがナポレオンのように善悪を超えた鋼の精神を持たないせいにして、己の理論の誤りは認めない。

　ソーニャに伴われて流刑先のシベリアに赴いてからも瀕死のウツが続くが、理論に取り憑かれた人間たちが互いに自らの正しさを主張して殺し合い、世界が滅びていく夢を見た。この夢を機に、ラスコーリニコフはソーニャへの愛を自覚して次第に穏やかな精神がよみがえり、読者は死者ラザロがよみがえる伏線を理解する。そして作家は、これからラスコーリニコフとソーニャが紡いでいくであろう新しい人生を示唆してひとまずこの物語を語り終える。

　この春にラザロの伝説の村や教会をキプロスに訪ね、夏に『罪と罰』の舞台のロシアを歩いた。帰国して40年ぶりに読み返しても、すでに感受性は磨耗して奇怪な夢にうなされたりはしない。でも、ラスコーリニコフに代え社会主義者やキリスト狂信者やニヒリストがうごめく『悪霊』を続けて読み返さずにいられないのは、中毒の復活がちょっと怖い。

71　溺れ死ぬ主義者

　モスクワやサンクトペテルブルクと違いシベリアの街を歩くと、時にまだソ連が崩壊していない錯覚を抱く。例えばバイカル湖畔のイルクーツクのマルクス通りに、19世紀末にシベリア鉄道を作り始めた皇帝アレクサンドル3世とレーニンの像が共存する。革命通りを経て、19世紀初めに流刑されたデカブリストの家に行くと、3世の父のアレクサンドル2世が即位した19世紀半ばまで運良く生き延びれば、恩赦でペテルブルクに戻れたのを学んだりする。

　ロシアの旅の終わりに訪れた日本に近いウラジオストクには、3世の子のニコライ2世が皇太子時代に日本で警官に襲われた後、シベリア鉄道の起工式をした記念碑がある。定番みやげのマトリョーシカ人形は、レーニ

ンはもとよりスターリンやブレジネフまであるが、ゴルバチョフやエリツィンや歴代皇帝はない。「ロシアを弱くしたリーダーは人気ないんだよ」と店のオヤジに教わった。再び強くしつつあると思われているプーチンが、今のとこ一番人気になる（注）。以下、読者は啓蒙専制帝政からロシア革命まで、アレクサンドル2世→アレクサンドル3世→ニコライ2世と祖父、父、子が続く60年強の皇帝の系譜を念頭に置いていただきたい。

　前々々回唐突に、童話『牛をつないだ椿の木』の中学での授業の記憶を書いたのは、ドストエフスキーを読み返しているせいもあったらしい。村に井戸を作るために地主の死を願った童話の主人公と、革命のための連合赤軍の内ゲバ殺人事件が相まって、目的が手段をどこまで正当化するか、という田舎の中学生が抱いた問いが『罪と罰』のラスコーリニコフ的である。

　高校生になると『罪と罰』に続き、現実の革命組織内の殺人事件に触発された『悪霊』を読んだが、特定のなんとか主義を批判するでも肩入れするでもないから、つかみどころのない焦燥感を覚えた。冒頭エピグラフに、キリストが人間たちに取り憑いた悪霊を豚の群れに移すと、豚たちが湖に飛び込み溺れ死んでいく聖書の引用を掲げる。

　今読み返すと40年前の焦燥感は、悪霊が社会主義理論という先入観に囚われたせいらしいと気づく。処女作『貧しき人々』の成功後、貧しき人々の救いの道を模索するドストエフスキーは社会主義サークルに加わり、ラスコーリニコフと同じく無神論に傾く。が、逮捕されいったん死刑と脅された後にシベリア流刑になり、デカブリストの妻にもらった聖書を読んで、社会主義者からキリスト教人道主義者に転向した、と解説されてきた。ただ、釈放後も皇帝政府の監視が続くドストエフスキーには皇帝政府に忠誠を示す以外の選択はない。皇太子時代のアレクサンドル3世に革命家批判と称して『悪霊』を献呈したのも、身の証を立てる必要に迫られていたからである。誰しも処世のために、必要な振る舞いをするしかない。

父のアレクサンドル 2 世に解放された農奴が流動化し、市場経済と格差が広がる19世紀後半、貧しき人々を救いたい社会の気運は高まるが、救いの道は定かでない。民主主義や社会主義を目指す革命か、キリスト教信仰の復活による人道主義か、民族主義に基づく伝統的な農村共同体の再編か。社会を良くする主義を求めながらも結局は、どんな主義にも心底は共感できないドストエフスキーの精神は、理論や観念に取り憑かれた主義者たちが、高慢にも軽薄にもなりながら、湖に飛び込み溺れ死んでいく物語を紡ぐ。悪霊に取り憑かれた精神は自らと違う価値観を認められないが、どんな理論も観念も信じられないニヒリストの精神もまた救われない。

　作家が本を売って借金を返す必要性に迫られたにせよ、自らを投影しながら人間の精神と行動を徹底して追求する営みは、なんとか主義の枠を超えて読者を揺さぶる。だから社会主義者もソ連崩壊後の市場主義者も、主義の枠に収まらないドストエフスキーが気味悪くて敬遠した。敬遠したのは主義者ばかりではない。トルストイは無数に映画化されているが、ドストエフスキーは映像にしようと試みる創意さえ未然に奪う。

　農奴を解放したアレクサンドル 2 世は作家の死の直後に暗殺され、生前の作家から『悪霊』を献呈された子の 3 世の暗殺に失敗して処刑された兄をレーニンは持つ。兄の処刑から30年後のロシア革命で、レーニンは皇太子時代にウラジオストクでシベリア鉄道の起工式をしたニコライ 2 世の一家を銃殺する。こうした時代の流れを、なんとか主義の視点からのみ語る歴史家の営みもまた、マトリョーシカ人形の人気は別として、陰影に乏しくならざるを得まい。

（注）　ロシアのウクライナ侵攻後はマトリョーシカ人形のプーチン一番人気がいつまで続くか定かでないが、民主主義を称するアメリカも失敗を繰り返してきたように、他国の気に食わない政権を力ずくで打倒しても思惑は続かないのが歴史の教訓には違いない。旅をして現地の人たちと積極的に意見交換するたちでないが、クリミアを失った後のウクライナでは、己の国をどう思うかを問わず語りする人たちが多かった。「この国でロシア国旗

を掲げる奴は撃つ」と明言する若者もいれば、「この国は命を賭けるには値しない」と語る醒めた中高年もいるが、愛国心がぶれない若者も、「もうちょっとオレたちの気持ちに応えるましな大統領がいてほしいな」と残念がる。「パナマ文書に名前が出るような実業家の大統領ばかりじゃなあ（5　遅ればせのピケティ）」。

　ロシアは、アメリカ人はウクライナのために命を賭けないと見切り、ウクライナ人も「総体としては」ウクライナのために命を賭けないと見切ったのが、あえて歴史の教訓に逆らう動機になった。が、愛国心がぶれない若者にとってはクリミアを失って覚醒が深まり、これまでより命を賭けるに値するましな大統領になっていたのが（評論家はコメディアン出身のポピュリストと呼び、大統領就任後にウクライナ語を訓練した経歴としても）、誤算だったようである。そして、政治に関心なく平穏に暮らす普通のウクライナ人には不幸だった。

　実質植民地だったキューバで革命が起きると、アメリカはカストロ政権を打倒しようと侵攻したが失敗した。ロシアのウクライナ侵攻との違いは、キューバ難民を前面に出す見映え工作が稚拙過ぎたに過ぎない。アメリカの偵察機がキューバでソ連のミサイルを見つけてからのケネディとフルシチョフの攻防がアメリカ側から何度も満足げに回顧されてきたが、「キューバのようなアメリカの喉元にソ連のミサイルがあるのは看過できない」と考えたケネディを理解するなら、「ウクライナがNATO加盟してロシアの喉元にアメリカ軍がいるのは看過できない」とプーチンが考えたのを理解しないのは、公平な認識と言えまいとは思う。

72　父殺し

　読みやすい新訳が出れば読み直す気になるが、新訳への批判もまた噴出する構図が、ケインズとドストエフスキーは似ている。信仰対象になるほどハマると、教義の解釈のささいな違いも許せないほど不寛容になるらしい。だから、経済思想家でも作家でも「好き」にとどめ、尊敬や崇拝や信仰は自制する。かつてケインズしか読みたくなくなり、きんざいメルマガに連載していた書評をやめた。いくら深みに惹かれて好きになっても、読者に毎回「私のケインズ」を押しつけるわけにはいかない。

　今、改めてドストエフスキーの深みに惹かれて好きになっても、この連

載で毎回論じ続けるわけにもいくまい。「すべての人間は2種類に分けられる。『カラマーゾフの兄弟』を読んだ者とそうでない者に」と村上春樹が語った時、読んで人生の選択に影響されたかもしれない記憶が思い出される。組織の一員として生きるのが向いてない性分くらいは高校生になれば自覚できるから、大学で法律を勉強して弁護士にでもなり社会の役にも立てれば、とぼんやり考えて法学部に入った。

　父殺しの裁判をクライマックスとするドストエフスキー最後の物語は、人間に法律を適用する意味を再考させる。大学の刑法の講義では、最高裁が初めて違憲立法審査権を発動して、死刑と無期懲役しかなかった尊属殺人の重罰規定を否認した判決を教わった。父は中学生の娘に性交を強い5回出産、6回中絶させる。逃げたら妹が同じ目に遭うから娘は耐えたが、卒業後の職場で恋人ができ結婚したいと父に告げる。逆上した父は娘を監禁しまたも性交を迫ったため、夢中で抵抗するうちに絞め殺した。ケダモノの父から虐待され続けた娘に実刑判決は忍びないが、尊属殺人は刑法上死刑か無期懲役だったから、執行猶予をつけられない。実刑を避けるには違憲にするしかなかった。

　子供を放ったらかして本能の赴くまま女を追うカラマーゾフの父も、ケダモノぶりでは負けてない。美しく知的な婚約者がいるのに父が執心する女を父と奪い合う容疑者の長男もまた、本能の赴くままに生きるコミュニティの異端者だった。容疑者に不利な状況証拠が揃い、陪審員になったつもりの読者は無実と分かっていても、周到な検事の論告に圧倒される。

　でも、続く弁護士はさらに圧倒的に、疑わしいだけでは罰せないと技巧の限りに論じ、ダメ押しに、殺されても仕方ないような父のケダモノぶりを陪審員と読者に思い出させる。それで潮目が変わったと思いきや、異端者としての長男を嫌悪する陪審員は、あっさり有罪と断じた。コミュニティの規範から外れたら、法律の誤った適用でも有罪にし追放して然るべきかを作家は例によって語らないが、裁判に携わる生き甲斐がやや色褪せた

ようには感じた。

　この父子とは対照的に、本能を抑えて理性に生きるのを当然の人倫として描いてくれれば読者は安心するが、それが高慢で軽薄な生き方に容易に転じてしまうのをドストエフスキーから苛烈に示され、読者の神経は揺さぶられる。「神がいなければすべてが許される」とする理性的な無神論者の次男は、父の隠し子とおぼしきサイコパスみたいな召使いを上から目線で教化してきた。

　やがて自分が無意識のうちに遺産目当てで召使いに父殺しをそそのかしてきたのではないかと煩悶し、狂気に陥っていく。美しく知的な長男の婚約者は、相手の背信を憎む本能を抑え理性に従って許そうとして、長男と次男のどちらを愛しているのかさえ分からなくなるほど錯乱し、裁判で長男に不利な虚偽証言を叫ぶ高慢で軽薄な衝動に衝き動かされる。

　信仰対象になるほどドストエフスキーにハマってしまった読者が、ブログで新訳を罵倒しながら不寛容な「私のカラマーゾフ論」を展開するのを眺めつつ、「静かに謙虚に生きなきゃ」と凡庸な感慨を抱く。40年ぶりに読み直すと、虐待され続けた人生を自殺で清算した真犯人の召使いの存在感が重くなる。私生活では死ぬまで召使いへの虐待をやめられなかった作家が、命を削って絞り出した物語への耽溺から、そろそろ抜け出すとしよう。

73　ふりをする小市民

　不倫がばれた妻と愛人が夫と義父を殺したのがばれてシベリアに流刑され、愛人の関心が別の若い女に移ると、妻は女を湖に突き落として自らも飛び込む。ショスタコーヴィチのオペラはスターリンを怒らせ、意を受けた文化官僚がプラウダ（共産党機関紙）で批判した。「社会主義の音楽は、堕落した西欧モダニズムへの追随でなく、健全で楽観的なリアリズム

が支えねばならない」。

　社会主義シンパの評論家は、作曲家がこの批判と真摯に葛藤し、苦悩に始まり歓喜のマーチで終わる、大衆に分かりやすい交響曲第5番を生んで復権した、と今でも解説し、政治の文化介入を容認する。第二次大戦でソ連がナチスドイツに侵略されると、やはり分かりやすく侵略と抵抗を描いたように聞こえる交響曲第7番が絶賛されたが、戦後に勝利を祝う歓喜の大作を期待する大衆に作曲家が与えたのは、「西欧モダニズムに毒された小品」だった。当然ながらまた批判され、作曲家はしばらくスターリンや革命への賛歌を書いて過ごす。

　一方、作曲家の死後に亡命作家がソ連を批判した「ショスタコーヴィチの証言」では、第5番のマーチは、「強制された歓喜」であり、第7番の抵抗は、「ナチスドイツとともにスターリン体制に向けられている」と作曲家が語ったとされる。この「証言」を信じれば、「社会主義体制を代表する人民の作曲家」が「体制に抑圧された悲劇の作曲家」に転じるが、長らくいずれのレッテルにもなにかしっくりこない違和感を覚えてきた。

　役所で詰まらない講話に出席させられ、終わっても拍手したくないが、1人だけしないのも不穏で目立つ。講話者への礼儀というより、善意で講話を企画した同僚に不審に思われたくない。で、気がつけば、メモするふりをしていた。片手がふさがっていれば両手で拍手できない姑息な妥協になる。共産党の詰まらない講話に出席させられたショスタコーヴィチが同じふりをして、腹心の弟子に、「良心と世渡りの両立だよ」とにっこりささやいたのを知り、小市民ぶりに親近感が湧く。

　強い精神力が葛藤を克服して偉大な芸術を生む展開はもっともらしいが、才能豊かな小市民だって淡々と偉大な芸術を生む。「さすがにスターリン体制でこの脚本のオペラじゃまずいか」と教訓を得れば、セリフのない器楽で社会主義リアリズムを演じてみせる才能。突然ナチスに侵略されれば心底愛国心が燃え大衆に抵抗を促す曲を本気出して書くが、元来戦争

が嫌いな小市民は、勝利の代償に2700万の命が失われたのに歓喜の大作で戦後を祝う気になれない。

　文化官僚のほうは、せっかくの才能が西欧モダニズムに毒されず、社会主義リアリズムの道を歩むよう矯正する自分の役割を信じている。その善意を作曲家も理解し、家族に快適な暮らしを続けさせるためにも、示唆されたとおりスターリンや革命への賛歌を書く。今ではキワモノ扱いされるが、スターリンと文化官僚と聴衆の反応をおもんぱかる小市民ショスタコーヴィチの胸中を想像しながら聴くのも結構楽しい。

　「西欧の十二音音楽は大衆に支持されてない」と資本主義体制に対抗したい文化官僚が書いた脚本をショスタコーヴィチは心底共感して読みあげるが、自らの芸術本能が求めれば「モーツァルトにも十二音技法がある」と言い訳しながら使う。スターリンが死に、フルシチョフが失脚して東西対立が膠着すると、ショスタコーヴィチが芸術家の本能に従って我が道に深く沈潜していくのもようやく放任される。

　この夏に作曲家の住まいや墓を訪ね、等身大に聞き返したい思いが強まった。先の「証言」を信じないのは、作曲家がわざわざ作品の意図を解説して聴く者の想像力を制約する意味がないからである（注）。政治体制への評価によって歴史を紡ぐ営みは陰影に乏しいと書いた（71　**溺れ死ぬ主義者**）。同じく政治体制への評価によって作曲家にレッテルを貼り、作品の好き嫌いでなく良し悪しを論じてきたのも、長く傲慢な徒労の過程だったと感じずにはいられない（270　**ハイドンと現代人**）。

　　（注）　音楽に限らず小説でも映画でも絵画でも作者の意図が完全に明らかでなく、受容者が想像する余地を広く残している作品が好きで惹かれる。時に、「好き」を超えて「良い」とか「傑作」とか断言したくなるが、その衝動は己の想像を作者の真意と思い込む傲慢な精神の産物ではないかと自省するのが、芸術作品と長くつき合える道らしく思う（146　時局に生きる、188　1本の韓国映画から）。

第 12 章

社会保障政策と周辺 (74〜83)

もとより自分が所属した役所や携わった仕事が嫌いではないが、書く時は金融行政からちょっと距離を置きたい気持ちもあった。金融行政経験が長い行政官にも、普通の大蔵官僚として財政に携わった時代がある。労働政策や教育政策に続き、財政に占めるプレゼンスが際限なく膨らんでいく社会保障政策をこのあたりでちょっと考えてみようか、と周辺を含めて散策してみたようである。

74　いろんなリベラル

リベラルの意味は国により、また一国内でも時代により違うから、ある時代の欧米のある国のリベラルと違うだけで、日本の自称保守が自称リベラルに、「偽リベラル」とレッテルを貼るのは建設的でない。弱者に優しいリベラルなら社会保障や税制や最低賃金による格差是正を主張して然るべきだが、この国の自称リベラルは格差是正より原発反対を叫び、電気代に事欠く貧困層を困らせる。

75　2つの出生率

年齢別の出生率を合算した期間出生率は、丙午のように子供を持つタイミングを待てば一時的に急減する。生年別に出生率を追跡して累計していく追跡出生率のほうが子供を持つ意欲や能力を直截に示すが、今の日本は両方とも下がっている。晩婚化と非婚化は、出産や育児への支援強化以前の課題として対策に苦慮し、社会保障を持続可能にする工夫は少子化対策抜きで考えるしかない。

76　年金制度改革の遠い記憶

年金支給開始年齢を65歳に上げた記憶をたどる。歳をとっても働ける自営業者用に設計した国民年金が、非正規雇用者の年金になってい

る問題を感じたが、被用者保険への非正規雇用者の加入は依然残された課題になっている。当時の社会党には消費税率を上げて年金国庫負担に充てよと主張する論客がおり、整合性に構わずあらゆる目先の負担増に抵抗する今の野党と違ったのを思い出す。

77 『深夜特急』の行方（上）

　格差社会の香港でストレスが高いはずの低所得層の寿命は簡単には延びないから、日本の長寿世界一の座は簡単には譲るまい、と思っていたらあっさり譲ったから、どんな社会か体感したくなる。100年人生にリンダ・グラットンは、教育→仕事→引退の３ステージを柔軟にマルチステージ化する必要性を説く。旅の友に世界放浪を香港から始めた若き沢木耕太郎の『深夜特急』を持参する。

78 『深夜特急』の行方（中）

　アメリカでは皆保険でないのが平均寿命の足を引っ張るが、医療水準が一定に達すれば、社会のストレスが足を引っ張る。「香港は格差社会でも、働く老人同士の仲が良くストレスを感じない」が元同業知人の観察だった。働いてから学び、学んでから仲良く働いて長く生きる。強固な単線人生の日本では、まずは政府が企業に新卒一括以外の採用の多様な選択肢を推奨するのがよさそうに思う。

79 『深夜特急』の行方（下）

　ライフステージを柔軟化するには、仕事も家事も育児も夫婦が対等なのが前提になる。生涯逸失所得２億円強の専業主婦の居場所が100年人生にあるとは思えない。性別役割分業が根強く、専業主婦が保険料を払わずに年金をもらい、夫の課税所得を減らす、先進国では特異な制度のこの国で、単線人生を本気で変えるには伝統的家族を前提と

した制度の再考まで含む取組みが欠かせない。

80 希望しない投票心理

　既得権との闘いが苦手で変われない国の形に問題意識を持つ人たちは、丸く収めるのが苦手そうな小池さんに希望を託してきた。が、衆院選の希望の党の公約は、「消費増税に代え内部留保課税」と意味不明だったり、「AIからBI（ベーシックインカム）へ」と語感だけだったりして失望に転じた。受動喫煙対策も既得権オヤジと妥協して半端になるのだろうと、香港の公共灰皿前で想像する。

81 国と自治体

　税務署の国税と自治体の住民税の連携の記憶が、自治体の住民税の滞納から多重債務者を発掘して債務整理に導いた記憶へと派生する。その実践を全国の自治体に周知しようと作ったDVDに出演した山本有二元金融大臣の高知３区が消えると、人口当たりベッド数が最多の高知県民の医療費負担は最少の神奈川県民の倍以上と連想が派生して、医療の平等を疑う焦点定まらない文章になる。

82 死ぬ前の平等

　患者のコンビニ受診で医療費が増えるのは需要側の要因だが、医師が空きベッドを患者で埋めれば、供給側から医療費を増やす。医師が患者に保険外治療を押しつけないよう混合診療を制限してきたが、患者が自分の命や健康のために保険外治療に払う用意があれば払いやすくしたい。患者から保険外治療を申し出る混合診療の新制度では、身近なかかりつけ医のアドバイスが重要性を増す。

83　胃ろうの話

　経産省若手の会が、老年医学会の指針と診療報酬引下げで胃ろうの実施が減ったと紹介し、「意識と制度で現実は変えられる」と指摘したら、「役に立たない人間は死ねってことか」と炎上した。混合診療を患者本人が申し出る形にして前進したように、意識があるうちに延命治療を希望するか否かのリビング・ウィルを制度化すれば前進できるが、介護全般の前進となると一筋縄ではいかない。

|||||||||||||||||||||||||||||||||||||||||||||||||||||||||||||||||||||||||||||||||||||||||||||||||||||||||||||

74　いろんなリベラル

　右翼と左翼という言葉は、フランス革命期の議会で、革命の成果を守るジロンド派と革命をさらに進めるジャコバン派が座った位置に由来する。保守とリベラルは、ナポレオン退場後のイギリスで大陸からの安い穀物輸入に対し、高関税をかける保護貿易により地主を守る保守党と、自由貿易を主張する企業家の自由党が形成されたのが元祖になる。リカードが比較生産費説で自由貿易を理論化すると、そのために地主が貧しくなればマクロの需要が減退すると懸念したマルサスが論争した（**18　ローカルとグローバル**）。

　当初のリベラルは企業家の自由だから子供を長時間働かせる自由を含んだが、やがて、労働者が団結する自由、子供が学ぶ自由、政治家を選ぶ自由と概念が広がり、その延長に社会主義思想が形成される。イギリス自由党の原点は自由貿易だから、武力行使も辞さない保守党の帝国主義路線と時に対立したが、フランスやドイツとの植民地獲得競争ではきれいごとを言ってもいられない。帰結としての第一次大戦も自由党ロイド・ジョージ政権が遂行し、終戦後の対ドイツ賠償強硬論はケインズを怒らせた（**17**

先見性と現実性）。

　今のアメリカでは、共和党が保守、民主党がリベラルと認識されているが、南北戦争の頃は逆になる。経済政策として、奴隷プランテーションが生む綿花を自由に輸出してイギリスの安い工業製品を自由に輸入したい南部の民主党はイギリス自由党に、自前の工業を育成するために関税による保護貿易を進めたい北部の共和党はイギリス保守党に近い。共和党の奴隷解放宣言は人道的であると同時に、工場の労働力と工場が生む製品の購買力として奴隷を当てにした。こうした歴史が、民主党と共和党が逆になった今も、リベラルが古典的な自由よりは弱者への配慮や格差是正を重視する淵源になっている。

　北軍が勝って保護貿易はしばらくアメリカの国是になり、ヨーロッパ大陸では同じ路線をビスマルクのドイツが進めた。ドイツとアメリカが19世紀後半の第二次産業革命でイギリスを追う過程では、第一次産業革命の成功体験としがらみがないのがかえって有利になる。ビスマルクは、労働運動を弾圧するムチとともに社会保障のアメを提供する。ドイツを視察したロイド・ジョージはイギリスにも社会保障を導入し、ドイツとの建艦競争のために富裕層への累進課税を断行して格差は縮まった。が、同時に自由党が進めた選挙権拡大により、労働者は自由党より社会主義を指向する労働党を選ぶ。

　第二次大戦後の先進国は、政党を問わず社会福祉の充実やケインズの需要管理を行ったが、1980年代にサッチャーの保守党とレーガンの共和党は、先祖返りの政治哲学を掲げた。市場メカニズムと競争を重視すれば経済は効率化するが、競争に負けた弱者への配慮は薄れる。続く労働党のブレアや民主党のクリントンも市場重視を続けるしかなく、党内ではリベラル右派と位置づけられた。保護貿易で雇用を生むと称するトランプはまさかリベラルではないが、古典的な保守とも言い難い。

　以上、選挙（2017年秋衆院選）の季節を迎えて、歴史の教科書を思い出

しながら、「リベラル」が国により、また一国内でも時代により意味が違う一端を示した。だから、日本の自称リベラルの主張がある時代の欧米のある国と違うだけの理由で、自称保守が、「偽リベラル」とか「ガラパゴス左翼」とレッテルを貼るのは建設的でない。一方で、自称リベラルが弱者に配慮する思いは自称保守より強いはずなのに、社会保障や税制や最低賃金による格差是正より原発ゼロを強く主張するのは残念に思う。原発を早くなくそうとするほど電気料金が上がり、貧困層から先に困ってしまう（184　深読みの度合い）。

　選挙権を得た頃は社会党に親近感を覚え、社会人になると投票先が見当たらず、近年は一緒に仕事した知己の候補がいて共感していれば投票に行く（227　あえて旅して気づく（下））。「貸金業制度改革で世話になった宇都宮健児弁護士が都知事選に出て、真っ先に改革に賛同してくれた山口那津男代表が参院の改選期か。衆院の自民と民主は相変わらず丙丁つけ難いな」。アメリカとの関係は選挙で変えようがないなら、日本だけで決められる格差是正策をもっと与野党がまじめに議論してほしい。「衆院が維新で参院が公明党で知事が共産党ってあんた正気？」と女房にバカにされる「口だけリベラル」のささやかな希望になる。

75　2つの出生率

　昨年（2016年）の出生数は98万人と初めて100万の大台を割り、死亡数131万人を引いた人口減少数33万人は過去最高になった（注）。毎年の期間出生率は、15〜49歳女性の出生率（出生数／女性数）を年齢別に合計して求める。2005年のボトム1.26から昨年の1.44まで緩やかに回復しているが、人口減を緩和するにはほど遠い。

　ありそうにない仮定として期間出生率がいきなり2を超えて回復しても、出産できる女性層の数が高齢女性層の数に比べ少なくなったので、70

年ほど人口は減り続ける。それでも対策は必要だから海外に目をやれば、スウェーデンとフランスで、いったん下がった出生率が２まで回復したのが目につく。もちろん出産や育児への支援策が手厚いが、真似すれば同じ効果を得られるほど甘くない。

日本の期間出生率は1966年に1.59に急減したが、翌年は反動で２以上に回復し、丙午（ひのえうま）伝説の威力とともに、タイミングを選んだだけで構造的少子化ではないのを示した。先立つ団塊世代の大量出生も、敗戦前後に急減した反動増になっている。空襲や敗戦に見舞われ将来が不穏になれば子供を持つのを控えるが、新憲法ができ平和な民主国家として再生しそうになれば、子供を持つ意欲も回復する（**228　誤差内の誤差**）。1990年は株価暴落がショックだったが、前年の出生率が丙午を下回った1.58ショックにも見舞われ、構造的問題として少子高齢化を意識する契機になった。

毎年の年齢別出生率を合計する期間出生率より、生まれた年別に49歳までの出生率を追跡調査して累計していく追跡（コーホート）出生率のほうが環境変化の影響を受けにくく、同じ女性集団の子供を持つ意欲や能力を直截に示す。今年が終われば1967年生まれの女性がみな50歳になり、この年生まれの追跡出生率の計算が終わる。計算が終わるまで待てなければ、もっと出生数が多い若い年齢時点までの追跡出生率に、49歳までの推計を足して使ったりもする。

スウェーデンやフランスでは期間出生率が下がっている時も、追跡出生率は下がってない。生涯に２人子供を持つ意欲は変わらず、例えば３年後に育児休業制度が充実するなら、２人目は３年待ってから産んだりする。期間出生率の変化は主にタイミングを選ぶ結果であり、人生のアーリーステージで子供を持つので、出産時期を調整しやすい。

日本で期間出生率が下がっている時は、追跡出生率も下がっていて、子供を持つ意欲や能力自体が衰えているのを示している。高校を出れば過半

は大学に行き、卒業すれば就職して、仕事が軌道に乗って結婚を考える頃には30歳になっている。スウェーデンで大学入学者の平均年齢が日本より10歳も高いのは、高卒後に働いてパートナーに出会い子供を持ってから、より高い所得を求めて大学に進むからである。フランスでは大学進学率が日本の半分にとどまり、若いうちから子供を持つ機会が多い。

　日本で急速に進む晩婚化と非婚化は、性別役割分業がまだ続く中で、結婚する経済力がないと思う男性と、経済力を得て結婚する必要がないと思う女性が増えるミスマッチ状況だから、出産や育児への支援を強化する以前の課題として、少子化対策に苦慮する。そして、スウェーデンやフランスでは、生まれてくる子供の過半が婚外子と知ると、とどめを刺された感がある。

　もとより婚外子を差別しない政策を長く積み重ねてきた成果だが、日本で婚外子の相続権を半分にする民法が違憲とされたのはようやく4年前（2013年）に過ぎない。年金や医療や介護の社会保障を持続可能にするために、「まず、子供を増やさなきゃ」と条件反射が現れる。でも、持続可能にする工夫は、少子化対策を当てにしないで考えるしかない。

　（注）　執筆後の出生数も期間出生率も低下を続け、コロナで結婚が減った影響が今後しばらく追い討ちをかける。2021年の人口減少数65万人は5年前の倍になった。団塊世代の出生時より出生数が3分の1以下になったのと、近年の推し活の広がりには因果関係がある気がする。さまざまな人間がいるが、知能や性格の分布が数十年のタームではさほど変わらないとすれば、育児をしたいのに対象がいない人間が大量にいることになる。
　　となると、機会が減ってしまった育児に注ぐ献身や愛情の代償が必要になる。地下アイドルであれ役者のタマゴであれ、どこの会場でも追いかけ、写真やCDを買い、投げ銭する。育児と同じく推し活により生き甲斐を得ている人たちを、メディアは好意的に報じる。が、育児と同じく推し活には費用がかかるから、なにかに精神的に依存したい人たち向けの貧困ビジネスにもなっている。

76 年金制度改革の遠い記憶

　バブル崩壊が始まった1990年には前年の出生率急減が判明し、同年の国勢調査でも将来の人口減見通しがはっきりして年金の支給開始年齢を60歳から65歳に上げざるを得なくなった。五味廣文元金融庁長官も私も、今では金融行政の記憶しか語らないが、金融行政に携わる前は普通の大蔵官僚として、この仕事に携わった上司と部下の間柄になる。

　支給開始年齢引上げ法案の議員根回しの恫喝ぽい前口上は、「2025年には人口の４分の１が65歳以上になります」であり、活気に乏しい社会だなと思うが、「そん時はオレも高齢者の側じゃん」と気づく。はるかに先立つ2013年に65歳以上が４分の１に達してしまうほど政府の予測能力が低いとは、当時は予測できなかった。

　60歳以降の雇用慣行がない時代だから世論の反発は強く、まずは基礎年金、次いで報酬比例年金と２段階でゆっくり上げる手法にならざるを得ない。この手法でゆっくり時間をかけて、60歳以降の雇用を促していく。当時30代後半だった私が、仮に公務員定年の60歳で完全引退したなら経過的に63歳から報酬比例年金をもらうほど息が長い仕組みになる。

　年金を勉強して気になったのは、元来老いても働ける自営業者向けに設計した国民年金（基礎年金）が、厚生年金に入れない非正規の短時間労働者の制度になっている現実だった。受給資格を得るのに25年、満額受給に40年も自主的に逆進的な保険料を納め続けるのは容易でない。年金制度の手直しには、社会党や労働組合の理解が欠かせず、五味さんは双方から人気があったから、酒を飲んで本音をぶつけ合う展開になる。当時の社会党には、「消費税率を上げて基礎年金の国庫負担割合を１／２に上げるべき」と明言する論客がいて、財政との整合性にお構いなくすべての目先の負担増に反対する今の野党とは違った。

その後、今（2017年秋）までに非正規雇用割合は倍増し、非婚率・離婚率も上がって国民年金だけに依存する単身高齢者の貧困が深刻化し、生活保護受給者の過半も高齢者になった。「体が動くうちは夫婦で頑張る」ラーメン屋なら好きにしてもらえばよいが、誰かを雇うなら雇われる人間の孤独な老後に無神経では雇う資格がない時代になっている。

支給開始年齢の引上げスケジュールが固まった後も、年金財政の将来見通しは悪化し続けたから、2004年には保険料率の上限を決めて収入の範囲で支給する方式に制度改革し、物価や賃金の伸びに応じたスライド支給を、現役世代の減少や引退世代の寿命の延びに応じて値切るマクロスライドで負担を抑えていく仕組みを導入した。

この国の役所にしてはかなり頑張った改革であり、かつて社会党の論客が主張した基礎年金の１／２国庫負担も併せて導入している。保険料率は今秋に上限に達したが、マクロスライドのほうは受給名目額を減らせない制約のため、物価が上がらない状況では思惑どおりに値切れてない。やはり今秋から、受給資格が10年に縮まり、縮まった結果としての国民年金の新たな受給者は２～３万円の月収を得て生活保護を受けずに済む可能性が少し高まったが、無論十分でない。

支給開始年齢引上げに携わっていた頃は「世代間の助け合い」が合言葉だったが、最近の合言葉は「世代間の格差是正」になった。現役世代に比べて手厚い年金からの所得控除の圧縮や、物価でなく現役世代の賃金へのスライドの部分移行や、受給名目額が減るのを容認するマクロスライドの完全実施や、寿命の延びに合わせた支給開始年齢のさらなる引上げといった提案になる。

人口が減り続ける中で、ない袖は振れないから仕方ないが、実施すれば、国民年金だけの受給者は一層貧しくなる。世代間格差の是正とともに、貧富格差の是正という当たり前の視点から、被用者保険の非正規短時間労働者への適用範囲の拡大や、基礎年金加入期間の65歳までの延長や、

所得税に給付つき税額控除を導入して現役世代の保険料負担を賄う工夫が必要になる。

　今、65歳の支給を基準に70歳までの増額繰下げ支給と60歳からの減額繰上げ支給の選択肢があり、増額繰下げ支給を75歳に延長する提案が政府から出ている。65歳までの雇用慣行がなかった時代に年金支給開始年齢を上げた苦労を踏まえ、75歳まで働く社会を目指しているのは分かる。でも、ちょっと優先順位がずれている。繰下げはこれまでもほとんど使われておらず、むしろ国民年金受給者の多くが、生活が苦しくて60歳からの減額繰上げ受給を請求せざるを得ない。

　年金は貯蓄である以上に保険である。75歳まで年金受給を待てるほど所得や資産に余裕があるなら保険の必要性に乏しく、受給自体を大幅に遠慮してもらう世代間の対話とシルバー民主主義を克服する「助け合い」が必要だろう、と遠い記憶をたどって改めて思う（60　世代別資産格差、228　誤差内の誤差）。

77　『深夜特急』の行方（上）

　国際金融センター香港の金融当局とは、アメリカ当局と同じ程度に円滑に話が通じる。メインランドの当局になると、なんでインサイダー取引がいけないのか前提を共有しない人間と議論しなければならなかったりする。香港当局のカウンターパートだった女性が辞めて大学で孫文の研究者に転じ、孫文日本滞在時の足跡を追うのを手伝った。「香港にお越しの際は、是非我が家の晩ごはんに来てください」と礼状が届いても、真に受けない節度はある。が、長寿世界一の座を再び香港に譲ったのに気づき、旅の口実が生まれた。

　東日本大震災の年の平均寿命は香港に抜かれ、寿命ランキングに影響するほどの死者数に慄然としたが、翌年には当然のように抜き返した。１人

当たりの所得はとうに香港に抜かれたが、格差が大きいストレス社会で低所得層の寿命は簡単には延びないから、長寿世界一は当分揺らがないと思い込んだのが、相対的に貧しくなった代償の慰めだった。それが大きな災害もないのにあっさり抜き返されると、どんな社会なのか体感したくなる。

リンダ・グラットンのベストセラー『ライフシフト』は、「100年人生」になる要因として医療や衛生や所得の水準向上をあげるが、総じて寿命の延びを所与として生き方のデザインに力点を置いている。「人生は不快で残酷で短い」と語ったホッブスの「短い」が単に「長い」にならないよう、教育→仕事→引退の3ステージモデルから、教育と仕事と引退の時期や方法を柔軟化するマルチステージモデルへのシフトを説く。

例えば、大学を出たジェーンは世界を旅して祭の屋台にハマり、屋台運営のノウハウと食材調達のネットワークを身につけて帰国後に起業する。やがてウェブでの宣伝手法が国際展開を強化したい食品企業から評価され、管理職として就職する。新CEOと合わないと感じるとジェーンは辞め、食品分野の採用コンサルタントを目指して大学で職業心理学を学ぶ。

その先は社員としての仕事と自らの会社経営とプライベートライフを組み合わせて85歳で完全引退し、足腰が立つ間は再び世界を旅する。単線型ライフコースが支配的な日本では、誰もができる芸当とは思えない。第一生命経済研究所が出した『人生100年時代のライフデザイン』を読み日本人の意識の現実から出発すれば、ジェーンの生き方への距離感の縮め方に示唆が得られるかもしれない。

香港への旅に沢木耕太郎の放浪記『深夜特急』の文庫を持参した。沢木さん26歳の1970年代半ば、10歳若いアグネス・チャンが香港から日本に出稼ぎに来て、イノセントな青少年を惑わせていた頃の記録になる。今読み返すと、日本発の青少年バックパッカーを量産するほどの興奮を喚起したのが分かりづらいが、私も含め読者のほとんどが海外未経験の時代だっ

た。沢木さんが、香港の道沿いに延々連なる屋台に毎日が祭みたいとイノセントにハマり、香港人に交じっての晩ごはんに陶然とする姿は微笑ましい。同じ体験をしようと大学から世界を目指した青少年バックパッカーは、帰国後に履歴書の謎の空白を怪しまれて就職に苦労した。これほど罪作りな本も珍しい。

　文庫には沢木さんの対談が収められ、社会人経験をしてから旅立つ重要性を指摘している。自らも若きライターとして評価され、評価をより確かにしようと計算したうえでの旅だった。酔狂な旅をしたから書く、のではなく書くと面白いから酔狂な旅をする。同世代の欧米バックパッカーから、「帰国して大学を出たら就職する」とか、「旅に出る前に働いていた会社に戻ってカネができたらまた旅に戻る」と聞いた経験から沢木さんは、「日本の役人や銀行員にも複線型ライフコースがあればいいのに」と語る。文庫の対談相手が、「でもキャリアの途中で世界へ旅に出たい役人や銀行員が日本にいますかね」と疑問を呈するから、「いるんだよ、バカ！」と思わず機内で声をあげ、周りから不審の目が集まった。

78　『深夜特急』の行方（中）

　映画『ALWAYS 三丁目の夕日'64』は最初のオリンピックの東京を舞台に、ヒロイン小雪の出産には、産婆の正司照枝が駆けつける。すでに国民皆保険制度はできていたが、夫の売れない作家、吉岡秀隆は国保の保険料を払えず病院出産を選べなかったのかもしれない。ちょっと前に、平凡なサラリーマン家庭の子供だった私も病院で生まれている。

　病院出産が普及して乳児や産婦の死亡率が下がり、平均寿命が延びた因果関係は誰も疑わないが、病院出産が普及した原因自体になるとさまざまな主張がある。病院が増えたから、というのが最も簡単な説明だが、病院出産する世帯の所得が増えたとか、教育水準が上がって安全性への認識が

深まったとか、病院の医療水準が上がったとか、皆保険で入院しやすくなったとか、それぞれが矛盾するわけでもないのに、命に関わる主張は党派的で排他的になるのが面白い。小さな政府を信じるアメリカの経済学者なら、寿命が延びるのは政策の効果ではなく、個人の人生選択が改善した結果と主張する。大学に行き所得が高い職業を選べば、栄養ある食事や健康な生活習慣や高額の医療を得られる、という具合。

　敗戦直後には欧米と大差があった日本人の寿命が、早くも最初の東京オリンピックの年にアメリカを抜いたのは、日本の高度成長に伴う医療体制の充実とともに、アメリカの医療体制の不備によるとしか思えない。保険のない人が5000万人もいては、当然に平均寿命の足を引っ張る。ソ連崩壊による病院の機能停止は、医療と寿命の関係を劇的に示した。エリツィンのマンガが示すようにロシアのオヤジは無茶飲みするが、アル中の発作が起きても治療が受けられず、ロシア人男性の平均寿命は6歳も縮んだ。

　長寿国ランキングを見れば1人当たり所得と寿命の因果関係は自明のようだが、東京オリンピック後ほどなく日本の寿命がヨーロッパの先進国をも抜いたのは、所得のさらなる増加に加え所得分配が相対的に平等で国民が「一億総中流」を感じた事情によると思える。絶対的に貧しくて食事が足りず学校や病院にも行けないなら、豊かになるのが先決だが、一定水準に達すれば他者と比べての相対的な貧しさにストレスを覚える。ストレスは発病リスクを高め、酒やタバコへの依存や、運動不足の生活習慣病も招く。一国マクロで不平等度を示すジニ係数が上がるほど平均寿命は下がり、ミクロでは所属組織での階層が低いほど寿命が短い。

　だから長寿で香港に抜かれたのが意外に思えた。香港のジニ係数は、中国本土やアメリカより高い明瞭な格差社会である。そのストレスを補って長寿世界一になる背景を、元同業役所のカウンターパートだった大学教授の自宅で晩ごはんをいただきながら尋ねてみた。「医食同源で風邪くらいはスープで治すとか、公立病院で手術を受けても負担が安いとかもあるけ

ど、日本に比べ歳をとっても働く老人が多いし、働く老人同士が仲良く元気よね。格差社会と言っても、低所得層同士が仲良ければストレスを感じにくいんじゃないかしら」が彼女の反応になる。

　公園での早朝お揃い太極拳の後、揃ってばくばく朝ごはんを食べる光景にはこれまでも遭遇したが、マクドナルドやケンタッキーのような日本だと若者向けの店でも老人集団がかまびすしい。延々と連なる屋台で居眠りしているのを起こさないと注文がこない高齢店主が、お揃いの居眠りで延々と連なる光景には笑った。

　『ライフシフト』のリンダ・グラットンは、長寿化に応じて教育→仕事→引退の３ステージモデルをマルチステージに流動化する必要性を説き、『深夜特急』の沢木耕太郎さんも、複線型ライフステージを待望した。単線型ライフステージがしみ込んだ日本でも、せっかく政府が「人生100年時代構想会議」まで作っている。

　小さな政府を信じて個人の人生選択を重んじるアメリカの経済学者が賛同しなくとも、この国だとまずは、企業が採用する際の新卒一括以外の多様な選択肢を政府が推奨するのがよさそうである。他社に優秀な人材を取られないために企業は新卒一括採用をやめられないのだから、企業が一斉にやめれば怖くないと促す政府の出番になる。働いてから学び、学んでから仲良く働いて長く生きる人生。池井戸潤さんの新作ドラマ『陸王』で、頑固で芯の強い足袋職人として控え目に存在感を放つ84歳の正司照枝を眺めてふとそんな思いが湧いた。

79　『深夜特急』の行方（下）

　教育と仕事と引退の時期を柔軟化する「100年人生」って、気軽に書き始めたけど結構奥が深い課題だなあと気づき、なかなか結論に至れない。『ライフシフト』のリンダ・グラットンが指摘するように、ホッブスの

「不快で短い」人生が単に「不快で長く」ならぬよう、人生をマルチステージ化しなければならないが、個人の選択と政策誘導との役割分担がはっきりしない。

　人間が社会的動物である以上、社会の中で快適に暮らしてこそ長生きできるという思いが、格差社会の不快さを超えて長寿世界一になった香港を見直す誘因になった。『深夜特急』の沢木耕太郎さんと同じく、あまり快適でない九龍の安宿を出て街をめぐれば、公園でもレストランでも老人集団は元気でにぎやかに違いない。でもそれは、くつろいで交流できる場所を政府が用意したのではなく、どんな場所でもくつろいで交流してしまう人たちだというほうが公平な観察に思え、政策的含意を導かない。

　『ライフシフト』のジェーンの人生を経済的に振り返ると、世界の旅から帰国して起業している間は食べていく程度の所得しか得られず、借金はしないが貯蓄もできない。大手企業の幹部に採用されて貯蓄が可能になり、後にステップアップのために大学に通う原資となる。教育期間中は夫にも頼り、ジェーンが雇用と起業のミックスで仕事を再開すれば次に夫が大学に行く。かなりご都合主義の展開だが、85歳まで働く以上、「100年も生きたら社会保障が破綻するだろ」という批判を形式的には封じている。

　多くの人間は雇われて指図される不快な形で、85歳まで働き続けるようにはできていない。ジェーンはやりたい仕事をしているから基本的に快適であり、合間の教育期間には体力を温存して出産や育児もできる。この生き方の前提として、夫婦は完全に対等でなければならない。職場の同僚がアンケートで調べたところ、日本でも若い夫ほど経済的に妻を頼って家事を分担し、男女とも若いほど今の仕事を変えるのに抵抗がなく、マルチステージ人生を展望はしている。が、全体として性別役割分業と終身雇用への信仰がまだ基本的に崩れてはいない（261〜263　45歳定年制の構図（上）（中）（下））。

　数カ月前の我が家の晩ごはん時、女房の勧めでTVドラマ『ウチの夫は

仕事ができない』を見て、「お、松岡茉優が主役になったのか」とちょっと驚いた。映画『桐島、部活やめるってよ』では上から目線で精神がゆがんだ女子高生を観客の怒りがこみあげるほど見事に嫌らしく演じ、「私は主役の容姿じゃないので性格俳優を目指します」との抱負には、若いのに将来展望が的確だと感心した（**58　教育論の迷宮**）。昨年（2016年）の大河ドラマ『真田丸』では、堺雅人のファナティックな正妻を演じて長澤まさみと対等に渡り合う。生まれつきの容姿より、演技で主役になるほうが公平に違いない。

　愛する夫が仕事ができないのを案ずる専業主婦の松岡茉優にできるのは、心を込めて愛妻弁当を作るくらいになる。やがて仕事が軌道に乗ると夫の関心は妻から仕事に移り、ある日忙しくて食べ残した弁当を見つけた妻はショックで家出する。無論ドラマは、純情な新妻の可憐さを演出しようとしている。でも、松岡茉優の演技は、性別役割分業を前提とする脚本の陳腐さと、夫と子供を想う以外に己の拠り所がない専業主婦の精神の空虚さまで表現してしまう。

　たとえ出産や育児をしやすくしても、「100年人生」が普通になる世界で、経済的に生涯逸失所得が2億円を超える専業主婦の居場所があるとは思えない。専業主婦は夫の保険証で医療を受けるだけではない。保険料を払わずに年金をもらい、夫の課税所得を減らす日本の制度は、先進国ではかなり特異である。日本では制度的にもマルチステージ人生へのハードルが高いだけに、昭和の典型的家族像を前提とした制度まで含めた再考が不可欠に違いない。

80　希望しない投票心理

　緑のスーツの女がゆっくり歩く音のない映像。ややふっくら体型みたいだが顔は見えない。タバコをかざして怒っているオヤジが女にからむ。

「歯向かう気か」「組織なめんなよ」「変えられると困るんだよ」とテロップ。女は黙殺して歩き続ける。そして、しがらみ政治との決別を訴え、「既得権や隠蔽体質にただ耐えるか、みんなで変えるか」を問うテロップ。

　遅ればせに希望の党のサイコな選挙プロモーションビデオを見て、疑問を解く手がかりを得た気がした。疑問とは、思想が相容れない候補者を希望の党から「排除する」と言ったとたんに支持を失ったとするメディアの解説になる。排除発言に怒った人間など周囲で見たことないし、政党の定義に失望するほど日本人が政治的とも思えなかった。

　一方、長く制度の手直しに携わると、この国は既得権との闘いが得意でないとは感じざるを得ない。既述のように、床屋業界は、「洗面台がないカットだけの格安店は不潔で飲食店から苦情がある」として禁止する条例を議会に作らせる。旅館業界は、「素人家主による民泊はテロの温床」として、タクシー業界は、「運転手の素性が知れない配車サービスは乗客を危険にさらす」として、シェアビジネスのイノベーターを邪魔する規制を求める。白タクを禁止するのは法外な料金を請求されないためであり、乗客が怪我するならドライバーも無事では済まない。抵抗勢力は「巨悪」と呼ぶほどの存在でなく、自らの仕事の将来を明るく展望できないから、新しいアイディアを邪魔して自らは変わらない既得権にしがみつく。消費者を代弁する政党がないから、イノベーターに我慢してもらって丸く収める力学が働く。

　既得権者の利益が減っても、イノベーターが参入し安く多彩なサービスを提供して生まれる利益のほうが多ければ、社会として実行する意味がある（**22　資本主義の分配法則**）。消費者に評価され産業全体として成長する道を、丸く収めるのが苦手そうな小池さんなら歩き得るのかも、と感じた人たちが多かったから自民党の支持がなくとも知事選に勝った。都知事として豊洲移転やオリンピック会場選定の経過を検証して混乱を招いても、既得権者が隠れて利益を得てはならない、との思いから多くの都民は

見守ったと思う。

　でも、希望の党の国政選挙の公約は、「消費増税に代え、企業の内部留保に課税する」。内部留保がなにかは示されず、資本の利益剰余金なら利益から税を払った残りだから変だろうし、利益剰余金に対応する資産の現預金なら無茶だろうが、そもそも意味が分からない（**216　内部留保論争**）。やはり公約のBI（ベーシックインカム）に要する巨額の財源を問われると、反応は「AIからBIへ」（注）。どうやら、政策の語感にしか興味がないらしい。こうして、既得権との闘いが得意でなく変われないこの国の形に問題意識を持つ人たちの心が冷えてしまったのが、排除発言以上に、希望の党を希望しない投票心理に影響したように感じる。

　都の受動喫煙防止条例は例外的に政策が進む分野だが、やはりタバコをかざしたオヤジを怒らせる。並走する国のタバコ増税も、喫煙中毒が既得権化したオヤジは心穏やかでない。「香港の長寿は喫煙率が低いから」とする解説を読み、因果関係の詮索以前に、なぜ喫煙率が高い中国本土と違うのか疑問が湧いたが、訪れてみればタバコ価格が日本の倍だった（**87　価格の力**）。月に３万円もタバコ代がかかるなら、私だってやめられる気がする。そして、屋内は全面禁煙だが、道端に哀れな喫煙者のための公共灰皿がたくさん置いてある。すっきりした政策であり、屋外灰皿掃除人の受動喫煙が心配なら、喫煙者に携帯灰皿所持を義務づけ、人通りがない場所での喫煙だけ許せばよい。

　（2017）年末に向け日本では、喫煙既得権オヤジの抵抗を丸く収めるため、足して２で割る中途半端な屋内禁煙とやめる気にさせない程度のタバコ値上げという日本的光景をまた見せられるのだろう。香港の安宿のそばで日本のチェーン店のラーメンを食べ、「ほう、この店はスーパードライがあるのか」と眠るために立て続けに頼む。そして、禁煙の店を出て人通りがない路地裏の公共灰皿の前で携帯灰皿を取り出し、煙とため息を一緒に吐き出した（**251　泡缶スーパードライ**）。

（注）「AIにより今の仕事の半分がなくなるから、BIで補う」議論の流れに対しては、AIにより仕事がなくなる前提を疑っている。歴史上無数の仕事がなくなったが、社会の役に立つか否かは別として、人間は代わりの仕事を生み出してきた。いつの間にか電車内は、「脱毛でキレイになって心ときめく人生を」みたいなポスターばかりになり、なんなんだよそりゃ、と世の流れに疎い私は思う。

　市場原理主義者が意外とBIに好意的なのは、福祉としてではなく仕事をさせない機能を評価している。自らの能力を信じる市場原理主義者にとって最も目障りなのは、年功序列で務めるホワイトカラーの管理職オヤジみたいに部下の邪魔だけして生産性に貢献しない人たちなので、「カネは払うからなにもせずに黙ってろ」と言いたい気分に整合する。でも、BIの財源はコロナにより一挙に具体的にイメージできるようになった。全国民に1回だけ10万円を配るのに12.7兆円かかったと知れば、×12が一般会計予算の1.5倍なのは小学生でも分かる。

81　国と自治体

　サラリーマンの所得税は源泉徴収だから、国（税務署）は、高所得者しか把握していない。一方、住民税のために自治体（市町村）は、域内のすべての住民の所得を把握する。だからパートの妻が夫の配偶者控除の限度を超えて働くと、市町村が気づいて税務署に連絡し、税務署は夫の源泉徴収をした企業に控除誤りを指摘する。ある日、夫が経理に呼ばれ、「奥さんちょっと働き過ぎたみたいね」なんて言われて所得税の控除が減り、企業が出す配偶者手当も打ち切られて夫婦喧嘩の原因になったりする。

　こういう関係だから、税務署は管内の市町村には低姿勢で仲良くしてもらうのが業務の前提になる。福島県のいわき税務署に勤めた30年前、定年間近の市の税務課長は、「福祉がしたくて市役所に入ったのに、税金取立て人生になってしまいました」とぼやいた。「税金が福祉の財源じゃないですか」と宥めるが、「国のレプリカみたいな住民税制度で税務署の下請けをするだけではねえ」と表情は晴れない。

　民主党政権時代に、税と社会保障の一体改革のため、国税庁と社会保険

庁（現年金機構）の統合構想が浮上すると、財務省は、「残念ながら、能力も意欲も違い過ぎます」と余裕の抵抗をしてみせた。当たっている面はあるが、税と社会保障の統合の前に、税そのものが国と自治体の二元体制である。せっかくベーシックインカムや給付つき税額控除を構想しても、分立した税制や執行体制がかなりのハードルになる。

税務署勤め後の20年間は自治体と無縁だったが、10年前（2007年）に貸金業制度改革に続く多重債務者対策で再びご縁ができた。全国の自治体に数名、スーパー生活相談員がいたからである。単に相談に訪れた債務者の話を聞いて債務整理をアドバイスし、弁護士や司法書士を紹介するだけではない。自治体内の住民税や国保の担当者とネットワークを作り、滞納の背景に借金がないか確認してもらう。こうして域内の多重債務者を発掘して債務整理に導き、生活再建が軌道に乗れば、住民税や保険料も払えるようになる。

スーパー相談員の実践をマニュアルにまとめ、実際にスーパー相談員である野洲市の生水裕美さんや長年債務整理を支援してきた宇都宮健児弁護士や債務者役の当時の金融庁職員や債務者の父親役の山本有二金融担当大臣が演じるDVDを作って全国の自治体に配った（**98　職業選択（中）、132　よんなな会（下）**）。「役に立ちます」と反応が多く届き、多重債務者対策が自治体に定着したと自己満足で思い込む。

でも先般、朝の日課の放送大学が自治体福祉の先進事例を紹介する講座で、熊本市近郊の町の住民税担当者の述懐を聞いて驚愕した。「滞納者に事情を聞いたら借金返済を優先するしかないと言われたので、生活相談員につないで債務整理してもらいました。国保も同じ構図と分かり、弁護士や司法書士を含むネットワークを作って多重債務者対策に取り組んでいます。税務より住民の福祉に直結するのでやり甲斐あります」。

「画期的ですねえ」と取材する講師が感嘆し、「これが先進事例？　10年前に配ったマニュアルに書いておいただろ、見てなかったの？」と拍子抜

けする。「職員の熱意と工夫が生んだこの町独自の福祉にこだわりたいから、平成合併で熊本市との合併を避けたのです」と語る町長には、こだわりの無意味さに絶句する。政策領域を問わず、国がどんな制度を作り、執行する自治体とどう役割分担するかは、単発でなく繰り返し接触して試行錯誤していかねばならないらしい。自治体との連携は金融庁が慣れてない分野だから、単発の取組みの効果を過信してしまう。

　多重債務者対策事例を全国の自治体に紹介するために金融庁が作ったDVDに出演した山本有二元金融担当大臣は、これまで衆院高知3区の小選挙区で負け知らずだったが、選挙区が消えた先般は比例復活になった。人口が減る高知県の病院ベッド数は人口当たり全国最多であり、最少の神奈川県に比べ高知県民は倍以上の医療費を負担している。病院に指示されて入院して医療費が増えても健康な長寿は保証されず、医療の平等ってどこまでホントなんだろう、と疑問が湧く。どうやら政治思想や経済思想では一刀両断できない領域に入りつつあるらしい。

82　死ぬ前の平等

　社会人になってから歯医者以外で保険証を使った経験がない。仕事にならないほど辛ければ病院に行っただろうが、これまでは医療保険に感謝しないで済んだ。日本の医療史を読むと皆保険前の時代は意外にも、歳をとるほど当然ながら有病率も死亡率も上がるが、受診率が下がっていた。歳だからガタがくるのはしょうがないと諦めて、病院に行かない。

　この精神の延長線上に老人を山に捨てる『楢山節考』の世界がある。もちろん皆保険で安くなれば、歳をとるほど受診率が上がるようになり、「コンビニ受診は控えましょう」と政府が呼びかけねばならなくなる。主な死因が結核や伝染病や脚気だった時代は、医療の普及努力が長寿に直結したが、ガンや心臓病や脳梗塞で死ぬ時代になると、医療と長寿の因果関

係が判然としなくなる。

　アメリカの医学者が、健康で長生きするには、④良い医療を受ける、③良い医療を受ける以上に運動して太り過ぎない、②運動する以上にタバコを吸わず酒を飲み過ぎない、①タバコと酒を控える以上に地域のパーソナル・ネットワークを維持する、と重要度を序列化したのを読み、長寿世界一になった香港の高齢者ネットワークを見たくなった。日本でも、「地域包括ケア」が強調されるようになったのは、医療費を抑えたいだけでなく、病院より地域ネットワークの中で人間は健康に長生きできる思想がある。

　「ちょっとガタがきたくらいで病院に行くから医療費が増える」とは需要からの説明になる。でも、どんな治療をするかは、「先生にお任せします」から、ベッドが空いていれば入院する。医が仁術でも、算術が合わないと続かない。人口当たりベッド数が最多の高知県民が、最少の神奈川県民の倍以上の医療費を払うのは、情報の非対称性下で供給が需要を生んでいる。

　保険が効く治療と効かない治療を併用できる混合診療は当初、金歯と差額ベッドだけを認め、差額の過大徴収が社会問題になったのを契機に、保険適用外だった先進医療を加えて対象を広げた。長らく、単独で受診すれば保険が効く治療に、保険適用外の治療を併用すると全体が保険適用外と化す奇妙な制度を擁護する医師会や厚労省を非常識と感じてきた。が、医師と患者の力関係から供給が需要を生み、算術が仁術を超えるのを懸念したのだろうと今は分かる。

　大金持ちしか使えなかった保険適用外治療に小金持ちでも手が出るようになれば、格差の縮小とも、小金持ち以上と依然として手が出ない貧困層との格差の拡大とも呼べる。ただ、金持ちがいい服を着て、いいものを食べ、いい家に住み、死んだら豪華な葬式をあげるのを現実として受け入れるなら、死ぬ前の医療だけ平等を追求する余裕はなくなっているだろう。

自分の健康や命のために払える能力と意欲があれば、払ってもらう。

　一方で、「医療費のGDP比がアメリカ並みになれば、日本のGDPが40兆円増える」と機械的に計算する能天気な経済学者には、アメリカの貧困層を観察してもらわねばなるまい。ニューヨークで歯が痛くなった時は、保険適用外の治療費を聞いて帰国まで我慢した。昨年（2016年）からの混合診療の一層の拡大は、医師の指示でなく患者から保険適用外治療を申し出る形にして情報の非対称性を緩和し、神学論争を避けようとしている。でも、患者だけでは判断しきれないから、地域ネットワークの中で日頃からつき合っているかかりつけ医がアドバイスする役割が増す。

　混合診療の選択肢が増えても保険適用外治療を患者が全額負担するには相応の蓄えが必要だから、医療から日米の小金持ちの資産運用に連想が飛ぶ。日本より2桁も数が多いアメリカの小規模な運用業者は、地域ネットワークの一員として、顧客から搾取する誘因が働かない。「退職金はこのパッシブ投信一本を買って、死ぬまで持ち続けなさい」。資産運用のかかりつけ医によるアドバイスは医療と違い、アメリカに軍配を上げたくなる分野に違いない。

83　胃ろうの話

　父の下半身をコントロールする機能が低下した時、困った母は施設に入るよう勧めたが、頑として応じない。「あんたからも言ってよ」と頼まれ、なぜ施設が嫌なのか尋ねた。「ボケ老人と一緒にちーちーぱっぱとか歌えるか！」。そりゃそうだろうともっともに思え、「悪いけど、もう少し様子を見ようよ」と洗濯や掃除に疲れた母を宥める。

　当時、復興庁を兼務して震災再生支援機構を立ち上げ、池田憲人さんに託して一段落したところだったので金融庁に戻り、同僚で介護の先達の岡村和美さん（後の消費者庁長官や最高裁判事）からイロハを教わった。ヘ

ルパーの助けがあれば在宅が可能かもと目処をつけたところで父は倒れ、手術を拒否して3日後に亡くなる。施設に行かず手術も受けない意思を貫いて長く生きた。

　一方、母の姉（伯母）は脳梗塞で倒れて意識が戻らず、胃ろうで栄養補給して生き続けている。娘（従姉）は介護のために仕事を辞めた。仲が良かった姉の寝たきり植物状態に母は、「一切の延命治療を拒否する」リビング・ウィルを書き、私が預かっている。でも従姉は、「胃ろうがないと死ぬ以上、続けるしかないわね」と語る。

　経産省若手の会が胃ろうについて、老年医学会によるガイドライン作成と、診療報酬の引下げにより実施が4割減ったと紹介し、意識や制度により現実は変えられると指摘したら、激しい反発が起きた（57　昭和の人生すごろく）。「役に立たない人間はさっさと死ねという発想が前提」とか、「若いエリートが上から目線で寿命の操作可能性を論じる不遜」というわけである。「無駄な延命治療を減らす」という表現にさえ、私の従姉を含め、「無駄と決めつけるな」と反発する家族は多いだろう。

　先の老年医学会が会員の医師に、「意識を失い口から食べられなくなった患者」への治療法を尋ねると、かなりの医師が胃ろうと答えた。次いで患者が自分ならどうかと尋ねると、胃ろうはぐっと減り、「なにもしない」が増えた。終末期医療の作法は、医師の間でも確立していない。実際、流動食を肺に入らないか心配しながらスプーンでひと口ずつ食べさせるより、ベッドの脇につるして胃に注入するほうが看護師も安心して楽に過ごせる。地域のベッド数によって医療費負担が違う以上に、供給姿勢による胃ろう実施の地域差は大きい。

　混合診療のように議論が激しく対立する課題では、一方に組して他方を感情的とか非常識とか見下しても事態が前に進まないのを見てきた。混合診療が、「患者本人の申し出」による制度にして前に進んだのと同じく、胃ろうのような治療法も、本人の意思が明らかになれば対立を緩和できよ

う。後期高齢者になったら、リビング・ウィルの作成と供託を義務づける。

　供託するのは、家族が預かるだけだと本人の意識がなくなれば黙殺され、年金を受給し続けたくて延命治療を求めたりするからである（111延命年金）。経産省若手の会も、医師が決めたガイドラインや政府が決めた値下げの効果を持ち上げる前に、「たいていの人間は、意識を失い口から食べられなくなってまで生き続けたいとは思いません」とでも書いておけば、激しい反発を緩和できたと思う。

　もとより、１人で生きていない以上、本人の意思がすべてではない。仮に施設に行かないと言い張る父の介護が長引けば、ヘルパーに助けられても、いつまた下半身から漏れるか心配で、母は疲弊したに違いない。政府が掲げた「人生100年時代」にすぐ反応した第一生命では、最新の介護の実相を学ぶ社内研修が盛況だった。「最近のオムツはとても高性能になり、外に漏れなくなりました」と実物を手にして装着法を教わる。

　でも、たいていの被介護者は、外に漏れない高性能オムツに慣れるとトイレに行かなくなってしまう。胃ろうと同じく、介護者は安心して楽に過ごせると感謝すべきだろうか。それとも、「たいていの人間は、自分でトイレに行けなくなってまで生き続けたいとは思いません」とでも経産省若手の会に書いてもらうべきだろうか。でも、たいていの人間は、いざ実際に自分でトイレに行けなくなると、行けた時と違ってやっぱり生き続けたいのである。

第 13 章

ライフステージ (84〜92)

進学・就職・結婚・出産・育児・引退の単線ライフステージの順序が変わるマルチステージ化が人生100年時代の課題だが、それぞれのステージでの選択肢の多様化もまた興味深い現象に違いない。深く考えないまま子供を持たず、さりとて仕事に没頭もしてない人生を振り返り、興味の対象がちょっとずつずれながら、すかっと答えが見つからない門外漢分野の課題を考えた痕跡になる。

84　中野区居住地図

子供を保育所に預けて都心で働く中野区の母親の居住地と通勤所要時間の分析を見て、戸建てとワンルームアパートが交互に密集するこの地の住民特性をにわか勉強する。子供の進学や就職は気にしないで済んだが、孤独死して腐食遺体が近所の斎場に運ばれる報道には、自分が孤独死したら誰にも迷惑をかけたくないとは思う。地域ネットワークに居場所を探す手遅れ気味の試みが始まる。

85　M字カーブ今昔

女性の就業率が高まり晩婚化・非婚化が進むにつれ、かつてほど就業率はクリアなM字を描かなくなった。キャリアウーマンほど自分と学歴や職歴が近いパートナーが見つからず、ノンキャリアウーマンはパートナーに経済力を求めてミスマッチが広がる。さりとて皆婚時代の女性がみな幸せだったわけでもなさそうなのが、「時代が変わった」とも言い切れない人生の奥深さとでも言えようか。

86　自分にご褒美

こつこつ地味に働く独身女性が、「自分にご褒美」と称して時に贅沢する現象にあまり共感しなかったのは、自分の職場への貢献の評価

に客観性が欠けていると感じたためらしい。ただ、常に自分の貢献を意識して働かねばならないなら、ストレスは増す。仕事が地味な行政官の世界で、自分への評価に客観性が欠けるのも、自分の職場への貢献を意識すればストレスが増すのも事情は違わない。

87 価格の力

日本で買ったワンカートン5000円のタバコにオーストラリア税関で15000円の関税を取られ、1箱2000円のタバコになる。吸い尽くしたらオーストラリアでは1箱3000円だから、滞在中の喫煙量は急減した。かくも強力な価格政策でも依存症から抜け出せない貧困層がもらいタバコに来る。そして3年かけて1箱60円だけ値上げする国に戻れば、喫煙量もあっさり戻る。

88 結婚したい男性の職業は？

結婚したい男性の職業トップが公務員であり、自分がなりたい職業で公務員が増えるのも、民間産業の不確実性の高まりを反映する。民間で稼げそうにないから公務員になった人生を回顧し、今後の公務員の社会での役割を想像する。そして小学生男子のなりたい職業トップが学者と知れば、なんの研究なら社会貢献と働き甲斐をともに得られるのか、議論の余地が大きい職業だなあと思う。

89 公平のモヤさま

生活保護世帯の子供は高校を出たら働く前提だから、大学に行くと受給が減る制度をどう考えるか。税金で生活してきたのだから、大学に行き平均より豊かになってはいけないのか。生活保護受給額より低所得だが受給してないから大学に行けない子供との関係はどうか。いずれの子供も貧しさに責任はない。そして、この手のモヤモヤは生活

保護だけでなく、人生の随所にころがっている。

90　商材シェアハウス

個室シェアの経験は2017年暮れのニュージーランドであり、その前に新聞記者からかぼちゃの馬車とスルガ銀行の「物語」を聞いていた。「今時こんな自作自演があるとは」とは思ったが、ねずみ講自体は歴史上限りなく繰り返されている。年明けに新聞記者が告発するのに合わせて、旅の記憶とともに私も書いた。スルガ銀行を賞賛した金融庁が問題意識を抱くより、相当早い時点になる。

91　学習指導要領の攻防

自殺が減るよう指導要領に借金リテラシーを盛り込んでほしいと要請しても応じない文科省に腹を立てたが、担当課長は、「ゆとり教育でカリキュラムを削ったら学力調査の順位が落ちて政治家から責められている」と苦境を語った。後にカリキュラムを戻すと、学力調査の順位も戻ったが、それが社会や経済にどんな意味があるのか明らかでなく、ゆとり教育を断罪する気にもならない。

92　神学論争から社会実験へ

「第8章　労働政策」で考えた働き方改革の法案が成立し、神学論争から社会実験のフェイズに移る。規制の効果に正反対の主張がされ、企業と労働者の損得ばかりが主張されたが、働く時間に報いるのではなく、成果に報いて生産性を高める運動と理解できる。労働者の意欲も能力も一律でない中で成果に報いる領域を広げるのは実験と呼ぶしかないが、実験を恐れる余裕ももはやない。

84 中野区居住地図

　放送大学の地理学の講座で私が住む中野区の居住地図が現れ、居住地を青と赤と白に色分けしている。朝、ワーキングマザーが徒歩で子供を保育所に預け、最寄り駅から都心の職場に行って17時まで働き、保育所が閉まる18時までに迎えに行ける居住地が青、自転車を使えば18時までに迎えに行けるなら赤、無理なら白の色分けだった。

　私は自宅から歩いて地下鉄東西線の落合駅経由で都心に1時間弱で通勤しているが、我が家が自転車を使えば18時までの迎えが可能な赤地区なのは、自宅から見て落合駅の反対方向にしか保育所がないからだった。帰りがけに落合駅から我が家を超え保育所まで歩いてみると、自転車じゃなければ1時間を切れないのを実感する。保育所からは東西線の北を走る西武新宿線の新井薬師前駅のほうが近いので帰宅乗車経路のほうを変えて実験したが、乗換えに意外と時間がかかってやはり1時間を超えた。

　現実には保育所で子供を引き取ってから、自宅から遠いスーパーで晩ごはんの買い物をしなければならない。もちろん保育所が19時まで預かってくれれば、育児と仕事が両立可能な居住地が増えるが、保育所がなかったり最寄り駅が遠かったり都心への乗換えが不便な路線だったりで、自転車を使っても間に合わない白地区がなお残る。地理学も女性の育児と仕事の両立という現代の課題に向き合っており、子供がいなかった私も働くお母さんの苦労をちょっとだけ追体験した。

　でも、中野区は子供の減少率が東京23区でトップであり、保育所に子供を預けて働くお母さんは少数派になる。子供の増加率トップが港区と聞けば、育児にふさわしい居住地を選ぶ両親のステータスは想像に難くない（注）。戦後、「木賃ベルト地帯」と呼ばれた中野区では、狭く入り組んだ道沿いに戸建てとワンルームの賃貸アパートが交互に密集する。安い家賃

に若者が流入して、20〜34歳人口の割合は23区でトップである。単身世帯の割合は全国でも夫婦と子供からなる世帯を抜いて3割を超えたが、中野区は6割を超えた。

若者と単身の世帯が多いのは隣接する新宿区や渋谷区や豊島区も同じだが、中野区の特徴は流入する若者がなかなか結婚せず、独身で入った賃貸アパートに住み続けてそのまま高齢化するところにある。店子の入替えが進まないので新たなワンルームアパートが次々に建ち、未婚率と借家率もともに23区トップになっている。

放送大学の地理学に触発され、中野区のウェブサイトで地域特性をにわか勉強すると、居住地の歴史への関心も芽生えた。太田道灌の戦勝跡までさかのぼらずとも、周恩来の日本留学時の下宿や、周がマルクスを学んだ河上肇の家が近所と知れば、周が日本に期待を込めて田中角栄と熱く握手を交わした日中国交正常化の映像を見る感慨も違ってくる。

最近、通勤経路にあった古い木造の戸建てが取り壊され、跡地にまたもワンルームアパートが建つ。取り壊されて視界が開け、前方に落合斎場の巨大なビルが現れてちょっと驚く。斎場は狭く入り組んだ道沿いに建っていて、今まで規模を実感しなかった。そして、ワンルームアパートで独居老人の孤独死が見つかって腐食した遺体が区の職員により落合斎場に運ばれる報道を見て、他人事じゃないなと思う。

中野区に生まれ育った女房は、地域ネットワークに居場所があり、私が先に死んでも友人に囲まれて穏やかに支障なく生きていく。でも、逆だったら？　誰かとつながりたい指向がまるでなく自宅で趣味に耽溺してきただけの私には、地域に友人がいない。男のほうがはるかに平均寿命は短いのに、孤独死の7割は男である。認知症になって野垂れ死んでも自分に分からないならどうでもいいやと思ってきた。

でもさすがに、独りで死んで区の職員に腐食遺体を運ばれる迷惑はかけたくない。さりとて施設に入りたくないのは自分の父親と同じである（83

胃ろうの話）。子供の進学や就職の心配をせずに済んだ分、自分の死後が定かでない無計画人生。そこで女房を見習って地域ネットワークに居場所を探し、隣人とすれ違えば挨拶はする程度の実践から始めた。ようやく存在が認知され始めたようだが、すでに手遅れのようでもある。

（注）　子供が減って近所の小学校が廃校になり、最寄りの学校と統合して「令和小学校」が生まれた。「ここはいったいどこ？　生まれ故郷の奥飛騨か？」。子供のために港区に住もうと思う必要はなかったが、児童養護施設の設置に反対する住民運動が起きそうにない地域として、割と愛着は覚えている（123　「東京は別」）。

　　加えて、都心ほど屋外禁煙を徹底せず、屋外喫煙所には、「みなさまのタバコ税は区の貴重な財源として、区民の福祉に貢献しています。タバコは是非地元で買いましょう」とメッセージを掲げている。「感染防止のため外出を控えましょう」と区長が己の名前を連呼する選挙運動カーがうざいので、脳が拒絶して今も区長の名前を知らない。でも、タバコ地元購入メッセージには心が和み、近所のコンビニで買ってこの地に住み続けようかな、中古の家は結構ガタがきたからリノベでもしてセコムの独居老人遠隔監視センサーでもつけようかな、という気持ちになる。

85　M字カーブ今昔

　女性が歳をとるにつれ就業率がM字を描く先進国は、日本と韓国に限られる。今でも働く出産女性の過半がいったん退職するが、時代を下るにつれMの中底が20代から30代へ右に移り、底が上がってMに見えなくなってきた。就業率の高まりと晩婚化・非婚化がともに進んでいる。「独身者の９割が結婚したい」という記事の見出しに「え？」と思って中身を読むと、「理想の相手が現れれば」とか、「あと何年か経ったら」と条件がついていて、「今は結婚したくない」のと同じだった。

　堺雅人と香川照之は、銀行で半沢直樹と大和田常務になる前年（2012年）に、映画『鍵泥棒のメソッド』でも共演している。広末涼子が演じる几帳面で計画的にしか生きられない雑誌編集長は父が不治の病と知り、生

きている間に結婚して安心させたい。そこで期限を決めた婚活を周囲に宣言し、役者を目指して場当たりに生きるフリーターの堺より、裏世界の稼業だが几帳面で計画的に生きる香川に惹かれていく。努力して学歴や地位を得たキャリアウーマンが、自分と似たパートナーを求める実例と言えよう。

私がこれまで接した女性は、役所の同僚、メディア、研究者、弁護士、企業幹部とキャリアウーマンが多いが、世間平均よりかなり未婚率が高いのは、学歴や職歴が似たパートナーに出会いにくい現実を反映しているだろう。たまたま見た映画や個人経験を一般化はできないから、公的機関による意識調査を見ると、結婚したい理由として、「家族や子供を持ちたい」気持ちは男女であまり違いはない。

女性に特徴的な理由は、「経済的な余裕が得られる」、男性に特徴的な理由は、「心のやすらぎが得られる」で、ミスマッチの所在を示している。婚活サロンで紹介されて初デートの際、男性から割り勘と言われ、あるいはファミレスに連れていかれた女性は、かなりの割合でドン引きして終わってしまう。もちろんばりばりのキャリアウーマンなら、割り勘もファミレスも気にしないが、男性に求める条件が所得や資産より学歴や職歴なのが違う。

ともあれ、「カネがない男はお呼びじゃない」女が一定割合存在する現実から、カネがない男は初めから結婚を諦めがちになる。雇用形態別の男女の生涯未婚率は、男性の正規が17％に対し非正規が51％と３倍、女性の正規が22％に対し非正規が８％と逆の約３倍なのは、かなり印象的な数字である。若い大卒キャリアウーマンに、「カネは私が稼ぐから、夫は高卒でも優しいイケメンがいいな」と意識の変化の兆しが現れているのが、救いかもしれない。

結婚規範が強かった皆婚時代は周囲がお節介だったが、プライバシーを尊重する現代に比べ、お節介で幸せになれたと時に回顧される。そこで、

皆婚時代に結婚し子供が独立して夫婦2人になった高齢者世帯の意識を、同僚の小谷みどりさん（現シニア生活文化研究所所長）が調べた結果を紹介したい。寝たきりになったら妻を頼る夫が6割だが、夫を頼る妻は2割に過ぎず、介護施設入居者に女性が圧倒的に多い背景になっている。夫の6割は離婚を考えた経験がないが、妻の7割以上は考えた経験があり、2割は今でも離婚したい。

　生まれ変わっても今の妻と結婚したい夫は6割だが、今の夫と結婚したい妻は3割弱にとどまり、そもそも結婚自体をしたくない妻が別に3割弱存在する。そのくせ今後死別したら、新たなパートナーを見つけたい夫が4割強と妻の3倍もいて、筧千佐子に活躍の場を与えている（注）。してみると、周囲のお節介で幸せになれた時代というのも、昭和オヤジの勘違いノスタルジーに過ぎないのかもしれない。平成も終わろうとしている今、次の陛下と同世代の身として、家庭内で昭和オヤジの勘違いが頭をもたげないよう気をつけねばなるまい。

　（注）　高齢資産家男の後妻になり、殺して遺産相続し、投資に失敗してまた後
　　　　妻になって殺す、を繰り返した筧千佐子も、歳月を経ると書いた私自身が
　　　　読み返して、「誰だっけ？」と訝る。後妻業が映画やTVドラマになって見
　　　　たにもかかわらず、である。やがて死刑が執行されたと記事が出ても、
　　　　「誰だっけ？」と思うなら、すでに認知症が進行したのかもしれない。

86　自分にご褒美

　こつこつ地味に働く独身女性が、「自分にご褒美」と称して時々贅沢してみる風景になぜかあまり共感できなかったが、非正規で5年雇ったら正規化しなければならない力技法律のせいで雇い止めされた中年独身女性の怒りの述懐をテレビで見て、共感できない理由の一端が見えた気がした（66　雇用と賃金と消費の連動）。

　彼女は長年、有期雇用契約の更新を繰り返して経理や総務のバックオフ

ィス事務に携わり、仕事の合間に勉強して簿記1級の資格も取った。月収は20万円。「時々自分にご褒美で旅に出たり、フレンチレストランに行ったりするけど、日頃の仕事は手を抜かない。なのに私よりきちんと働かない同僚女性たちが職場で愛想がいいだけで正規になり、私だけクビなんて許せない」。

　かくて労働ユニオンに駆け込み、長年の勤務先を訴える展開になる。ここまで見て正直、同情するよりちょっと気持ちが引いた。セールスでトップになったり、ヒット商品を企画したりすれば周囲がご褒美をくれるから、「自分にご褒美」するのは地味な仕事になる。地味な仕事をきちんとこなす性格への評価が、自分と周囲で乖離すると悲劇を生む。「簿記1級を取れるなら、もうひと頑張りして財務諸表論や税法も勉強して税理士資格まで取れば周囲も一目置かざるを得なかっただろうに」とか、「そこまでしないから誰にもできる月収20万円の仕事としてしか評価されない」と、いささか無慈悲な感想が湧く。

　ともあれ経営者が職場への貢献として、バックオフィス事務の完成度より、愛想や協調性を重視して誰を残すか選ぶのは想像に難くない。このテレビ番組は、非正規で5年雇ったら正規化させる力技法律の副作用を批判しているが、もとより政府は全員が正規化されると信じるほど性善説に立ってない。この法律がなければ件の彼女は非正規のまま仕事を続けられただろうが、正規化される同僚女性たちのほうが多ければ政策意図には沿う。意欲も能力も正規雇用者と違わないのに、たまたま就職氷河期だったから非正規雇用になり、はるかに待遇が劣る状況が続くほうが看過し得ない不公平だからである。

　経営者もこの不公平を認識してきたが、「生まれた時期を恨め」としか言えなかったから、政府が雇用形態を見直す機会を与えざるを得ない。今後の人手不足やAIによる代替可能性を想像しながら、貢献に見合う待遇を試行錯誤で見直していく展開になる。長らく、「自分にご褒美」する独身

女性にあまり共感しなかったのは、自分の貢献への評価に客観性が欠けて
いると感じたためらしい。ただ、「なんの役に立っているのか」と、常に
自分の貢献度を意識しながら働かねばならない環境では、ストレスは増さ
ざるを得ないだろう。

　行政官の仕事の多くも地味だから、なかなか世間に評価されない。人間
は誰かにほめられないとモチベーションが続きにくいから、かつて金融庁
には、「職場で互いの仕事をほめ合おう」と提唱した幹部がいた。異を唱
えるほどでもないが、「身内ぼめでモチベーションを維持するとは悲しい
組織だな。オレは世間で時に物議を醸すけど、オレをほめてくれる世間も
いるぞ」とは感じ、無論黙殺した。

　身内ぼめを提唱した幹部がOBになって現役の仕事を見ると、「国民に
貢献していない＝ほめてもらえない金融機関は消えてくれて結構」とする
今の割り切った金融行政はどうにも釈然としないらしい。金融危機が去り
平時になったからこそ言える理想論とか、潰さないのが先決の有事には理
想論など言っていられなかった、との思いがあるのだろう。

　世間向けに格好良いのは、地に足が着いたホントの行政じゃない、みた
いな根拠なき思い込みがある。でも金融行政の変化も、貢献に見合う評価
に客観性を求める社会の動きと軌を一にしている。客観的な裏づけなく、
「自分にご褒美」していては、見放される時代になった。ただそれはやは
り、かつてに比べストレスが増す環境には違いない。

87　価格の力

　四半世紀前の海外旅行番組では、フィレンツェ郊外のブランド工場で日
本女性がバッグを買い漁っていた。「これいいねえ。銀座の3分の1だか
ら、買えば買うほど得しちゃう」。「そういう考えもあるのかね」と醒めて
眺めたつもりだが、意外と影響されたらしい。ほどなく、ブラッセル空港

のジュエリーでダイヤを見た女房が言った。「これいいねえ。銀座なら300万はするのに100万もしないなんて」。「じゃあ買う」。「え？」。結婚指輪も買ってやらず、挙式や新婚旅行を海外旅行の口実に使ってきた罪の意識が芽生えたとみえる。

　大蔵省の日常に戻り、目の前に税関出身の部下がいて気づいた。「あ、オレは密輸しちまった」。今のように税関申告書が義務づけられていない時代だから気づけない。部下を呼んで手続したいと言うと、露骨に嫌な顔をされる。「いったん黙って出てきたんだから面倒ですよ。それに海外で宝石を買って正直に申告する人間なんて聞いたことありません」。私事で部下を困らせたくないから引き下がったが、現在まで件の指輪を見るたび、心にさざ波が立つ。以来、他国に入る時の税関申告書は誠実に記入してきた。

　昨年（2017年）暮れのオーストラリア入国、タバコ持ち込みの無税枠が50本と機内で気づいて動揺する。ニコチン依存症の私は、ワンカートン200本（10箱）持ち込むのを常とし、ほとんどの国の無税枠も200本である。どうせバレないが、元行政官のオレが法律守らなくてどうする、と脱税の誘惑に勝って税関オフィスに行くと係官は気の毒そうに尋ねる。「タバコ捨てますか、それとも税金払いますか？」。「もちろん払うよ。ええっと150本だから」と言いながら壁の税率表を目で追うと、係官は気の毒そうに指摘する。「持ち込み200本のすべてに税金がかかります」。「50本まで無税なのに？」。

　日本で医療保険対象外の治療を受けると、保険対象の治療まで対象外になって価格が跳ね上がるのと同じ、制度設計者の強い信念を感じる。かくて、原価5000円プラス税金が1万5000円で、1箱2000円のタバコになった。それでも、オーストラリア国内で買うと1箱3000円だからまだ安い。割に合わないからやめろよ、と政府が強く誘導している。

　たしかに、価格の激変は喫煙行動に影響を及ぼした。無意識にタバコを

取り出しても火をつける前に思いとどまる。吸い始めたら、根元まで吸う。途中半分で満足したら、いったん火を消してとっておくほどみっともない真似を平気でするようになる。「吸い尽くしたら、さらに5割増しで買わなきゃいかんもんな」。タバコの価格政策はアメリカより強力だが、街中にはアメリカと違い、やめられない患者のための公共喫煙所は用意されている。

喫煙所で吸っていて、「1本くれ」と来るのは、アボリジナルや浮浪者風が多い。かくも強力な価格政策にもかかわらず、貧しいほど依存症から抜け出せない現象は万国共通のようである。もとより身なりがいい中間層以上もタバコを求めに来るが、手にコインをかざしている。「切らしちゃった。1本売って」。国際連帯のためコインは受けとらないが、150円相当の財（3000÷20）をタダでくれというのは、中間層にはマナー違反のようである。

かつて、タバコが安いベラルーシからリトアニアにバスで移ると、「1本くれ」のもらいタバコが急に増えるのはなぜだろうと思ったら、価格が高いせいだと気づいて得心した。香港の喫煙率がメインランドより格段に低いのも価格の力による（80　希望しない投票心理）。さらにオーストラリアほど極端に高くなると、いったん買ったタバコが再商品化するのが興味深い。ともあれ、旅の間の喫煙量は3分の1に減り、価格の力を示した。もちろん、今から3年もかけて1箱60円だけ値上げする国に戻れば、喫煙量もあっさり戻る（182　インドの禁酒州）。

88　結婚したい男性の職業は？

標題の答えを「公務員」とする公務員試験予備校の広告に、「お手盛りもたいがいにしろよ」と感じて結婚情報サイトを検索しても、同じ答えだった。韓国みたいに有望と目される民間就職先が財閥系に限られ、公務員

試験のために何年も浪人する国じゃあるまいし、と思うが、日本でも有望な産業がますます判然としなくなっている。

ナショナルフラッグキャリアーは潰れ、最大の電力企業は実質国有化され、電機大手は海外に丸ごと身売りしたり切り売りしたりしている。金融業を始め、どこまでAIに代替されて消えるかの議論もかまびすしい。公務員の仕事は消えそうにないのが、結婚相手に経済力を求める女性から評価されているらしい。結婚相手でなく、自分がなりたい職業はなにかを就職情報サイトで検索しても、やはり公務員の地位向上が目につく。ただし、頂上にいる学生に限ると、霞が関で制度を企画するキャリア国家公務員には急速に背を向けている。

自らを省みれば、どう考えても顧客にアピールして稼ぐ、なんてできそうな性分でないから公務員になった。実際の仕事は、就職時に想像もできなかったことばかりである。バブルが起きて崩壊し、銀行が破綻する日がくるなんて。銀行を厳しく検査して不良債権の処理を促し、公的資金を注入するなんて。有事が去り平時に戻れば、検査も監督行政の一環としての位置づけに戻り、銀行の判断を尊重するようになるが、久々に脚光を浴びた検査対象が、仮想通貨の取引所という事態は、やはり想像を超えていた。社会の変化に対応できる制度を企画できないのは、社会の変化を想像できないのだから仕方ない。

社会の変化を想像できないのは百も承知で、今後の公務員の仕事を展望すると、霞が関で制度を企画する国家公務員以上に、住民との距離が近い地方公務員の仕事が忙しくなりそうである。急増する高齢単身者の生活保護が増え、認知症になって徘徊したり孤独死したりの対応も増える。最期を病院でなく地域で迎える包括ケアのコミュニティ形成は、自治体行政が責任を持たないと円滑に進まない。先進国中ワースト貧困のシングルマザー世帯も増え、発達障害で引きこもったままの中高年も増える。どんな社会にするかの前に、社会の標準から外れた人たちを支える使命感が、公

務員に今以上に必要な資質になる。もとより、想像される社会問題の悪影響を緩和する制度を、霞が関の国家公務員は考えなければならないから、ここだけ人気が墜落しているのはちょっと気にはなる。

　第一生命がサラリーマン川柳と並んで世間に提供する風物詩が、子供が大人になったらなりたい職業であり、今年（2018年）も正月明けに公表した。小学生以下だと、就職情報サイトのランキングほど現実的ではない。女子の1位〜5位は、食べ物屋、看護師、保育士、医師、教員と続き、まあそんなもんだろねと違和感がない。男子の2位〜5位は、野球選手、サッカー選手、医師、警察官と続き、女子より夢多きロマンチストらしい。そして、15年ぶりに男子の1位を奪還したのが「学者」であり、第一生命の広報は、「憧れの的が、スポーツ男子からクレバー男子へ」と総括している。

　野球やサッカーの選手になれないのは、中学の部活など比較的早い段階で壁にぶつかり自覚する機会がある。男女で希望が共通する医師は、必要な学力や家庭の経済事情が壁になる。でも、学者になる前提の博士課程は、大学を選ばなければさほどの壁にぶつからずに通過し、ポスドク就職難民の運命が待つ。職業別従事者の増加率を見ると、入口に到達するだけなら壁が低い学者が突出して高い。医師や看護師や保育士や警察官の仕事の必要性は、エッセンシャルワークとして論じる余地もないだろう。女子1位の食べ物屋は客が喜ぶなら必要だし、5位の教員も基礎を教える限りは必要性に異論は出ない。

　それに比べ、自ら研究しながら教える学者の仕事の必要性は、今の日本社会で考え議論する余地が実に大きいなあと思う。「その研究は社会になんの役に立つのですか？　教えられた学生の人生にどんな役に立つのですか？　それとも研究のための研究にも素人には分からない意味があるのでしょうか？」。今回もなんだか焦点が定まらないのは、こうして考えながら書く不要不急の営みが学者に近く、営みの価値を客観的に認識しにくい

せいらしい（注）。

(注) コロナ時代に入り第一生命が公表した男子のなりたい職業1位は会社員
だった。「会社員ってそれ職業かよ？」と思うが、元同僚の解説は、「リ
モートワークが増え親の背中を見て自分もなりたいと志すのではないか」
とか、「これまでにない新しいタイプの会社像を子供なりに想像している
のではないか」と前向きに捉えている。私が、「飲食業や宿泊業やフリー
ランスの惨状を見て守りに入る年齢が低下したのだろう」と思うのは、長
年の経験から悲観癖がしみ込んでいるせいかもしれない。

89 公平のモヤさま

　昨年（2017年）暮れに生活保護受給額の減額が決まり、受給世帯のシン
グルマザーの困惑をテレビで見てからモヤモヤが続いている。小学6年生
の息子は成績が良く、塾に通って私立中学に進みたいが、家庭の経済事情
が分かっていて母親に言い出せない。4年生の妹から兄の思いを聞かされ
た母親は、「ショックでした、なぜ直接私に話してくれなかったのでしょ
う、話してくれても受給を減らされたらどうしようもないかもしれません
が、モヤモヤしています」と語る（注）。

　「そりゃしょーがないだろ、ショックを受けるほうがおかしいよ」と条
件反射の言葉が出た。「ウチは税金で暮らすほど貧乏なんだから、公立で
おカネをかけずに勉強するのが、税金を払ってくれる人たちの気持ちにか
なうと息子に言い聞かせなきゃ」。「そりゃあんたが、塾も私学もない田舎
で育ったからだよ」と、塾・私学コースを歩んだ東京育ちの女房は言い放
つ。「それに貧乏は、子供になんの責任もないでしょ」。

　同じ構図は、生活保護受給世帯から大学に進もうとすると、より先鋭に
なる。高校を出たら働く制度の前提に反して大学に行く以上、生活保護世
帯の大学生は扶助対象から外されて世帯受給が大幅に減る。同居している
のにいないとみなす透明人間ペナルティによって、大学進学率は平均の半

分に満たない。この不公平な扱いを撤廃せよと長らく日弁連は主張しているが、生活保護受給額より低所得なのに受給していない世帯がはるかに多い別の不公平と衝突する。結局今回も、透明人間の扱いは維持したまま、受給世帯から大学に進む際は一時金を出しましょうとさらに別種の不公平を追加して決着した。

かつて日弁連で多重債務者問題に取り組んできた弁護士から、借金（ほとんど金利）を返すために、人間は信じられないほどの貧しさに自身は耐えるのを学んだ。「借金を返すために」は、「生活保護を受けないために」にも置き換えられる。一方で、子供に貧しさを強いる事態への耐性は、普通の親はあまり強くない。

モヤモヤは、生活保護の制度にとどまらない。就職に有利な大学に入るには、塾に通い中高一貫の私学に行くのが有利な現実は、公立学校の教育改革のために払われてきた膨大な努力とどう関係するのか。就職に有利な大学に入ったら、実際にその後の人生をどれほど幸福に送れるのか。そもそも生きるうえで遺伝と教育の影響は、どっちがどれほど強いのか。かつて、『モヤモヤさまぁ～ず』の派生経済解説番組で、大江麻理子アナウンサーのこの手のモヤモヤに日経記者がどう答えるのかなと眺めていた。が、クリアに答えようとするほど、モヤモヤに潜む真実を捨象している気がしてテレビを消すしかない。

行政官時代の末期に、マネックス証券の検査結果報告を受けた記憶がふとよみがえる。証券会社の検査では、「社長と腹を割って本音の議論をしてこい」と主任検査官に指示して送り出すのを常とした。マネックスの主任検査官は、世代が近い松本大社長と経営ビジョンから私生活の交遊に至るまで本音で議論したつもりになって好感を覚える。とはいえすべてを知り得ないのは当然であり、検査後の報道で松本さんと15歳下の大江さんの婚約を聞かされ、「ショックでした、なぜ私に話してくれなかったのでしょう、モヤモヤします」と語る。

「そりゃしょーがないだろ。ショックを受けるほうがおかしいよ」と条件反射の言葉が出た。「開成、東大、ゴールドマンの若手パートナーのキャリアを捨てて自ら信じるビジネスを起業して成功する。後から見りゃ最善の円高タイミングでアメリカの会社を買う。そんな先見性と甲斐性があるから、若い女も惹かれるんだよ。オレたちゃ、先見性も甲斐性もないから公務員なんだよ」。これではモヤモヤに答えるどころか、かえって拡散している。でも、理想と現実、建前と本音の巨大なギャップが、きれいな言葉でまとめた教育理念を掘り崩している現実には、モヤモヤも拡散しないではいられない。

（注）　シングルマザー世帯の貧困率が先進国中ワーストなのは、かねてこの国の恥と感じてきたが、サービス業で非正規雇用のシングルマザー世帯の貧困はコロナ解雇で一層悪化した。男性の自殺者数は引き続き減ったが、女性の自殺者数が増えて賃金業制度改革後10年続いた自殺者減少傾向を反転させている。コロナ給付金はもとより十分でなく、シングルマザー世帯への児童養護手当の増加も政策内での優先順位が低い（238　遅い悟り）。

バブル期までは世帯主が非正規雇用の世帯は３％程度であり、老後に国民年金だけでは生活できずに生活保護に移行した。生活保護受給者の半分が高齢者世帯であり、高齢者世帯全体のやはり３％程度である。今は世帯主が非正規雇用の世帯は10％を超えたから、これがそのまま近未来の高齢者世帯の生活保護受給率になるのを覚悟しなければならず、今から抑えておかねばならない。この暗い展望の中で、低賃金で社会保険料も負担できず解雇容易な非正規雇用者に依存するしかない零細企業は、中小企業政策として、保護の対象から経営を断念して廃業してもらう対象へと思想を転換し、非正規雇用者を依然雇用需要が見込まれる産業へと誘導しなければならない。

90　商材シェアハウス

海外の小さな街で旅行会社がツアー用にリーズナブルなホテルを早くから押さえてしまうと、１人旅の私は途方に暮れる。高級ホテルなら空いていても、１泊３万円も取られると、贅沢過ぎて人倫に悖るビジネスみたい

な気がする。そこでバスやトイレはシェアでも構わぬ、と安宿を探しても見当たらなければ、部屋をシェアするドミトリーを考えざるを得ない。これまでドミトリーを避けてきたのは、眠るためには相当量の酒を飲まねば酔えない習性による。であれば、共用のリビングやダイニングで致死量まで飲んでから部屋に戻ればいいか、と割り切って初体験してみた。

　案ずるより生むがやすし。共用スペースで世界の旅人となごやかに語らってほろ酔いで部屋に戻れば、同居人はみなすでに静かに眠っている。翌日夜も同世代の中国人男性と旅体験を交換していたら、自炊する若い中国人女性たちの刺すような視線を感じた。「あの目つきはさ、私たちは若いからおカネがないけど、オヤジのくせにこんなとこ泊まるのは人生の負け組ね、って意味だよ」と中国人男性が解説してくれ、大笑いした。

　シェアハウスへの評価は、バスやトイレだけをシェアする個室でも、「郊外のゴキブリつきで１万円はぼったくりだろ」とか、「駅に近く清潔で５千円ならまた使おうかな」とか、価格との兼ね合いになる。日本の居住用シェアハウスももとより事情は変わらず、シェアの範囲や立地や施設の仕様と、家賃との兼ね合いで実需が生まれる。文庫になったNHK取材班による『老後破産』を読むと、国民年金を満額受給する単身高齢者でも、アパート家賃と水道光熱費を払うと残りの１万円でひと月の食費を賄わねばならない。生活保護を受けずに国民年金だけで頑張るのと、借金を返すために頑張るのが、現象としては同じように、ご飯に塩だけ振って食いつなぐ生活になる。

　制度改革前の消費者金融の観察から、30万円を30％弱の金利で借りて毎月１万円払っても、元本がちっとも減っていかないのを学んだ。この時私生活では、銀行から１億円を２％で借りアパートつきの中古住宅を買って家賃で返していたが、毎月の支払いの３分の１が金利なのを改めて認識した。仮に４％なら毎月の支払いの３分の２が金利になり、かつての消費者金融モデルに近づく。立地が良く空室が生じなかったおかげで平穏に家賃

で完済した（28 家計事情）。家賃負担に苦しむ単身高齢者にとっては、たとえ若い女性から人生の負け組と見られようと、安い家賃のシェアハウスは1つの選択肢であり、認知症や孤独死の予防にもなる。でも、高齢者の不測の事態を恐れるシェアハウスのオーナーには、あまり魅力的な投資先に見えない。

そこでオーナーに仲介する不動産屋が考えた商材が、地方から上京する若い女性のシェアハウスであり、彼女たちに就職を斡旋して家賃支払いを確かにし、就職先企業からは紹介手数料をもらい、それを原資にオーナーには家賃保証する「物語」になる。人手不足のおかげか、不動産を仲介する能力がある不動産屋は、なぜか就職も仲介する能力があるらしい。「物語」の宣伝本「家賃ゼロ、空室有りでも儲かる投資」を無論読んでないが、タイトルだけで詐欺でなければ馬鹿、と言っても差し支えあるまい。

そしてこのビジネスモデル＝自転車操業が短期間にしても回るには、シェアハウスの建設費を不動産屋に、取得費をオーナーに貸す銀行が存在しなければならない。物件に実需があれば長続きする可能性はゼロではないが、実需がある物件に限ろうとするオーナーのインセンティブを家賃保証が邪魔をする（119 あまのじゃく評論家）。後から参加するオーナーほど大怪我する自作自演システムは、こんなご時勢に稼ぐ銀行は偉いというどこかの評価に対し、人倫に悖らないビジネスという基本前提を思い出させるようである（注）。

（注）「かぼちゃの馬車」とか、「スルガ銀行」とか固有名詞を出していないのは、朝日新聞がこのスキームを実名告発し始めた時期に合わせたので、上から目線の評論家として高みから控え目に歩調を合わせる意識が働いたためらしい。なお、今の私が1人旅なのは、女房が生涯海外を旅しないと誓ったからである。夫婦2人で旅しただけでなく、女房の母親が健在だった頃にしばしば3人で世界を回ったのを思い出すのがつらい。よって、「いつでも好きなだけ行ってきなよ」と送り出されるのは良いのだが、1人で眠るためだけに宿泊費用をかける抵抗感は2人か3人で旅していた頃より格段に増している。

91　学習指導要領の攻防

　内容が続いているような、いないようなこの連載だが、貸金業制度の改革前に30万円を金利30%弱で借りて月に1万円払っても元本がなかなか減らないのは、そんなに自明でなかった。最近では銀行とIT企業が提携して、スマホに属性を入力すると、借入額100万円、金利10%と提案するビジネスが現れたが、この場合もまた月に1万円払っても元本がなかなか減らないのは、そんなに自明でない。

　学習指導要領に借金リテラシーを盛り込もうとして、文科省との折衝が難航したのを思い出す。担当課長曰く、「この手の話は小学校の算数の応用であって、指導要領になじみません」。「じゃあ、借金の自殺者を減らすために、算数の応用として盛り込んでください」。「振り込め詐欺とかオーナー商法とか、社会や経済の問題の答えをすべて教育に求めたらきりがないでしょう」。

　押し問答を続けるうちに、担当課長は苦しい胸のうちを語り始めた。「ゆとり教育でカリキュラムを3割削ったら、OECD学力調査の順位が落ちてしまい、政治家からなんとかしろと強く迫られておりまして、新たなニーズを盛り込む余裕がないんです」。「でもこの学力調査の上位国って東アジアの四小龍とか中国の大都市とか、受験競争が激しくて日本流の学習塾産業が盛況な国ばかりですよね。学校で教える量を減らしたら、貧しくて塾に行けない子供の分だけ学力調査の順位が落ちるのは覚悟の上のゆとり教育だったのでは？　それでもドイツやアメリカよりはるかに上にいるわけだし」。

　「ドイツは子供が幼い時点で進路を決めてしまい、アメリカはそもそも全体を底上げしようとする発想がありません。むしろシンガポールや韓国に抜かれるほうが、政治圧力は厳しいんです」。元来、「詰め込み教育から

生きる力と課題解決力の養成へ」と称するゆとり教育のスローガンを、「事前予防型裁量行政からルールに基づく事後チェック型へ」と称する金融行政のスローガンと同じくらい懐疑的に眺めていた。

例えば、歴史の年号を暗記するのは典型的な詰め込みだが、歴史から現代の課題に示唆を引き出そうとすれば、歴史の因果関係を把握するために年号を覚えるのが必須の前提作業になる。努力して詰め込まないと学力が上がらないのは、残業を減らして収入を増やすには努力して仕事の生産性を高めなければならないのと同じくらい自明に思える。

学習指導要領の攻防の後、文科省はいったん削ったカリキュラムを復活し、OECD学力調査の順位も復活した。でも、だから日本の社会や経済にどういう意味があるかは依然ちっとも明らかでなく、だからゆとり教育は失敗だった、と批判に加わる気にもならない。今年（2018年）もすでに人気投票が始まっている第一生命のサラリーマン川柳で昨年トップだったのが、既述の「ゆとりでしょ？　そう言うあなたは　バブルでしょ？」になる（49　月100時間までの残業）。

バブル世代のオヤジが、「ゆとり世代はゆとりがあるねえ」と揶揄しても、「あなたの熱気はなんの役に立ってるの？」と怜悧に反応する新人女性に投票者は共感した。熱く部下を叱咤し、熱く顧客に語っても、成果が伴うかはますます怪しくなっている。顧客に評価されて稼いでいるつもりが、顧客から奪うビジネスになっていればなおさらである。

社会や経済の問題の答えを教育ばかりに求めないでほしい、という指導要領担当課長の思いを、ある程度は仕方ないかと受け入れる歳になった。それに、文科省が全国の子供たちを可能な限り公平に扱いたいと願っても、教育の現場には大きな裁量があって、政策意図は簡単には浸透しない。泰明軒のそばにある公立小学校の校長ともなれば、「この春から銀座の子供にふさわしいアルマーニの制服にする」と一存で決め、世間を絶句させるほど偉いのである。

92 神学論争から社会実験へ

　国会審議が難航してきた働き方改革法案が成立する見通しになり、神学論争から社会実験のフェイズに移る。「日本の労働者はもっと正面から競争に向き合って生産性を高めるべきだ」なんて思っても書くのが面映いのは、自分が競争してきた覚えがないからである。仮に金融業界に就職して商品販売のノルマを課されたら、脱落した負け惜しみに、「こんな商品売ったら顧客が迷惑する」とうそぶいたに違いない。同じセリフを発して仕事になる行政官だったから、長く続けられた。

　毎夕定時に帰るゼロ残業でも、「やるべき仕事はやっている」とうそぶいていられたのは、成果が判然としない職場だったおかげである。仮に新聞記者になっていたら、もっと苦労しただろう。毎晩捜査1課長の自宅に夜回りしても記事1本書けない記者もいれば、飲み屋から捜査現場のキーパーソンにヨイショ電話して特ダネを連発する記者もいる。だから新聞社では、働いた時間でなく成果に報いる裁量労働制になっているが、競争して成果をあげられないとつらい。過労死白書を見るとほとんどが、企業への忠誠に呪縛されたホワイトカラー正規雇用者の話と分かる。

　不況になったくらいでは解雇できない国だから、普段から正規雇用者の残業が多く、年功賃金の割増は中高年に有利だから、中高年正規雇用者ほど残業代に依存してきた。新たな規制により残業時間が減っても、残業と賃金を切り離す仕事に就いても困らないためには、時間当たりの成果をあげねばならず、この競争でもやはり勝ち組と負け組が生まれるのは避け難い。

　経営者が「残業を減らして社員の健康を守りたい」と言っても、「残業代を減らして生活できなくする気か」と反発が起きる。労働市場の流動化とは、ろくでもない企業からの労働者の脱出の自由とも、経営者にクビ切

り自由の権利を与えるとも言える（263　45歳定年制の構図（下）、276
自社株買い問答の含意）。労働組合が長時間労働の抑止にまったく機能し
ないこの国で、制度改革により労働の時間でなく成果に報いて生産性を高
めようとすれば、立場の違いによる神学論争で紛糾するのは避け難かっ
た。

　広告代理店のクライアントへのプレゼン資料作りで、自殺に追い込まれ
たりするのは痛ましい。徹夜して作った資料が一瞬の思いつきから生まれ
た資料に及ばず、長時間労働が報われないのが不安だと、「働いた時間分
くらいは払え」と叫びたくなる。でも、時間より成果に報いる形に変わら
ないと、企業の低い生産性も変わらない。企業と労働者の損得は往々に相
反するが、ともに所得が増えるには生産性が高まるしかない。

　「裁量労働制のほうが労働時間は短い」とする厚労省の資料は、この優
しくない現実をきれいな建前で乗り切ろうとして事実でないと露見し、裁
量労働制の拡大は撤回に追い込まれた。でも、「もっと正面から競争に向
き合って生産性を高めていくべきか否か」の本質論に進まないのがこの国
らしい。たしかに、顧客が望まない金融商品をたくさん売り、読者に半日
早くニュースを伝え、クライアントが喜ぶプレゼン資料を作る競争をし
て、生産性がどう高まるかはちっとも明らかでない。

　日本の職場は役割分担が明瞭でないから、意欲と能力が高い労働者ほど
早く仕事を終えると、別の仕事を押しつけられて長時間労働になるとの指
摘もさもありなんと思う。ならば前提として役割分担を明瞭化すれば生産
性が高まるかは、やはり判然としない。誰もが分担された役割を期待どお
りに果たせるわけではないからである。

　労働者が苦しむのを見たいからブラック企業になるなら変態であり、変
態でない経営者はみな労働者に意欲と能力を持って働いてほしいが、労働
者がみな意欲と能力を持つのもユートピアの想定になる。こうした現実の
中で成立する働き方改革法案が、時間より成果に報いる領域を広げるのは

社会実験と呼ぶしかないが、悪用や副作用を恐れて実験自体をためらう余裕はすでにない。政策意図を悪用や副作用が超えれば、法律は憲法と違い、議会の過半数で変えられる。

第 14 章

佐川宣寿さん（元財務省理財局長）の連想
（93〜96）

財務省が森友学園への国有地売却の決裁文書を改ざんしたと認めたら、前世紀末の大蔵省接待事件のように世間の評価が墜落した。佐川宣寿さんと親しい間柄でもなかったが、前世紀末の墜落時の記憶がよみがえるとしばらく拘泥する展開になり、次第に緩んでいた「出身組織や金融行政からは距離を置く」気持ちはここで完全に失われた。まあ、それはそれで、別にちっとも構わない。

93　大蔵省、20年前

　国有地の売却経緯を詳細に示す決裁文書の改ざんを財務省から指示されて実行した近畿財務局の職員が自殺し、「現場のノンキャリアを見殺しにして、己の出世だけを目指すキャリア」というステレオタイプの論評に、「いや、それは私が記憶する20年前の佐川さんと違うんですが」と記録に残すのが、この文章を書いた主な動機だったと思う。出身組織に関わる読者から多くの反響をいただいた。

94　誤解の風景

　野党やメディアに誤解されたくなくて決裁文書を改ざんしても、「誤解してない」と主張する相手からは、「真実を隠そうと改ざんした」と追及され、国有地売却交渉の現場にいなかった財務省幹部は、「分かりません」を繰り返すしかない。たとえ説明の相手が誤解を自覚しても、自覚したくなければ攻防の風景は変わらないから、ならば初めから改ざんしてはならない凡庸な結論になるしかない。

95　第2の人生

　財務省の改ざんが耳目を集めていた頃は、再就職ルール違反で文科次官を引責辞任した前川喜平さんの闊達な政権批判が耳目を集めてい

た。前川さんと同じく闊達に言論活動する五味廣文元金融庁長官を連想し、官僚OBが自分の考えを世間に発信する際は、現役の後輩への影響に配慮が必要なのか、官僚OBである前に人権としての表現の自由なのか、自分の経験も含めて思いめぐらす。

96　もっと昔の話

役所の決裁文書の改ざんに官僚OBたちが、「自分の経験上は考えられない行為」と自信満々に断言するので、「20年前」より「もっと昔」の失敗経験を披歴した。郷原信郎さんや村上世彰さんが、「ダメだよこんなこと書いちゃ」と諫めてくれたのは、良き知人に恵まれているのを感謝する。同じく高みから改ざんを論評する文科省OBの前川さんとゆとり教育の寺脇さんを支離滅裂に論評する。

|||||||||||||||||||||||||||||||||||||||||||||||||||||||||||||||||||||||||||||||||||||||

93　大蔵省、20年前

昨年（2017年）秋は山一證券破綻20年の取材を受け、今年に入ると金融ビッグバン20年の取材だが、後者は大蔵省接待事件と重なって円滑に語れない。大蔵省の「局」という言葉に検査部門も含めると、1998年1月に銀行局で2人が逮捕され1人が自殺し、3月に証券局で2人が逮捕され銀行局でさらに1人が自殺した。

証券局でビッグバン法案の現場監督をしていた私は、後任の総務課総括補佐が逮捕され前任者として兼務する展開になり、銀行局総務課のカウンターパートだったのが佐川宣寿さんになる。総務課総括補佐は、局長の秘書をしながら想定外の雑用をする役回りだからあまり私に向いてないが、代役もいない。大蔵官僚が、接待を受け本音で意思疎通するのも仕事のう

ちと思っていたのは傲慢だが、突然犯罪にされたわだかまりは消えず、時に顕在化する（**237　緩み狩り**）。

　例えば今（2018年春）、東京地検でゼネコン捜査を指揮する森本宏特捜部長が数年前に副部長就任の挨拶回りをしていた際の会話。「私も大森局長と同じ岐阜県出身なんですよ」「どちらですか？」「熊崎（接待事件時の特捜部長）と同じ萩原町で、同じコースをたどってます」「けったくそ悪い奴だな」。かくも傲慢で無礼な言葉が自分の口から出て、感情を抑えられない現実に自分が一番驚いた。接待事件時には上司の証券局長が減給を機に辞任し、多くの職員も処分を受ける。金融行政に一定の期間携わって処分されなかったとすれば、①生まれつき酒が飲めない体質か、②無能か性格が悪くて誘われないか、③調査に正直に申告していないか、のいずれかだった。

　「ビッグバン法案の成立までは働くが次の異動も金融なら辞める」と公言していた私がかろうじて正気の淵にとどまっていたのに対し、佐川さんは臨界点を超えたように見えた。大蔵省から分離する金融監督庁に誰を送るか相談しても、目がうつろで反応がない。「大森さんに任せますよ」。職場から同じように逮捕者が出ても、自ら命を絶つ者まで出るか否かの違いを痛切に感じた。

　異動で私は公言どおり東京国税局の調査部長になり、佐川さんは近畿財務局で金融行政を担う理財部長になる。憔悴した佐川さんには酷な人事に思えた。破綻瀬戸際の銀行がひしめき、南北朝鮮の民族金融は断末魔の様相を呈し、巨額のねずみ講自転車操業をする抵当証券もいて、闇が深過ぎる。「明暗を分けましたね」と佐川さんは力なく語って大阪に赴いた。

　半年後、夏の金融国会の与野党攻防を経て金融監督庁の上部組織として新設する金融再生委員会に行けと言われる。「仕事は？」「総務課の総括を頼む」「3度目の雑用かよ」。公的資金の再注入が再生委員会の最大使命だが、寄り合い所帯にさまざまな思惑の職員がいて、「この4行は債務超過

で公的資金を入れられない」みたいな資料がメディアや野党にひんぱんに流れる。昼は火消しに走り、リークを受けた野党からは、「犯人探しはやめときなよ」と注文され、夜に疲れて自席に戻ると、「奥様から電話ありました」のメモを見て女房に電話する。「なに？」「なにってなに？」「電話したろ」「してないよ」。そこで目の前の部下たちに声をあげる。

　「おーい、この奥様から電話ってメモ誰が書いた？」「あのお、たぶん住友銀行の企画部長とか言ってましたあ」と頼りない返事に脱力して、後に金融庁長官になる森昭治局長の部屋に行く。「総務課の総括を３度もやらされた奴は他にいません。次の異動で必ずこのしょーもない雑用から解放してください」。数日後の返事。「武藤（大蔵省官房長）と相談したが出せない。どうしても出たいなら佐川の後任しかない」(**255　裏の裏の裏**)。それで諦めると思われたのかもしれない。が、金融行政そのものが嫌になった接待事件の傷はすでに癒え、行政に必然的に伴う政治とのつき合いを含む煩わしい雑用が嫌なだけなのだった。自らが修羅場の行政判断をするなら興奮する。「もちろん行きますよ」と答えて、大阪の佐川さんに嬉々として電話した（次回に続かず）。

94　誤解の風景

　かつて、「デイトレードする株主はバカで浮気で無責任」と経産次官が発言して物議を醸し、経産省の友人から、「誤解を招いて申し訳ない」と言われたので、「どこが誤解だ。ただの本音だろ」と言い返した。四国に新設された獣医学部に受験生が集まり競争率が高まる状況に、「これでいいのか」と書いた新聞記者も、「真剣な受験生を侮辱するのか」と炎上した。そこで、「誤解を招いて申し訳ない」と書くとまた、「どこが誤解だ」と火に油を注ぐ。

　記者の本音は、「政権への忖度により行政がゆがんで生まれた獣医学部

は閑古鳥が鳴いて然るべきなのに、受験生が集まる違和感」なのだろう。一方、「獣医師会の意向を踏まえて需給管理する文科省の伝統手法に官邸主導でようやく風穴を開けた」と評価するなら、需要を見込んで素直に供給し、供給に需要が素直に反応したに過ぎない。

　獣医学部を作ったのとは別の学園への国有地売却問題で焦点の財務省の決裁文書の書換えをどう思うか問われると、直ちに明瞭な反応が浮かばない（注）。「獣医学部の新設を急ぐよう官邸の最高レベルが言っている」とする文科省の文章なら、決裁でなく判断の参考に作ったものだから、文章の存否にメディアが大騒ぎするのはナンセンスである。「普通そんなこと口頭で伝えるだろ」と作成者のセンスは疑ったが、官邸に抵抗したくない本音の現れかもしれないし、上司に、「あんたの需給管理へのこだわりは時代遅れだよ」と訴えたいのかもしれない。いずれにせよ、参考文書の情報も踏まえ獣医学部の新設を認める判断をした後で、決裁文書は必要最小限にあっさり書いたはずである。

　役所に限らず民間でも、大事な判断は決裁に先立って検討して結論を出す。ただし、決裁により組織の法的な判断になるから文書は神聖化し、その書換えが禁忌性を帯びるのは誰もが理解しやすい。焦点の財務省決裁文書の書換え前バージョンは奇怪な印象を受ける。総理夫人のお言葉だの、政治家の学園への来訪だの、日本会議議員懇談会のメンバーがどうしただの逸話に満ち、決裁文書イメージからかけ離れている。同じ内容を、判断の参考文書として作るか、口頭で伝えていれば、書換えは起きなかった。

　もとより奇怪な決裁文書は、役所に忖度させるのを正義と信じ、ゴミの損害賠償を掲げて恫喝する交渉相手の夫婦の奇怪さを反映している。「証拠隠滅の恐れもなさそうなのに、いつまであの夫婦を拘置所に閉じ込めておく気だろう」と私の理性は疑問を呈するが、保釈されて自由に語り始めるのを想像すると、「もうしばらくは見たくないな」と感情が要求するのは避け難い。

奇怪な交渉相手に翻弄された近畿財務局の現場は、身の証として決裁文書に詳細な交渉経過を残そうとしたのだろうし、少なくとも、世間に見せられないと思って決裁文書を作るはずがない。他方、日々政治に接する本省から、「この文書じゃ誤解を招く」と懸念が生まれるのは、書換え発覚後の野党と理財局の対話を見ると分かりやすい。「総理夫人から前に進めてくださいと言われて進めたんだろ」「交渉相手の発言を書いただけです」「大事な発言と思ったから書いたんだろ」「書いたのは私でないから分かりません」。

野党の本音も分からない。が、理財局が近畿財務局の決裁文書を不用意と感じ、誤解を避けたかったと釈明しても、誤解してないと主張したい野党やメディアには通じない構図には違いない。近畿財務局の担当職員の自殺に対し、「上司や官邸しか見ていないキャリアが、守るべき現場のノンキャリアを見殺しにした」とする論調に、「私の記憶はちょっと違うんですが」と、大蔵省接待事件で2人のノンキャリア職員が自殺して精神衰弱になり、今とは別の意味で過酷な時代の近畿財務局に赴任した佐川さんの記憶を前回書いた。決裁文書の書換えもまた現場を守ろうとしている。でもどんなに野党やメディアに通じにくくても現物に基づき、「現場が決裁文書にこんな奇怪なことを書かなきゃいかんほど奇怪な交渉相手だったんですよ」と説明しなければならなかった。波風を立てない誘惑に勝てなかったのが悲しい。

(注)「改ざん」発覚当初に財務省が使った「書換え」という表現を踏襲している。後に財務省は反省の意を示して「改ざん」と言うようになるが、「改ざん」実行者たちの実行時の主観を示すなら「書換え」だと思うので改めてない。

95　第2の人生

文科省の再就職ルール違反の引責として次官を退任する前川喜平さんが

職員に宛てたメッセージは、生きづらさを抱える弱者への配慮を求め、文科省内にもいるであろうLGBTの人たちにどう向き合うかを教育行政の新たな課題と指摘している。共感する見識であり、ざっくばらんな優しさが多くの職員から慕われたとする報道も、さもありなんと思った。

　その思いと、前川さんを公立中学校に招いて講演してもらった校長への文科省の質問状が整合しない。「具体的かつ詳細にご教示ください」の繰り返しから、「オマエなに考えてんだよ」と怒りがにじむ。「出会い系バー通いが公になっている」と文科省が問い、「善意の行動と報じられている」と校長が答え、「そうでない報道もある」と直ちに文科省が再質問して、青白い火花が散る。

　出会い系バー報道に対し前川さんが、「若者の貧困と教育行政の新たな課題に関心があった」と説明したのは、退官メッセージを読んだ私には特に違和感がなかった。と言うより、見識とカネと下半身を別人格と見るので、他にどんな関心があったか否かに関心がない。一方で前川さんが、今回の質問状を、「政治家の指図で文科省が不本意にやらされている」と見立てるのは、出身組織への愛ゆえに、そういう頭の整理をしたくなる。

　冴えない日常に退屈した官僚が政治家から格好の標的を教わり、官僚的作文能力を存分に披瀝したように見えるのは、私だけではあるまい。質問の執拗さがメディアで批判されたから、今後は文科省から質問されないと安心して前川さんを講演に招く学校が増えたりしないのは、質問される代わりに文科省のブラックリストに載りたくないと思うほうが普通だからである。

　当然ながら、組織を構成する人間それぞれの思いはさまざまに違い、一律に、「文科官僚とは」とか、「財務官僚とは」と論じると単純化に陥る。文科省には、今も前川さんを慕う職員が多いだろう。あるいは慕っていても、獣医学部の新設により行政がゆがめられたとは考えない職員もいるだろう。さらに、行政課題を出会い系バーから引き出すのは、アヴァンギャ

ルド過ぎてついて行けないと感じたりもするだろう。そして、退官後にメディアで自由に発言し、政権批判を遠慮しない前川さんに、「ちょっとは後輩の身にもなってくれよ」と怒りが勝る職員が生まれるのも避け難い。

　前川さんを眺めていると、同じく官僚のトップを務めた五味廣文元金融庁長官を思い出す。私見では、歴代長官のうち在任中最も職員から慕われたのが五味さんだった気がする。前川さんのようにざっくばらんで優しく、自説にこだわったり、ちまちま詰めたり、圧迫感を与えたりしないから、しばらく、「五味長官の頃は」と懐かしむ空気が支配した（注）。

　でも退官後の五味さんがメディアで自由に発言を続けるうちに、空気が微妙に変わる。「気楽でいいよな」「いつから評論家になったんだろ」なんて耳にすると心穏やかではない。当時、五味さんが金融危機対応の記憶を語り、私がその後日譚を引き受ける分担の講演が多かった。特に民主党政権下では官僚が意見を発すること自体がタブー視され、金融行政を語るのが、OBでは五味さん、現役では私くらいになっていた。そして、五味さんが米系ファンドのサーベラスから西武ホールディングスの取締役候補にあげられると、「ハゲタカと組んで晩節を汚した」と怒りの声が金融庁内からあがって絶句する。

　現役の官僚と、第2の人生を送る官僚OBが、言論活動を含めてどう身を処すべきかは必ずしも自明の問いでない。私の場合は現役の官僚であっても人間としての気持ちがあり、それを発するのは人権に属すると感じてきた。一方で官僚OBの民間人になったら金融庁や金融行政からはちょっと距離を置くのが無難だろうとも最近までは感じていた。無難とは、現役の官僚の邪魔をしたくない気持ちと、官僚経験に依存して第2の人生を送りたくない気持ちが混ざっている。少なくとも今の前川さんへの評価のように、今の政権支持か否かによって答えが導かれる問いとは思えない。

　（注）　五味さんが「自説にこだわったり、ちまちま詰めたり、圧迫感を与えたりしない」のくだりに現役の金融庁職員が大笑いしたと聞いた。五味さん

の後の3代の長官の描写と思われたらしい。なるほど無意識に書いてもそんなふうに深読みされるのか、と感心した。

96 もっと昔の話

　1980年代後半のバブル期には、後から振り返ればいささか調子に乗って地域開発を進めようとする各省共管の法律がいくつかできた。ある晩、主管の役所から、「明朝に、閣議にかける大蔵大臣印をもらいに行きます」と電話が来て凍りつく。残業が続いたのと共感しない共管だったため、各省共同で閣議にかけるための大蔵省内の決裁手続をつい忘れていた。大臣印は、官房秘書課の公印管理者に決裁完了を見せて押すが、これから決裁を始めても間に合わず、閣議を延期してもらうわけにもいかない。

　そこで、別の完了済みの決裁文書にその法律名を書いた紙を貼って大臣印の急場をしのぎ、後から目立たぬように決裁手続をした。書換えどころではなく、偽造と言われても仕方ない。もとより省内の実質判断は済んでいるし、すでに批判され廃止された法律ではあるが、これまで内緒にしてきた。今さら恥をさらすのは、多くの官僚OBが、「自分の行政経験上、決裁文書の書換えなど考えられない」と自信満々に語るからである。「ホントですか？　若い頃恥ずかしい失敗をして、でも結論には影響ないからいいやと、手続をごまかした経験はないですか」と聞いてみたくなる。

　その10年後、先に「大蔵省、20年前」と題した時代を迎える。第一勧銀と四大証券の総会屋事件、拓銀や山一證券の破綻による金融危機、大蔵省接待事件での同僚の逮捕や自殺と上司の辞任、そして金融ビッグバンと呼ばれた制度改革がいっぺんに来た。厳しい職場環境だが救いがあったのは、将来に備える金融制度を作っていると、主観的には信じていたからである。当時の同僚で我が家にも息抜きに来てくれた富山一成さんが今（2018年夏）、理財局次長として涙目で釈明する映像を見て、「相変わらず

イケメンだけど、あの頃に比べると救いがない職場環境だね」と女房がつぶやき夫婦で涙目になる。

　20年前に金融ビッグバンのスポークスマンを始めた時、霞が関のスポークスマンとしてすでに存在感があったのが、文部省からゆとり教育を対外発信した寺脇研さんだった（**62　制度の作り方（下）**）。「知識の詰め込みより、「課題解決力」と「生き抜く力」を養わねばならない」と熱く語る寺脇さんをパワフルと感じたが、教育を変えただけで人間がどれほど変わって「課題解決力」と「生き抜く力」が身につくのか疑問も覚えた。「事前予防の裁量より、ルールに基づく事後チェック」というビッグバンのスローガンは単純過ぎると感じていたが、金融制度を変えれば金融業に携わる人間が変わって、金融システムが銀行型から市場型に変わり、将来を担う企業へのリスクマネー供給が促進される因果関係を信じたい私といい勝負だったかもしれない。

　寺脇さんは、ゆとり教育を信じて取り組んだ熱い対外発信が世間の物議を醸して省内で批判され、局長にもなれなかったと退官後に回顧しており、この人間から熱さを除くと自分と似てくるのかな、とも思う。あれほどの使命感は持ち合わせてないが、頼まれれば、書いたり喋ったりして政策を解説してきた。退官後は後輩に迷惑をかけないよう、意識して出身組織から距離を置き、対外発信も初めは、なるべく行政経験が表に出ないよう試みた。でも、そうすると、世間知らずの冴えない女子高生みたいな文章になってしまう。やはり35年も役所にいた経験からは自由になれない。役所と距離を置こうとしながらも、決裁文書の書換え問題が浮上すると、気になって自らの恥ずかしい行政経験をわざわざ披瀝してしまう。

　そして、寺脇さんと後輩の前川喜平さんが行政経験に基づき和気藹々と、「やっぱり書換えは許されんよね」なんて対談するのを見れば得体の知れない情念がこみ上げ、「貧しい女子高生が、「課題を解決」しようと、「生き抜く力」を発揮してみせたのがあんたの通った出会い系バーでのバ

イトかね」と支離滅裂に尋ねたくなる。もうそろそろ、穏やかに言論の試
行錯誤ができる環境に戻ってほしい。

第 15 章

職業選択 (97〜100)

獣医学部の需要に応じた新設に触発され、専門の学部から国家資格を得る医師や歯科医や薬剤師の医療専門職につき深く考えずに書き始めたら、門外漢はなかなか結論に至れない。医療専門職と弁護士の比較、薬剤師が勤めるドラッグストアとコンビニでの薬販売と収拾不能に迷走する。反省して切りの良い回では、第一生命の創業者と後継者の破天荒な職業選択をすっきり書こうと試みた。

97　職業選択（上）

　医療専門職の価値を守るには、入口の学部の新設を抑えたり、国家資格の合格率を下げたり、制度で需要を支えたりと多彩だな、と思う。一方で弁護士を増やしたのは、大学一般を増やしたのと同じ思想に基づく。職業の供給見通しと、反応する需要の見通し、参入や価格や業務範囲を規制する政策の見通し、財政の見通し、そしてAIによる代替見通しまで考えて職業選択するのも楽じゃない。

98　職業選択（中）

　金融ビッグバンに国民があまり反応しなかったのに比べ、大学の新設には反応したが、卒業後の豊かな生活を保証しない。獣医学部ができた大学の底辺薬学部の惨状を偲び、医薬分業における薬剤師の仕事の意味を考え、獣医学部の卒業生の進路を想像する。そして、増えた弁護士の仕事がエクセルでできる過払い金請求という現実に、門外漢分野に入って次第に収拾不能になるのを悟る。

99　職業選択（下）

　いいものを作って世界で使われるような疑問を抱かずに済む仕事が減ったから、国家資格を目指したり、NPOやボランティアに携わっ

たりする人間が増えるのかもしれない。いいものを売りたい流通を眺めても、デパート、スーパー、コンビニ、ドラッグストアの現状を整合的に理解するのさえ容易でなく、単一の理屈で評価や予測ができない現実社会の奥深さを改めて再認識せざるを得ない。

100　昔の人って……

　第一生命の創業者矢野恒太さんと後継者石坂泰三さん時代の取締役会から、コーポレート・ガバナンスを考える。石坂さんが東芝に移って時代を下り、西室泰三さんの後の東芝での不正会計のガバナンスを考える。そして、ともに官僚出身の矢野さんと石坂さんの職業選択の破天荒さ加減は、流動的な時代の要請だったのかもと省みるが、今なお長年の官僚経験に束縛されている己をも省みる。

97　職業選択（上）

　希望する職業に就ければ働き甲斐を覚えるが、同時に生涯安定した高所得をも願う。元財務省理財局長の佐川宣寿さんの国会証人喚問の日、薬剤師の国家試験結果が発表された。合格率は7割だが、歯科医と同じく大学間格差が大きい。対する医師と獣医の国家試験合格率は例年ほぼ9割に固定され、大学間格差が小さい。医学部と獣医学部は新設を抑えてきたので合格率を高く固定して需給管理できるが、歯学部は増えたのでかつて9割だった合格率を6割台に下げて需給均衡を目指している。ほぼ確実に歯科医になれると思って高い学費を払い6年も勉強したのに話が違うぞ、と下位の学生ほど途方に暮れる。

　歯学部と同じく薬学部も増え、今後も新設が予定されているが、意識的

に合格率を下げる構えにないのは、今のとこまだ薬剤師に需要があるからである。でもそれは、コンビニより多い薬局（ドラッグストア）に薬剤師を置かねばならない制度が支える需要になる。医師が指示した薬を売り、「お加減いかがですか」と声をかけるだけなら6年も勉強する必要はなさそうに思える。でも今年（2018年）の診療報酬引下げが示すように、医療費抑制の必要性は薬局ビジネスに見直しを迫る。さらにコンビニやオンラインで薬の販売が広がれば、薬局やがては薬学部の存立に影響する。

　以上、門外漢が医療専門職の世界を概観すると、需給管理には、①入口の大学で供給を抑える（医師と獣医）、②国家試験の合格率で供給を抑える（歯科医）、③制度で需要を支える（薬剤師）、という手法があり、参入希望者が「こんなはずじゃなかった」と裏切られて負う傷は早い時点でハードルにぶつかるこの順に浅く済みそうに見える。業界団体と相談して入口の大学から需給管理する手法の擁護者は、「法科大学院の失敗」を教訓に正当化する。政府も弁護士会も弁護士を増やそうと法科大学院を新設したが、卒業しても司法試験に合格せず、合格して弁護士になっても仕事がなく、往時の半数が閉鎖した（61・62　制度の作り方（上）（下））。

　「こんなはずじゃなかった」と途方に暮れる若者の惨状からは、「職業の希少価値を維持して生活を守る」医師会や獣医師会の現実主義が、「法化社会に向けて仲間を増やす」弁護士会の理想主義より常識的に映るかもしれない。ただ、法科大学院の新設は大学一般の新設と同じく、「やりたきゃやらせて競争してもらうほうが効率的」との思想に基づいている。

　かつて大学新設を抑制した時代には受験競争が激化し、高石ともやの「受験生ブルース」が流行り、寺脇研さんがゆとり教育を唱えたくなったが、金融業と同じく要件を満たせば新設できる時代になって、卒業しても希望する職業に就けない大学と奨学金という借金を抱える学生が急増した。歯学部と薬学部もこの流れに沿って増え、めったに増えない医学部と獣医学部が残る例外になる。

費用をかけて大学で長く学び、国家資格を取る先行投資が生涯にわたり報われるか否かを予測するのは、その職業を供給する新規参入の見通し、需要する顧客の反応の見通し、職業の新規参入や価格設定や業務範囲を規制する制度改革の見通し、財政事情の見通しなどに影響されるが、とりわけ今ではAIによる代替の見通しに想像力を発揮する必要があるから楽じゃない。

　佐川宣寿さんを引き継いで近畿財務局にいた時、信用組合の監督権限が都道府県から国に移り、医師の業域信組の内科医の理事長から、医師の世界では内科医の格が高いと教わった。「内科は総合的な洞察を必要としますからね。他科は職人技みたいなものでして」。今やこの手の内科医が洞察をAIに代替されて真っ先に淘汰され、米倉涼子が演じる大門未知子みたいな外科医や職人技が達者な歯科医が長く生き残れそうである。そして、薬にバーコードをつけてリアルタイムで投薬履歴を記録するマイナンバーカードに紐づければ、薬剤師も「お加減いかがですか」だけでは存在意義を問われる。門外漢にはすかっと書けない分野だが、頑張って続けてみたい。

98　職業選択（中）

　金融業の新規参入を認めないことにより競争させず、競争させないことにより潰さず、潰さないことにより預金者や投資家や保険契約者を守る護送船団行政と袂を分かつ制度改革に携わったせいで、需給管理の思考法には基本的に抵抗を覚える。「変わらないほうが幸せ」と思う人たちのほうが多くても、時代が変わるのに変わらなければ自覚なく不幸せになってしまう。大蔵省が金融ビッグバンにより市場メカニズムと競争に向き合おうとしたのは、文部省の大学新設の緩和に影響した。一方、医学部と並んで例外的に需給管理して新設を抑えてきた獣医学部が需要に素直に応じて

久々にでき、競争率が高く資質が高い学生が集まったとの報道には気持ちが和んだ。

　と言うのも、同じ大学の薬学部のほうは、公表資料だけ見ても学生の惨状が偲ばれるからである。一般に底辺薬学部は合格率が低いだけでなく、新卒より既卒の受験生が多く、新卒も6年間ストレートで来た者は少ない。合格しそうにない学生は留年させて受験資格を与えないことにより、合格率の分母を減らそうとする。さりとて、いつまでも留年させ続けられないから既卒の受験生が増え、新卒の受験生より格段に合格率が低いのが痛ましい。

　要は、入学金さえ払えば資質と無関係に入学し、授業料を払っている間はとどまれる。やがて借り手が破綻すると分かっていても、高金利を取れる間は取っておくかつての消費者金融のビジネスモデルを思い出す。こうしたビジネスが貸金業制度改革により許されなくなった経験からは、将来薬剤師になれないと分かっていても、授業料を取れる間は取っておく薬学部ビジネスが許されないとの立論も成り立つだろう。

　金融ビッグバンが新規参入を解禁し、株式の売買手数料を自由化して手数料が下がっても、バブル崩壊後の地合いではあまり国民が反応せず証券市場の裾野の拡大が理念の世界にとどまっていたのに対し、大学新設の緩和は直ちに国民が反応するが、増えた学生の卒業後の働き甲斐と高所得を保証しない。医療専門職の世界がややこしいのは命に関わるからだが、医師の指示で薬剤師が薬を売る医薬分業制度では、国家試験に合格するほどの能力は多くの薬剤師に必要ないのが現実だからでもある。

　調剤技術料とは薬の売買手数料と呼ぶほうが実情にふさわしく、仮に株式の売買手数料のように自由化すれば付加価値見合いに下がる。逆に言えば自由化後も薬剤師が高所得を得たいなら、「お加減いかがですか」と声をかけるだけでなく、投薬や副作用抑止に医師以上の見識を持ち、健康相談においても相応の役割を担う現実の変化が必要になる。

さらに話がややこしいのは、資質が高い学生が集まった新設獣医学部の
ほうも、底辺薬学部の惨状は避けられても、自由に職業選択できる以上、
地元の期待に応えられそうにない現実になる。飼う犬猫の数が人間の子供
の数を超えた今、目端が利く卒業生ほど地元に残って家畜臨床や公衆衛生
に携わってはくれず、都会に出てペットクリニックを開く。

　職業の希少価値を維持して生活を守りたい医師会や獣医師会の現実主義
と、法化社会に向けて仲間を増やしたい弁護士会の理想主義と前回書きな
がら、将来を予測できなかった弁護士会の理想主義のほうに好感を抱いて
いたのを自覚する。日弁連会長になる前の宇都宮健児弁護士に金融庁が自
治体に配る多重債務防止対策DVDに出演してもらった時、「うちの事務所
のパソコンはフロッピーしか使えなくてDVDって見れないんですよ」と
言われ、「どんだけ貧乏なんですか」と唖然とした（**81　国と自治体**）。

　弱者を支援する貧乏弁護士の生活を伝統的に支えたのが、過払い請求に
なる。次第に増えた弁護士が稼ぐ手段として過払い専業事務所が現れ、懲
戒処分を受けたり撤回されたりしている風景の味わいは苦い。これまた司
法試験に合格する能力とは無縁の仕事であり、弁護士資格がない事務員が
エクセルを使えれば足るのが現実になる。かくて、さらにさらに話をやや
こしくしてしまった。門外漢の分野に入って収拾不能に陥る不手際を読者
にお詫びし、なんとかこの話題に区切りをつけたい。

99　職業選択（下）

　マチュピチュ遺跡には専用列車でしか行けず、運賃はペルーの物価から
隔絶して高い。日本からカードで席まで予約できるが、現地で予約証を切
符に交換する無意味な手続を要する。列車車両の入口と車内でダブル検札
され、食事らしきものが出て、インカ踊りらしきものが披露される。実に
多くの雇用を賄う運賃に設定しているが、行きたいなら受け入れるしかな

い。世界中から旅人が集まるのを利用しない手はないが、先祖に寄生して
どれほど働き甲斐を覚えるのかな、とは感じた。日本で薬を得るのに、医
師に指示の対価を、薬剤師に販売の対価を払うのは日本人間の取引だか
ら、マチュピチュの列車ほど鷹揚に受け入れたくはない。

　共同通信の井出壮平さんが書いた『サラ金崩壊』には、市場メカニズム
と競争を抑圧する制度改革だと貸金業界が反発し、担当の私が、「オレだ
ってかつて証券市場では市場メカニズムと競争を解放してたのに」とぼや
く風景がある。貸金市場の借り手は、証券市場の投資家ほど合理的に判断
して行動せず、金利を下げれば借入量を増やしてしまう現実から、金利と
貸出量の両面から貸し手を縛る制度改革をするしかなかった。

　かつて証券会社の新規参入を解禁し株式の売買手数料を自由化したの
は、競争して投資家に安い手数料を提供し、安さに反応する投資家の裾野
が広がって、将来を担う企業へのリスクマネー供給が促進されると期待し
たからである。実際には、業者間競争は激化してデイトレーダーの取引は
増えたが、ようやく手に入れたNTT株が5分の1に暴落して落胆した普
通の株主はあまり反応しない（1　金融制度改革の記憶）。そして近年
は、貸金業制度の総量規制が適用されない銀行によるカードローン競争が
激化した（付録1　貸金業制度改革10年の感想）。

　薬剤師の仕事に付加価値がないと前回指摘したのは、「オマエな、自分
の職業人生で成功してないなら、他の専門職を勝手に批判するなよ」と叱
られそうだが、薬剤師を批判しているのではない。せっかく高い学費を払
い大学で6年も学んで国家資格を取ったのに見合う働き甲斐を覚えそうな
職業に見えないのは、自分の経験上、制度のほうに改革余地があると思え
るのである。

　トヨタで設計をしている従姉の息子に会うたび、「仕事がめちゃ楽しい
す」と言われ、「今時、いいものを作って世界中で使ってもらうほど働き
甲斐がある仕事はめったにないんだからせいぜい頑張れよ」とそそのかす

（213　愛するトヨタを辞めて）。いいものを作って使ってもらうような疑問を抱かないで済む職業が減ったから、国家資格を指向したり、ボランティアやNPOに携わったりする人間が増えるのかもしれない。

　あたかも必然の展開だったかのように、後知恵で競争の勝者を称え敗者を裁く経済誌の記事は割り引いて読む。いいものを売りたい流通業なら、いいものさえ売れば成長できるほど、世界は甘くできてない。「のれんに安住して転落した老舗デパート」と聞けばそうかもしれないが、アパレルがかくも安くなる時代を予測するのは難しかっただろうな、と同情はする。「史上最高益で復活したスーパー」と聞いても場の魅力の復活ではなく、どんだけ仕入先から値切ったんだろうか、と想像する。そして、デパートやスーパーの顧客を奪って伸びたコンビニは、他の流通業のみならず飲食業の客まで奪う創意工夫の塊には違いなかった。

　最近、既存のコンビニ店の売上げが減っているのは、薬局（ドラッグストア）に客を奪われているからと聞けば、競争条件の公平化を検討しなけれなるまいと思う。薬局でしか買えない薬を買うついでに食品や日用品や酒まで買うなら、コンビニでももっと簡単に薬を買えて然るべきではある。ただ、カタコト日本語しか喋れないコンビニ店員が増えたのに対し、薬剤師とまったり健康相談できる薬局という場の魅力が評価されているなら、底辺薬学部が簡単に法科大学院の道を歩むとは限らないのかもしれない（注）。

　病院や薬局を敬遠してきた私にはドラッグストアでの健康相談の付加価値を判断する見識がないから、底辺薬学部の近未来さえ予測できない。そこにリアルな対面だけでなく、オンラインによる意思疎通が加わるとビジネスモデルのバリエーションはさらに多彩になる。ともあれ、3回もかけた迷走により、単一の理屈で評価や予測ができない現実社会の奥深さを再認識し、意味ある文章を書こうとするなら、謙虚に精進しなければ、とは思う。

（注）　病院の「薬漬け医療」を避けようと医薬分業を推進し、病院の門前薬局ばかりになる風景は、パチンコの景品交換所がホールとは一応別の建物になっている風景を連想する。本稿を書いた（2018年春）数年後に、ようやく近未来の薬剤師過剰が懸念され、厚労省や医師会の改革の提言や取組みが現れ始めた。薬剤師は薬の専門職にとどまらず人間と向き合って地域包括ケアの一翼を担う方向感になる。

門外漢の私が直観で書いてきたのと軌を一にするから違和感はないが、この程度の取組みが現れるのにずいぶん時間がかかる世界だな、コロナワクチン注射の打ち手にさえならずに地域包括ケアの一翼でもあるまいに、と門外漢の素朴な疑問は続く。有力医学部を擁する大学が薬剤師過剰が懸念されるのに薬学部を新設しようとするのは、薬剤師という職業が医師から自立して存在し得ない自信に基づいているらしい。

100　昔の人って……

「もう理屈はいらないから、なにが起きたかだけを知りたい」気持ちが高じて、このところ小説を含む歴史の本しか読まない。今の銀行中心の日本の金融システムが、大衆預金を戦時体制に動員する過程で形成され、その前は株式市場中心の今より古典的な資本主義らしい金融システムだったのは常識として知っている（50　日経連の闘い）。

が、戦前の金融システムとコーポレート・ガバナンスを結びつける想像力はなかった。「石坂泰三に学べ」と題する経済史家のエッセイは、戦後に東芝の社長を引き受けた頃の石坂さんの第一生命社長時代の取締役会の回顧を紹介している。創業者の矢野恒太会長と石坂社長以外はみな株主の社外取締役で、石坂さんは学生が試験に臨むようにしっかり事前勉強して取締役会に臨んだ。

社外取締役たちは経営の方向感を闊達に論じ、それを石坂さんが忖度して経営現場に活かしていく。株主だから業績が上がるよう経営させたいインセンティブが強く、多くの企業に投資しているから横並びで経営の優劣を判断してアドバイスできる。石坂さんはすでに大規模化し所有と経営が

分離していた東芝を念頭に、第一生命方式の復活を勧めている。

　エッセイの経済史家は、後の東芝が社外取締役を他社に先がけて導入したが、株主代表がおらず形式的だったと批判している。社外と聞いただけで拒絶反応を示す経営者ばかりの時代を知る者としては、やや酷な批判にも思える。むしろ神輿に乗る月並みな経営者を選びたくない気持ちが東芝には人一倍強く、経営者に個性を求めた結果として、組織から風通しが失われて硬直したのかもしれない。社長が独身だから、社員を怒鳴ることにしか関心が向かわなかったとまでは言わんけど。

　昨年（2017年）秋に西室泰三さんが亡くなると、「東芝の闇将軍」とか「肩書きコレクター」とか経営不振の淵源みたいに論じる報道が増えた。東芝を経営する能力を判断する能力は私にない。でもかつて東証や証券市場を担当する課長だった時、東証が上場廃止すべきでないのにして、コーポレート・ガバナンスには取り組まないのに腹を立て関係が悪化する。

　そんな折、ふと気配を感じて顔を上げると杖を片手に西室さんがにこやかに立っていた。「東証の会長になったので、まずは名物課長さんにご挨拶と思いましてね」。鈍感力に自信がある私は、嫌味とは受けとらない。やがてジェイコム誤発注事件を機に社長兼務になり、西室さんを通じて金融庁と東証の関係は正常化した。以来、いきなり相手の懐に飛び込む流儀も経営能力のうちかも、と感じてはいる。

　あ、いかん。泰三でも西室さんでなく石坂さんと、先立つ矢野恒太さんを、活動拠点を提供してくれている第一生命への謝意を込めて切りがいい回に紹介しようと書き始めたのだった。医学校を出た矢野さんは、嘱託医として日本生命に入ったが、すぐに辞めて官僚になる。そして保険業法を立案して初代保険課長になったが、すぐに辞めて第一生命を創業する。そして同じく官僚だった石坂さんをスカウトして右腕にし、アメリカに派遣して学ばせる。ベストセラー作家でもあった矢野さんが出したのは、『芸者論』『ポケット論語』『日本国勢図会』。あまりの破天荒さに頭がくらく

らする。

　後を継いだ石坂さんは、吉田茂首相からの蔵相就任要請を蹴って労使紛争で混迷する東芝の経営を引き受け、カルロス・ゴーンみたいな大量解雇の力技で再建した。長く経団連会長を務めた間、鳩山一郎首相には辞めろと迫り、浅沼稲次郎社会党委員長が刺殺されるとインテリジェンスがない右翼の気持ちも分からんではないと言い放ち、通産省が少しでも統制的手法を試みると断固拒絶した。

　２人にとって官僚だった時代は、短いエピソードに過ぎなかったようでもある。次々と転身するのは、流動的な時代の要請だったのかもしれない。それでもなお、35年も官僚をして今もその経験に束縛されている私の人生が、児戯に見える破天荒さと感じずにいられない。

第 16 章

福田淳一さん（元財務次官）の連想
（101～104）

財務省の佐川さんの改ざんオヤジに続き、福田さんがセクハラオヤジ、と指弾されれば、「どんな人間もワンワードで表現しようがないほどさまざまな経験をして生きてきたのだが」と当たり前過ぎる思いが湧き、先に私の記憶の佐川さんを書いたように、私の記憶の福田さんを書くしかなかった。同情や応援でなく、言論が金太郎飴みたいに均一な社会に生きるのは、気持ち悪いからである。

101　レジーム・チェンジ

　国策捜査はレジーム・チェンジにより起きる。大蔵官僚が金融機関の接待を仕事と認識して受けても、認識が世間の感覚とずれてくれば、ずれを察知した検察は摘発する。若い女性記者への発言が明らかになって福田さんが辞任するのもレジーム・チェンジに見える私は、世間の感覚とずれた昭和オヤジと自覚し、佐川さんの記憶と同時期の、世間が知る由もない福田さんの記憶をたどる。

102　崩れる家

　『ハウス・オブ・カード　野望の階段』は、主人公の政治家の理念なき野望が暑苦しいが、花形記者になる野望でネタのために主人公と寝る理念なき女性記者も劣らず暑苦しい。主人公の私生活でのセクハラが発覚し、カードの家は崩れた。クラブのママと記者クラブの女性記者の違いは、接客してカネを取るか、ネタを取るかにあるようだが、職業力学だけではセクハラの発生を説明しづらい。

103　サハラ・ポンポコリン（上）

　中国人も韓国人も『ちびまる子ちゃん』ファンだから、サハラ砂漠で「おどるポンポコリン」を合唱して欧米勢を圧倒した。韓国人女性

から、祖母が出稼ぎ慰安婦だったと聞き、「家族にも隠すのでは」と日本人と中国人は唖然とする。「あっけらかんとたくましい人間だったからね」。こうして、男性が立場の弱い女性に性的な行為や発言をして、セクハラになったりならなかったりの現実に近づく。

104　サハラ・ポンポコリン（下）

　苦境をたくましく生き抜く慰安婦もいれば、苦悩を生涯引きずる元慰安婦もいる。サハラ砂漠からの帰りに、「セクハラはされた側の感覚がすべてだから福田次官に弁解の余地はない」と大蔵省同期の片山さつき議員のコメントを見て、された人間の感覚は各々違うから困る、と思う。西城秀樹の葬儀で泣くおばさんを冷笑する若者を見て、感覚は見かけほど老いないから困る、とも思う。

101　レジーム・チェンジ

　「のうのうと旅を続ける」という表現が私の日常にはしっくりくる（**28 家計事情**）。海外にいても、財務省で佐川宣寿さんの改ざんに代わり同期の福田淳一さんのセクハラがワイドショーの主役になったと知れば、旅を続けながらも寝る前に今日の動向は検索する。「あんた、後輩を思いやるような先輩じゃないでしょ」と読者に言われそうだが、グーグルニュースに連日「呪われた大蔵省昭和57年入省組」なんて出ると心穏やかに旅しにくい。

　入省が1年早い私の同期会で、「言いたいことを言い、したいことをして、よく大過なく役所を卒業できたな」と指摘されると、「本質を間違えないからだよ」と反論してきたが、人生でレジーム・チェンジに遭遇する

か否かは運の要素が大きいとは素直に思う。地中海を物見遊山しながら、佐川さんの場合と同じく福田さんの消えていた記憶もふとよみがえり、それはまたしても、1998年の大蔵省接待事件なのだった（93　**大蔵省、20年前**）。

当時証券局で私の後任だった（佐川さんとは別の）Ｓさんが収賄容疑で検察に逮捕され、前年に務めたＳさんの席に戻って最初に鳴った電話がＳさんとも同期の福田さんからになる。「あ、やっぱり大森さんもう総務課に戻ってましたか。拘置所の接見いつ行きます？」「週明けには」「じゃあオレは日曜にあいつの実家に行って両親に事情を説明してきます」。

メディアが連日、接待を受けるのは収賄だと流し続けていたので、案の定両親は、息子がとんでもないことを仕出かしたと思い込んでいた。そこを解きほぐす役目を福田さんは自覚している。「そうじゃなくてですね、我々みんな、仕事と思って接待を受けてきたんですが、金融ビッグバンという時代を迎え国民から見て分かりやすい官民交流をしなきゃいけなくなり、過去のけじめが必要になっちゃったんです。Ｓくんはずっと金融行政にいて接待の期間がみんなより長かったので、けじめ役に選ばれてしまっただけなんです」。

こうして両親の気持ちを宥め、私の最初の接見に着替えを持参する母親が同行する段取りを福田さんはつけてきた。「絶望してる時だから、家族と職場がともに心配しているのを示すのがいいでしょう。それで職場の心配の示し方ですけど」「うん、退職金はもらえんから、カンパが必要と思ってた」「１口５万でどうすか？」と福田さんに言われて軽く虚を衝かれる。なんとなく１口１万程度で本人との関係や事件への認識に応じた口数をイメージしていた。

福田さんは続ける。「接待が罪になり、オレたちみんなの罪をあいつ１人で背負ったんです。ひと月の小遣いが消えるくらいどうってことないしょ」。すぐに心底賛成した。ちなみに、今般の福田さん発言の女性記者に

よる隠し録りで、潜伏する佐川さんがホテルに女性を呼べるか気にするくだりに苦笑するのは、離婚していたＳさん保釈時の福田さんの反応を思い出すせいである。「あいつ、ソープ行くカネ持ってるかな？」。

　かつてバブルが崩壊して多くの人生が壊れたのに、崩壊への対処を官民で話し合う場が相変わらず料亭であること自体が時代とずれてきた。キスしたくない男にいきなりされるより、「キスしていい？」と問われて断れるほうがマシだが、福田さんもＳさんと同じくレジーム・チェンジに遭遇したらしい。隠し録りした女性記者が、すべての女性がセクハラされずに働く社会を理想とするのは結構だが、すべての女性が女を売り物にせずに働く社会という難しい前提が満たされないと公平とは感じない。同じレジーム・チェンジでも、接待という官民の交流の態様以上に、男女の感情が微妙に交錯すると一刀両断に論じにくい領域になる。「日本に帰ったら、自戒も込めてちゃんと考えてみようか」と感じつつ、のうのうと地中海の旅を続けた。

102　崩れる家

　各国の指導者もハマったらしいネットフリックスのドラマ『ハウス・オブ・カード　野望の階段』は、ケヴィン・スペイシーが演じる野心家のアメリカ下院議員フランクが大統領を目指し、より理想追求的ではあるが身の程知らずの自己顕示欲は夫に劣らない妻のクレアとの交錯を軸に、目的のためなら手段を選ばない登場人物たちが暑苦しく物語を紡ぐ。

　下積みの新人女性記者ゾーイは先輩の花形女性記者に、「どうすればあなたみたいになれるの？」と問うが、「そんなの自分で考えなさい」とにべもない。考えたゾーイはフランクに、「ネタをくれればあなたの指示どおりの記事を書くわ」と持ちかけ、合意を確かにしようと不倫関係に至る。やがて特ダネを連発するようになったゾーイに件の先輩記者が問う。

「あんた、誰と寝てんの？」「寝なきゃネタが取れないとでも？」「私の体験ではね」。

　フランクに大統領になりたい野望はあるが、なってアメリカをどうしたいかの理念はなく、ゾーイに花形記者になりたい野望はあるが、なって社会にどう貢献したいかの理念はない。やがてゾーイは、フランクが同僚議員を利用した挙句に殺し、その過程に自分の報道が加担してしまったのではないかと疑い、地下鉄が迫る駅のホームで真相を問い質す。フランクは、有無を言わさずゾーイを線路に突き落して殺した。とまあこんな具合だから見る者はしばらくハマるが、理念なき闘いが延々続くと次第に疲れてくる。

　元来、ヒラリー・クリントン大統領の誕生を想定して、夫のフランクから妻のクレアに大統領の座が移る物語を構想したが、まさかの選挙結果が制作者の誤算その1だった。そして昨年（2017年）秋、主役のケヴィン・スペイシーが実生活でのセクハラを告発され、「Me Too」が相次いで役者生命を絶たれたのが誤算その2になる。ドラマのストーリーのようにカードの家は崩れ、主役抜きで回数を減らす寂しい幕引きになった。

　セクハラの指摘に福田淳一さんが、「接客業の女性と言葉遊び」はすると釈明したら、「相手が接客業ならなにを言っても構わないとはとんでもない女性蔑視だ」と非難するのをサハラ砂漠への途上にスマホで見て、ラクダから転げ落ちかけた。率直な豊田真由子議員風なら「ちーがーうーだーろ」、丁重な太田充理財局長風なら「いくらなんでもご容赦ください」と思う。クラブのママが、客に際どい軽口を叩かれてセクハラと怒り、「そういうのホントやめてください」と応じれば、クラブはすぐに潰れる。むしろ、気軽に言葉遊びができるような雰囲気作りをママは心がける。

　では、クラブのママと記者クラブの女性記者との違いを問われ、「接客してカネを取るか、ネタを取るかの違い」と答えたら乱暴かもしれない

が、若い女性記者を派遣する報道機関の思惑の一端を示している。ナイーブに振る舞って取材相手の心をほぐし、際どい軽口を叩かれてもさらりとかわし、懐に入り込んでうまくネタを取ってくるのが暗黙に期待する若い女性記者像になる。だから、言葉遊びが心底嫌いな女性記者の不満は報道機関内で抑えられ、取材相手のほうも接客業の延長に女性記者を見てしまう。かつてゾーイや先輩記者と同じ流儀で、ネタのために財務省の主計官と不倫した女性記者の逸話のほうが分かりやすかった。

　地中海の旅を終えて日本に帰り、ネタのために寝る女性記者だの主役の私生活のセクハラだので家が崩れる『ハウス・オブ・カード』の録画を全部消すのは、福田さんの家族にまでマイクを向けて家を崩すような捉え方への違和感が派生したのかもしれない。でも、職業の力学だけでは、「された側の感覚の問題」と言われるセクハラの論点につき、まだ核心に達していないような気がする。「自分の思いも明快に書けないとは情けない作文能力だな」と読者に呆れられる覚悟で、もう少し続ける。

103　サハラ・ポンポコリン（上）

　モロッコのマラケシュから2泊3日で1万円もしないサハラ砂漠の現地ツアーで、初めて韓国人従軍慰安婦の子孫に会った。世界から老若男女が参加し、アジア勢は中国人と韓国人と日本人が2人ずつと、同数6人の欧米人がポンコツワゴンで移動する。ツアー開始直後から、スーツケースに『ちびまる子ちゃん』のステッカーを貼った南京の女子大生2人組が、嬉しそうに私を見ているのに気づく。敬愛と好奇と労わりが混じったような視線がなんだかこそばゆい。理由は、2日目の砂漠の夕食時に判明した。

　「私たち、まるちゃんを見て育ったんです」。「みたいだね」。南京のような大都市の女子大生が1人っ子として大切にされ、奔放なまる子に共感するのは理解しやすい。「あなたを見た時から、友蔵に似てるって思った

の」「は？　父のヒロシじゃなくて、祖父の友蔵？」「うん、まるちゃんの優しい友」。悪気はない。中年の韓国人夫婦の妻も会話に割って入る。「見かけだけじゃなく、淡々と我が道を行くのも似てるわね」。どうやら集団から離れがちな昼間の行動を観察されていたようだが、中国や韓国でまる子がかくも人気とは知らなかった。若い同胞の日本人女性は、くっくっと笑いをこらえている。

　不惑をすぎれば辺地ツアーの若い参加者から、「おとーさん」と呼ばれてきたから、還暦が近づけば「おじーちゃん」になるのは当然かもしれない。が、子供がなく孫もない身には実感が湧かず、「友蔵ねえ」としばし呆然としていた。タジン鍋を食べ終えた参加者はたき火を囲み、ツアー主催者たちの打楽器伴奏で母国の歌を披露する。アメリカおばさんの「アメイジング・グレイス」は名作に歌い手がついていけず、バラードに伴奏できない主催者楽団も退屈気味。空気を察したフランスおじさんの「ラ・マルセイエーズ」に打楽器隊は張り切って合わせるが、ひどく調子外れだった。

　まる子談義からふと思い立ち、ボンゴを借りて叩きながら歌い出す。「なんでもかんでもみんなー、おーどりをおどっているよー」。「キャーッ」とアジア勢から歓声があがる。バブル崩壊後の将来が不透明で閉塞感漂う時代、宴会でナンセンスソングをわめこうと選んだのが、まる子の主題歌「おどるポンポコリン」だった。「ピーヒャラピーヒャラ」のサビは中国語も韓国語も同じだから合唱になり、コンガやタンバリンも加わって砂漠の夜が異様に高揚していく。かくて歌合戦は、東風が西風を圧した。

　たき火が消えてもポンポコリンに興奮したアジア勢は眠れず、互いの旅経験を交換し合う。見所が多い南京の記憶を私は語った。「孔子の廟、洪武帝の廟、孫文の廟に蒋介石の総統府。……そして南京虐殺記念館。今も日本人は知らなかったり信じなかったりする」。「でもあなたがどこまで先祖に責任を感じる必要があるのかしら。それにあの時代、中国は弱かった

から街が陥落した」。

　やり取りをじっと聞いていた韓国人夫婦の妻が口を開く。「私のおばあちゃんは、ラングーンに出稼ぎして日本軍の慰安婦（Comfort Woman）だったの」。「え？　普通、子孫にも隠すのでは」と中国人と日本人は唖然とする。「あっけらかんとたくましい人間だったからね。それにあの時代、朝鮮も弱かったから日本になった」。

　多くの日本人が、苦悩に泣きわめく韓国人元従軍慰安婦に困惑するのは、「自分の意思で出稼ぎしたのではないのですか」と思うからである。でも形は自分の意思でも、家族が生き延びるには他に方法がなく、日本兵を慰安するのが苦痛なら性的に強要された思いだけが残る。こうして、男性が立場の弱い女性に性的な行為や発言をしても、セクハラになったりならなかったりする現実に、ようやくちょっとだけ近づいて紙幅が尽きた。

104　サハラ・ポンポコリン（下）

　第一次石油ショックの頃にイギリスのテムズTVが作った第二次大戦のドキュメンタリーで、元日本兵が述懐する。「日本女性は千人針の腹巻をくれたけど、腹に弾が当たりゃ死ぬんだから気休めに過ぎんさ。戦場で親友だったのは朝鮮から来た慰安婦だよ。体を張って一緒に戦ってくれた彼女たちを今も尊敬している」。サハラ砂漠の夜、祖母が慰安婦だったと言う韓国人女性にこの話をすると、反応は、「おばあちゃんみたいね。可愛くて明るいから日本兵に人気だったと自慢してた」。

　誠に当たり前ながら、苦境をあっけらかんとたくましく生き抜く人間もいれば、苦悩を生涯ひきずる人間もいる。中国人と韓国人と日本人が２人ずつの会話はやがて、脱亜入欧の道を走った日本に比べ中国と朝鮮の近代化はなぜ遅れたのだろう、戦前の国際環境で国としての日本の行動はどこまで正当化されるのだろう、現代の各国人が過去をどう受け止め自国と他

国になにを期待すべきだろうと深みにはまっていく。誰もが自らの国の建前とは無縁に、自らの本音を語る。

　空が白み始めて私は言った。「国の溝は簡単には埋まらないかもしれないけど、私が世界を旅するのは、地球人（Earthling）だからなんだよ。せっかく地球人に生まれた以上、サハラ砂漠のような自然でも、マラケシュの街のような文化でも、死ぬまでにこの星の空間と人間を体感したくて生きている」。みんなが深くうなずき、最後に打楽器伴奏もなく３か国語で「おどるポンポコリン」を静かに合唱した。

　目を潤ませて私を見る南京の女子大生にふと思う。「金融制度やコーポレート・ガバナンスについて外国人と心が通じたと感じた経験はあるけど、人間の生き方については初めてだな。人間って、こういう経験を通して国際結婚に至ったりするのかもしれん」。すかさず、もう１人の正気の私が妄想する私をひっぱたく。「ちーがーうーだーろ。彼女の目が潤んでいるのは、男としてのオマエに惹かれたんじゃなくて、まる子の祖父の友蔵への敬愛に過ぎんのが分からんのか！」。

　砂漠からの帰路、今度は昭和57年に大蔵省に入った片山さつき議員のコメントをスマホで見た。「セクハラはされた側の感覚がすべてだから、福田次官に弁解の余地はない。入省以来今まで私はされたことないけど」。最後のひと言が同期の情けか否かはさておき、ラクダから転げ落ちそうになるほどの発言ではない。

　が、鼻が大きい男性に性的不快感を抱く女性がいたら、男性が鼻を隠さなきゃいけないはずはないだろう、とは思う。された側の感覚がすべてなら、人間の感覚が各々違うのが困る。また、片山さんがまばゆかった時代を知らない若者にとっては、最後のひと言が余計かもしれない。「アンタ、自分がセクハラされるとでも思ってんの？」。

　そして帰国後、まる子の姉が熱狂し、第２主題歌も歌った西城秀樹の葬儀で泣くおばさんたちをくっくっと冷笑する若者たちに戦慄してつぶや

く。「誰もが若かったんだよ。で、誰もが見かけが老いるほど感性までは老いないんだよ」。私を含む多くの男性が若い頃酔って発情し、挙句に何事かを仕出かすが、相手の年上の女性に包容力があって平穏に済んでいたりするだろう。

　多くの男性が歳を重ねて地位が上がったり財産を蓄えたりすると、年下の女性が地位や財産に敬意を抱くのと、男として惹かれるのが区別できずに同じ過ちを繰り返す。そして世代が違うほど歳が離れれば、酔った勢いでいきなり過ちを犯さないよう、「キスしていい？」と尋ねて断ってもらう流儀自体が許せない。旅で抱いた疑問を日本に帰ってきちんと考えようとしたが、昭和オヤジが世代の感覚ギャップに途方に暮れるだけだった。

第 17 章

弱者へのまなざし（105〜112）

心が引きこもったり、体に障害を抱えたり、老いて動けなくなったり、女性だったり、少数民族の出身だったり、とさまざまな理由で普通に働いて生きていけない人たちがいる。そうであっても、公平に人間らしく生きていけるのが豊かな社会の条件と考えてきた。豊かで公平な社会になれるかは、着実な経済成長とともに、多数派を構成する普通の人たちの弱者へのまなざしに依存する。

105　ミッシングワーカー

　親の介護のために中高年で離職して親の年金で親子が暮らすのは、社会福祉の不備としても議論できるが、続けるに値しない仕事だから離職しやすいとも言える。親が死んで年金を打ち切られても、心と体がもはや起動せず仕事を再開できない孤独な貧困生活に地域社会はどう向き合うか。お節介の個人芸をネットワークシステムとして復権させねばならない難しい局面を迎えたようである。

106　その他の事情

　「48　最高裁の判断──同一労働同一賃金」の続編として、正規雇用者が定年後は非正規になり仕事内容は変わらないのに待遇が落ちる現実を最高裁がどう判断するかが興味を惹いた。一般には高裁判断を踏襲したと受け止められているが、労働者の訴えを認めた地裁と退けた高裁の判断に、年金の受給や手当の性質という新たな論点を加え、細部に目配りしながらアウフヘーベンしている。

107　アメリカ大統領ランキング（上）

　日本の最高裁の立法判断を見た後に、アメリカの知識人が投票した現職を含む最新の歴代大統領ランキングを見て、政権が最高裁の立法

判断に影響されてきた歴史を改めて認識する。人種差別にどう向き合ったかが大統領評価の大きな要素だが、戦争に勝ったか否かも大統領の評価に決定的に影響する。次元が違う要素を合成したランキングに、アメリカ知識人の精神のありようを想像する。

108 アメリカ大統領ランキング（下）

　ワシントンやリンカーンやルーズベルトほどではないが、レーガンとオバマもランキング高位の常連になる。政策指向は違っても、政策を裏づける知性や教養が投票する知識人の琴線に触れる。オバマ就任の８年後に、ひとかけらの知性も教養もない就任演説を聞かされると、現職を含む異例のランキング投票をして最下位を立証しない限り、日々不快に耐えている知識人の気は済まない。

109 『万引き家族』の帰結

　カンヌでパルムドールを得た是枝裕和監督の新作を見ても、随所に是枝流作為を感じてすかっと消化できない。加えてパルムドールの栄誉は左右の政治人間を刺激しないでは済まず、政府と是枝監督も巻き込まれてあまり美しくない後日譚を見せられる。ショスタコーヴィチの人生にも感じたように、芸術家が本能を追求しながら、平穏に世渡りする振る舞いを認める社会であってほしい。

110 「終わった人」に「ふさわしい」

　『万引き家族』をすかっと消化できずに、成仏していない上から目線のサラリーマンの定年後の葛藤を描くコメディ映画をはしごする。自らへの主観的評価を周囲の客観的評価は決して上回らないから、サラリーマンの成仏率は極めて低い。定年後に経歴にふさわしい仕事を誰かが用意してくれるのを待つだけでは幸せになれないが、自ら仕事

を用意するのは誰にでもできる芸当ではない。

111　延命年金

　20人以上の末期患者を密かに殺した看護師が、「自分のシフト時に死んで家族に説明するのが嫌だった」と語り、どんな家族なのかを否応なく想像する。意識を失って苦しむ末期患者の延命治療を病院に強く求める家族は、患者が死んで年金がなくなると生活できない。件の看護師が、患者が苦しんでいるのに家族と病院が経済的に得をする構造を、自ら終わらせようとした可能性を想像する。

112　生きづらい人

　親の死を隠して年金受給を続ける家族のように、制度をズルして不正受給する人たちはどこまで悪質と言えるのか。原因が遺伝であれ環境であれ、この社会でどんなに努力しても一定割合の生きづらい人たちは存在する。そういう人たちを叱咤して体育会系努力を強いるのは虐待であり、生きていくのに必要なカネだけ渡して放っておく寛容さを求めるブロガーのちきりんさんに共感する。

‖‖

105　ミッシングワーカー

　伯父（母の兄）は陸軍士官学校を出たら敗戦になり、やむなく警察に入った。少尉からキャリアを始めるつもりが、巡査から始めねばならない。でも頑張って出世し署長を歴任した後、県警の部長で退官した。子供の頃、いとこたちが集まると、「警察の伯父ちゃん」は強面で近寄り難かった。でも自分が警察と体質の似た役所に入り、いわゆるノンキャリアとし

て出世するのに必要な資質を体感するにつれ、伯父の人生への共感が増していく。

　伯父の晩年に、民生委員を務める経験を寄稿した小雑誌が送られてきた。現役官僚なのに無頓着な甥の言論活動に触発されたと冗談めかして書いてあるが、寂寥とした思いが綴られている。「家族や地域の絆が崩れ孤独に貧しく暮らす人たちが増えており、なんとか救いたいが簡単には心を開いてくれない。自分もずいぶん高齢になってしまったが、後任の民生委員候補も見当たらず、気力と体力が残る限りは続けるしかない」。結局、死ぬまで引退できなかった。

　さて、たまに触発される番組を流すからNHKに受信料を払う気になるが、先日の「ミッシングワーカー」を見て伯父の寄稿を思い出す。失業しているのに求職活動をしないから労働市場から消えた50〜60代が統計上の失業者数を上回り、100万人を超えたと推計されている。典型的には、①中高年独身者が親を介護するために離職する、②親の年金で親子が生活する、③介護により消耗し親が死んでも仕事を再開する気力は残らない、④年金が打ち切られて孤独な極貧生活になる。④の孤独な極貧は現象としては、かつて多重債務者対策をしていた際や、同じNHKの「老後破産」でも学んだが、制度のどこをどう変えれば事態が改善する方向感が定かでないミッシングワーカーのほうが、根が深い課題に思われた。

　これまでに、親の介護が必要な人間には多く会ったが、実際に介護離職した人間を見た経験はない。逆に言えば、私が日常で会うような人間は簡単に辞められる仕事はしておらず、施設や在宅サービスを使う経済力もある。介護離職を論じる際は、離職を余儀なくされる社会福祉の不備が問題視されるが、仕事にさして魅力がないから離職を選びやすい側面がタブー視されてきたように思われる。仕事に生き甲斐を覚えるか、それほどでなくとも周りの人間から頼られていれば、簡単には辞められない。

　番組が紹介した離職事例でも、代替がきく非正規雇用だと辞める抵抗感

が小さかったり、正規雇用でも縮小する市場を奪い合うゼロサム営業だとむしろ続けるのに疑問を覚えたりするのは不思議でない。親の介護は人倫にかない、年金で自分も生活できるなら目先は合理性があり、独身だから自分だけで決められる。だからこそ親が死ぬと虚脱感の中で、さして魅力がなかった仕事の再開など考えられず、独身だから自分が貧困に耐えれば済む。

番組の最後、介護していた親が死に、ゴミ屋敷に１人で暮らす中年男性ミッシングワーカーの元に、民生委員のおばあさんが何度も通って親身に事情を聞いてやる。固く閉ざしていた心が次第に溶けて開かれていく。民生委員は地域包括支援センターの仲間を誘い、ゴミ屋敷を掃除してくれた。こんな自分を多くの人間が心配してくれていると知れば、親にしていた介護を今度は仕事として取り組んでみようかと中年にして思い至る。

今や民生委員は、功成り名を遂げた男性の名誉職ではなく、お節介な年配女性が主役になった。そのほうが無意識の上から目線も持たず、孤独に貧しく暮らす人たちの心にすんなり入り込めそうではある。家族の解体が避け難い中で、地域の絆であるお節介を個人芸でなく、自治体の取組みを含むネットワークシステムとして復権させねばならない難しい局面を迎えたらしい。地域包括ケアシステムのケア対象は、決して要介護者だけではない現実を示した事例とも言えよう。

106 その他の事情

労働契約法は正規雇用と非正規雇用の待遇格差を、①仕事の内容や責任の違い、②仕事や配置の変更範囲の違い、③その他の事情、から不合理で違法かを判断する。法律に判断基準を書く際は具体的に限定列挙するほうが明快だが、想定外の事態を心配して、つい、「その他の事情」と加えたくなる。運送会社で正規雇用の運転手が60歳で定年退職し、引き続き非正

規の嘱託として同じ仕事を続けた場合、①と②は違わないのが歴然としていた。

　なのに基本給は2割減らされ各種手当も打ち切られたのは違法と訴えた嘱託運転手の主張を地裁が認めたから、企業の人事部は震撼した。「どこでもやってることだろ」。案の定高裁で逆転したが、「その他の事情」として「どこでもやってるから違法じゃない」という論理では、社会に普及している慣行を変えようと法律を作った意味がなくなる。

　先日（2018年春）、最高裁第2小法廷（山本庸幸裁判長）が高裁の原告敗訴判断を踏襲したと報じられ、どんな論理なのか読んでみる気になった。山本裁判長は通産省に入り内閣法制局に転じている。法制局の部長時代に東大教授を兼ね、改正貸金業法を教材にするから同行してほしいと頼まれた。頭の固い学生には統制的な法律に見えるだろうから、多重債務者の実相を教えてやらねばと乗り込んだら、最初の質問から当惑してすんなり即答できない。

　「医療費は総量規制の例外なのに、教育費はなぜ例外にしないのですか」。「ええっと、あのお、奨学金とか政策金融とか銀行の教育ローンがあるでしょ」「どこも条件が厳しくなっていて、貸金業のニーズもあると思いますが」「みなさん東大生だからそう思うので、貸金業から借りないと行けない大学なら、行かないほうがいいと思いますけど」。学生たちは条文の細部だけでなく、私のプロパガンダ論文まで読み込んでいて、改革の必要性は理解しながら、なお生じ得る副作用をどう緩和するかという現実的な構えで授業に臨んでいた。長年立法に携わった教授が指導すると、細部にまで目配りする官僚にすぐにでもなれそうな学生が養成されるらしい。

　先日の最高裁第2小法廷判決は、原告の嘱託運転手が60歳定年までは正規雇用され厚生年金に入っていたのを「その他の事情」として重視する。2014年に嘱託になったので1954年生まれと思われ、であれば61歳から2階

の報酬比例年金を受給できる。もとより労働収入に応じて減額されるが、若年層との実質的な公平性に配慮して基本給の2割減額を認めたように見える。各種手当については、住宅手当や家族手当はライフステージに着目した支援だから高齢層に打ち切っても不合理でないが、精勤手当や残業手当は精勤や残業を促す必要性に年齢差はないから打ち切りを不合理と判断した。

「どこでもやってるから違法じゃない」という高裁の論理に比べ法解釈として筋が通り、細部にまで目配りしている。前に、最高裁が高裁判決を覆すのを見たいと書いた（**48　最高裁の判断──同一労働同一賃金**）。ただ、仮に最高裁が嘱託運転手の主張を認めた地裁判決の論理を踏襲すれば、待遇格差を維持するには仕事の内容を変えねばならなくなり、「収入が減っても今までと同じように働きたい」と思う継続雇用者がかえって困るから、現実的な構えで臨んだようでもある。

この判決の射程はさほど広くない。正規雇用後の非正規継続雇用で、遠からず年金を受給できるのが「その他の事情」だから、始めから非正規雇用では当てはまらない。正規雇用後の非正規継続雇用でも今や年金の受給開始は63歳に延びたから、基本給2割減額のお墨付きでもない。訴えた嘱託運転手は最高裁判決に不満を表明した。それでもなお、現実を変えようとした法律と、あまり変わらない現実を両にらみで判断しなければならない裁判所に、貴重な問題提起をしてくれたのは間違いない。

107　アメリカ大統領ランキング（上）

日本の最高裁の立法判断を追った後に、アメリカの知識人が投票した最新の歴代大統領ランキングを見た。現職が最下位なのはまったく驚かないが、それ以外は時代や投票者が変わっても従来のランキングとほとんど変わらない傾向にむしろ驚く。今回のトップも16代リンカーンで、前後の大

統領はこれまでも常に最下位近くに低迷してきた。

　リンカーン前の大統領は南部の奴隷制と妥協し、後の大統領は奴隷解放を骨抜きにしたのが許せない。でも、そんなにリンカーンの奴隷解放を評価するなら、奴隷所有者だった初代ワシントンが、常にリンカーンやルーズベルトとランキングのトップ争いをするのはなぜだろう、と疑問を呈しても答えの次元が違う。「独立戦争を指導した建国の父としての評価に決まってるだろ」。

　リンカーンの大統領就任前に、アメリカを南北に流れるミシシッピ川以西でミズーリが最初に州に昇格する際、すでに多くの奴隷所有者が入植していたから、「ミズーリは奴隷州とするが今後ミズーリの南境界線以北の昇格は自由州とする」妥協が、連邦法として決まった。この連邦法に従えばミズーリの西隣のカンザスは自由州になるはずだが、やがて奴隷制の是非は連邦でなく州が判断すると主張した民主党が優勢になり、北部と南部の移住合戦が流血を招く。

　奴隷制の是非を判断するのは連邦か州かという対立の火に、時の保守的な最高裁が油を注いだ。「奴隷に市民権はなく所有者の財産だから、奴隷制を禁じる権限は連邦はもとより州にもない」。かくて共和党候補のリンカーンが、「既存の奴隷州は維持するが、新たな奴隷州は連邦として認めない」公約を掲げると、民主党は、「州の判断に委ねる」候補と最高裁と同じく「所有者の判断に委ねる」候補に分裂し、民主党2人の合計得票を下回ったリンカーンが当選した。

　選挙結果に不服の南部奴隷州が連邦を離脱して南北戦争が始まると北部連邦軍は意外に苦戦する。戦争中の奴隷解放宣言は奴隷を脱走させて連邦軍に加え戦いを有利に運ぶ意図があるから、戦争に中立の中部奴隷州には適用しなかった。もちろんスピルバーグが描いたように、後にリンカーンは憲法を改正して解放奴隷の市民権を平等に認めようとする。でも当時の多くのアメリカ国民にとって、奴隷解放と、解放奴隷を白人と平等に扱う

のは同義でなかった。内戦から時を経ると南部は学校や病院やバスやレストランの席を人種分離する立法をし、19世紀末の最高裁は、「分離しても平等なら違憲でない」と形式論理で追認する。最高裁がこの判断を覆すには、半世紀以上を要した。

　ワシントンやリンカーンとランキングでトップを争うのが32代ルーズベルトなのは、独立戦争にせよ南北戦争にせよ第二次大戦にせよ、戦争の舞台が用意されて勝利するのがトップを争う大統領の条件のようである。ルーズベルトのニューディール立法の多くも最高裁から違憲と判断され、順次リベラルな裁判官に入れ替えねばならなかった。

　入替えが蓄積した最高裁が人種による公立学校の分離を違憲とした時、ルーズベルトの次の次の34代アイゼンハワーは南部州への強制介入をためらう。アフリカ系の入学者を州兵により阻もうとする知事が現れて、ようやく連邦軍の派遣を決断して入学者を守った。続く35代ケネディと36代ジョンソンを経てようやく法的な人種平等が担保されるが、経済的な平等はまだ遠い。

　公民権運動に反応したケネディとジョンソンのランキングが常にアイゼンハワーより低いのは、ナチスを倒した第二次大戦の司令官とベトナム戦争にはまっていく指導者の違いが影を落としている。この素人政治談議は読者には詰まらないかもしれないが、政権と最高裁の立法判断が相互に影響し、人種平等の追求と戦争の勝利をランキングに投票する知識人がどう評価するかが興味深いので、もう１回おつき合い願いたい。

108　アメリカ大統領ランキング（下）

　連邦議員でも州知事でもないリンカーンが共和党の16代大統領候補になれたのは、新たには奴隷州を作らないという彼の公約が、より理想追求的な共和党内ライバル候補たちより得票できると考えられたからである。既

存の奴隷制をすぐに廃止したり、解放奴隷に白人と平等の市民権を認めたりする主張は、北部でも賛同者が少なかった。そして大統領就任後は、予備選のライバル候補を政権の主要ポストに迎える。初めから理想を主張すれば歴史の舞台に登場できず、内戦を避けようとそれまでの大統領のように南部と妥協すれば、ランキングの最下層に沈む。

　でも内戦が終わって解放された奴隷が法的に平等な市民権を得るまでに１世紀も要した展開からは、内戦で60万人もの命が失われる必然性があったのかと後知恵の疑問が湧いても不思議でない。結局のところ、内戦の苦闘の中で次第に人間としての理想に近づき、理想の実現に向けてリーダーシップを発揮するさまが、ランキングに投票する学者やジャーナリストなどの知識人の琴線に触れるのだろう。

　32代ルーズベルトが最高裁の裁判官を順次リベラル派に入れ替えて、公立学校の人種分離を違憲とする判決が生まれた。さらにアフリカ系受験生を白人受験生より優遇するアファーマティブ・アクションを認める判決が生まれると、保守派は行き過ぎた逆差別と感じ、40代レーガンは、最高裁の裁判官を順次保守派に入れ替えた。小さな政府を唱えて所得税の最高税率７割を３割まで下げながら軍事費を増やそうとすれば、福祉を削らざるを得ない。

　グレート・コミュニケーターと呼ばれたレーガンは人種差別発言を控えたが、彼が「福祉の女王」を批判する時、聞く者は多くの子供を抱えて座ったまま働かない太ったアフリカ系の母親を連想した。でも、アフリカ系世帯の半分弱が母子家庭という現実が、アファーマティブ・アクションを福祉でなく経済政策として正当化している。スラムに住み麻薬の誘惑を絶ち母親を手伝いながら入試で60点取るアフリカ系受験生は、恵まれた環境で70点取る白人受験生より高い意欲と能力を必要とするから、得点が高い白人を不合格にしても高等教育を受けさせる経済合理性がある。

　最新のランキングでは、40代レーガンが９位、44代オバマが８位と上位

で隣接しているが、リンカーンやルーズベルトへの支持に比べ、投票者は明らかに保守とリベラルに分断している。ただ、「福祉の女王」に自助努力を促すにせよ、医療保険に入れない5000万人を救うにせよ、それぞれの理想を追求する知性と見識に裏づけられているから、知識人の琴線には触れる。

　2009年の大統領就任式でオバマはリンカーンが使った聖書に手を置いて宣誓し、リンカーン流に予備選のライバル候補を副大統領と国務長官に迎えた。オバマは、政府が大きいか否かでなく機能するか否かが肝要と説き、自由には他者への配慮というアメリカの伝統的価値が伴わねばならないと強調する。「こうした意味での自由のおかげで、60年前ならレストランにも入れなかった父を持つ男が今、人種や性別や職業を異にする大勢のみなさんの前で最も厳粛な宣誓ができたのです」。

　「これほど変われるアメリカはやっぱり凄いな」と素直に共感したが、8年後の大統領就任式では、「America First」と「Make America Great Again」を連呼するだけの、ひとかけらの知性も見識も感じられない演説を聞かされて、これが今のアメリカかと慄然とする。これではレーガンやオバマの時代の分断がさらに修復不能な次元にまで進みかねない。知性も見識もなくなにを仕出かすか分からない同士だから、米朝首脳会談が実現するのは認めざるを得ぬ（注）。でも日々不快に耐えているアメリカの学者やジャーナリストなどの知識人は、現職まで含める異例のランキング投票を行い、45位を立証しないと気が済まない。

　（注）　ウクライナに侵攻したりすると知性も見識もないトランプがどう反応するか分からないから、「ウクライナのためにアメリカ人の命は賭けない」と分かっているバイデンに代わるのをプーチンは待っていた、とも残念ながら認めざるを得なさそうではある。腹が読めない指導者ほど外交上有利では、人間は世界で安心して生きられない。
　　　　ただプーチンも、ゼレンスキーの腹は読めなかった。ロシアと妥協して、NATO加盟の旗幟をあいまいにしたり、鮮明にしても侵攻後は直ちに降伏したりすれば、歴史の舞台に登場できず、ウクライナ大統領ランキン

グの最下層に沈んだだろう。リンカーンと同じく後世の評価は、国民の失われる命と裏腹の構図にある。

109 『万引き家族』の帰結

　是枝裕和監督の映画には時に作為も感じるが、母親の育児放棄による幼い娘の死を描いた2004年の『誰も知らない』は素直に印象に残る。兄の少年役だった柳楽優弥の目の力がカンヌ映画祭に集う世界の審査員の胸を打ち、史上最年少で日本人初の主演男優賞を得た。「監督に言われたとおりにしただけです」と語った柳楽少年の目に浮かぶのは怒りでも苦しみでも諦めでもなく、ただ貧しい現実を直視して幼い妹や弟を守ろうとする。同じ目をして幼い妹や弟の手を引く兄をメキシコやインドやエジプトで見かけると、彼らに普通のまともな親がいてくれればよいのだが、と心底思った。『万引き家族』がカンヌで今度はパルムドールを得た報道で、兄らしき少年が妹らしき少女の手を引くシーンを見て、テレビ放映を待てなくなる。

　老婆の年金を当てにして質素な平屋に一緒に暮らす3世代家族の5人。中年の息子が日雇い、息子の妻がランドリー、妻の妹が風俗で働き、生活物資の万引きは息子と孫息子のタッグが担い、時に家族全員でも行う。万引き帰りに親から虐待されている少女を見かけて自宅に連れ帰り、家族が6人になった。ほのぼのと花火や海水浴を楽しむ昭和テイストの物語が進むにつれ観客は、「家族にしちゃ会話が妙だな」と疑問を抱くが、その前に私は、「年金プラス労働3馬力ならそもそも万引きの必要ないだろ」と思う。息子がケガをし、妻がクビになる展開さえ、万引き続行を正当化するための是枝流作為に見える。

　現実に激増している万引きは年金だけでは暮らせない単身老人が担っており、家族で一緒に暮らせば貧しさは和らぐ。映画では、老婆が死んでも

葬儀費用がないから庭に埋め、年金受給は不正に続ける。そして孫息子の少年は、新たに家族になった少女も巻き込んでこのまま万引きを続けていいのかな、と悩んだ挙句にわざと捕まる。取調べにより、この家族に血縁はなく、訳あり人生を抱えた赤の他人の集まりと判明した。

この映画の製作動機は、年金受給者の死後も遺族が続けた不正受給を凶悪犯罪のように糾弾する世論への違和感だったと是枝監督は語る。息子が芸能界で稼いでいるのに生活保護を受けた母親と同じく、自助努力を説く強者が糾弾する構図に違いない。3世代家族がサザエさん一家のように幸せとは限らず、不安定な低賃金でしか働けず万引きしか子供に教えられない弱者がいるのを監督は伝えたい。

血縁の代わりに万引きで絆を確かめ合って生きる家族は、孫息子の逮捕を機にばらばらに離散してしまう。自宅に戻った少女が相変わらず親から大切にされず、今後の人生を歩む中で、あの万引き家族の絆が懐かしいなと思い出すであろう予感が、観客の仄かな救いになっている。が、この映画をすかっと消化できたとは言い難い。

是枝監督は映画界の慣行に従い素直に文科省の助成を受け、映画が成功すれば文化事業に寄付する条件で製作した。が、パルムドールの栄誉は左右の政治人間を刺激しないでは済まない。まず右からは、「助成を得ながら犯罪誘発映画を作るとは何事だ」とくる。これに反発した左から、「この栄誉に政府が祝意を表さぬとは何事だ」とくる。ごもっともと文科大臣が応じた時、すでに是枝監督は左からの期待に縛られ身動きできなくなっていた。

「助成してくれた政府を批判する映画を作るのは欧米では当然の権利です」という監督の主張自体に違和感はない。が、別に政府批判映画でもないのだから、祝意を受けるのを拒んでわざわざ政治的発言をしなくてもとは思う。かくて再び右から、「カネをもらって礼も言わずに開き直る人間のクズ」にされる。このあまり美しくない後日譚から、政府の助成を素直

に受けたなら、政府の祝意も素直に受けておくのが、政治人間ならぬ芸術家が芸術の本能を追求しながら、平穏に世を渡るための大人の振る舞い、という教訓が生まれたのかもしれない（注）。

（注）　書きながら、「73　ふりをする小市民」ショスタコーヴィチが、芸術の本能を追求しながらソ連で平穏に世を渡ろうと共産党の講話で、「メモをとるから拍手できない」ふりをする振る舞いを思い出していた。

110　「終わった人」に「ふさわしい」

　『万引き家族』をすかっと消化できないまま映画館を去る気になれず、コメディと称する『終わった人』を続けて見た。館ひろしが演じる主人公は、東大を出て大手銀行に入り一時は飛ぶ鳥を落とす役員候補だったが、結局は関連会社に出向して定年退職を迎える月並みの設定になる。退職日にだけ用意される送迎タクシーの中で、「本来は銀行の役員として毎日送迎されるはずだった」とつぶやく。

　黒木瞳が演じる女房を旅行に誘うが、リア充の美容師なので相手にされない。公園や図書館にたむろする「終わった」老人を上から目線で眺め、「オレはまだ終わらない」とトレーニングジムやカルチャーセンターに通う。最もしたいのは仕事だから再就職を試みるが、中小企業には立派過ぎる学歴と職歴がかえって敬遠される。

　そんな折、トレーニングジム仲間でIT企業を率いる若手の敏腕社長から、「ウチには立派な学歴と職歴の重しが必要なんです」と顧問に招かれるが、社長は急死し、残された社員たちから後継社長にふさわしいと請われた。黒木瞳は容赦ない。「顧問と社長じゃ責任が大違いでしょ。絶対ダメよ」。亭主関白の館ひろしは譲らない。「サラリーマンとして成仏してないんだ。オレが決める」。

　社長就任後ほどなく海外取引先の不祥事から経営は破綻し、経営者保証

により夫婦で蓄えた財産は失われて借金まで残り、「あんたと同じ空気を吸いたくない」と怒った黒木瞳から舘ひろしは自宅を追われる。これではコメディを終われないからラストで、故郷岩手の震災復興NPOを手伝う舘ひろしの元に、「髪を染めにきたよ」と黒木瞳が現れて今後に希望をつなぐ。

　明るくなった館内で周囲を見て絶句した。『万引き家族』の観客が老若男女多彩だったのに対し、同世代のオヤジが異様に多い。「わざわざ身につまされに来たのか」と思うが、他人を論評する資格もないだろう。上司や同僚からの客観的評価は、自らの主観的評価を決して上回らないから、サラリーマンの成仏率は異様に低い。毎日銀行に送迎される役員になっても、「頭取になれるかも」と期待して副頭取や専務で終われば成仏できず、よしんば頭取になっても、銀行にたくさん残る先輩元頭取に気を使い神経をすり減らした挙句に病に倒れたりしては成仏できまい。

　映画の主人公は、立派な経歴がかえって中小企業に敬遠される屈辱の後に、社長という「ふさわしい」仕事が用意され、「サラリーマンとして成仏してない」と言い訳して受けた。これだけから一般論として人生の教訓を引き出すのは無謀だが、経歴にふさわしい仕事を誰かが用意してくれるのを待つだけでは幸せになれない時代のようである。

　一方で、「これからの老後は自らの考えをブログで発信し、共感のネットワークを形成しながら、自らにふさわしい居場所を見つけるべきなのです」なんて人生相談の回答はそうだろうな、とは思うが、誰にでもできる芸当ではあるまい、とも思う。現にブログを始められない私も、「我が社の体制に、顧問としてご経歴にふさわしい助言を願いたいのです」なんて請われれば興味を示し、「結局、イザという時の用心棒を期待されているだけか」と悟って遠慮する繰り返しをしている。

　映画では、「オレはまだ終わらない」と示したい舘ひろしが、カルチャーセンターに勤める同郷の広末涼子とのアバンチュールを試みるのを、

冷静な家族が論評する。黒木瞳が「意外とやるなあ」と見直し、「目当てはカネだけよ」と娘がおちょくるからコメディだが、最後に財産を失い借金まで抱えた舘ひろしに娘が言う。

「ママが美容師になるって決めたのは、パパが関連会社に出向した時なのよ。能力も人格も銀行で出世するのと関係ないと分かって、老後はママがパパを食わせてやることにしたの」。思いがけない言葉に舘ひろしは上から目線の人生を反省し、黒木瞳への想いを新たにする。映画館から自宅に戻り、「月並みだけど、謙虚に家族の絆を守るのが今日2つの映画から得た教訓だな」と女房に言うと唖然とされた。「映画をハシゴした？　終わった人にふさわしい休日だね」。

111　延命年金

20人以上の患者を密かに殺した容疑で逮捕された終末期病棟の看護師が、「自分の勤務シフト時に患者が死んで家族に説明するのが嫌だった」と語ったと報じられ、「そんな理由で殺すのか？」と釈然としない印象を世間に与えている。

無論私もすとんと腹に落ちず釈然としない。精神が健全ならあり得ないとして、彼女の精神の猟奇的な闇を憶測するセラピストもいる。

でもその前に、身近に看護師がいれば、職場の実相を学びたい。母方の親戚の葬儀の都度、看護師の従妹（母の姪）は勤務シフトをやりくりしての参加に苦労するが、式場に着けば高齢会葬者の人気を一身に集める。最大関心事の終活につき、「家族は死期をどう告知されるか」とか、「延命治療で寝たきり植物状態になるのをどう避けるか」と彼女を質問攻めにする。

「私の場合は家族に気持ちの準備をさせるため、直前に悟らせるようにしてるわね」。どうやら、結構個人芸の余地がある世界らしい。「延命治療

が嫌なら、紙に書いて家族に渡しておけば足しになるけど、本人が病院に来る時に意識がないと病院は家族の言いなりよ。でも家族にもいろいろあってね」と、いったん言いよどんでから、言葉を続けた。「死ぬのが悲しいから延命してくれってのももちろんいるけど、年金がないと自分たちが生活できないってのもいて、「殺すな！」ってよく怒鳴られるよ」。

さもありなん。仮に延命治療に月100万円かかっても、後期高齢者は1割負担だし、高額治療費は還付されるから月4万円で済む。年金との差額がなくなれば、貧しい家族は痛手に違いない。病院も、延命するほうが収入は増える。「患者が苦しんでるのに延命処置していると、家族と病院がグルみたいでストレスたまるけど、私も看護師免許をなくすわけにいかんし」。

ふと、「そんな仕事が続くと、オマエの自宅がゴミ屋敷にならないか？」と聞いてみる。「え、なんで分かんの？」。「ゴミ屋敷の掃除会社の社長から、得意先はダントツで看護師って聞いた。日々命に関わるストレスがたまると、自宅のゴミを捨てなきゃって意識が埋没するらしい」。「同じ仲間が多いのはほっとする気も」。「高い掃除代を請求しても、再発しないよう懲りるために払うんだって。死んだ警察の伯父ちゃんみたいな民生委員に頼めば、仲間を誘って掃除してくれるかもしれんのにな（105　ミッシングワーカー）。なんだかすとんと腹に落ちなくて、顧問を頼まれたけど遠慮したよ」。

容疑の看護師が逮捕される直前に、「万引き家族よりヤバい年金タカり家族」と題する医師のエッセイをたまたま読んだ。「寝たきり大黒柱」に依存する家族への嫌悪感に満ちており、解決策は、「入院したら年金機構は本人口座への年金支給を止め、病院口座に治療費を直接振り込み、家族の接見は禁止する」そうである。よくいる医師のタイプとして世界が自分を中心に回っているようだが、生活に困った家族は、生活保護を申請すれば済むとでも思っているらしい。「まあ病院としちゃ治療費が入ってくる

なら文句ないだろう。でも、病院内で経営側の医師と労働側の看護師の立ち位置は違うかもしれないな」と感じた直後に、逮捕された看護師が、「家族に説明するのが嫌だった」と語ったと知った。

　家族も病院も延命治療を続けるのが経済的に得で、負担する国民には止める術がなく、患者は苦しみ続ける不条理な構造を、看護師がもう終わりにしようと思っても不思議でない気はする。もちろん家族への嫌悪感が渾然一体かもしれない。年金に頼らずに済む西城秀樹の心臓は動いているが意識が消えた時、子供たちは、「もうパパは人生で十分に頑張ったんだから、楽になってほしい」と希望した。警察は、容疑者の精神の猟奇的な闇を憶測するセラピストは黙殺して、彼女の気持ちを丁寧に解きほぐして明らかにし、すとんと腹に落ちない私を含め、世間の釈然としない感情をすっきりさせてほしい。

112　生きづらい人

　かつてこの国の４つの階層の実在と接し方を指南して炎上した主婦ブログ「社会の底辺の人と関わってはいけません」を最近再び目にした。第１階層は経団連加盟企業の社員や上級公務員や難関国家資格取得者や成功した起業家。以下、企業規模や公務員の採用区分などで階層を下り、第４階層はフリーター、派遣、飲み屋や風俗の店員と続く。

　普通の人が底辺の第４階層と関わってはいけない理由は、頭が悪く上位階層に移動できないから感情を制御できず、その結果として起こす犯罪に巻き込まれるからだと堂々の偏見を披瀝する。アパレルが安くなり、かつてほど身なりで階層を識別できないので、うっかり関わって底辺と分かればすぐ離れなさいとアドバイスする。案の定、「オマエみたいな奴こそ関わりたくない」と非難が殺到した。

　ただ、この主婦ブロガーは第１階層をほめるでもなく、パワハラとセク

ハラが慢性的に続く経団連加盟の大手広告代理店を、「受験と就活を勝ち抜いただけの既得権組のくせに、自らをクリエイターと称し、クリエイトするのは中学生でも書けるコピー」と嘲笑する。また、「底辺の人に関わるべきは普通の人でなく役所の人」として、社会福祉を認めてもいる。普通の人は、職業に貴賤なしと建前を言いながら、自分も子供も上位階層に入れるよう必死で努力するから、アンチ偽善精神が横溢した主婦ブログは、共感はしないが非難する気にもなれなかった。

最近この主婦ブログを再び目にしたのは、別のブロガーが自分の体験に照らして論評したからである。曰く、「①たしかに底辺の人ほど犯罪を起こしがちだが、階層と犯罪は完全に比例するわけでもない。②たしかに階層間移動は難しいが、自分はフリーターから一流金融機関に勤め今は零細な起業家である。③よって階層と属性の関係を決めつけるのでなく、確率論として捉えるべきではないか」。驚くほどの主張でなく、凡庸でさえある。

驚いたのは、この凡庸な別ブロガーの記事が、アクセスランキングのトップをしばらく独走したからである。「社会の底辺の人と関わってはいけません」という偏見による断言を非難しない人たちは結構多い。むしろ隠微な本音が刺激されたが、さりとて無条件に賛同するのも自らが人でなしに思える人たちの忸怩たる気分に整合して凡庸ブロガーが評価されたとしか言いようがない。

このところの連載で、親が死んでも年金の不正受給を続ける遺族や、年金をもらうため親が死なないよう病院に延命治療を強要する家族について書きながら、是枝裕和監督と同じく、「こういうズルい奴らは許せない」と指弾する世論の側にも立てないもどかしさを覚えてきた。「制度にタカらず努力しろ」と言われても、親から遺伝した資質や育った環境から、努力できない人もいる（**第42章　実力、努力、運**）。

財務省の改ざんやセクハラへの指弾一色の折に、「昭和オヤジ狩りは生

きづらいな」とは書くが、「だからオヤジ狩りは控えよう」なんて書けば炎上しかねないから、私は読者に呼びかけない。件の主婦ブロガーも、「社会の底辺の人と関わってはいけません」でなく、「私は関わりません」だったら、派手に炎上はしなかっただろう。

　主婦ブロガーと読者指南スタイルを共有する社会派ブロガーのちきりんさんも、やはり時に炎上する（**279　ややこしい釈明**）。でも、市場原理主義者を自称しているちきりんさんが、猛暑にもうろうとしながら書いたと言い訳する最新ブログが、「いつだって2割の人は生きていけない」だった。「誰でも努力すればできる」はずはなく、原因が遺伝にせよ環境にせよ、この社会が「生きづらい人」に、「毎朝早起きして来い！」とか、「オレの目を見てでかい声で話せ！」と体育会系努力を強いるのは虐待であり、カネだけ渡して放っておく寛容さを「この社会で生きていける人」に求めている。毎度ながら、こういうふうにすかっと書ければ私もブログを始められるのにな、と痛感した。

第 18 章

ブロックチェーンの近未来 (113〜117)

ブロックチェーンや暗号通貨事業に参入して資本主義の不公平性を補完しようと試みる企業が関与先になり、証券市場での行政経験に基づきアドバイスしていたが、暗号通貨で資金調達するICOが活発化すると、今後の規制動向が気になった。潜在的に重要な論理的可能性を持つ現象がある時、現実がどう展開するかは、どんな規制を作ってどう運用するかがしばしば鍵になるからである。

113　シェア・プログラム

　ウーバーやエアビーアンドビーのようなシェアビジネスと、ブロックチェーンを使うビットコインの自走プログラムを別の現象と捉えてきたが、シェアビジネスを自走プログラムで実現しようとする企業が現れて両者が結びつく。論理的には、ウーバーやエアビーのような仲介業者はいらなくなり、典型的仲介業者としての金融業者もいらなくなるから、かなり重たい可能性には違いない。

114　ハウイ判決の射程

　売買でも共同事業でもなく投資であるためには、資金の拠出相手の努力により利益を得る期待がなければならない。株式や債券への投資も発行体の努力を期待しているが、流通性がない投資契約にも株式や債券と同じ規制をするのがアメリカ証券法であり、だからSECはトークンを発行して暗号通貨で資金調達するICOに、株式公開による資金調達IPOと同じ規制の適用が可能になる。

115　大陸法国の桎梏

　SECにならって金融庁もICOが金商法の規制対象と表明したが、なまじ規制を緻密に書いたから、規制できる根拠は薄弱になる。金銭

でなく暗号通貨を拠出して利益を得る投資は該当しない。仮に該当しても、ICOを仲介するのは設立ハードルが低い二種ファンドだから、規制の実効性が覚束ない。さらに事業から分配する利益に限り、価格上昇の利益は含まない、と難題が山積する。

116　会社とネットワーク

　会社が発行する株式の評価が経営者の手腕に依存するのに比べ、オープンなネットワークで送金・決済手段として機能するビットコインには経営者がいない。イーサリアムがビットコインで資金調達したICOをSECが、「調達時に規制しておくべきだったが、今ではオープンなネットワークとして規制の射程外に去った」と素直に認めた発言を読み、事態の深淵な可能性をようやく認識する。

117　規制法の書き方と運用

　ICO投資家の保護という課題に対し、ざっくり書いた法律を柔軟に運用するアメリカと、精緻に書いた法律の運用に苦労する日本を比べ、さらに日本の銀行によるプライベート・ブロックチェーン構築の苦労を見ると、利用者保護に必要な規制はアメリカ流儀にざっくり書き、アメリカ流儀で柔軟に運用しないと時代の変化に対応できない危機感を覚え、後にもしつこく繰り返す（注）。

（注）　金融行政OBとして現役の活動を意識的にフォローしたりしないが、ブロックチェーンと暗号通貨は深淵な潜在的可能性から例外フォローをしたようである。後の暗号通貨関連文章は、「125　ICOからSTOへ」「126　詐欺の水準と対処法」「127　規制の運用姿勢」「138〜140　金融行政の守備範囲（上）（中）（下）」「第25章　リブラへの視点」「157　根拠なき要請」「158　でかいもん勝ち？」「159　国境の内外」「160　想像力の限界」「203　原理主義からの解脱」「付録2　日米のSTO形成過程」と結構多い。そして本章を含めこれらの文章は残念ながら、揃って読者には読みづらいときている。

　想像力が乏しいので、ブロックチェーンを使うビットコインと、ウーバーやエアビーアンドビーのようなシェアビジネスを別種の現象と捉えていた。コンピューターが理解できる契約（スマートコントラクト）にして、契約に基づく取引をブロックチェーンに記録する仕組みにすれば、管理者がいなくとも、取引を承認し記録する作業をして報酬をもらうコンピューターが世界中から自由に参加して、ビットコインの送金・決済ネットワークを機能させる。これを分散された自走組織として、DAO（Decentralized Autonomous Organization）と呼ぶ。もっとも、実際のビットコイン取引のほとんどは送金・決済目的でなく値上がり期待の投資目的だから、価格が上がり過ぎて安い送金・決済手段として意図した機能は担えてない。

　対するウーバーやエアビーは、世界の規制当局と折衝しながら、クルマでの移動や部屋の宿泊の需要者と供給者を仲介するさまざまな努力を重ねてきた。伝統的なタクシーやホテルも運転手やホテルオーナーという管理者（供給者）が需要者にクルマや部屋をシェアさせる仕組みだが、かつての需要者が供給者に転じるのを仲介する業者がウーバーやエアビーになる。新たな働き方の登場として賞賛もされ、新たな労働搾取策として批判もされる。

　これまでシェアビジネスの担い手は、クルマや部屋などの供給者の資産と移動や宿泊のサービスが備えるべき水準や、需要者が守るべき義務や、両者の関係などのルールを作るのに忙しかった。さらに、「白タクは許さん」と言い張る役所や、「民泊はテロの温床」と言い張る既存業界とも対峙して説得しなければならない。

　元来、「今、空いてる部屋を使ってもいいよ」「ありがとう、これ、ほん

の気持ちだけど」みたいな人間の自然なやり取りを過不足なくルール化しなければならず、大陸法国日本の役所が几帳面に民泊新法を作り几帳面に運用すれば、エアビーは、「こんなはずじゃなかった」と苦労する。でもそれも長い目で見ると、生みの苦しみに過ぎない。結局は、特定の資産を特定の期間に使わせるだけの契約だから、ルールが完成したらコンピューターが理解できる契約にして、自走組織DAOとして運営できる。

　仲介業者だったウーバーやエアビーはもはや単なるプログラムであり権利主体でないから、規制や損害賠償の対象にならない、と言うか、できない。供給者も需要者も気に入れば参加し、嫌なら参加しないだけである。ビットコインの送金・決済と同じく、世界中から参加するコンピューターがシェアビジネスのネットワークを機能させるが、彼らはDAOから報酬を得る労働者であって経営者はいない。

　「8月27日の夕方から30日の朝まで部屋を使いたい」需要者は、対価（トークン）を払ってその期間に部屋に入れる電子キーを得る。電子キー自体は目新しくもなく、私も宿泊予約サイトからメールで送られてきたコードをかざして、海外アパートの部屋に入ったりする。目新しいのは、需要者の注文を仲介業者が仲介するのでなく、プログラムが自動的に需要者を供給者に直接つなぐにある。

　ドイツの新興企業が、シェアビジネスをDAOとして運営する新たな事業に必要な資金を、発行するトークンと引き換えに仮想通貨を得るICOにより調達した。ブロックチェーンを使うスマートコントラクト事業用に考案した仮想通貨イーサリアムで世界中から集め、拠出者は見返りに電子キーと引き換えるトークンを得る。トークンは新たなDAO事業を利用する権利であるとともに、価格上昇によりこの事業から利益を得る権利でもある。電子キーを利用したい拠出者が利益を得たい投資家でもあるところにICOとIPO（新規株式公開）が重なる。

　ドイツの企業でも、世界中から資金を集めた以上は集められたアメリカ

の規制に抵触する。長くIPOを規制してきたSECは昨年（2017年）来、ICOも規制対象と表明しているが、証券法の手続に従って資金調達しなかったこの新興企業を証券法違反として摘発はせず、他の明らかに詐欺的なICOの摘発にとどめている。なぜかと理解するには、アメリカの証券規制史をさかのぼらねばならない。

114 ハウイ判決の射程

　世界恐慌の契機になったニューヨーク株価の暴落に先立つ暴騰の原因を発行体と投資家の側から見ると、①発行体が情報を開示しなかったので投資家の根拠なき期待が膨らんだ、②投資家仲間で示し合わせての相場操縦が野放しだった、事情がある。反省したニューディールの証券法では、①発行体は有価証券で資金調達する際に自らの情報を投資家に開示する、②発行体から有価証券を引き受けて投資家に売る仲介業者（典型的には証券会社）は投資家にリスクを説明する、③有価証券の流通市場では何人も相場操縦を禁じる、と３点セットで規制した。規制対象の有価証券（Securities）として、流通性がある株式（Stock）や社債（Corporate Bond）と並んで流通性がない投資契約（Investment Contract）を掲げ、標題のハウイ判決とは、フロリダのオレンジ果樹園への資金拠出が投資契約に当たると認定した第二次大戦後の有名な事例になる。

　投資契約の該当性を裁判で争うのは拠出者の期待が裏切られた時であり、ハウイ果樹園が証券法の登録・開示の義務を果たしていなければ違法として損害賠償を求めやすい。この資金拠出が、果樹園が収穫したオレンジを拠出者に渡す趣旨なら、単なる売買契約になる。また、拠出者が果樹園とともに経営に努力するなら、共同事業としての組合契約になる。投資契約であるためには、拠出者が利益を得たいと期待し、その利益の成否が拠出相手の果樹園の努力に依存している必要があり、そう認定した判決だ

った。

　投資契約該当性を認めたもう1つの有名な判決が、カリフォルニアのゴルフ場への資金拠出であり、拠出者は会員権を得るから一見単なる売買契約のようでもある。ただ同時に拠出者は、ゴルフ場が魅力的なコースを造成する努力により会員権の価格が上がるのも期待していた。投資による利益の成否は供出相手のゴルフ場の努力に依存するから、投資家は当該ゴルフ場の情報を知る権利が制度として保証される。事業を利用する権利と事業を利用する権利（会員権）の価格上昇の利益を得る期待が共存しているのが、ICOで得るトークンと同じ構図になっている。

　シェアビジネスの自走組織化を目指すドイツの新興企業によるICOを、SECが規制対象と表明したのを前回紹介した。拠出者の利益期待がこの企業の努力に依存するからであり、判例法国においてハウイ判決を踏襲している。でも、この企業の目標は、ブロックチェーンを使いシェアビジネスをビットコインのように経営者（管理者）がいない自走ネットワークにすることだから、目標達成の暁には、規制対象がいなくなってしまう。SECもビットコインやイーサリアムがオープンネットワークになっている現状は、ハウイ判決の射程外と認めざるを得ないから、初めから詐欺的なICO以外には注意喚起はしても、規制行動は自制する。ブロックチェーンと仮装通貨を使う新しいビジネスが、今後の経済成長の原動力かもしれないからである。

　一方、敗戦国日本がアメリカから証券法を輸入する際、投資契約を除外したのは、予見可能性を重んじる強固な大陸法国として有価証券概念が不明瞭になるのを避けたからである。でも、今世紀に入ると共同事業としての組合契約の体裁をとりながら、実際にはアイドルDVDやラーメンや映画を売って稼ぐ事業に拠出する投資契約であるファンドが現れた（**付録2 日米のSTO形成過程**）。

　フロリダの果樹園やカリフォルニアのゴルフ場の判例を学んだのは、金

商法に日本型投資契約として組合契約などを使う集団投資スキームと、その仲介業者として証券会社より設立ハードルが低い第二種金融商品取引業者（二種ファンド）を設けたかったからである。昨年（2017年）秋、金融庁もICOを「金商法の規制対象と考えられる」と表明したが、判例法国と大陸法国の溝は簡単には埋まらず、規制できる根拠は薄弱と言うしかない。そして日米を問わずブロックチェーンと仮想通貨は、伝統的な金融業とその規制体系に再考を迫っている。

115 大陸法国の桎梏

法律はざっくり書いて裁判でルールを形成していく判例法国のアメリカではICOに対しても、資金の拠出者に利益を得る期待があり、利益の実現が拠出相手の努力に依存していれば証券法の投資契約と認定されて証券法の開示や仲介の規制がかかる。昨年（2017年）秋に金融庁は、「ICOが投資としての性格を持つ場合、仮想通貨による購入であっても、実質的に法定通貨での購入と同視されるスキームについては、金商法の規制対象となると考えられます」と警告した。はて？　罪刑法定主義感覚が強固な大陸法国の日本でICOを規制できるようになっていたかなと、集団投資スキームの条文を読み直すと、「組合に基づく権利その他の権利のうち、出資者が出資した金銭（政令で定めるものを含む）を充てて行う事業から生じる収益の配当を受ける権利」とある。

まず、「その他の権利」は、まさに組合型ファンドが登場したのを機に事前に予想できない出資の形態にも対応できるよう限定列挙を避けたものだから、ICOに応募して得た権利（トークン）が当たるのは違和感がない。でも、出資した「金銭（政令で定めるものを含む）」の政令は、有価証券、信託受益権、集団投資スキームの権利などと限定列挙しており仮想通貨を含まないので、厳密には（仮想通貨＝集団投資スキームの権利と無

茶な類推解釈しない限り）ICOは当たらない。「実質的に法定通貨での購入と同視されるスキーム」に至っては、トートロジーで意味をなさない。

　ビットコインやイーサリアムでICOに応募するのをSECが規制対象と表明してもアメリカでは法解釈上の疑義を惹起しないが、条文を精緻に書く日本では条文に縛られる。「規制対象となると考えられます」という金融庁の自信なげな警告は、類推解釈の後ろめたさか、仮想通貨担当者から証券市場担当者への「よろしく頼むよ」という期待を反映しているのかもしれない。

　政令を直して仮想通貨を追加すれば金銭概念は明確化するが、担当者の気が進まないであろう事情は想像に難くない。ICOが明確に金商法の集団投資スキームに当たるなら、仲介業者である第二種金融商品取引業者の資格がないと売れないが、設立のハードルが低い二種業者が介在したところでICO投資家の保護にどれだけ資するか判然としないからである。

　それにアメリカ証券法の投資契約なら、果樹園の事業から分配する利益も、ゴルフ場会員権の価格上昇による利益も区別しないが、金商法の集団投資スキームは事業の利益を分配するものに限られるから、トークンで事業を利用しながらトークン価格の上昇も期待するICOの実態に合わない。むしろ日米当局ともに規制対象と表明するのは、既存の規制に当てはめる以上に、「投資家を騙すのは許さないぞ」と詐欺師への警告を優先しているように見える。

　だから制度論としては、「仮想通貨を資金決済法の送金・決済手段でなく、ICOの実態を踏まえて投資対象として正面から認識し、根拠法を金商法に移すべき」とする提案もある。たしかに現象としては、仮想通貨の相場操縦や、ICOをめぐるインサイダー取引や、交換業者による呑み行為などが報じられ、株式のように扱えばもうちょっとましな世界になると思われるかもしれない。

ここでも実際の桎梏は、罪刑法定主義感覚が強固な大陸法国の伝統になる。例えば、今のインサイダー取引規制は上場株を対象とし、未公開株は規制していない。これに対しICOでインサイダー取引とされるのは発行者の実施前の行為であり、株でさえ規制していない世界である。こういう類の論点を逐一決めて書いていかないと日本では規制法にならない。さらに、ICOで仮想通貨を得てブロックチェーンを使うオープンなネットワークを形成していくと、特定の管理者がいなくとも世界中のコンピューターが自由に参加してネットワークを機能させる以上、次第に規制対象が存在しなくなるという、より本質的な課題に逢着する。

116　会社とネットワーク

　ビットコインの送金・決済ネットワークのように、ブロックチェーン経済圏では需要者と供給者が直接つながって仲介業者がいない。金融契約はコンピューターが理解するスマートコントラクトにできる。仮想通貨を拠出して一定期間が経てば予め決めた金利を加えて戻ってくるなら貸出、拠出して行う事業の業績に応じて戻ってくるなら投資、拠出して一定の事故が起きれば予め決めた額が払われるなら保険になる。

　だから、この経済圏が広がれば典型的な仲介業者である金融業者もなくなり、対象が消える以上金融制度も監督行政もなくなる。野口悠紀雄教授の論考を半面教師としてツッコミながら読むのは長年の習慣だから、教授がブロックチェーンと仮想通貨を紹介し始めた数年前から含意は理解したはずだが、自らの経験と接点がないと実感はしにくいらしい（**65　半面教師**）。

　もちろんメガバンクはすぐに含意を実感して、プライベートなブロックチェーンで機能する自前の仮想通貨圏の構築に取りかかった。私のほうは規制経験を共有するSECが先般、「イーサリアムがかつてビットコインで

調達したICOは規制して然るべきだったが、今やイーサリアムのネットワークはビットコインと同じく世界に分散するコンピューターによって分権的に運営されているのでハウイ判決の射程外に去り規制しようがない」と素直に認めたのを読み、ブロックチェーンのマグニチュードをようやく実感した。

　大航海時代に、ハイリスクな東インドへの航海を実行する資金を集めるために、有限責任の株式を発行する会社ができた。株式の換金が容易だと初めから拠出しやすいから、株式市場もできる。東インドへの夢が高じれば株価はファンダメンタルズを超えて暴騰しやがて暴落するが、事業に必要な資金を集めるための副作用と観念された。

　世界恐慌に先立つニューヨーク株価の暴騰と暴落によりさすがに副作用を看過できなくなり、会社法が州法だから、「我が州に立地してください」と発行体に甘くなるのを自覚する。そこで、①株式などの有価証券の発行体（会社）には投資家に情報開示させ、②証券会社などの有価証券の仲介業者には投資家にリスクを説明させ、③仲介業者を含むすべての投資家に相場操縦を禁じる証券法を連邦法として定めた（**114　ハウイ判決の射程**）。

　この３点セットも株価がファンダメンタルズを超えて暴騰し暴落するのは防げない。株式市場はケインズの美人投票の面があるから、「自分がどう思うかでなく、みんながどう思うとみんなが思うか」に流される。一方でもちろん株価はファンダメンタルズへの評価を反映する面もあるから、３点セット規制により、発行体の情報を知らず、仲介業者からリスク説明を受けず、作為的な相場操縦が放置されての乱高下は緩和される。要は伝統的な規制は、投資家が発行体（会社）や仲介業者への信頼を高め、投資家集団である市場で自分が不公平に扱われない信頼を高めるほど機能するようにできている。

　ところがブロックチェーンのネットワークは、誰も信頼する必要がない

から機能するようにできている。会社なら社長が死ねば次の社長が就任して経営を引き継ぎ、その手腕が信頼に値するかを投資家が評価する。でも、ブロックチェーンのネットワークに社長はいない。「仮想通貨は誰も管理してないから信頼できない」といった常識的な意見には、「誰も管理しなくても信頼できるように設計したのですよ」と指摘したくはなる。一方で、「政府から独立した経済圏だからこそ信頼できる」といったリバタリアンの政治的意見は、政府に勤めた者として素直に共感するのは難しい。

　が、今後ブロックチェーン経済圏が広がる速度と範囲次第では、これまでの経済や金融のシステムを深遠に変容させるマグニチュードを持つ。今のところ私には、大陸法国の桎梏を放置したら投資家保護上かなりの不都合を招くという程度の経験に基づく想像しかできないから、この冴えないシリーズの最後に規制法の書き方と運用を考えてみたい。

117 規制法の書き方と運用

　アメリカで銀行ではない送金業のペイパルが活躍して利用者への安い送金サービスの提供や金融業界の効率化に貢献しているから、日本でも送金業を銀行以外に解禁しようと、プリペイドカードなどの電子マネーの規制法を母体に資金決済法を作った。プリカの規制が発行体に発行残高の2分の1を供託させるのはあまり理論的ではないが、発行体が債務超過で破綻しても、プリカ所有者が大損しないのを狙っている。

　新設する送金業者には送金途上額と同額を供託させることにしたのは、銀行業務の一部を解禁する以上、銀行並みの信頼を確保したい金融庁の願いを示している。アメリカでは銀行が破綻して預金が毀損するのも珍しくないが、日本では長年、「預金の毀損は絶対にあってはならない」のが銀行監督に携わる行政官が抱く脅迫観念だった。

送金業者の新設は銀行業界にとっては縄張りの侵食だから心穏やかでないが、利用者が便利になるなら正面から反対はしにくい。送金業者の送金額に上限を設ける銀行業界の提案を、金融庁は、「そんなことしたら利用者が不便だろ」と一蹴して原案を作った。そして迎えた与党審査では、銀行出身の議員から注文が相次ぐ。「別に銀行から頼まれたわけじゃないけど、金融秩序が激変しても困るから、送金業者の送金上限を100万円くらいから始めたらどうかね」。こんな意見が3人も続くと流れが決まる。油断して銀行業界の根回しに負けた金融庁は上限案を飲み、今も変更していない（注）。

　後に金融庁は、マネロン・テロ資金対策の国際機関から提案され、新たに資金決済法に仮想通貨を定義して仮想通貨の交換業者への規制を追加した。定義をざっくり書くと、「①電子的に記録され不特定者間を流通する財産的価値で、②決済に使える通貨建資産でないもの」になる。パスモのような電子マネーは、使う都度発行体が回収して不特定者間を流通せず、通貨建資産でもあるから仮想通貨ではない。預金は今や電子的に記録され不特定者間を流通する財産的価値だが、やはり通貨建資産だから仮想通貨でない。逆に通貨建資産を除いておかないと預金を仮想通貨交換業者が扱いかねないのが立案者の心配であり、伝統的に几帳面に縄張りを区分する規制法の書き方に依拠している。

　ただ、プライベート・ブロックチェーンを使って自前の仮想通貨経済圏を作りたい銀行はこの条文に悩むようである。円建ての価値を固定すれば通貨建資産として仮想通貨にならず、トークン発行体は法定通貨の送金業者として100万円の上限がかかって利用者が使いづらい。そこで送金上限がない仮想通貨にするためにわざわざ仮想通貨取引所を設けて安定価格操作をするとか、逆に円建て価値を固定する電子マネーにするために送金上限のない新銀行を設けて発行するとかの工夫を聞くと、「そんなの金融庁と相談して送金上限を撤廃したり、仮想通貨の定義をもっと包括的に書き

直したりしてもらえば済む話でしょ」と思う。

　資金決済法の解釈で民間と金融庁が対立する構図も時に見かける。例え
ば、フリーマーケットで売った代金を次に買うまで口座に置く場合、長い
目で見れば送金過程としてフリマ開設者に口座残高と同額を供託させるか
否かをめぐる解釈論争の結果、プリカ並みに２分の１供託に落ち着く顛末
を見ると、当てはめの選択肢が少なくて狭いと感じる。逆に、コンビニの
公共料金収納代行も宅配の代金引換も誰が見たって送金だが、資金決済法
ができる前から普及していたから、運用上は規制対象にしていない。

　ブロックチェーンの近未来につき書いてきたが、今後新たにどんなビジ
ネスが登場するかを想像するのは、想像力豊かな野口悠紀雄教授に譲る。
経験上確かなのは、利用者保護のために規制する必要がある新たなビジネ
スに対応するには、アメリカ証券法の投資契約のように包括的に書いて解
釈の幅を広げておかないと規制運用に苦慮する事態が増える。几帳面に書
かない規制だと民間の予測可能性は低くなるから、官民で密に相談する必
要が増す。法律そのものをアメリカ風に書き、SECみたいに融通無碍に
運用するのを見習わないと、無駄な悩みで身動きできなくなりかねない。

　（注）　後の資金決済法改正により、送金上限がない送金業者の類型を加えて無
　　　駄な悩みは緩和されたが、通貨として機能するフェイスブック（メタ）の
　　　リブラ（ディエム）構想やデジタル人民元に先導された中央銀行デジタル
　　　通貨の動きが顕在化し、銀行がプライベート・ブロックチェーンを使って
　　　自前の暗号通貨圏を持つ意味は判然としなくなった。
　　　　給与の振込先を銀行口座に加え、送金業者口座でも可能にするのは厚労
　　　省の仕事なので、銀行業界も縄張り侵食阻止の役所根回しは対金融庁以上
　　　にしづらい。厚労省の検討の場で連合が送金業者の破綻可能性を強く警戒
　　　するのは、ホントに銀行と連合って既得権者同士でウマが合うんだな、と
　　　妙に感心する。スマホの送金業者口座に電子マネーで給与が振り込まれ、
　　　QRコードをかざして使うなら利用者は銀行の存在を意識せず、ポイント
　　　が貯まるのも銀行口座にない妙味になる。
　　　　これまで給与振込みの利用者は身近に店舗やATMがある銀行を選んで
　　　きたから、銀行の衰退が加速すると予測されている。でも、これまで銀行
　　　は給与が振り込まれるメリットを積極的に活かしてきたようにも見えな

い。公共料金の引き落としくらいは提案するが、給与が多い利用者に投信や保険を勧めに行ったりすると、うざいと思われて振込先銀行を変えられかねない。

　そして、銀行口座の給与と同じく、送金業者口座の給与も全額は使われないのが、送金業者が考えねばならない課題になる。銀行口座に給与が貯まっても、金利はほぼゼロだから銀行は痛痒を感じないが、送金業者口座に給与が貯まれば同額を供託しなければならないから困る。定期預金に移したり、投信や株式や保険や米国債を買ったりしなければならず、既存の金融機関との提携は避けられない。この提携の風景を観察してから、銀行の衰退が加速するか否かは、より確かに予測できるようになる。

第 19 章

あまのじゃくな日々 (118〜124)

さまざまな現象への感じ方が他の人たちと違わなければ、こうしてわざわざ文章を書いたりしてないと思う。どこでも見かける文章なら自分が書くには及ばないから、あまのじゃくなのは、書き続ける原動力には違いない。ここでは、たまたまあまのじゃくがさまざまな現象に抱く、あまのじゃくな感想の連想が波及して続いているのに気づく。これはこれでやはり、読み返すと結構笑えた。

118　死亡ビジネスネットワーク

　「もっと世界を見たかった」と言い残して死んだ義兄の葬儀は、天寿をまっとうした葬儀のようには平静に迎えられない。連載で怒りを表してこなかったのは、めったに怒らないからである。でも、法外な請求をする菩提寺の住職や、菩提寺と結託した無能な葬儀屋や、火葬屋や仕出屋を含む死亡ビジネスネットワークに空前の怒りが炸裂し、読者から、「大丈夫ですか？」と心配された。

119　あまのじゃく評論家

　かぼちゃの馬車とスルガ銀行を「90　商材シェアハウス」でおちょくる前に、教えてくれた告発新聞記者との取材の風景になる。問題の所在と今後の展開が見えたから関心を失ったが、金融庁が銀行を行政処分するには人事異動をまたぐほど長期を要するのか、とは思う。死亡ビジネスネットワークとはまた別の不動産ビジネスネットワークの存在に、次回と対のあまのじゃくとして書いた。

120　あまのじゃく視聴者

　借り手の毎月の返済額を減らせば、返済に占める金利の割合が増え、返済終了までの期間が長くなる。かつての消費者金融と原理は変

わらない。借り手が高齢なら将来の不確実性は増すから、貸し手がリスクを取って借り手を支援しているとも言えるが、支援するには将来の不確実性に賭けるしかないとも言える。そして、本当に人生100年時代なら、結構冷厳な経営判断と言えなくもない。

121　外国人労働者総論

　外国人単純労働者を増やす政策に、まず、家計、企業、政府の部門間収支の間の望ましい展開を考える。政府の収支である財政が改善するには、民間（家計と企業）の収支が悪化しなければならず、企業が投資を増やすより、家計が消費を増やして民間の収支が悪化するのが望ましい。消費を増やすには、企業から家計に所得を移すのが穏当な道だから、低賃金の外国人労働者の存在とは背馳する。

122　外国人労働者各論

　低賃金の外国人労働者に依存しないと経営が成り立たない企業なら、諦めて退場してほしい。輸出企業なら国際競争力、農業なら自給率、市場で賃金が決まらない介護なら混合介護の可能性といった新たな論点が加わり、新古典派の単純な経済理論は使えない。国民が知らない領域で強い権限を行使してきた入国管理局は、庁になる今後は権限にふさわしい開かれた議論を尽くしてほしい。

123　「東京は別」

　東京の宅地も戸建ても価格はゆっくりとしか上がらないのに、マンション価格だけ急上昇するのは、バブル期と同じく実需で説明され、「今後も人口が増え続ける東京は別」が決めゼリフになる。でも、実需で説明できない分が投資で上がるからやがて下がるのが経済原理になる。頭金ゼロのマンション融資で長く不幸な人生を増やす銀行を抑

える術もなく、せめて風景を描いてみせるしかない。

124　今日のピノ子さん

　丸の内で事務をしていたピノ子さんはアラフォーになると婚約者に捨てられ、勤め先もクビになり、工場の低賃金肉体労働の職を得た。老後に備えてこつこつ節約し、一番ましな写真を婚活に登録して希望をつなぐが、日々ピノ子さんの苦難は続く。このブログが読者を集めるのは、こつこつ努力すればいつか人生は報われる、と私も含めて信じたいのかもしれない、と思ったのだが……。

118　死亡ビジネスネットワーク

　日比谷高校に通った義兄は大学紛争で東大入試がなくなると、「京大は遠くて面倒」だからと中野の自宅から一橋大に通った。就職は、「別にしたい仕事もないから給与の高さで」大手損保を選ぶ。入社後はアメリカに留学し、霞が関に出向する幹部候補として遇されたが、生来のこだわりのなさは組織人らしい気配りのなさに反映され、長く地方を転々とした。

　担当役員が、「奴をもっと使ってみろ」と指示すると世界が舞台になり、潜在能力を反映した実績をあげるようになる。私の義兄になると、「ようやく仕事が面白くなってきた」と語ったが、「ブローデルやウォーラーステインの歴史が面白いから読んでみなよ」と勧めるほうが優先した。遅ればせの役員席が見えた頃に、脳梗塞でサラリーマン人生が終わる。家族との折合いも悪化して疎遠になり、再度の発作が起きた時、世話をするのは歳の離れた妹である私の女房しかいなかった。

　病院が隣接する介護施設で、読書して放送大学の講座を見て知力の維持

に努める。かつての同僚の現役社長が見舞いに来ても、「オレのほうが仕事はできた」とうそぶく。口やかましい入居者には、「ばあさん、そろそろ死んだらどうだ」と言い放つが、言った相手を含めて憎まれない。加えて末期ガンが見つかると女房は泊り込み体制に移行し、コンビニで晩ごはんを買うのが私の日課になる。余命数週間と宣告されてから、苦しみに耐えて1年生きた。

　組織人としての気配りのなさは私も人後に落ちないから、それが致命傷にならない役所にいた幸運を、「もっと世界を見たかった」と義兄が言うたび痛感した。思い残すところが多かったはずだから、天寿をまっとうした葬儀のように平静には迎えられない。喪主の女房が菩提寺の住職から法外な請求をされたのも、死亡ビジネスへの不信感を煽る。「え？　オレの3年分のコンビニ晩ごはん代かよ」。

　菩提寺専属の葬儀屋のおばさんが通夜を仕切る。「10分後にご導師様がお見えですから皆様席におつきください」。「せっかく親族が旧交を温めてるのに、坊主が来る10分も前に待機すんのか」と独り言。やがて住職一家の仮装行列が現れ、鉦、太鼓、シンバルのチンドンシャンを聞くと、チンドン屋のほうが宣伝しているだけ建設的だと宣伝屋が嫌いなのに思う。高齢の住職は口パクしているだけだが、やおらはたきを振り降ろして、「かあーっ！」と叫んだのには脱力した。イノベーションしたつもりの芸らしい。家族劇場公演が終わると住職が戒名の解説を始めたが、途中で位牌を書き間違えたのに気づいてさらに脱力した。

　葬儀屋のおばさんは、ひっきりなしに女房にどうでもいいことを言いに来る。「先ほどのご導師様の戒名の件ですが、明日までには書き直しておくとのことでした」。「坊主が書き間違えたんだから直すの当たり前だろ。当たり前をわざわざ言いに来てアタシ気が利いてるとでも思ってんのか。それで仕事してるつもりかよ。だいたい他人の死に坊主とグルでつけ込んでるだけなのに、ご導師様たあ笑わせるぜ」。無論独り言に過ぎない。

翌日火葬屋や仕出屋にも心づけを渡す女房を見て、一体何人のネットワークが他人の死に依存しているのかとくらくらする。昼ごはん前に長々と、「厳しい修行に倒れたお釈迦様は村娘の貧しい粥で息を吹き返し、菩提樹のそばで悟りを開かれました。好き嫌いしないのがお釈迦様の心です」と有り難い住職の法話は、若き松本智津夫が侵入して追い出されたブッダガヤの悟りの菩提樹園を訪ねた時の風景を思い出して聞かないよう努めた。

　でも、「やっぱり葬儀場じゃなくてお寺でお坊さんが多いと読経も荘厳でいいわねえ」が親族みんなの弁。この世界にAIやブロックチェーンは簡単に侵入できそうにない。安定した利益を生む火葬屋に村上世彰さんが目をつけたのはさすがだな、とも思う。そして、「オレもこんな性格じゃなかったら、もっと心穏やかに生きられるのに」と寂しく慨嘆した。

119　あまのじゃく評論家

　朝日新聞で銀行カードローンの告発キャンペーンを張り、私への長いインタビューが登場する本まで出した藤田知也記者が次に狙う標的が、かぼちゃの馬車とスルガ銀行だったから、引き続き評論家として昨年（2017年）暮れから取材に応じた。「結論として、この馬車の御者は馬鹿か詐欺師と報道しても構わんけど、オーナー投資家が損しない可能性はゼロとまでは断言できないな」。「なぜですか？」。「なにも考えなかったオレの不動産投資が結果オーライだったからだよ」（90　商材シェアハウス）。

　確実に儲かる不動産なら持ち主は自分で持ち続けるから、オーナーを募るなら転嫁したいリスクがある。逆に言えば、物件が市場に出てきた以上、オーナーはどんなリスクを転嫁されようとしているのかを見極めねばならない。アパートやシェアハウスなら、立地が悪くて入居が進まないとか、入っても長居してくれないリスクが典型になる。

物件の管理会社（不動産屋）から、「リノベーションするか家賃を下げないと入居は難しいですね」と提案されればオーナーは断れず、長く銀行に借金を返していく間、次第に皮算用は狂っていく。不動産セールスが学歴不問の実力社会なのは、客が口にする不安を言下に否認し、自らを信仰させる芸に人生を賭けているからである。管理会社の提案に応じたオーナーがリノベすれば、工事や仲介手数料の売上げが生まれる。他人の死に僧侶や葬儀屋や火葬屋や仕出屋のネットワークが依存するのと同じく、不動産から安定した収入を得たい他人の願いに管理会社や建設会社やリノベ会社や銀行のネットワークが依存する。

　我が家の不動産投資経験を再述すると、①前の持ち主のおばあさんは同居する末娘家族の家計の足しにと敷地内にアパートを建てた。②家賃を安くする代わりに入居者は身持ちの堅い若い女性に限り自ら面接した。③おばあさんが遺言を残さずに死ぬと末娘の姉２人が、「あんたはお母さんを経済的に助けたわけじゃない」と分割相続を求めた、次第になる（**28　家計事情**）。

　要は、今住んでいるアパートつきの我が家が市場に出てきたのは分割相続のためであり、どんなリスクを転嫁されようとしているのかを見極める必要が客観的になかった。そしておばあさんが家賃を安くして身持ちの堅い若い女性入居者を選別してくれたおかげで、大半は今も結婚もせずそのまま入居している。なにも考えなかったのに、立地の良いアパートの15年間の家賃で１億円の借金を返した結果オーライが、家賃保証を真に受けてシェアハウス物件の質を考えなかったかぼちゃの馬車のオーナーには、絶対に訪れないとは断言できなかった。金融財政事情の自分の連載なら断言しちゃうが、朝日新聞となるとちょっとは慎重に留保したくなったかもしれない。

　藤田記者との対話は続く。「カス物件かどうか知らんから損しない可能性はゼロと断言はしないけど、この厳しい人手不足のご時世に、不動産屋

が地方出身の若い女性に仕事と住まいを両方提供するからサステイナブルという理屈を真に受けるシェアハウスのオーナーもどうかと思うけどね」。「スルガ銀行も真に受けたのに気づき、すでに融資は打ち切りました」。「スルガ銀行が、かぼちゃの馬車がねずみ講だと承知してグルで走ったわけじゃないなら割と単純な構図かもしれんね」。

　遠からずかぼちゃの馬車は破綻し、街にオーナーの悲鳴が溢れて被害者弁護団ができ、結果的ねずみ講に加担したスルガ銀行の体質を致命的じゃない程度に総括する第三者委員会の報告も出るだろう。弁護士もまた他人の不幸に依存するネットワークの一員かもしれないな、と今後の展開が見えた（2018）年明け時点で興味を失った。

　後に出たスルガ銀行第三者委員会の報告が、オーナーから銀行への損害賠償請求に影響を及ぼさないよう銀行とオーナーの関係に口をつぐむのも想定どおりだが、「こんなんじゃ不十分」と息巻く評論家も現れる（注）。そして、「目先のノルマに追われ客の将来を省みないスルガ銀行の対極にあるこの信用組合の客に尽くす姿勢は地域金融のお手本」と続くから、そういう信用組合を紹介したテレビ番組があるのを知った。あまのじゃく視聴者としての感想を次回に続けたい。

（注）　後に裁判所の調停で、シェアハウスのオーナーが物件を手放せば、スルガ銀行が借金を免除する決着が報じられた。免除だけではオーナーに免除益が生まれるから、オーナーのスルガ銀行への損害賠償請求権と相殺する理屈でオーナーに配慮している。損害賠償請求権の前提になるスルガ銀行の不法行為は、オーナーが割高な物件を高値づかみしないよう配慮する義務を怠ったとの理屈になる。
　　この時点で私は、「あ、やっぱりカス物件ばかりだったのか」とようやく確認すると同時に、「割高かどうかを判断するのは投資するオーナーの責任だろ。ここまで銀行の責任を広げられたんじゃもう不動産融資なんかできないぞ」と戦慄する全国の銀行の法務担当者も想像した。これで銀行の不動産融資がいったん減り、不動産ソーシャルレンディングが増えたりするだろう。やがてソーシャルレンディングのデフォルトが社会問題になり、「やっぱりリスクが見えないスキームは怖いよね」と投資家に再認識されたりするだろう。その頃にはかぼちゃの馬車のほとぼりも醒め、やっ

ぱり銀行は不動産融資に回帰する。

120 あまのじゃく視聴者

　NHKの『プロフェッショナル　仕事の流儀』は、毎度普通の視聴者に、「凄い人間がいるなあ」と感嘆させるように作っている。地域金融のお手本という評論家の賞賛を目にして再放送で見た72歳の信用組合理事長もご多分にもれず、毎朝5時に出勤して部下の報告書に目を通し、次いで6時40分から役員会で個別融資を決裁する。

　会議室に入る理事長を、役員たちは直立して迎える。それでも役員たちはノーネクタイのワイシャツだが、順次呼び込まれる説明役の支店長は上着にネクタイで緊張している。「なんだか昭和な組織だな」と早くも私は仄かに居心地が悪くなった。自分も昭和オヤジなのは自覚しているが、解脱したい希望のほうにひっかかる。

　理事長が毎朝こんな具合なのは、日中は手土産持参のアポなしで客を回るためである。若い頃から仕事ができ、バブル期には最年少支店長としてイケイケの融資拡大路線を走ったが、立て続けに融資先の夜逃げに遭った。そこで、「客の表面しか見ず、本音をつかんでいなかった」のを猛省する。本音で対話できるようになれば、客は、「最近売上げが落ちてまして」と自らに不利な事実も明かしてくれる。そこから事実をもとに、どんな支援が可能かを真摯に検討できる。ここまでの理屈は、間然としない。「客の将来に思いを致さず、上司の意に沿う目先のノルマに血道を上げるスルガ銀行員の対極にある金融」とほめたくなる評論家が現れるのもさもありなん。

　ある日理事長は本店から車で半時間走った中山間地の200人集落に、夫婦2人で農機具の販売修理を営む融資先を訪れた。「最近どうですか」と恒例の理事長の問いに、社長の夫が答える。「この地域では建設業の仕事

がある時は兼業の農業でも新しい農機具を買おうって気になりますが、そんな状況はなかなか続きません。それにウチは他行さんからの借入や個人としての借入もあって資金繰りが大変でして、毎月の返済のためにみすみす儲かる仕入の機会を逃しているのが実情です」。

　常に客を支援する機会を探している理事長は、答えの後段に反応して支店長に検討を指示した。きちんと返済する正常先だと思っていた支店長は「？」だが、「みすみす儲かる機会を逃しているそうだぞ」と理事長に言われれば対応するしかない。この信用組合からの複数の融資を一本化し毎月の返済額を減らす案で融資決裁の役員会に臨んだ。

　「本件の本質はなんだ？」と問う理事長。「それは社長の熱意です」と答える支店長。「違うな。あの地域の農家で農機具が壊れたら、あの会社でしか直せないのが本質だ。地域に絶対必要な会社だと認識してより深い支援策に練り直せ」。こうして支店長は他行や個人としての借入まで肩代わりして一本化し、毎月の返済額をさらに減らす案に至った。算数の当然として当面の農機具仕入余力は増す。融資決裁を終えると理事長は支店長より先に客の元に飛んで行き、感謝の言葉を聞くのが無上に楽しい。「おかげさまでこれからは資金繰りを心配せずに営業に力を入れられます」。「いやいや支店長が頑張ったからですよ」。普通の視聴者に改めて、「凄い人間がいるなあ」と感嘆させて番組は終わる。

　当面の返済が減れば、算数の当然として返済に占める金利の割合が増え、将来の返済期間は長くなる。いつまで経っても金利ばかり払っている消費者金融のリボルビングと原理は変わらない。66歳の社長はあと20年かけて数億を返さねばならず、息子がいても事業と借金を継いでくれる保証はない。中山間地の200人集落で営業を強化し、建設業依存の兼業農家に新たな農機具を売って回収に不安はないだろうか。目先の支援をしたい理事長の意に沿うために、将来の可能性に賭ける以外の選択肢を持てない支店長が、目先ノルマの達成を求める上司の意に沿うスルガ銀行員の対極に

あるだろうか。少なくともあまのじゃく視聴者の私には、この信用組合の支店長は務まらないと思えた。

121 外国人労働者総論

　「建設、宿泊、造船、農業、介護の分野で外国人の単純労働者を増やす」政策が報じられると、技能実習や留学という裏口から外国人労働者を使うより表玄関から迎えるほうが搾取しにくく、日本国民がより多くの外国人に接するのもグローバリゼーションを生きるうえで有益だろうとまずは好感した。一方で外国人単純労働者の供給増が、これまで人手不足により労働需給が逼迫して次第に上がってきた非正規雇用の賃金を抑えるのを懸念した。

　と言うより、「これ以上賃金が上がっては経営できない」と不安を抱く中小企業の声を背景とする経産省主導の政策になる。5つの職業分野は例示に過ぎないが、これだけ見ても分野ごとに次元が違う視点が次々に浮かび、一刀両断に賛否を判断しにくい。そこで今回は家計、企業、政府、海外の部門別収支＝貯蓄投資バランスからの総論を、次回に職業分野ごとの各論を考えてみたい。

　マクロの需要不足を財政が埋めるのは永遠には続かないから民間需要を増やすなら、企業の投資より家計の消費を増やすべきであり、そのためには企業から家計への民間内所得移転を増やすのが本稿の結論になる。話を単純化して、消費するのは家計、設備や工場といった実物資産に投資するのは企業とし、所得から消費や投資をして黒字として残る貯蓄が、預金や証券といった金融資産になる。所得以上に消費や投資をするなら借金する。

　家計の黒字＝貯蓄を赤字の企業が借りて設備投資しながら生産性を高めて所得が増える高度成長を実現したが、バブル崩壊後ほどなく企業も黒字

＝貯蓄をするようになり、家計と企業からなる民間の黒字に政府の赤字が対応している（注）。しばしば、「家計が持つ巨額の金融資産が日本の強み」といった解説を見ると、「それは政府が巨額の借金をしている意味だから、自慢するのも変でしょ」と感じてきた。

　貿易や投資で海外から稼ぐ所得が一定なら、政府の収支である財政が改善するには民間の収支が悪化しなければならない＝消費や投資が増えねばならない＝貯蓄が減らねばならない＝負の貯蓄である借金は増えねばならないのが、貯蓄投資バランスからの制約になる。この制約を前提に、これまで政府は経済界に賃上げや投資増を要請してきた。

　賃上げは家計の所得を増やして消費を増やし、投資増は企業が直接需要を増やすが、賃上げの要請ほど投資増の要請に共感しないのは、日本ではすでに需要に占める投資の割合が高く利益率が低いからである。家計の消費の低迷が続くから足元の需要として企業の投資に期待したくなるが、投資後の企業の費用回収は新たな所得を生まず、投資が波及して乗数倍の所得を生むのも過去の一時代を反映する教科書のお話になる。

　アダム・スミスが説いたように国民の幸せに直結するのは消費であり、高度成長期のように企業が設備投資して生産性が高まり賃金（所得）が増えて家計の消費も増えれば投資した甲斐があるが、長らく甲斐があるほど所得は増えてない。だから利益率を高める投資の質の改善には不断の努力が必要だが、需要の量を考えるなら企業から家計に所得を移して家計が消費を増やす形で民間の収支が悪化するのが穏当な道となり、そもそもそうした変化がなければ、持続的な経済成長も難しい。もちろん消費性向が低い豊かな家計から消費性向が高い貧しい家計に所得を移してもマクロの消費は増えるが、どの先進国も戦後一貫して累進税率を下げてきた流れを反転させるコンセンサスを得るのはなかなかに容易でない。

　経済学者が、政府による経済界への賃上げ要請や最低賃金引上げといった政策によりミクロの費用が経営を圧迫してマクロの失業を増やすと心配

する理屈は分かるが、人口が減り続ける中で、企業から家計への所得移転がマクロの消費需要を増やすメリットのほうが上回ると感じてきた。ただ、政府が介入しなくとも、今後ますます人手不足が深刻化し、労働需給が逼迫して次第に賃金が上がっていくから、市場メカニズムを邪魔しなくて済む。そう思っていたところに、それまでの思いの前提に背馳しそうな外国人単純労働者を増やす政策が現れた。

（注）　コロナにより部門別収支（貯蓄投資）バランスは、企業の売上げが減っても賃金や家賃を払い続けなければならないから、企業がいったん赤字に転じた。そして赤字をはるかに上回る借金をして、実物投資でなく、資金繰りを確保するための現預金を増やしている。家計は所得がさほど減らない割に消費を減らし、全国民一律10万円給付が輪をかけて黒字がさらに増えた。当然ながら、政府の赤字は輪をかけてさらに増える（216　内部留保論争、219　消費のさせ方）。

　　　民主党野田政権は、東日本大震災からほどなく、全国民で被災地を支援しようと復興増税の枠組みを作り、さらに消費増税の枠組みを作った。財務省主導の政権だったとも言えるが、政府への信頼を確かにしようとする政権だったとも言える。自民党政権に復帰すると経産省主導の政権になったとも言えるが、政府への信頼を確かにしようとする性格は希薄になった。全国民一律でなくコロナで打撃を受けた家計を支援する機運にならないのは、政権に選挙対策以上に重視する政策目的がないからとしか言えない。

122　外国人労働者各論

　政策として外国人単純労働者を増やす代表的な職業分野が、建設、宿泊、造船、農業、介護と、最大売上げサービス業の流通を含まないのは、大企業経営が多いスーパーは主婦パートの牙城だし、コンビニはすでに多くの国民が留学生の外国人店員に接し、「これ以上外国人を増やさなくても」と思う気分に忖度している。たしかに近所のコンビニで決済しようとしても、棚の整理をしているベトナム人店員が、日本人店員のように作業を中断してレジに走るほど機敏でない。イライラしないため私は、「どの

街から来たの？」と尋ねる。「ダナン。知てる？」「ああ最近行った。近くのフエやホイアンにも行ったよ」「私も何度も行たよ」。以来彼女は私を見るとレジに走るが、まずは平均的国民から異論の出にくい分野になるらしい。

　技能実習は実習した技能を本国に帰って活かす国際貢献の建前だが、技能実習を終えたら今般の新制度で引き続き日本で働ける。技能実習を経ていない場合は、予め一定の技能や日本語能力を備えていれば働ける。さすがに経産省主導で作っただけあって、法務省や厚労省が長年築いてきた移民を認めない前提の繊細な建前制度構造が、人手不足の本音によって崩壊しかけている。

　流通と同じく典型的な内需産業の建設と宿泊では、底辺労働を担う外国人労働者が増えれば賃上げを抑える。だから経営者は外国人を求めるが、低賃金経営しかできない生産性なら廃業を促すほうが産業構造上は望ましい、と言い切りたい。内需に加え世界に売る造船では、国際競争力という視点も必要になり、たしかに安くて丈夫な船を作って世界から評価されてきた。ただ、東日本大震災を象徴した造船企業に民間銀行の元利減免に加え、補助金、政策出融資、税制優遇さらには自治体の発注約束とあらゆる支援策を投入しないと再生の絵さえ描けなかった経験からは、低賃金の外国人労働者に依存してまで今後の日本に残さねばならない産業かねと疑問を覚える（注１）。

　さらに農業では、国際競争力に加え自給率という新たな視点が登場するが、金額でなくカロリーベースで自給率が低いと行政が国民を脅してきた伝統を疑ってきたから、国内生産と輸入とどっちが国民の恩恵かを比較する視点が必要になる。そして介護は、そもそも労働需給で賃金が決まらない分野であり、財政事情から今後も介護報酬の引上げは期待しにくい。逆から言えば外国人労働者を増やしても、賃上げを抑えない分野だが、安心して仕事を続けてもらうには外国人介護士も含めて保険外の家事手伝いを

増やして所得を確保する視点が大切になる。

　結局、介護のように労働需給で賃金が決まらない分野以外で外国人の単純労働者を増やすのは、今のとこ慎重に構えるほうがよさそうなのが、経験に基づく政策評価になる。マクロでは企業から家計に所得を移して家計が消費を増やす形で民間の収支が悪化し政府の収支が改善するのが穏当な道だが、外国人の単純労働者の増加は、企業から家計に所得を移す最初の前提に背馳する。加えて建設や宿泊といった典型的な内需産業でなければ、国際競争力（造船）、食糧自給率（農業）、混合介護の可能性（介護）といった次元が違う視点のバランス感覚を持たねばならず、新古典派の経済理論が使えるほど簡単でない。

　「難民の母」になるのが人間として正しい道と信じる東ドイツ生まれのメルケル首相が国民から反発されて苦しい立場に追い込まれるのは、普通の日本国民には、「もうちょっとドイツ国民は立派な首相を応援してあげればよいのに」と気の毒に見える。ただこれは、すでに6桁の難民を受け入れている国の風景であり、2桁の難民しか受け入れない国からドイツ国民を論評する資格がないとはなかなか気づけない。それほど日本の入国管理局は、国民が知らない領域で強い権限を行使してきた。「4桁違いとはさすがに日本国民として恥ずかしく、そこまで閉鎖してくれと頼んだ覚えはないぞ」と思うが、単純労働者の受け入れまで国民が知らないところで勝手に強い権限を行使されても困る。

　難民でなく移民の受け入れになるとドイツと1桁違いで済むが、今般の新制度のような対症療法でなく、国内の高齢者や女性の就労を含む今後の単純労働の人手不足の総合的な対策を考える時期にきている（注2）。入国管理局が金融のように庁に格上げされるのは経産省が用意したアメかもしれないが、役所としての自律性は一層増す。入国管理の制度立案や実践に当たっては技能実習のような偽善的理屈をこねる官僚や学者より、次元が違う視点を持つ多くの実務家が参画し、開かれた議論を尽くして対処し

てほしい（257　国際人権感覚ギャップ）。

（注1）　被災地を象徴した造船企業の関係者の知見を集めた最初の再生計画を、復興庁を兼務した私は心ならずも正直に評さざるを得なかった。「不可能を可能に見せかけようと逆算して数字のつじつまを合わせただけですね」。でも、「漁船が立ち寄れる造船所は地元に絶対必要だ」と合唱の中で、支援する選択しかなくなっていく。結局この造船企業は、本稿執筆後に会社更生を申請した。もう更生は断念するしかないだろうと諦観を抱くが、再び、「漁船が立ち寄れる造船所は地元に絶対必要だ」と合唱の中で、さらに多くの関係者の知見を集めた更生計画が裁判所から承認された。地元紙からコメントを依頼され、「この国は今後潰れるのが見通せる企業でも、今必要なら潰れるまでは生かす力学が展開する国です」と評するしかなく、無論ボツになる。

（注2）　技能実習生制度を立案した老いた元法務官僚のインタビュー映像は、まじめな人柄が偲ばれた。そして、まじめで世間知らずだから技術協力は移民でないとする官僚的で偽善的で無責任な制度を善意で作ってしまい、技能実習生が送る側と受ける側の双方から搾取されるのも痛感する。外国人単純労働者を増やす本音の新制度のほうがまだましに感じるが、新制度は計画に比べ極端に低調な滑り出しとなり、コロナが追い打ちをかけている。技能実習生を搾取するブラック企業の取締体制の構築にずいぶん時間がかかったのと同じく、この手の制度が軌道に乗るには一定の時間が必要らしい。

　　技能実習生として活躍し、新制度によりそのまま日本に残って企業の主戦力になるケースも現れており、この手の人材は制度がどうなっていようが活躍できる。一方で、日本に行けば豊かな生活が待つと期待して行ったが、「こんなはずじゃなかった」と失踪して犯罪に至るケースも依然後を絶たない。後者は、どこまでが制度の不備に起因し制度の改革や運用により改善できるのか、逆に言えばどこまでが人材の資質に起因する不可避な現象なのか、を落ち着いて判断しなければならないが、コロナ解雇により失踪して犯罪に至るケースはとりわけ判断に苦慮する（227　あえて旅して気づく（下））。

123 「東京は別」

「東京23区」の新築マンション平均価格が7000万円を超えても、不動産業界のアナリストは、「今後も価格上昇が見込めるから、共働きの夫婦な

らまだ購入余力は十分」と太鼓判を押す。やがて、「上場企業で共働き
の」とか、「日経平均構成企業で共働きの」とかまじめに言い出す日がく
るのだろうか。数字の変化に疎い私は当初、「東京都心3区」と見間違え
たほどである。東京では、「戸建ては手が届かないからせめてマンショ
ン」の時代ではなくなった。

　自民党政権への再交代以降、東京の宅地や戸建ての価格は緩やかな上昇
にとどまっているのに、マンション価格だけ4割近く上がった理由も親切
に解説される。「共働きが増えて管理が楽なマンション指向が強まった」
「増え続ける高齢者も体力が衰え、戸建てを処分してマンションに住み替
えたい」「日本に住みたい外国人も増え、マンションのほうが手軽に買え
る」、そしてなにより決め手は、「今後も人口が増え続ける東京は別」。実
需だけで正当化しようとするのも、いつか見た風景になる。

　バブル期に「東京23区」で「アメリカ全土」が買えたのも、国際金融セ
ンターとしての飛躍が約束されているからなのだった。今なお1990年代に
入っての地価バブル崩壊を、日銀の引締めや大蔵省の不動産融資総量規制
のせいにする論調が不動産業界に根強いのは職業病に見える。阿部寛も薬
師丸ひろ子も広末涼子も好きな役者だが、総量規制を止めようとドラム乾
燥機のタイムマシンで90年代初めに戻り、首尾よく止めたら万時結果オー
ライの映画『バブルへGO!!』を時代の描写としては懐かしんでも、素直
に笑ってばかりもいられない。

　経済の基本原理として、実需で正当化できない分が投資で上がったから
下がった。投資対象にしやすい東京のマンション価格が今目立って上がる
のは、政権と日銀の体制が代わって一層経営環境が厳しくなった銀行が、
稼ぐために残された手段として頭金ゼロのマンション融資に注力せざるを
得ないからなのは自明に思える。異次元緩和やゼロ金利政策は住宅ローン
金利の一層の低下をもたらして高額物件の購入余力を高めたが、すでに低
下余地はない。

共働きとはいえ中年になって、収益物件でもない7000万円のマンション
を借金で買うのは勇気があるなと思う。むしろ入居されないシェアハウス
みたいな欠陥収益物件のほうが、破局が早く来る分マクロ経済への傷は浅
くて済む。でも、マンション価格が上がっているうちは合理性があると正
当化する不動産業界人に事欠かない。やがて反転して「負」動産になれば
夫婦揃って借金返済に励む意欲は褪せ、夫婦の絆も怪しくなる。そして、
「ウチの資産価値が下がるから児童養護施設は来るな」と反対する残念な
住民運動が、港区から23区に広がるのだろう。

　良心的な日銀職員や金融庁職員は、さらに東京のマンション価格が上が
り続け、不動産業界のアナリストが、「上場企業や日経平均構成企業で共
働きの夫婦ならまだ購入余力は十分」とまじめに言い出す日がこないよう
願ってはいる。でも日銀職員は、「平成の鬼平の引締めのせいでバブルが
崩壊した」と責められ続けた記憶が残り、責めてきたほうの怪しい経済思
潮を受け継ぐ上司を今も戴かされて身動きがとれない。金融庁職員も、
「不動産融資総量規制のせいでバブルが崩壊した」と映画でまでおちょく
られた記憶が残り、抑制行動に本腰を入れにくい。

　そんな折に金融庁は、外からは単純な構図に見えた欠陥収益物件量産銀
行に、ずいぶんと長期間をかけたうえで行政処分を出した。かつてこの銀
行を賞賛した上司を戴かされていたのと長期間を要したのが関係あるのか
定かでない。「自らの住居部分が半分未満の住宅ローンを含む」不動産融
資の半年停止命令を読む際は、「本当は住居部分が半分以上の収益物件
も、収益物件でないマンション融資も停止したいのだろうな」と行間を深
読みするとよい。そして東京でマンション融資をするすべての銀行は、自
らにも向けられた行政処分のように想像力を働かせてみるのがよいだろう
（注）。

　（注）　コロナにより東京の地価が下落に転じてもマンション価格が崩れないの
　　　は、リーマンショックを経験したデベロッパーが供給を絞った事情もある

が、東京でマンションを需要するような夫婦の仕事はコロナと無縁である。「かぼちゃの馬車」のシェアハウスという特異な収益物件のオーナー救済は決着したが、スルガ銀行で収益物件でない不動産融資一般のほうは適切に行われていたわけでもないから、責任を問う借り手の声もあがっている。収益物件でない不動産融資一般にまで貸し手責任が問われるならスルガ銀行の再生だけでなく広く銀行実務一般に影響し、やっぱり実務に携わる全国の銀行員の苦悩を想像する（119　あまのじゃく評論家）。

124 今日のピノ子さん

　ピノ子さんのブログ「もう後がない～まさにギリギリ崖っぷち！」を毎日読むようになったのは、アラフォー同年代の対照的な女性を描いた東洋経済オンラインの記事へのコメント主が紹介していたからである。東洋経済の女性のほうは、１度も働かないまま専業主婦になり、夫と親友の不倫にダブルショックを受けて反射的に離婚したが、働いた経験がないのでどんな仕事も続かず生活保護に至る。ヒマを持て余して昼はパチンコ、夜はホストクラブに通えば、当然カネが続かないから熟女出会い系に登録してウマが合う相手を探す。ありきたりの転落物語と思いきや、この出会い系で再婚相手に出会い、今では相手の連れ子の娘を大学に合格させようと張り切る結果オーライの意外な展開だった。「やっぱりマーチ以上じゃないと世間に通用しないから、塾も家庭教師も手段は選びません」。

　「それってアンタの人生をぜんぜん反映してないだろ、手段を選ばずカネがある男を落とせって教育するほうが実践的じゃないの？」と感じなくもない。東洋経済へのコメント主も私と同じ違和感から、対照的に地に足がついた努力を重ねるピノ子さんのブログを紹介していた。ピノ子さんは長く丸の内のOLだったが、アラフォーになって婚約者が若い女に心を移して捨てられ、同時に勤め先もクビになる。絶望しながらも必死で仕事を探し、なんとか工場の低賃金契約社員になった。事務しか経験がないのに

アラフォーからの肉体労働はかなりつらい。おっとりした性格でちょっと太めのピノ子さんは、上司や先輩の醒めた視線を感じながらも、新たな生活に生き甲斐を見出そうと努めている。

　東洋経済の女性のほうも、不倫ダブルショックで反射的に離婚するのはピュアなのかもしれないし、再婚後の義娘に自分のように男にすがって生きろと説くより、女も学歴と仕事を得て自立せよと促すほうが健全には違いない。でも、離婚と再婚の間に、普通に働けないからといって生活保護でパチンコとホストクラブに通い熟女出会い系に至る道のりは、エリザベス１世が提案した救貧法に取り巻き貴族たちが、「貧乏人を一層堕落させるだけ」と反発したのも一理あるようで、素直に共感するのは難しい。

　ピノ子さんのほうは、「働かざる者食うべからず」が当たり前と思っていて、老いて働けなくなっても食えるようひたすら節約する。ワンルームアパートの暑い夏にエアコンを使い過ぎないよう下着で過ごし、水浴びでしのいだら電気代より水道代がかさんで後悔する。仕事帰りで疲れたのに遠くて安い業務スーパーに自転車で行き、転んで怪我してかえって治療費がかさんで後悔する。

　痛みがまだ残るのに、工場では怪我直後の時短から通常シフトに戻らないと食べられない。人並みの結婚願望はあるから、ピノ子さんは一番ましな写真を選んで婚活出会い系に登録した。待ちかねた挙句にようやくアラフィフ契約社員の思いやりだけはありそうな男性が反応してくれ、今後どう展開するのかが今（2018年秋）の状況になる。

　自らの冴えない人生を直視し、たんたんと隠さず綴って絶望を紛らわす流儀には、若き日の太宰治を連想する。幸い太宰の文才がなくとも、ブロガーが読者を集めればささやかに稼げる時代になった。なんで毎日「今日のピノ子さん」を確認しないと気が済まなくなったのかはよく分からない。ただ、本能の赴くままに生きて結果オーライの東洋経済の女性より、自らの常識に従ってこつこつ努力するピノ子さんのほうが気になり、少し

でも幸せになってほしいなと願って今日も読む。こつこつ努力すればいつ
かは報われるのが人生の真実、と信じたい読者が結構多いから、ブログの
フォローを通じてピノ子さんの生活をささやかに支えているのかもしれな
い（注）。

（注）　ピノ子さんのブログは食べ物の写真を掲載していた。「またお昼に大盛
　　　カップメンとおにぎり２つ食べちゃった。これじゃあ痩せないよなあ」と
　　　コメントして食べる前のカップメンとおにぎりの写真。実家から送られて
　　　きた野菜の宅配便の箱も、「これで結構節約できるな」とコメントして掲
　　　載。宅配箱の写真を拡大すると、送り先のピノ子さんの住所は、独身向け
　　　ワンルームアパートではなく、世帯向け高級マンションと判明する。
　　　　要は、余裕ある主婦がピノ子さんになりすましてアラフォー独身女性の
　　　冴えない人生を創作していた。注意深い読者が気づいた後、ブログは無論
　　　直ちに閉鎖される。「騙された」と怒りが湧いてもこず、むしろ注意深く
　　　騙し続けてほしかった。ピノ子さんをフォローしてきた読者の多くも同じ
　　　気持ちではないかと思う。よくできたリアリズム小説だったと思うことに
　　　して、以来ブログの体験談を読む際は、時に創作の可能性を意識する。

第 20 章

ICOからグーグルへ (125〜130)

アメリカのICO規制の官民のダイナミズムを眺めながら、新たな現象に柔軟に対応できない日本の規制と運用に思いをはせ、グーグルに情報操作されている不安を覚えながらも、グーグル検索なしでは活動できない日々を送る。そして2年ぶりのラテンアメリカの今（2018年末年始）は、通念を疑うあまのじゃくにとって、やっぱり建設的に考える素材の宝庫に違いないと痛感する。

125　ICOからSTOへ

　「ICOが証券法の証券に該当する」とSECが言えば、「証券法が認める例外の私募で集めるなら構わんでしょ？」と発行体が応じてSTOを開発する丁々発止がうらやましい。既存の証券法がざっくり書いてあるから丁々発止が可能になる。日本でもざっくり書かないと変化に対応できないと提案しても精緻な伝統工芸手法は変わらないから、顧慮されない提案を繰り返さねばならない。

126　詐欺の水準と対処法

　投資対象に事業実体があるのか詐欺なのか、詐欺だとすれば当局は、事業実体がなく客を騙す意図を立証しなければならないのか、投資対象として法律の手続に従ってない形式的な認定で足りるのかは、当局にとっては重要な差異になる。ただ、新たなICOのアイディアが実現すると、社会や経済に貢献するのか、混乱の副作用が上回るのかが判然としなければ、対処のさじ加減も難しい。

127　規制の運用姿勢

　金商法の二種ファンドに比べ、資金決済法の仮想通貨交換業者が格段に少ないのは、金融行政が緊迫した有事から停滞した平時に移行し

て、登録審査が格段に保守化したせいらしいとは思う。登録を認めて
問題が起きる想像力が豊かだと慎重に審査したくなるが、保守的審査
によりビジョンの実現が遅れるなら、停滞した日本経済の足をさらに
引っ張る想像力が求められているとも思う。

128　啓発の行方

　「今日の服可愛いね」と言うオヤジに、「関係ないでしょ」と女が怒
るセクハラ啓発ポスターに、こういう女がいない職場のほうが居心地
良さそうだと思う私は、ぼやくオヤジを免罪しているとしてポスター
が炎上する光景に絶句する。ただ、「うれしーい」と反応する女のほ
うが、本人の主観として幸せかもしれないのはまた別の論点であり、
両タイプの女の間で葛藤した中島みゆきを思う。

129　もの作りの喜び

　ラテンアメリカ経済がテイクオフしない歴史上の原因を、「民族主
義者による外資排除と国有化」「ポピュリストによる放漫財政」と悪
玉を連ねるだけでは腹にすとんと落ちない。外資導入、民営化、緊縮
財政と善玉路線に転じても即効性はなく、政策に国民性はどう影響す
るか、再分配に生産性向上が伴って先進国になるとはどういうこと
か、実相に近づこうとまたラテンアメリカに向かう。

130　旅の良識

　「能力に応じて働き、必要に応じて受け取る」社会主義への固執は
時代錯誤でも、競争の能力に応じた格差を容認する「良識」もまた、
国民の不満が臨界点を超えれば、外国専門家の選挙予想を覆してトラ
ンプやボルソナロが大統領になる。「主義」に固執しないだけでな
く、主義から距離を置く「良識」の限界も意識し、自ら見たいと欲す

‖‖

125 ICOからSTOへ

アメリカ証券法を解説する際、「規制する有価証券（Securities）として流通性が高い株式（Stock）や社債（Corporate Bond）に加え、流通性が低い投資契約（Investment Contract）があり有価証券の包括条項になっている」なんて順に語りつつ、我ながら隔靴掻痒と感じる。実際は、StockやCorporate Bondの総称がSecuritiesであり、それを敗戦後の日本が輸入して証取法を作る際に有価証券と訳した順になる。転々流通して価格が変動する有価証券ではないInvestment Contract（投資契約）は規制の外延が不明瞭になるので予測可能性を重んじる大陸法国として採用しなかったのも、有価証券という訳語を長生きさせた。

デジタルトークンを発行して、ビットコインやイーサリアムなどの仮想通貨と引き換えに資金調達するICO（Initial Coin Offering）を、アメリカのSECがためらわず規制するのは、フロリダの果樹園やカリフォルニアのゴルフ場への資金拠出を投資契約とする判例法が確立しているからだとこの連載で紹介した際、「話が難しい」と読者に不評だった一因も翻訳の壁にある（114 ハワイ判決の射程）。「有価証券」が「安全」や「保証」と同じ言葉であるアメリカ人の感覚は、「安全」に「保証」された金融資産は銀行預金に限る日本人の感覚からは遠く、「有価証券」からはむしろ「リスク」を連想する。でも、翻訳の壁を超えないと言いたい本質に到達できないので、不評覚悟でむしかえしたい。

ゴルフ場に資金拠出してゴルフ場を利用する会員権を得るのは、単なる会員権の売買契約に見える。でも拠出者はゴルフ場が努力して良いゴルフ

場を造成し、会員権価格が上がる利益も期待していた。拠出先の努力による利益を期待するから投資契約になり、その発行体は情報開示し、売るのはBroker-Dealer（証券会社）でなければならない。ICOも拠出者が拠出先の努力による利益を期待するなら投資契約になる。

　この論理から逃れようとICOの発行体は、「我々が発行するのは投資契約になるSecurity Tokenでなく、事業を利用するUtility Tokenに過ぎません」と言い訳してきた。でもこの言い訳は、すでにゴルフ場の判例で否認されている。会員権がゴルフ場を利用するUtility Tokenであっても、拠出者がゴルフ場の努力による会員権価格の上昇も期待しているならやっぱりSecurity Tokenなのである。

　そこでICOの発行体はSECに恭順の意を表し、「初めからSecurity Tokenとして発行しますが、証券法の規制に従いプロ向け私募として限られた投資のプロにしか売りません」と簡素な届出で済ますSTO（Security Token Offering）を開発した。SECが証券法を適用するなら、証券法に規定している例外に当たるなら文句ないだろ、と逆手に取る形になる。官民が丁々発止で腹を探り合うのがうらやましい。このダイナミズムは、規制の姿勢が厳しいか緩いかではなく、規制の根拠になる法律が緩く書いてあるから可能になる。

　金商法で日本版投資契約である集団投資スキーム（投資ファンド）を新設した際、単に組合などを使う集団投資スキームとか投資ファンドと緩く書いておけば、ICOに適用する疑義は生じなかった。でも、「組合の権利その他の権利のうち出資した金銭（政令で定めるものを含む）を充てて行う事業から生じる収益の配当を受ける権利」なんて厳格で詳細に書いてしまうのが大陸法国の性だから、政令で仮想通貨を定めていないと適用できないな、と心配になる。

　また、これまで売掛債権や手形をデジタル化すると法律に新たな有価証券として追加してきたから、デジタルな集団投資スキームは含まないな、

とやはり心配になる。日本版プロ向け私募の届出制度も、悪用されないよう心配して厳格で詳細になり、使い勝手が落ちていく。法律の書き方は伝統を背景とする単なる実務的な習慣のように見える。が、これからは意識してざっくり緩く書いておかないと、官民ともに新しい現象に対応できずに身動きがとれなくなるリスクは一層顕在化していく（注）。

> （注）　後に改正金商法が日本版STOを導入した際、本稿の指摘はもちろん顧慮されず、この国の立法の伝統に従い厳格で詳細で理解困難な法律になっている。続きとして編集担当の武下さんから、「付録2　日米のSTO形成過程」を依頼された。

126 詐欺の水準と対処法

　金融庁の仮想通貨研究会にアメリカの事業実体がない詐欺的ICO事例を紹介したら、「日本でももっと規制を強化せよ」と怒りの意見が相次ぎ、「単に全面禁止するだけなら簡単なんですけど」と金融庁の担当者が困惑したと報じられた。見識ある研究会メンバーの顔ぶれから見て、報道ぶりほどナイーブな議論だったとも思えないが、世界の金融当局の困惑を象徴してはいる。そこで思い出すのは、金融庁が日本でもICOを規制できると主張する根拠の集団投資スキームを売る第二種金融商品取引業者（二種ファンド）による詐欺的な資金調達であり、事業実体がなかった監視委員会での経験事例を初級、中級、上級に分けて紹介したい。

　初級はアフリカの金鉱山ファンドである。「現地政府の要人とともに、金の採掘を始めアフリカ大陸との親交、貿易、寄付などの事業を手がけて参りました。種をまき、水を注ぎ、大切に育ててきた事業はここにきてようやく実り、大きな成果をあげることができました」。この投資勧誘パンフを見て、「本当に鉱山が実在するか現地政府に照会しましょう」と真顔で言った監視委員会の担当者を、次の人事異動で放出した。左遷ではない

が、これが直ちに詐欺と分からないようでは、悪い奴を捕まえる仕事は向いてない。

　中級はフランスのワインファンドである。「上質なワインは寝かせておくだけで次第に価値が上がります。優れたソムリエを多く抱える当社はブルゴーニュやボルドーの厳選したセラーと提携し、お客様の長期的な資産運用の対象をご提供できました」。この文章ならもっともらしいと感じても構わないが、有利な運用対象をなぜフランス人でなく日本人に提供してくれるのかと疑問は覚えてほしい。

　そして上級は、「アメリカの病院から診療報酬請求権を買い、アメリカの保険会社から回収する事業で年利６％」と称し、日本の高齢者１万人から１千億円強を集めて費消してしまったラスベガスのMRIインターナショナルである。「病院での診療報酬請求実務のプロと、保険会社での査定実務のプロをともに抱える当社だからこそ、両者をマッチングさせる新たな運用モデルを確立できたのです」。なまじ教養があるほうが、「国民皆保険でないアメリカでは医療が巨大産業で診療報酬請求権も巨額」と連想が働き、さほど高くない年利にもっともらしい投資意欲を喚起された。

　以上はいずれも登録業者だから、事前の登録審査の限界を示してもいる。「登録業者のくせに、やっている事業は詐欺」と認定するのは、警察にはまだハードルが高いから、監視委員会が事業のスキームを追いかけて、事業実体がなく騙す意図を立証するために汗をかかねばならない。対するアメリカの詐欺的ICOは、もっと簡単に摘発している。投資の性格を持つICOは証券法の投資契約になり、発行体は情報開示し、売るのはBroker-Dealer（証券会社）でなければならないのに、発行体が情報開示せず売っているのがBroker-Dealerでなければ摘発できる。騙す意図を立証しなくとも、法律の求める手続に沿っていない形式的認定で足る（**140 金融行政の守備範囲（下）**）。

　相手が詐欺なら遠慮しないが、ICOのプランに事業実体がありそうだと

SECもさじ加減が悩ましい。レストランのユーザーが評価を投稿するアプリの運営会社が試みたICOを一例として紹介する。イーサリアムと引き換えに発行したトークンは、アプリ運営会社社員の給与になり、投稿したユーザーへの謝礼になり、社員やユーザーがレストラン代金として使え、もちろん仮想通貨取引所で換金できるし値上がり目当てで購入もできる。スキームが実現すれば、レストラン評価に限らずユーザーが評価する既存のあらゆるビジネスに大きく波及する。

　こういうことができるほうが多様なビジネスが発展して経済成長に寄与するのか、社会や経済が混乱する副作用のほうが上回るのかは直ちに判断できない。結局SECは発行は差し止めたが、詐欺的ICOに対する刑事告発や制裁金のような厳しい対応は見合わせた。こうした規制運用のさじ加減の難しさが、単純な規制強化論に「全面禁止するだけなら簡単なんですけど」と反応する冒頭の金融庁担当者の困惑の原因になっている。

127 規制の運用姿勢

　金商法の第二種金融商品取引業者（二種ファンド）の登録数が1200弱あり、資金決済法の仮想通貨交換業者の登録数が16なのは、印象的な差である（2018年秋時点）。仮想通貨交換業者がハッキングされ多額の資金を奪われたり、検査で違法行為が指摘されたりの報道に接すると、数を増やさないほうが無難と思うかもしれない。でも、二種ファンドも投資家から多額の資金を奪ったり、検査で違法行為が指摘されたりは珍しくなく、存在に伴うリスクだけから存在する数の違いを説明し難い。

　証取法を改組した金商法の運用者は、前世紀末の金融ビッグバンの洗礼を受け、まずやらせてみて不都合があれば改める「事後チェック」の思考法になじんでいる。私も洗礼を受け、「事後チェック」の思考法から金商法を設計し、後に際限ないもぐら叩きみたいな二種ファンドの摘発業務に

身を移す自業自得を経験した。対して、銀行の送金・決済業務を銀行以外にも解禁した資金決済法の運用者は、銀行規制と同じく転ばぬ先の杖の「事前予防」の思考法になじんでおり、最近追加した仮想通貨交換業者の規制も、送金・決済手段としての仮想通貨を念頭に設計している。

　出自の違い以上に、金融行政が多難な有事から停滞する平時になったのが、規制の運用姿勢を保守的にした。有事に保守的では仕事にならず、部下が上司に気配りする余裕もない。講演に行く上司が使う資料を部下に頼んだりすると、「そんなの適当に見つくろって適当に喋ってきてくださいよ」と金融危機対応や破綻処理や異論の多い制度改革で忙しい部下は反抗した。やがて私が個室に入る頃には、個室の上司が講演に行くなら部下は、資料はもとより原稿まで用意するのが当たり前になり、自分の言葉で喋れない幹部が増える。

　ここ数年は金融庁の若手に、「最近なにをしているの？」と尋ねると、「森長官がなにを考えているのかを考えるのが一番の仕事ですかね」と反応されて脱力した。時代の変化にやむを得ない面はある。若い頃から金融危機対応や破綻処理や異論の多い制度改革に携わって、業界や利害関係者や政治家とつばぜり合いを繰り返せば、厚かましくもなり血肉化した経験が自信にもなる。そんな若手が幹部になると、停滞する平時になった現在の若手がなんだか保守的で頼りなく見えるだろう。でも、役所の仕事は基本ボトムアップだから、あまり上から具体的に指示するのもためらわれる。

　現在、仮想通貨交換業者の登録審査に携わる若手が、金商法施行初年の二種ファンド登録数が400、翌年が200だった実績を見れば、「正気の沙汰か」と思うかもしれない。ただ、二種ファンドによる詐取であれ、交換業者からのハッキングであれ、規制の運用姿勢が保守的で良かったと思うのは問題が起きた時に限られる。問題が起きる想像力が豊かだと、つい保守的に時間をかけて審査し、難癖をつけて登録を渋りたくなる。逆に、問題

が起きなければ、二種ファンドが各々のビジョンに沿って新たな時代を切り開くビジネスや被災地支援や再生可能エネルギー普及のために円滑に資金供給しても、審査の迅速性が特に評価はされない。

そして二種ファンドと交換業者の登録数を比べたくなるのは、送金・決済手段として設計された仮想通貨が、現実には投資対象として取引されているからでもある。二種ファンドの申請者と同じく、交換業の申請者にもモラルが疑わしい者はいる。でも同時に、ビジョンを持った二種ファンドと同じく、ブロックチェーンと仮想通貨を使い人間がより生きやすい新たな経済社会を切り開くビジョンを実現したい交換業の申請者もいる。審査の保守性によりビジョンの実現が遅れるなら、停滞した日本経済の足をさらに引っ張る想像力が求められているのだろう。

128 啓発の行方

「カラオケ人気ナンバーワンは中島みゆき」というスマホのグーグル記事のタイトルに、「ホントかね？　カラオケって老人しか行かなくなったのか」と疑問は覚えたが、クリックもせず朝の駅構内を歩けば、東幹久の困惑顔を大写して、「これもセクハラ？」と大書した内閣府の啓発ポスターに遭遇した。「今日の服可愛いね、オレ、好みだな」と言う東に、「関係ないでしょ」と怒る女。「やせてきれいになったんじゃない？」と言う東に、「そういうとこだけ見てるんですね」と憮然とする女。ポスターの下部には、「セクハラを決めるのは、あなたではない！」と啓発スローガン。

東の発言に、「私もこの服気にいってるんですよお」とか、「やっとダイエットの成果が出てうれしーい」と可愛く反応する違うタイプの女もいるだろうとは思った。そして違うタイプの女がいる職場のほうが居心地良さそうと思うのは、福田淳一財務次官との会話を隠し録りして週刊誌に流し

た女の記者には近寄りたくない私の昭和オヤジぶりを反映する。

　数日後、この内閣府の啓発ポスターが、「これくらいは許してよ、とぼやくセクハラオヤジを免罪している」と炎上したのを知ると、「こんなのさえダメなの？」と自分の感覚の時代とのずれを思い知る。でも怒ったり憮然としたりする女より、ステレオタイプに可愛く反応する女のほうが本人の主観でも幸せかもしれないのは、また別の論点だとは思う。

　そうは思ってみても、怒ったり憮然としたりする女の存在を前提に、職場の管理者はハラスメントを避けねばならないから、上司が部下とのコミュニケーションにおいて、部下を話題にしないのが単純なルールかもしれない。適齢期という言葉が死語になりつつある今、オヤジ上司が女の部下に、「いい歳こいていつまで嫁に行かん気だ」と言えばセクハラであり、男の部下に、「いい歳こいていつまで嫁をもらわん気だ」と言えばパワハラであり、どっちの部下も、「放っといてくれよ」と思う。

　上司が自分や家族の話題しか語らなければ、自分や女房や子供の自慢話を聞かされる部下はうざくても、ハラスメントにはならない。もっと言えば、コミュニケーションは仕事だけでするのが間違いを防ぐ。してみると内閣府の善意の啓発さえセクハラオヤジを免罪していると責められ、片山さつき担当相が、「貴重なご意見」と拝聴してみせる事態は、日本の会社というものが、人間の共同体から、仕事をするための組織という元来の役割に脱皮するのを促すのかもしれない。

　でも、人間が生きるってそんなに単純なことなのか、と迷走する私の思いは、冒頭の中島みゆきに戻る。40年彼女を聴いて、人生に素直に適応できない女の煩悶を感じてきた。男を好きになれば、ステレオタイプの女らしく可愛く甘えて尽くしたい気持ちも心底ある。が、対等な人間として男と向き合いたい気持ちが邪魔をして、相克の間を揺れてまた捨てられる。

　今よりセクハラにもパワハラにもはるかに鈍感だったこの40年、自身も含めて不条理なハラスメントに晒された人間に、中島みゆきは応援歌を送

らずにはいられない。男と女も、上司と部下も、大人と子供も、ハラスメントのない世界に生きるのが理想だが、それだけで幸せになれるとは限らない。男と女も、上司と部下も、大人と子供も伝統的ステレオタイプに安住するほうが主観的には幸せなのかもしれない。その相克を歌った中島みゆきに共感してカラオケのマイクを握るのは、新曲をかつてリアルタイムで経験した老人だけでなく、若者も握るからこそ人気ナンバーワンなのに違いあるまい、と思い至って今朝ほどスマホで見逃したカラオケの記事を探した。が、グーグル記事はあっという間に消える。

129 もの作りの喜び

「スマホでグーグル検索しようとすれば、ニュースだか広告だか判然としない記事リストが頼みもしないのに現れる」と前回書き出してからすぐ消したのは、「オレの検索履歴を反映しているだけだ」と悟ったからだが、消す前のこの書き出しは、カラオケでの中島みゆき人気を伝える記事への意外感より、TVドラマ『下町ロケット』続編の記事を連日配信される違和感からだった。

「土屋太鳳の胸のラインがくっきり見えるセーターに視聴者騒然！」だの、「突然ダークサイドに墜ちた尾上菊之助に視聴者戦慄！」だの自作自演の記事を配信する暇があるなら、もうちとましな脚本書けよ、と思う。悪玉と善玉がはっきり分かれるのは、原作者が同じ『半沢直樹』も『陸王』も『下町ロケット』前編も同じだから構わない。困るのは、悪玉が善玉を苦しめる扇情的なドラマ展開に必然性がなく、逆転による視聴者のカタルシス狙いが見え透いて、もうちと腹にすとんと素直に落ちる物語にしてほしいに尽きる。

救いは、勝手に騒然とし戦慄させられたはずの視聴者が素直に反応して、前編より大幅に落ちる視聴率で報いていることである。焦る製作側

は、連日の情報配信で、「これでもハマらない気か」と視聴者を脅す。「文句があるなら見なきゃいいだろ」と読者に思われそうだが、このシリーズが、「もの作りの喜び」をモチーフとする以上、そうもいかないのである。

一国の経済がもの作りをどう位置づけるかは、複雑で微妙な課題と常に感じてきた。「10年連続赤字でもテレビの国内生産はやめません」と社長が言いながら沈んでいく電機メーカーには、もう諦めて新興国に任せたら、と思う。仲間とすり合わせて緻密に作る喜びが、モジュールを組み合わせる水平分業の時代に合わなくなったでしょ、とも思う。GAFAMみたいな企業が日本に現れないのはもの作り信仰から解脱できないからじゃないの、とも思うが、そういう企業を作れる国民性じゃないのかも、と堂々巡りする。

一方で、新興国の空港に降りて最初に話すタクシー運転手が、「アンタの国はグレートだ」と日本車をほめるのがお世辞でないのは分かる。新興国のカフェのウエイターも、「日本人はいいものを作って世界に売ったカネでこの国に遊びに来る。オレにはアンタにティーをサーヴする仕事しかない」と自嘲するのが本音なのも分かる。

日産の経営を日本人の手に取り戻すのが国益か否かでゴーンが強欲な犯罪者か否かが決まる論争の構図も、国益という課題の複雑さや微妙さを反映している。だから国産ロケットのバルブに続いて無人農機のトランスミッションを作る喜びが、銀行出身原作者の想像の産物であり、視聴率狙いの脚本家が扇情的に加工した代物でも、金縛りに遭ったように見続けなければならない（**26　下町とNASAのロケット**）。

一国の経済がもの作りをどう位置づけるかに、ラテンアメリカの国々が歴史上最も苦しんだように見える。一次産品輸出に依存したままでは価格変動に脆弱だから、せめて輸入代替のもの作りで経常収支を改善しようと挫折を重ねた歴史は、一昨年（2016年）にラテンアメリカを旅して書いた連載にも反映している（**第6章　通念を疑う**）。「民族主義者が外資を排除

して国有化に走ったからだ」とか、「ポピュリストが貧乏人にカネをばら
まく放漫財政が破綻したせいだ」といった批判はたしかに、低賃金を武器
に製品輸出したアジア新興国のテイクオフに比べれば、一面を現している
とは思う。

でも、うまくいかなかったから悪玉のせいにする扇情的な物語だけで
は、『下町ロケット』続編と同じく、腹にすとんと落ちない。外資導入、
民営化、緊縮財政と善玉の逆路線に代えても即効性がないのは、その前に
教育水準を含む国民性という要素があるかもしれない。善玉の逆路線を辛
抱強く続けてようやく経済が軌道に乗れば、所得再分配による需要の確保
が好循環をもたらし得るが、生産性向上が伴わないと持続性に乏しいかも
しれない。経済成長を続け、賃金が上がっても競争力を失わずに先進国に
なるとはどういうことか、実相に近づこうと今またラテンアメリカの旅に
向かう。

130 旅の良識

ピノチェト将軍にクーデターを起こされたアジェンデ大統領が、銃を取
り戦って倒れたチリの官邸前広場には、いくつか彫像が立つ。「あれがア
レサンドリ大統領、これがフレイ大統領、ってどんな人たちだっけ？　そ
もそもなんで主役のアジェンデ像がないんだろ？」。グーグル検索しなが
ら広場をさまよう初老の日本人に、学生らしい若者が声をかけてくれる。
「ピノチェトはチリ国民を抑圧したけど、アジェンデもまた国民の分断を
深めたというのが今の評価だと思うよ。アレサンドリやフレイは優柔不断
と批判されてアジェンデの社会主義政権になったけど、優柔不断とは異質
な国民を統合する努力の現れだったと今では評価されているんじゃないか
な」。

そして、アジェンデの政権綱領をグーグル検索して英訳してくれた。

「現下（1970年）のチリ国民の貧困や失業の苦難は、アメリカ帝国主義とそれに呼応する国内反動勢力がもたらしており、速やかに外資を含む産業の国有化、労働者の経営参加と所得格差の是正を進めねばならない」。「なんだか古典的な社会主義だね」。「でも、貧困層への所得再分配が内需を押し上げ、社会主義への高揚感と相まって経済はしばらく急成長したから、ピノチェトも手を出せなかった」。「でも、長続きしなかったでしょ」。「そう、やがて供給力の壁にぶつかってインフレになり国民が怒った機会をピノチェトは逃さなかった」。

「そこにわざわざシカゴ大学からフリードマンたちが来て、社会主義とは別な意味で古典的な市場原理主義を指南したのがチリ経済に良かったのかずっと疑問を抱いているんだけど」。「そう、市場競争が激しくなれば供給力は高まるけど、競争の敗者を放置したままでは内需の低迷が続く。競争で頑張ったなら、負けても一定の所得を保証するのが政府の務めだと思うね」。さすがラテンアメリカ唯一のOECD加盟国だけあって、「主義」から距離を置く良識ある若者がいるなと感じた。ただ、「良識ある若者がいる」という認識はすでにこの時、「若者には良識がある」へと微妙に変容しつつある。

官邸前広場から、壁画が多い貧困地区に赴けば、さすがにアジェンデの肖像があるが、安住の地ではないらしい。軍服の老人がアジェンデ像にビール缶を投げつけ、「この腐れ社会主義野郎」と罵倒すると、工具服の老人が元軍人に、「この腐れ帝国主義野郎」と罵倒し返す光景に唖然とする。赤ん坊を抱いて心配げに眺めていた若い母親が、「まあまあ、ほどほどになさいよ」と老人2人の罵倒合戦を諫める。

「やれやれ、ここでも老人は半世紀前の「主義」に固執し、国の希望は主義から距離を置く若者の良識にしかないのか」と自らの老いは棚に上げて先ほどの認識がさらに進む。でも、若い母親への共感を自覚してふと、「これって、ほとんどの外国専門家が陥る認識の罠の初期症状かもしれな

いな」と思い直す。外国を学ぶなら自らの良識に近い人間に惹かれ、そんな人間とばかり接するうちに、「国民の大半には良識がある」と思い込む。もとよりこの「良識ある国民」には、「能力に応じて働き必要に応じて受け取る」のが人間の理想と信じる社会主義労働者も、「弱国が強国に従うように弱者も強者に従う」のが人間の原理と信じる帝国主義軍人も含まない。

一方で「良識」には、競争における能力に応じた格差の容認も、逆に競争に負けた者への一定の所得保証も含むから、この手の良識への国民の多数派の信頼喪失が臨界点を超えれば外国専門家の選挙予想は有効性を失う。格差も格差の是正もともに臨界点を超え得るのが微妙で悩ましいところに違いない。チリからブラジルに目を転じれば、トランプみたいに外国専門家の良識を覆す暴言大統領が登場している。

この国でもかつて社会主義労働者の大統領が貧困層への所得再分配により内需を押し上げ、後継大統領の時代に供給力の壁にぶつかって失速し、今や軍政期を賞賛する元軍人が大統領になった（**34　経済史の解釈**）。でも旅人の連想はほどほどにしておくのが無難だろう。「主義」に固執しないだけでなく、主義から距離を置く「良識」の限界も意識し、自ら見たいと欲する現実しか見ないのを避けようと努めるのを、旅の良識として心にとめたい。

第 21 章

本音とギャグの混然一体 （131〜137）

時に読者から、「まじめな本音なのかふざけているギャグなのか区別がつかない」と感想が届く。なにかをまじめに考えていても、ギャグと捉える心のゆとりは持っていたい。ギャグのつもりで書いていても、かえって本音が浮かび上がったり、なにが本音か自分にも分からなかったりする。無関係そうな現象を結びつける習性も、ギャグでもあり、さらりと本音を伝えたい試みでもあるらしい。

131　よんなな会（上）

　出世の決め手は能力か上司か時代か、時代なら有事と平時で違うのか。金融庁長官からコロンビア大使に転じた畑中龍太郎さんが妻を亡くして失意で帰国したらしいのを知らなかったから、金融庁の後輩から人格を疑われる。「あんたみたいに物議を醸す人間を局長にしたのは畑中さんなのに」。そして、47都道府県の公務員の自己啓発の会で、畑中さんが真情を吐露したらしいと知る。

132　よんなな会（下）

　畑中さんの講演は特に驚くほどでもない公務員の心得が続くが、最後「かけがえのない時間をくれた妻」で様相が変わる。これほど妻を愛せるのか、これほど妻を信頼して任せるのか、これほど職場の寡黙と家庭の饒舌で人格が変わるのか。そんな妻を失った自称抜け殻は今後なにを拠り所に生きていくのか。「夫婦が支え合って生きて欲しい」と聴衆に切望する畑中さんに粛然と言葉を失う。

133　ブリーフ裁判官

　言論活動をする行政官が少ないから、ツイッター発言で最高裁から懲戒処分を受けた岡口基一裁判官の懲戒理由が気になるが腹に落ちな

い。この程度で懲戒なら、オレは何度懲戒されても不思議じゃなかっ
たな、と思う。懲戒側の登場人物を知らないわけじゃないのも気にな
る理由かもしれない。結論を含めてギャグのつもりで書いたのに、そ
うは見えないかもしれないな、と読み返して思う。

134　シュンペーターの母

　皇族には関心ないが、海外で日系移民が皇族来訪の写真を掲げてい
れば、人間を幸せにする力は感じる。そして、皇族が自らも幸せにな
ろうとするのを、よってたかって邪魔する国の風景は居心地が良くな
い。息子に立派な教育を授けようと再婚したシュンペーターの母か
ら、小室圭さんの母を連想し、結婚した女性皇族が国民を幸せにする
公務のありようへと続くギャグと本音の融合になる。

135　ゴーン論争不戦敗

　カルロス・ゴーン摘発に対する論評は、ゴーンの行為が犯罪に値す
るか否かでなく、「リストラによる業績回復など無意味」派と「そろ
そろ日本人の手に経営を取り戻す頃だ」派の連合軍と、「日産はゴー
ンを追放できるほど経営に余裕があるのか」派の争いなので、不戦敗
で傍観する。胆が据わってない日産関係者に司法取引で怖い上司を売
れと決断させるには、政府と検察の応援が欠かせない。

136　最後の頭取

　背任で実刑判決を受けた拓銀の河谷禎昌元頭取が自らの思いを率直
に語った本が送られてきて、破綻した銀行の経営者が刑事責任を問わ
れる線引きの基準を深く考えないまま長銀・日債銀と拓銀の間に置い
てきたのを省みる。将来への洞察力は私もないから、破綻の後知恵で
裁かれた河谷さんの不満は分かる。今なおすかっと割り切れないが、

河谷さんの余生が幸福らしいのには安堵する。

137　時の恵み

　日大アメフト部の監督を追放する論理の独創性を指摘するのはギャグだが、メディアに指弾され国民の怒りを招いてすでに池に落ちてしまった以上、かつての仲間みんなが棒でつついて急いで殺す風景は本音で気味悪い。世間が興奮している最中に決めてしまうと取り返しがつかないから、世間が関心を失う時の恵みが得られるまで待つ平凡な選択が、時に人間の幸福に整合するのを心したい。

131　よんなな会（上）

　年配の読者なら標題に、昭和47年入社の同期会と思うかもしれないし、私も金融庁だと、長官をした五味廣文さん、企画の局長をした藤原隆さん、監視委員会の事務局長をした渡辺達郎さんといった昭和47年大蔵省入省の先輩たちが浮かぶ。最終職の違いは能力差ではなく、時代のめぐり合わせを反映していると感じてきた。

　五味さんは厳しい金融検査が求められた有事に責任者として厳しく対応したから後に長官になったと評しても、本人は気分を損ねまい。もちろん人間には能力差もあるだろうが、私は根が傲慢なせいか、行政官時代に隔絶した能力差を感じて影響を受けるほどの上司には1人しかめぐり逢わなかった。よって他の上司には、「能力に敬意を表して」と言うより、「上司だから必要最小限につき合う」程度の構えになる。

　「最終職（出世）の違いは有事には時代のめぐり合わせを反映するかもしれませんが、平時の今は上司のめぐり合わせじゃないですかね」と感想

を呈したのは、金融庁の後輩たちだった。1匹狼行政官だった私にも、「上司だったから」以外の理由で語り合いたいと思う後輩が少しはいて、たまに囲む会を催してくれる。

　珍しく出世論争になったのは、金融庁長官からコロンビア大使に赴任した畑中龍太郎さんが、赴任中に奥様を亡くして失意で帰国したらしい事情を後輩たちから聞かされるまで1年以上も私が知らなかった情報音痴にある。「それはちょっと人格を疑うなあ。大森さんみたいに好き勝手に発信して物議を醸す人間を局長にしたのは畑中さんなのに」「森さんだって好き勝手に発信してた。オレの金融行政の発信の中身は森さんとさして違わねーんだから長官にしてくれても良かったんじゃないの」とギャグを飛ばしても受けない。「森さんは一番偉くなってから発信したから、それは政策なんですよ、大森さんは偉くもないうちから発信したから、それは物議なんです」。

　金融行政に迷惑をかけた覚えはないが物議を醸したのは確かだから、そういうもんかね、と恐れ入るしかない。「でも畑中さん今なにしてんの？　帰国したら横浜銀行に入るって新聞記者から聞いた記憶があるけどな」「大蔵OBの前提を森さんが壊しちゃったじゃないですか」「どう壊したんだ？」「それでよく金融の連載とか書いてますね」と情報音痴をますます呆れられ、私を囲む会も最後になったのかもしれない。ともあれ、よんなな会とは昭和47年入社や入省の同期会ではなく、全国47都道府県の公務員の啓発や生き甲斐の涵養を目指す集まりであり、そこで帰国後の畑中さんが真情を吐露する講演をしたらしいと後輩たちから教わった。

　よんなな会を検索してみると、たしかに有益そうな活動をしており、例えば畑中さんの講演の隣には、滋賀県野洲市の生活相談員の生水裕美さんへのインタビューが載っている。多重債務者は孤立した現象でなく税や保険料の滞納から発掘でき、債務整理だけでなく生活保護などの支援策と相まって壊れた人生を立て直せると気づき、弁護士や司法書士を含む自治体

内外の関係者とネットワークを築いたパイオニアになる（81　国と自治体）。

　「貸金業制度を直しただけでなく、多重債務者の生活を直したいと対策に真剣に魂を入れようとしていた金融庁のみなさんのお手伝いから国との関係が始まりました」と生水さんは述懐している。「多重債務者対策のDVDを作って全国の自治体に配るから、相談員役で出演してよ」と頼んでも、「私が全国に配られる？　ギャグでしょ？」となかなか信じてもらえなかった記憶がよみがえる。当時の貸金業制度担当課長の私にとっては、「上司だから必要最小限につき合う」のが畑中さんだった。ラテンアメリカから帰って（というのは1年以上前の畑中さんの大使離任ではなく旅を終えた私）の小ネタとして書き出したのに、1回で終われない。

132　よんなな会（下）

　出世を決めるのは本人の能力か上司か時代か、時代なら平時と有事で違うのかと柄になく前回書いたのは、金融庁の後輩たちとの会話に加え、先般の産業投資革新機構の役員辞任騒動で、先立つ三菱UFJ銀行のトップ人事をふと思い出したからでもある。登場人物を私はさほど知らず、平野信行さんとは和仁亮裕弁護士と3人で経済誌の鼎談をした程度、経産省に愛想尽かして産業投資革新機構の社長を辞めた田中正明さんとはなにかの勉強会で同席した程度、その前に病気で頭取を辞めた小山田隆さんとはMOF担時代に時折雑談した程度の間柄に過ぎない。かつて金融庁やメディアで、「平野頭取は後継として、このまま平時が続くなら小山田、想定外の有事がくれば田中を考えているようだ」といった類の話を耳にすれば、「そういうもんですか。どーでもいいけど」と反応していた。

　官民ファンドには、思うところはある（205　政府系事業再生ファンド）。が、ここで持論の展開は控え、民間出身役員を全員道連れに辞めさ

せる田中さんの力技は、「なるほど有事の頭取候補だったにふさわしいのかもしれないな、でも平時ならここまで波風立てないと気が済まないキャラは懸念されるのかもしれないな」と妙に感心する。

産業投資革新機構の役員会の一員だった和仁亮裕弁護士の退任表明は、官民ファンドの政策意義と経産省の不手際の間で揺れる気持ちを示している。小括として、金融の危機管理と原発の安全管理の共通性を指摘したスーザン・ストレンジの好きな言葉を引いておく。「有事に力量を発揮するほどの人間は、平時の退屈に耐えられない」。

閑話休題。47都道府県の公務員の啓発や生き甲斐の涵養を目指すよんなな会での畑中龍太郎元金融庁長官の講演に戻ろう。畑中さんは、公務員はサービス業だとか、構想力を磨けとか、学校の成績は関係ないぞとか、自己規律を忘れるなとか、いずれももっともだが特に驚くほどでもない話を展開する。前回書いたように、私が行政官時代に能力の隔絶から影響を受けた上司は1人しかいないので、今さら影響を受けるほどの話が他の元上司から出てくるはずもないと思いながら読み進む。

が、最後「かけがえのない時間をくれた妻」に至り様相が変わった。畑中さんは、戦友であり自分の唯一の趣味だった妻を失った今の自分を抜け殻と評し、どれほど妻を信頼して家庭のすべてを任せ切っていたか、そして職場ではむっつり寡黙な自分が家庭では連日いかに饒舌に妻に喋りまくっていたかを告白する。落語家が家庭ではむっつり寡黙になるのと逆のバランス現象が起きていたらしい。むっつり寡黙な職場では私みたいに無頓着でない限り、部下が圧迫感を覚えたのは確かだろう。

なるほど、畑中さんの奥様と初めて会った時、「我が道を行く有名な大森さんに会えて嬉しいわ」と言われ、次に会った時、「お釈迦様みたいな奥様の手のひらの上で思いっ切り飛ぶといいわよ」と言われて、「私は孫悟空ですか」と問い返したのは、「職場にどうにも困った奴がいるんだよ」といった畑中家内会話の反映だったのかもしれない。そしてよんなな

会の畑中講演は、冒頭から公務員の心得を諄々と説いたのを忘れたかのように、「夫婦が互いを大切にし助け合い支え合って生きて欲しい」と聴衆に切望して終わる。

　読み終えた私はなんだか粛然とし、自宅に戻ると女房に言った。「おい、カラオケ行くか」「どういう風の吹き回しよ、私が誘ってもいつも拒否したのに」「たまにはオマエと中島みゆきでも歌いたいなと思って」「浮気でもした？」「なんでそうくるの、こんなに毛も歯も続々抜けていくオヤジが相手にされるはずないだろ」「そりゃそうだね」。どうやら私は、初めて畑中さんから影響を受けたらしい。

133 ブリーフ裁判官

　現役の公務員に表現の自由がどこまで許されるかをめぐり、最高裁から懲戒処分を受けた東京高裁の岡口基一裁判官がちょっと気になって公務員時代の自分と比べたりする。懲戒理由は、同僚の判決への岡口裁判官のツイッターのコメントにある。公園に捨てられていた犬を世話して3か月経ったら、元飼い主が現れて、「返してください」と言われたが、「また捨てかねないから信用できない」と拒んで争って負けた裁判だった。勝った元飼い主に対して、「え？　あなた？　この犬捨てたんでしょ？　3か月も放置しておきながら」。このコメントが、元飼い主の感情を傷つけ、「裁判官の品位」を損ねたとする認定になる。ひょっとしたら同僚裁判官の判決の論評自体が好ましくないとの判断を含むのかもしれない。

　「これで懲戒なら、オレは何度懲戒されても不思議じゃなかったな」と思う。不良債権処理がとっくに峠を越えたのに、いつまでも銀行検査で大声出して机を叩く資産査定ばかりの同僚を、「サルにマシンガン持たせて野に放ってる」と論評した私に比べれば、岡口裁判官のほうがよほど品位がある。問題がややこしく見えるのは捨て犬裁判に先立ち、岡口裁判官が

表現の自由の一環として白ブリーフ姿の自撮り写真をツイッターに掲載していたのをどう考えるかにあるらしい。もっとも岡口裁判官にとってはややこしい問題ではない。会見で、「ブリーフ自撮りは組織内で上司から一度も注意されていない。内心どう思っているかは知らないが」と論点は捨て犬裁判だけだと説明している。

ここでまた私は公務員時代の会見で、「ところで大森さん、「サルにマシンガン」とか言って組織内で大丈夫ですか」と問われ、「上司から一度も注意されてない。内心どう思っているかは知らないが」と傲然と答えた記憶がよみがえる。ブリーフ自撮りの公開に快感を覚える性的嗜好なのか、ギャグを飛ばしているだけなのか想像できないが、本人は後者と説明している。

であれば、「ギャグにも品位の限度があるよ」と常識的に注意すれば済む話のようでもある。私の感覚ではブリーフ自撮りを公開するオヤジが同僚にいてほしくはない。わいせつ物陳列罪を裁かねばならない裁判官に被告人が、「アンタの同僚と同じことをしただけだ」と言い張れば裁判官も困惑する。法曹界のためにアカウンタビリティを発揮して言論活動を続けてきた岡口裁判官が、常識的な注意を拒んでブリーフ自撮りの公開にこだわり続ける理由は、本人の説明を前提とすれば見当たらない気がする。

懲戒側の登場人物が私の公務員人生と無縁でもなかった事情も、本件がちょっと気になる背景らしい。懲戒を申し立てた東京高裁の長官はかつて法制審議会で同席し、裁判官のステレオタイプらしからぬ柔軟で前向きな感覚に、「やっぱり時代に対応する制度改革はこういうタイプの裁判官が担うんだな」と感心していた。右腕の東京高裁事務局長も穏当なバランス感覚を備え、かつて産業再生機構の法律を一緒に作った。高裁から懲戒を申し立てられた最高裁の長官からは、かつて最高裁の事務総長時代に、国民を幻惑する国策捜査でなく、真に刑事裁判の水準を高めたい真摯で建設的な志を聞いて共感を覚えた。

要は、あいまいな「裁判官の品位」を無限定に振りかざす守旧派ではなく、時代の要請に鋭敏に反応する改革派揃いなのである。そして、そのことが問題をややこしくしたのかもしれない。ブリーフ自撮りの公開がもし本人の説明と異なり性的嗜好の産物なら、性的嗜好ゆえにLGBTを差別してはならない時代の要請を人一倍鋭敏に意識する。それが、常識的な注意をためらわせ、反動で別件コメントへの過剰反応をもたらした。もしそうなら、人間としての裁判官の表現の自由にとって、実に不幸なめぐり合わせと言うしかない（注）。

> （注）　岡口裁判官を弾劾裁判にかけたい国会の意向を裁判所がかわすための懲戒処分との説もあるらしいが、後に東京高裁から仙台高裁に異動して2度目の懲戒処分を受け、結局弾劾裁判にもかけられた。依然言論の内容とバランスがとれた境遇に思えないが、言論の対象が裁判に関係した一般国民に向かうのが、役所や業界やメディアを含む広義権力にしか向かわない私との違いかもしれない。ともあれ、社会の出来事に条件反射してしまうSNS投稿はこの先も控えようと思う。優れた表現者でも、条件反射の言葉は必然的に深い思慮を伴わずに劣化してしまうからである。あ、別に私や高橋洋一さんが優れた表現者と言いたいわけではありません（148　自省録、160　想像力の限界、244　人格の変容）。

134　シュンペーターの母

　昨年（2018年）暮れ、ブラジルはサンパウロの日系常宿に近い公園で、記憶にない立派な石碑を見て近づけば、半年前の眞子内親王来訪記念なのだった。「ちょっと大袈裟じゃないの？」と宿の女将に尋ねる。「誰もあんなの作る気なかったのよ。でも」。来訪前ににわか大雨が降り、車寄せと歓迎に待つ日系人団の間に水たまりがたくさんできてしまった。「クルマ降りてどうすんのかと思ったら、水たまりをジャンプしながらこっちにダッシュしてきて」「おやおや」「私らみんな参っちゃったよ」「え？」。

　女将は続ける。「素直に育ったっていうか、やることなすこと一生懸命

でね」「それで？」「みんな、こりゃ石碑を建てるしかないなと」「はあ、そういうもんですか」。「眞子　ブラジル」と検索すれば、聞いたこともない辺鄙な日系人地域も丹念に回っている。来てくれるのが自分のためにパフォーマンスする政治家でなく、会う人たちの幸せを祈り励ますために存在する血統の皇族だから感動するのは、被災地見舞いと変わらないらしい（145　無私の象徴）。

　が、検索にはこんな記事も現れる。「水たまりを避けてゆっくり歩けばいいのに、ジャンプしてスカートの中が見えたらどうすんのよ。付き人をはらはらさせて、まったく無神経ね」。小室親子への魔女と息子狩りに飽きたのか、最近の矛先は心変わりしない内親王や両親にも向かっている。秋篠宮が会見で、「国民の祝福が条件」と釘を刺すのは分かるが、祝福のメルクマールが女性週刊誌なのが痛ましい。人間の最も卑しい神経を刺激して売ることしか考えない連中に、皇族の結婚が影響される国でいいのかよと思う。

　「こいつ偏向してるな」と読者の多くが思うだろうとは、ウチの夫婦の会話ですら勝てないから想像に難くない。「あの親子はちょっと遊び人よね、教育も身の程知らずだし」「そりゃ貧乏だから悪いって言ってるんだぞ」「違うよ、元婚約者に借金返さないとか誠意ないじゃん」。「結婚するつもりの相手に使ったカネが借金のわけないだろ！」（注）。

　諦めずに私はシュンペーターの母を持ち出す。息子が幼い時に夫を亡くして貧しい母は、ほどなくかなり年上の資産家と再婚したから、シュンペーターは貴族学校からウィーン大学に進んで十分な教育を受けた。経済学者として自立の目処が立つと、母はさっさと離婚する。愛する息子の教育のために再婚相手を財布として使っても母への非難は聞かれず、再婚相手は自分のおかげで天才経済学者が生まれたのを満足するしかない。

　夫を亡くして貧しい小室母が、愛する息子に十分な教育を与えるには、再婚しなきゃと思っても不思議でない。再婚するには、女としてアピール

しなきゃと思ってもやはり不思議でない。不思議なのは、財布として使われるのに嫌気がさした相手の婚約者が、自分から婚約破棄しておきながら使ったカネを返せと、名前も顔も隠したまま要求する神経である。そして週刊誌の記者を代理人にする狂気の沙汰みたいな選択であり、それだけで要求相手を不幸のどん底に叩き落とすに等しい。

　皇族が、血統ゆえに日系人を含む国民を感動させる力を持ち、まして一生懸命公務に励めば感動が増幅するなら、その力を生涯使ってもらうと国民の幸せに貢献する。眞子内親王のブラジル来訪は、かつて結婚前の紀宮が担った公務であり、女性皇族が結婚するたび担い手が減るのは、いくらなんでも時代錯誤が過ぎる。

　もし、女性皇族が結婚してからも公務を委嘱できるなら、夫は無能でも生活力がなくても、妻の付き人を生業にすれば足りる。そして夫が妻と出会った大学に行くために夫の母の元婚約者がカネを使ったなら、シュンペーターの母の再婚相手と同じく自分のおかげで皇族である妻が愛する伴侶を得て一生懸命公務に励み、国民を幸せにするのを満足すればよいのである。

（注）　2021年秋の控え目な結婚の記者会見を見た女房は、「私が間違ってた。これからは２人を応援したい」とようやく改心した。人間の最も卑しい神経を刺激して売ることしか考えないメディアの控え目な会見への敗北とも言える。女性皇族が結婚してからも公務を委嘱できる制度はまだできてないが、アメリカでは事実上の皇族として生きていくのだろうと思う。日本から生活費の下世話な心配などする必要もない。歴史がない国のエスタブリッシュメントによる歴史ある国の皇族への憧憬と献身は、日本人の想像を超えている。

135 ゴーン論争不戦敗

　かつてライブドアや村上ファンドが摘発された時、「いきなり逮捕して犯罪容疑者にするような話じゃないでしょ」とかなり強く主張した。ライ

ブドアが法の隙間を衝いて立会外取引でニッポン放送株を買い占めれば慌てて隙間をふさぐ法改正をし、村上ファンドが大阪証券取引所を経営したいと求めればファンドの投資業務と利益相反になると公開討論で抑え込む。行政官にとっては手間がかかる相手だったが、上場企業の経営に緊張感が生まれたのは好ましい。特捜部が、額に汗して働かない株主至上主義者は美しい日本の伝統にそぐわない、と葬れば、コーポレート・ガバナンスの進化が止まり、新興市場の活気が褪せてしまうのをむしろ心配した。

　「いきなり逮捕して犯罪容疑者にするような話」か否かはカルロス・ゴーンの摘発にも感じるが、論争に参戦する気にならないのは民間人になったせいだけでもなさそうである。一応私も金商法の専門家と思われているらしく、監視委員会に身を置いてもいたから、逮捕直後には取材電話が結構きた。「役員報酬の非開示ってどれほど悪質なんですか？」「前例がないから相場観がない」。「個人運用の会社への付け替えはまず監視委員会が問題視したそうですが？」「その時にはいなかったから分からない」。内心、「使えねー奴だな」と舌打ちする記者に、せめて気の利いたコメントをしようとも思わない。そもそも、ゴーン摘発をめぐる論争で、気の利いた主張に接した記憶がないのである。

　日産自動車が経営危機に陥ったのは、金融機関の大型破綻が相次いだ前世紀末になる。銀行は支援をためらい、政府も住専（住宅金融専門会社）騒動以降は公的資金を禁じ手にされていた。官民ファンドが林立する今では、大手自動車メーカーが経営危機なら公的資金を注入し、回復すれば返してもらう手法にさほどの違和感がない。でも当時は、バブル期までの日本型官民協調モデルへの自信を失い、弱肉強食を旨とする市場メカニズムへの介入は経済の効率性を損なうと強く意識されていた。

　仮に公的資金で日産を支援していれば、後にゴーンが実際に行ったほど徹底したリストラは行われず、今ほど業績は回復しなかった。逆に言えば、ゴーンが日産の業績を回復してルノーを超えたから、「そろそろ日本

人の手に経営を取り戻す頃だ」との気運も生まれる。その気運に共感する人間や、そもそも社員をリストラしてＶ字回復しても無意味と感じる人間は、「特捜部頑張れ」グループを構成する。逆に、「ゴーンがいなくなって日産の経営やフランスとの外交関係は大丈夫なのか」と懐疑する人間は、特捜部の手法をも懐疑して論争になる。そして私は、どちらの陣営にも組しないので、論争には不戦敗状態になる。

　ラテンアメリカの片田舎でトヨタやホンダのクルマを見て覚える誇らしさが、日産や三菱のクルマだとやや褪せるのは否めない。一方、ゴーンにリストラされた元社員が、「もっと全員で少しずつ幸せになる道があったのではないでしょうか」と語るのを見れば、「気持ちは分かるけど、この国に残された数少ない得意分野でリーディング・カンパニーが潰れるとみんな困るよね」と言いたくはなる。

　元行政官の矜持を私より強く持つ村上世彰さんは、村上ファンド摘発時に村上さんを取り調べた今の特捜部長が行政官としては相応に筋が通った主張をしていた記憶から、「今でも彼は好きですよ」と語る。そして、村上ファンド摘発時の上司の特捜部長が今やゴーンの弁護人という新旧対決の構図には、仄かな興味が湧く（注）。引き続き論争には不戦敗のまま、静かに展開を拝見したい。

　（注）　ほどなくゴーンに解任された元特捜部長の弁護人に代わって新たな弁護人が保釈を勝ち取り、その結果ゴーンが逃亡してもなにも感じないが、摘発の構図が日本型官民協調モデルだとは感じた。司法取引で上司の情報を検察に提供した日産プロパー幹部が、保釈されたゴーンが怖いから取締役会に出られなくしてほしいと懇願するのは、上司を犯罪者として売るほど胆が据わっていたとはとても見えないから、やはり額に汗して働く美しい日本の文化を守る政府と検察の応援団が不可欠のようである（**222　企業の数字を読む**）。

136 最後の頭取

　背任で実刑判決を受けた北海道拓殖銀行の河谷禎昌元頭取が、自らの経験を率直に語った標題の本が、編集を手伝った旧知の新聞記者から送られてきた。目次に、「S&Lという前例は正しかったのか」とあるのは、多額の公的資金を使ったアメリカのS&L（貯蓄貸付組合）の破綻処理において、多くの経営者が犯罪者として裁かれた前例を意味する。かねて同じ疑問を覚えていたのでそこから読み出すと、私の本が引用されていた。

　要は、ヤクザまがいのギャンブラーみたいなアメリカのS&L経営者と、サラリーマンである日本の銀行経営者を識別せず、公的資金を使う以上、経営者は一身をもって落とし前をつけるのが当然という感覚が日本で形成されたのを嘆いている。「しかし、こうした考え方は、金融機関に対する厳しい処罰感情の前に、一顧だにされませんでした」と河谷さんは語る。引用されたのは光栄だが、書いた時に念頭に置いたのは長銀と日債銀であり拓銀ではなかった。

　長銀と日債銀の頭取は存じ上げていたから、「犯罪者のはずないだろ！」と実感できるが、河谷さんとは面識がない。加えて信頼する人たちが私の認識に影響を及ぼした。2008年の暮れに最高裁が長銀刑事事件の逆転無罪判決を出した時、経営破綻の後知恵からさかのぼって経営者の刑事責任を問う検察の思考法を法務誌で攻撃した。それを読んだ監視委員会の佐渡賢一委員長から、「たしかに長銀や日債銀を虚偽開示で立件したのは間違いだが、拓銀は仕方ないだろ。返済の見込みも担保もないのに追い貸しすればどんな銀行だって潰れるよ」と釈明された。佐渡さんが検察時代に携わった仕事だったのである。

　2009年の暮れには最高裁が拓銀事件の高裁逆転有罪判決を追認して上告を棄却し、河谷さんの実刑が確定した。そこでは日本の企業再生の先駆者

だった弁護士出身の田原睦夫裁判官が、「銀行経営者の裁量の範囲は一般企業より狭い」と判決以上に厳しい補足意見を述べている（**48　最高裁の判断──同一労働同一賃金**）。以来、深く考えもせずに、銀行経営者が刑事責任を問われるか否かの線引きの基準を、拓銀と長銀・日債銀の間に置いていた。

『最後の頭取』を読み進むにつれ、線引きの基準を深く考えなくてよかったのか自省する。河谷さんは繰り返し、「既に10万の兵隊を戦地に送り放置すれば全滅する状況で、少しでも多くの命を救うために１万の援軍を送る＝追い貸しするのは許される裁量の範囲内」と主張した。長銀と日債銀は援軍を送っていなかったから、すでに送った10万が絶望的な状況にあるのを頬かむりしたとして虚偽開示に問われた。対する拓銀は１万の援軍もおそらく全滅する可能性に無頓着に送ったとして背任に問われた。援軍を送ったのは1993年である。

当時の私自身を振り返れば、その後も地価の下落と経済の低迷が長く続くとは洞察できなかったから、河谷さんを批判する資格はない。一方、立件した検察や有罪判決を出した裁判官は、当時からバブル崩壊の深刻さを洞察し、銀行経営者なら自分並みに洞察して然るべき、と思ったのかもしれない。が、やっぱり経営破綻の後知恵から裁いてるんじゃないの？　と疑いは残るから、最初に無罪判決を出した札幌地裁の裁判官には好感を抱く。

今なおすかっと論じられないが、経験を本にして世に問うのが、河谷さんの人生にいくばくかのカタルシスをもたらしたなら心底よかったと思う。都銀の頭取が家庭内では、職場結婚した妻の奴隷だったという述懐も面白い。玉の輿に乗れたと夫を立てるのでなく、「オマエ、エラソーにしてんじゃないよ」と常に夫を叱っていたらしいのは魅力的である。その愛する妻を病で失い、不条理に刑務所に送る世間に絶望すれば、心を閉ざしても不思議でないが、「面白い人生だった」と率直に語れるのは、強靭で

素敵な精神と言うしかない。

137 時の恵み

　日大アメフト部の内田正人監督を、アメフト業界から追放した論理は独創的だった。「①内田監督の顔の向きからは、宮川選手の反則タックルを認識したはずである」。顔が向いているほうで起きた出来事をすべてリアルタイムで認識できるなら、もはや人間でなく神だと思うが、「目はボールを追っていて気づかなかった」という内田監督の釈明を嘘として退けた。

　「②反則を認識したのに宮川選手を退場させなかったのは、自ら反則を指示していたからである」。逆でしょ、自ら反則を指示していたなら、バレないよう反則に驚いてみせすぐに宮川選手を退場させたはずでしょと思うが、アメフト業界で中立公平な立場と称する懲戒担当者が①②の論理で内田監督の追放を提案するのにアメフト業界内のみんなが賛成した。かつての仲間だろうが、すでに池に落ちて溺れている犬は、みんなが棒でつついて急いで殺す。

　予め追放という結論が決まっていれば、結論に至る論理への関心が薄れるのは、日産自動車の経営を日本人の手に取り戻すべきと信じれば、カルロス・ゴーンの有罪理由がなんでもよくなるのと似ているかもしれない。内田監督に対しては追放だけでなく刑事責任も追及されたが、警察は時間をかけて検証し、先般①②の論理を否認した。警察のこの認定への異論が見当たらないのは、世間が関心を失ったためである。「時間をかけるまでもなく当たり前でしょ」とは思うが、時の恵みによって、追放時の私の違和感が復権した。ここから、すでに起きてしまった事件を検証するには、世間が冷静になる時の恵みを得られるまで時間をかけるほうがよい場合もあるとの含意が得られよう（注）。

メディアが標的を掲げて庶民の怒りを煽るのは、時代や国を問わない商売の流儀だからある程度は仕方ない。でも、庶民が怒って興奮しているさなかに、中立公平と称する者が現れて、予め決まった結論に向け独創的な論理を展開してみせるのは、単なる無駄というより精神の退廃を感じさせる。だから、こういう連載も、時々の事件にあまりリアルタイムで反応しないのが無難かもしれない。カルロス・ゴーン事件が新旧特捜部長の対決になったのを「仄かな興味が湧く」なんて書いたとたんに、旧特捜部長の弁護人が理由も示さず解任されるとなおさらではある（**135　ゴーン論争不戦敗**）。

　父親が娘を虐待死させた事件が野田で起き、「子供を殺した親は死刑か無期懲役にせよ」と条件反射の反応が現れれば、かつて、「親を殺した子供は死刑か無期懲役にする」刑法の硬直性を改めるのに要した長い歳月を思い出す（**72　父殺し**）。父親が精神を病んでいたのか、自らの行為を今どう省みているのかも分からない。「娘と同じく父親に虐待されていた母親まで逮捕するのか」との批判もまた、虐待されながらなお、母親として果たすべき責任があり、責任を果たすのが可能だったのかが検証されるまでは評価しようがない。

　教育委員会や児童相談所が、「娘が虐待を訴えた文書を出せ」と父親から迫られてまず、「本人の同意が必要」と対応したのは、違和感を覚える形式的な個人情報保護法の運用ではある。この対応を逆手に取った父親が、「暴力は嘘でした、児童相談所には戻りたくない」という娘の自筆文書を出した時、なぜ娘と対面して真意を確認しなかったのかも批判されているが、仮に確認したとしてもやはり個人情報保護法の形式的な運用に過ぎない。

　父親から無理に書かされていても、対面した娘が父親をおもんぱかって同じ主張を繰り返せば打つ手はなくなる。痛ましい事件はすでに起きてしまい、興奮して対策を急いでも仕方ない。親権を制約すべき局面は確かに

ある。それを誰がどう認識してどう副作用少なく実行するかに向け、時の恵みにも助けられながら、丁寧に議論を重ねていくしかあるまい。

  （注）   世間が冷静になる時の恵みが得られるまで待つ、というここでの単純な選択は、開催時期が決まっているオリンピックの組織委員会から追放するか否かをめぐり、格段に複雑な選択として再現した。女性蔑視の発言や企画、身障者の虐待、ホロコーストへの無頓着、といった論点の信憑性と発生から経過した期間、反省と謝罪の度合い、国際人権感覚とのギャップなど、限られた時間内に次元が違う要素を考慮して決断するのは容易でないから、再び関心を惹く（255　裏の裏の裏、256　真意の濫用、257　国際人権感覚ギャップ）。

第 22 章

規制の諸相 (138〜144)

新たに金商法で規制するSTOの範囲が狭いと感じたのを機に、消費者庁や警察との役割分担を含め、金融行政の守備範囲を考える。神田秀樹教授との意見交換を土台に、これまでの断片的なICO考察を整理した。続く規制の雑多な諸相として、東証の市場区分、自治体と国の民泊規制、金融業登録審査時の体制整備主義、企業のガバナンスとコンプライアンスの意味と限界を緩く考える。

138　金融行政の守備範囲（上）

　有価証券に投資契約を含むだけのアメリカ証券法は、新たな投資対象として登場したICOにも論理的疑問なく適用できる。「金銭を拠出した事業からの利益分配」と日本版投資契約を書いたから、金銭でない仮想通貨を拠出するICOや、利益分配でなく価格上昇を期待するICOに適用できない。日本版投資契約を母体とする新たなSTOの範囲が狭いから、事業イメージさえ湧きづらい。

139　金融行政の守備範囲（中）

　豊田商事事件を機に預託法が生まれ、売った商品を預かって運用する事業を消費者庁が所管しているが、運用すると称するだけで、内情は新規顧客に売った代金を既存顧客への利払いに充てるねずみ講の自転車操業が目につく。金融庁と監視委員会に所管させよと求める声も強いが、本質が詐欺なら警察の仕事のようでもあり、消費者庁や警察と役割分担する金融行政の守備範囲を再考する。

140　金融行政の守備範囲（下）

　仮想通貨は送金・決済手段としてではなく、投資対象として取引されているから、金商法で広く規制するのが筋ではあるが、資金決済法

で規制を始めてしまった経緯は無視できない。資金決済法の仮想通貨交換業の登録審査を散々待たせ、ようやくの登録後に次は金商法の登録が控えているなら申請者の負担感は耐え難いから、経緯を無視した筋論もほどほどに控えねば、と自省はする。

141　東証市場区分

　上場企業の過半が東証１部になりゴールとして希少価値に乏しくなったので市場区分の見直しを検討するが、時価総額に加え、成長可能性やコーポレート・ガバナンスの要素を区分基準に入れるのは結構難しい。結局、１部＝１流企業イメージが強過ぎるから、東証としては時価総額だけに着目し、「大型部」「中型部」「小型部」とでも区分し後は民間に任せれば足るとギャグ半分に放言した。

142　現代規制論の模索

　民泊特区は２泊３日以上の宿泊を、民泊新法は２泊３日以内の宿泊を求めるのは、規制目的が民泊の邪魔にあるのを分かりやすく示す。大量収容の宿泊業規制と小量収容の民泊規制との競争条件の公平に配慮するにせよ、顧客利便を邪魔する目的には限界がある。さらに日本人が世界で生きていくために外国人に慣れさせる誘導目的まで持つなら、規制論としてかなり深い次元に達している。

143　体制整備主義

　金融業の登録審査で金融庁は、財務や法務の専門家を置く体制整備を求める。社長の無知を専門家が補う場合もあれば、社長の独走を専門家が抑える場合もあるが、専門家は社長の部下だから、金融行政が専門家と組んで社長の独走を抑えたりもする。ただ、社長の独走が、破滅に向けた暴走なのか、創造的破壊による前進なのかが、事前には

誰にも分からないのが体制運用上の困難になる。

144　ガバナンスとコンプライアンス

　企業のガバナンスは稼ぐ体制、コンプライアンスは不正を防ぐ体制、と区別して使ってきた。社長が部下に、「手段を選ばず稼げ」と怒鳴れば、部下の正邪の感覚は次第に麻痺し、不正か否かという視点で考えるのを無意識に避けるようになるが、社長は不正な手段も含めて選べと自覚して怒鳴っていない。財務や法務の専門家は社長にたがをはめ得るが、稼ぎの足を引っ張らない保証もない。

138　金融行政の守備範囲（上）

　上村達男教授の早稲田での最終講義と退職記念パーティに集った商法や金商法の学者が話題にしたのは、昨年（2018年）暮れに金融庁の仮想通貨研究会がまとめた新たなICO＝STO規制における金商法の適用範囲の狭さだった。私もブロックチェーンを使う仮想通貨事業を構想している企業のアドバイザーだったりするので、神田秀樹教授が座長のこの研究会はフォローし、時に金融庁の後輩に電話質問する。

　企業アドバイザーとしては、新規制の適用範囲が狭いほうが、従来の構想を変えずに済むので好都合に違いない。でも、後輩への質問が詰問になったりするのは、適用範囲の狭さに不服な元行政官としてなのである。現役行政官の頃は、先輩から質問されても一貫して慇懃無礼に対応したにもかかわらず、今や、「見識も気概もないこの結論じゃ神田先生に申し訳ないと思わないか？」などと後輩を困惑させる面倒な先輩になってしまった。

Securities（有価証券）には Investment Contract（投資契約）を含むというだけのアメリカ証券法は、ゴルフ会員権の売買にまで適用される。会員権の購入者は、ゴルフ場の利用者としてだけでなくゴルフ場が評価され会員権価格が上がるのを期待する投資家としても保護しなければならない（**125 ICOからSTOへ**）。

同様に今、レストラン評価アプリの運営会社のICOもSECは見逃さない。同社は発行したトークンをレストラン評価投稿者への謝礼に充て、アプリ加入レストランの食事代として使える仲間内の利用権だから証券法の規制対象外と主張した。でもトークンの所有者は仮想通貨取引所で換金でき、非所有者は取引所で購入できる。トークンの購入者は、このスキームが評価されトークン価格が上がるのを期待する投資家としても保護しなければならない（**126 詐欺の水準と対処法**）。保護できそうになければ、発行を差し止める。

法律が単純にできているおかげで、SECは論理的になんの疑問もなく必要と思う規制をしている。一方で金商法は日本版の投資契約である集団投資スキームを、「金銭を拠出した事業からの利益の分配」と書いたので、金銭でない仮想通貨を拠出したICOには適用できなかった。金商法による新たな適用対象を仮想通貨研究会報告のように従来の集団投資スキームと平仄を合わせて利益分配型のICO＝STOに限ると、上記のレストラン評価アプリのように事業の利用（レストランでの食事）とともに利益としてトークンの価格上昇だけを期待するほとんどのICOが外れてしまう。

神田教授は、自らを政策形成のための公共財と認識して淡々と公務を担ってきたように見える。行政から頼られ、次元が異なる玉石混交の意見を参加者があまり不満を感じないようもっともらしくまとめていくのは、参加者とは次元が異なる能力を要する。もとより座長としては、結論が大きな前進のほうが張り合いがあるが、小さな一歩でも前進しないよりはましなら私見は抑えざるを得ない。「そこが、私見を強く主張しないと気が済

まない上村教授との違いかな」と退職記念パーティで感じていたら、神田
教授とともに金融審議会のまとめ役を担ってきた岩原紳作教授から法制審
議会の裏話を聞いた。

　法務省は、「結論が大きな前進じゃないと上村教授が収まらない」のを
心配したが、結局は小さな一歩での議論の収拾に貢献されたそうである。
学者はあるべき姿を考えるのが仕事だが、その姿にどこまで近づけるか
は、どんな法改正なら実現できそうかを展望する行政官の判断に委ねざる
を得ない。もちろんこの判断には幅があるから、「オレが現役の頃に抱い
た見識や気概はな」と後輩を困惑させる面倒な先輩も現れる。

　パーティでは多くの商法や金商法の学者から、この連載を毎週読んでい
ると言われて驚いた。より望ましい法律を考えるのが元行政官という元イ
ンサイダーだと、今や象牙の塔ではなくなった大学にいる学者よりアドバ
ンテージがあるとはとても思えない。が、せっかく多くの学者に読んでい
ただいているなら、たまには経歴を反映するテーマを試みなくてはなるま
い。

139　金融行政の守備範囲（中）

　今年（2019年）の大河ドラマ『いだてん』の視聴率が史上最速で墜落し
たのは、舞台回しのビートたけしの滑舌が悪くて聞きづらいせいだとする
珍説を笑いながら、結構面白がっている。オリンピック初参加時の旅費の
工面に悩む主人公は、戦後に日本のマラソン普及活動でも資金不足に悩
み、支援を申し出たのが、預託商法の元祖として詐欺史上に名高い豊田商
事の会長だった。高齢顧客に売った金塊を豊田商事が預かって運用すると
称するが、実際には販売代金を使い込む。顧客を信用させようと社会貢献
をPRする手法は昔から変わらない。

　顧客への利払いが滞り、金塊の返還要請にも応じないトラブルが続いて

警察が捜査に乗り出すと、TVカメラの前で会長は刺殺される。映画化されて刺殺犯を怪演したのが、まだ若く滑舌が悪くないたけしだった。バブル初期に起きたこの事件を機に特定商品預託取引法（預託法）ができ今は消費者庁が執行しているが、被害者を支援する弁護士からは、金商法で規制して金融庁と監視委員会に執行させよとの意見が根強い。金融庁と監視委員会のほうが、容赦ないと思っているからである。

　数年前に起きたのが、安愚楽牧場が顧客に売った牛を預かって繁殖させ利益分配すると称するが、実際は販売代金を使い込む豊田商事型の事件だった。この時改めて金商法を読み返すと、規制対象は要するに、「金銭を拠出した事業から利益分配する投資ファンド」だから、読めなくもなさそうではある。後のICOと違い、金銭に仮想通貨を含むか心配する必要もない。金融庁内で、「この国でオレたちが一番ましに対応できると期待されているなら、思い切ってやる局面もあるんじゃないか」とお調子者の私は言うが、反応は冷たい。「売った商品を預かるのと投資は違うだろ、牛の繁殖にまで手を広げる気かよ」。

　たしかに、手を広げた挙句の苦い経験もある。高利回りを称した抵当証券の利払いが滞り元本が毀損する自転車操業に対し規制法上の手段がなく、旧商法に存在した行政による裁判所への会社整理の申立を思い切って本邦初演した。その結果起きたのは、「もっと早く申し立てれば被害を減らせた」と主張する被害者弁護団による国家賠償請求であり、申立以前の不作為責任を問われた国は敗訴した。

　また、マネロン・テロ資金対策の国際機関が仮想通貨の規制法制定を求めると、金融庁は思い切って世界初演する。その結果起きたのは、ハッキングによる流出事件に、「ボーっと生きてんじゃねーよ！」と金融庁を叱るチコちゃんの大量発生だった。「アナタにふさわしい仕事でしょ」と励ましてくれる弁護士や学者が、いざ正式に「ワタシの仕事」になると、「なにやってんだよ」と遠慮なく責めてくれる。「行政官もボーっと生きて

る普通の人間に過ぎないと分かってもらえば、もうちょっと失敗を恐れず前向きになれるのに」と思うが、渡る世間はままならない。

昨年（2018年）は預託商法事件が頻発した。顧客は別にジャパンライフから磁気治療器を、ケフィアから干し柿を買って預けたいのではなく、有利な投資と考えて契約しただけだから金商法で規制せよとの弁護士の主張も一理ある。でも、「売った商品を預かって運用して利益分配する業務」と几帳面に金商法の対象に追加しても、業者が切羽詰まれば、「売って預かって運用すると称する」だけである。消費者庁が何度業務停止をしても、ジャパンライフは業務の名称だけ変えて同じ自転車操業を続けた。「結局、警察の詐欺摘発力を高めるしかないでしょ」という意見はもっともである。でもそれだけなら、金商法の投資ファンドを量産し適用拡大まで妄想したお調子者の私が後輩と神田教授の仕事に触発され、消費者庁や警察と役割分担する金融行政の守備範囲を考え始めた意味がない。

140 金融行政の守備範囲（下）

売った商品を預かって運用すると称する預託商法事件が頻発した昨年（2018年）は、より単純に高利回りを称する投資詐欺を警察が金商法違反で摘発している。金商法では、「金銭を拠出した事業から利益分配する投資ファンド」は国への登録が必要なのに、無登録で金銭を集めたから逮捕できた。刑法の詐欺のように顧客を「騙す意図」を立証しなくて済むのが摘発側の妙味であり、SECによる無登録ICOの摘発も同じ手法による。

罪刑法定主義に縛られる日本の警察はSECより几帳面に、「金銭」とはなにかを気にしなければならない。この詐欺ファンドはICOのように仮想通貨で集めようとしたが、仮想通貨を持たない一部の高齢顧客は現金で払った。金商法制定時の「金銭」として「仮想通貨」は想定していないから、現金で払った顧客がいたおかげで摘発できたことになる。警察が、金

融庁や監視委員会の助けを借りずに金商法を使えるようになったのは、進化に違いない。

　大蔵省の金融行政が担当した「投資」とは主に、上場企業が発行する株式の購入を意味した。事業からの利益分配（配当）を期待する投資家もいれば、株価上昇を期待する投資家もいる。発行体が企業情報を投資家に開示し、登録した（大蔵省時代なら免許を受けた）証券会社がリスクを説明して投資家に売り、市場での相場操縦やインサイダー取引を禁じるのは、上場株式のように、転々流通し価格が変動する有価証券を念頭に置いた投資家保護規制になる。

　1992年の改正証取法は、証券形態でなく流通性は低いが投資家保護が必要な類型として「みなし有価証券」を設けた。この類型は、2006年成立の金商法が、「金銭を拠出した事業から利益分配する投資ファンド（集団投資スキーム）」を追加して格段に広がり、投資ファンドを売るのは第二種金融商品取引業になったから、株式を売る既存の証券会社は改めて第一種金融商品取引業と整理し直した。

　今国会に出した改正金商法を新たに適用するICO＝STOは利益分配型だけであり、金商法の投資ファンドに平仄を合わせて伝統を踏襲してはいる。が、ほとんどの投資ファンドは流通性が低く価格もつかないのに対し、ほとんどのICOトークンは取引所で売買され価格が上昇するのを期待して発行されるから、有識者は「適用範囲が狭い」というか、「これは観念操作の産物であり規制対象がイメージできない」と感じる。もとよりST（セキュリティ・トークン）が流通性を獲得すれば価格は変動するが、母体が利益獲得型のままでは、これまでICOが試みてきた新たな多様なタイプの事業が除かれる。そしてこの新たな多様なタイプこそが、ブロックチェーンを使う可能性を感じさせる事業領域なのである。

　でも、金融庁側からは違う景色も見える。まず、マネロン・テロ資金対策の国際機関から仮想通貨の規制法制定を提案され、支払・決済手段とし

て資金決済法で規制を手当した。が、実際には投資対象として売買され、流出事件が起きると、多くの仮想通貨交換業の申請者に資金決済法の登録審査を待たせても、現実の体制の立て直しに注力せざるを得なくなる。

　銀行の資産査定の検証を上司から禁じられてアイデンティティ・クライシスに陥っていた検査官にも、久々に活躍の場が訪れた。立て直しが一段落し、ようやく落ち着いて資金決済法の登録審査をできるようになって、新たにICOを金商法で広く規制すれば、さんざん待たされた資金決済法の登録を得ても、改正金商法の施行後にさらに金商法の登録を得なくてはならず、いたちごっこみたいな申請者の負担感は耐え難い。

　こうした事情を熟知した神田秀樹教授の歴史観は、「今年の金商法の仮想通貨規制は、有価証券に少しだけみなし有価証券を加えた1992年改正証取法に相当する」そうである。将来的に金商法の適用範囲はさらに広がり、預託商法にも適用できるようざっくり書いて消費者庁や警察と過不足なく役割分担できる可能性はあるだろう（注）。が、ここ数年積み重ねた足元の事情から、すぐには身動きがとれず、新たな理念の萌芽の提示にとどまらざるを得ない。それを後輩の見識や気概のせいにするのは、お調子者だった先輩として慎重でありたいと思う。

　　（注）　2021年に預託商法を原則禁止する改正法が成立したのは、消費者庁の成熟と覚悟の深まりを示すのかもしれない。警察が監視委員会に頼らず独力で金商法違反を摘発したのも、同じく成熟と覚悟の深まりを示すのかもしれない。「この国でオレたちが一番マシに対応できると期待」されていた時代の記憶と、消費者庁や警察への上から目線が抜けない本稿は急速に陳腐化していくのだろう。

141　東証市場区分

　「TOPIXにさ」と、憔悴気味の三塚大蔵大臣は重い口を開いた。「ゼロを2つ足してみたらどうだろう」「そ、そんなことをしても」と言いかけ

た私を上司が制する。鏡に映った自分の顔が気に食わないからといって、鏡を直してもしょうがない。でも、TOPIXが1000の大台を割りかけていた前世紀末金融危機時の大蔵大臣室で、小賢しい反論を止めてくれた上司に今は感謝している。

　大臣とて、そんなことをしてもしょうがないのは百も承知である。が、株価が際限なく墜落していくのが、孤独な責任者にはいたたまれない。大臣を支える専門家のはずの部下たちは、危機を克服した後に株価が回復する将来展望を示して上司を安心させられない。やがて接待事件で省内から逮捕者が出て、三塚大臣は大蔵省を去った。

　急成長する新興企業の若手経営者と交流するにつれ、彼らがTOPIXを構成する東証1部の市場区分の見直しに神経質になっていると気づく。そりゃそうだろう。マザーズから短期間で1部に昇格し、一流企業のステータスを得たと思った途端、1部でなくなりそうなのである。しかも東証の営業も主幹事証券も、「早くマザーズを卒業して一流企業になりましょうよ」と甘言で1部昇格を誘ってきたにもかかわらず、である。でも、短期間で1部に昇格できるような基準だから、上場企業の過半が入ってステップアップ先としての希少価値に乏しくなった。

　東証市場区分の見直しを検討している関係者にはさまざまな意見があり、時に非公式に感想を求められる。「時価総額だけで線引きするのは、投資対象の指標としてふさわしくなく、成長可能性の要素を考慮すべきです」との意見は、そりゃそうかもとは思う。問題は将来の成長性の測り方であり、常識的には例えば過去3年間のROE（自己資本利益率）が一定以上の企業を集めれば、将来も平均を超えて成長するポートフォリオが組めそうに思える。でも3年を超えて高成長し続けるのは難しいという単純な統計的真理の前に、投資対象としてのパフォーマンスはTOPIXに負けてしまうのである。

　「社外取締役の数のように、コーポレート・ガバナンスの要素も考慮す

べきです」との意見は、やはりそりゃそうかもとは思う。急成長する新興企業の経営陣はたいてい若いから、ビジネスや行政の経験がある年寄りが社外取締役としてアドバイスするのが珍しくなく、私もそんな1人になる。社外取締役の数と業績との間には、仄かな相関もある。

でもこの相関は、残念ながら社外取締役のアドバイスが業績に直接貢献しているとは思えない。仲間内の感覚だけに頼らず、社外のアドバイスにもまじめに耳を傾ける経営陣の前向きな姿勢が業績に反映していると考えるのが実感に合う。もし社外取締役の数が市場区分の重要な基準になったら、「形だけ社外」が急増して、仄かな相関さえ消えてしまうに違いない。

実は、時価総額だけを基準に今の東証1部企業の数を半分に減らしても、時価総額の総計指標であるTOPIXにほとんど影響しない。「誰もが知ってる大企業」の比重がそれだけ高いのである。婚活サロンで、「東証1部企業を経営しています」と男が言えば、「すわ玉の輿」と女は色めき立つが、今の区分基準では結婚後に輿が崩れぬ保証もない。結局、東証1部＝一流企業の連想が強過ぎるから、ステータスを維持しようと悩む。

成長可能性が高いとは限らず、ガバナンスの水準とも関係なく、単に今の時価総額が大きいだけの「東証大型部」なら、目標としての魅力も褪せる。東証として示す市場区分は、「大型部」「中型部」「小型部」と単純な性格にして、追加でいろんな要素を考えて区分するのは、運用業界でファンドを作る人たちに任せる。東証が示す市場区分にあれもこれもと要素を追加して考慮しようとするほど、考慮されなかった要素からの異論を避けられそうにない（注）。

（注）　結局、市場区分の基準はギャグ半分の本稿の主張とさして変わらぬ決着になったようだが、脱落社が極力出ないよう配慮して新1部のプライム市場がステップアップ先としての稀少価値に乏しいままなのは、変われないこの国の形を反映している（249・250　変化への耐性（上）（下））。施行後も社長は、「我が社はプライムです」より、「旧東証1部です」と言い続けるに違いない。こんな展開が初めから見えているのに、経済誌は、「脱落の

危機！」の脅迫観念を煽って売ろうとする。

142 現代規制論の模索

　経済学部に金融論の講座があるほどには規制論が経済学の課題として定着しないのは、規制対象が多彩で統一的なアプローチが難しいせいとは思う。たしかに解雇規制論とSNS規制論とシェアエコノミー規制論の中身はまるで違う。が、規制が論でありたいなら、分野ごとの利害調整と妥協だけでなく、筋が通った論理が貫いていて然るべきとは思う。大田区や大阪市に民泊特区ができた時、6泊7日以上の長期宿泊だけを認め、後に顧客利便に配慮して2泊3日以上に緩和した。次いで国が制定した民泊新法は年間180日以下の営業に限り、自治体による上乗せ規制を認めたから、週末2泊3日以下の宿泊が典型的な姿になっている。

　民泊特区が2泊3日以上、民泊新法が2泊3日以下と真逆なのは、規制目的が顧客利便でなく民泊の邪魔にあるのを分かりやすく示している。「長い宿泊しか認めませんよ」も、「短い宿泊しか認めませんよ」も、期間制限のないホテルや旅館に配慮した結果に他ならない。「だから既得権はなぎ倒さなきゃダメなんだよ」と怒っても構わないが、業法を守って努力してきた宿泊業界の経営者が、「自宅の一部が空いてるから旅人を泊めよう、なんて商売が簡単にできては困る」と反発する気持ちも分からなくはない。

　古代の旅人には民泊しかなかったが、交易や戦いや物見遊山の旅人が増えると専業の宿が生まれ、やがて宿が守るべきルールとして業法も生まれた。ITにより技術的には旅人と民泊をつなぎやすくなった現代の規制論は、民泊の邪魔ではなく、既存の業法の緩和に向かうのが筋ではある。ただし、宿泊業法は旅人の大量収容を前提に、フロントを備えよとか安全や衛生を確保せよとか求めるから、簡単には緩和できない。だから旅人小量

収容の民泊を邪魔したくなるが、それは競争条件の公平に配慮した激変緩和措置に過ぎず、自我の赴くまま顧客利便を制限するのは限界がある、との認識が規制論として重要になる。

民泊新法がエアビーアンドビーに登録物件の8割を削除させ、京都市が冬の間しか民泊を認めない追加規制をするのは、限界超えの風情が漂う。かつて京都では、高層ホテルが街の景観を損なうとして、そのホテルの宿泊客の拝観まで寺社業界は拒んだ。今、民泊の普及が不条理と感じる宿泊業界は、冬の間しか民泊できない不条理を京都市に求めた。かつての寺社業界も今の宿泊業界も京都の観光地としての名声を背景に、顧客利便を省みないほど自我が肥大化したらしい。

本稿は、「専業の宿でも民泊でも宿泊サービスは、泊まる者と泊める者の関係だけでなく、地域住民の住環境の一環を構成し、住民感情に直結している視点に欠ける」と感じる読者もいるだろう。たしかに、理解できない言葉を話す外国人旅行者集団がスーツケースをごろごろ引きずって近所を歩いていたら、住環境が悪化したと感じる住民は多い。

でも、大田区は国際空港を抱える日本の玄関として、大阪市は在日韓国人の首都として、「グローバリゼーションの時代に外国人に違和感を覚えるようでは困りますよ」と考え住民の感情を誘導しようとして、既存の宿泊業界との利害調整と妥協をしてでも民泊特区の道を選んだのである。そして、有望な成長分野が見当たらず、人口が減る一方の日本で、「外国人に違和感を覚えるようでは困りますよ」と考え住民の感情を誘導するのは、国とすべての自治体の課題になった。現実の住民感情への配慮だけでなく、住民感情そのものを時代に合うよう誘導していこうとするならば、現代の規制論としてかなり深い次元に達したと言えるだろう。

143 体制整備主義

　金融業の登録審査で金融庁は、「財務や法務の専門家を置いてください」と申請者に体制整備を求める。たしかに、かつて登録を量産した二種ファンドでは、「財務の専門家がいないから社長が顧客から預かったカネを自分の財布に入れていた」とか、「法務の専門家がいないから社長が自分の事業の法律抵触に気づかなかった」といった体制不備ゆえの問題が噴出した。

　登録審査における体制整備主義は、問題の事前予防型アプローチだが、金融行政を大蔵省から分離する際に唱えたスローガンは、「事前予防型裁量行政からルールに基づく事後チェック型行政への転換」になる。もちろんこの単純なスローガンが常に妥当とは限らない。が、規制改革特区とか規制のサンドボックスといった近年の政策は、「まずやらせてみて、不都合があれば改める」事後チェック型であり、それくらいしないと経済成長の芽を見出せない現実を反映している。

　二種ファンドの登録を量産したのも、「問題を起こす業者は事後チェックするとして、まずはリスクマネーを流すのが先決」との発想に基づいていた。体制には、財務や法務の専門家を置くだけでなく、専門家が経営者（社長）を牽制する機能を当然に含む。社長が業績追求一本槍で適正な財務や法務が眼中になければ、専門家の存在意義は褪せる。

　行政官時代、大手運用会社なのに事実上社長が1人で投資判断している事例に遭遇した。追加支援してもなかなか成果が出ないが、投資対象にほれ込んだ社長は支援を打ち切る気がない。投資部門にいた専門家は、社長の投資判断を正当化するために心ならずも投資対象の時価を高く評価するグレーゾーンで仕事をしていた。私の部下の調査官が専門家の本音を踏まえて虚心坦懐に評価し直した結果、これ以上追加支援する経営判断は阻ま

れる。

　調査官は社長に言った。「おたくもこんなに大きくなったんだから、い
つまでも個人商店じゃなく、専門家の本音を聞いて尊重しなきゃダメでし
ょ」。「と指摘したら、社長は「今後気をつけます」と神妙に反省しており
ました」と誇らしく報告する部下には、「そうですか。ご苦労さまでし
た」とねぎらうしかない。支援を打ち切る判断が長期的な業績に及ぼす影
響は実のところ不明である。社長の独走が、あと一歩で実を結ぶ前進なの
か、破滅に向かう暴走なのかは事前には誰も分からない。が、金融行政が
業者の業績より顧客保護を重視する以上、専門家による分権体制を推奨す
る傾向は否めない。

　投資運用会社の社長と財務担当女性が顧客から預かった1600億円を失っ
て今も服役中の有名な別の事例では、社長は運用の逆張り一発逆転の可能
性に賭けていた。心底顧客に迷惑はかけたくないが、逆転できない失敗が
続く。逆転可能性に賭け続けるにはこれまでの運用の失敗を隠さねばなら
ないから、調査官は財務担当女性の専門家としての良心に賭けて追い詰め
る。

　「毎週末に香港から届く運用結果のファックス原紙を見たいんだけど」
「い、今ですか」と彼女の顔が蒼ざめる。「今日はもう遅いから、明日でい
いですよ」。そして翌日になると、運用結果のファックス原紙を見ながら
調査官は彼女に聞こえるように独り言をつぶやく。「妙にきれいに揃って
いるなあ、毎週末順々に綴じてきたのに折れ目も汚れもまったくない」。
財務担当女性が徹夜ででっちあげた原紙だからきれいに揃っているはずで
ある。彼女は、隠し続けたい社長に引導を渡した。「私、これ以上あの調
査官に嘘をつき続けられません」。

　これらの事例が、経営者（社長）と専門家からなる体制にもたらす含意
は結構複雑だが、確かなのは、初めから明確に自覚して顧客から奪う闇金
ウシジマくんみたいな確信犯事例は最近に至るほどあまり見当たらず、た

いていはグレーゾーンで問題が進行するにある。それは事前予防型アプローチにとってかなり本質的な論点だから、対象を企業一般に広げてもう1回考えてみたい。

144 ガバナンスとコンプライアンス

金融業に財務や法務の専門家を求める前回の体制整備主義から、企業一般に射程を広げる。企業価値は、不正が起きれば下がり、稼げば上がる。企業価値を上げるコーポレート・ガバナンスを、不正防止のコンプライアンス体制と同義で使う論者もいるが、私は株主の期待に応えて稼げる体制という意味を重視して使ってきた（注1）。ガバナンスの処方箋として株主の代弁者である社外役員が経営陣を取り締まるのは、株主が債権者としての請求権を持たない無力な存在だからである。

企業が稼ごうが稼ぐまいが、社員は賃金の請求権を持ち、仕入先は仕入代金の請求権を持ち、銀行は元利返済の請求権を持ち、対価を払った顧客は商品やサービスを提供される請求権を持つ。ステークホルダーのうち株主だけが、企業が稼がない限り報われないから、役員の選任・解任権や重要な経営事項の決定権を与えて稼ぐように促すのがインセンティブに整合する（**266 続・経過観察**）。

社外役員が経営陣の緩いコンプライアンス感覚を牽制するのも、不正防止に有効と期待される。ただ、社外役員は、社長が社員に、「手段を選ばず稼げ」と怒鳴る光景までは見ないから、この期待がかなうかは保証の限りでない。「社外役員を積極登用する先進的ガバナンス体制」を評価されてきた東芝で起きた不適切会計が典型になる（注2）。

今では一般に「東芝不正会計」と呼ばれるのを、発覚時にメディアが大CMスポンサーに遠慮して呼んだ「不適切会計」と書くのは、社長が、「不正な手段も含めて選べ」と自覚して怒鳴ったとは思えないからである。現

実には、不正会計と正当な会計処理の間にグレーゾーンがある。内部通報を受けて私の部下が調べに赴いた当初は、東芝側から、「なにしに来たんですか」と本気で迷惑がられた。やがて組織として仕出かしていた問題のマグニチュードが自覚されるにつれ、社内は覚醒し調査に全面協力される。

　個々の不正行為者は社長の圧力を受けて正邪の感覚が次第に麻痺し、麻痺した行為の同時多発的集積が会社の土台を掘り崩していた。その時点で私は退官したので、歴代社長を刑事告発するような事件とは認識していない。が、しばらく海外放浪して帰国すると、歴代社長を刑事告発すべきと主張する監視委員会に検察が応じず対立が深刻と報じられていた。「こんな東芝になってしまった」原因が、歴代社長の社員への圧力にある因果関係を監視委員会が立証しても、検察は、社長が不正を自覚して怒鳴ったと立証しない限り、犯罪者としての法的責任は問えない。

　アパート建材の不正とされるレオパレスにも、既視感を覚える。社長が不正と自覚して社員に指示するとか、社長からもっと稼げと圧力を受けた社員が不正と自覚して実行したなら、社長にせよ社員にせよ不正と自覚した者が犯罪者になるのが分かりやすい。メディアの追及は、誰が嘘をついているのか解明しようと躍起になる。

　でも実際は、社長がもっと稼げと圧力をかけると、不正か否かの基準そのものが次第にあいまいになり、不正か否かという視点から考えるのを社員は無意識に避けるようになるのである。設計図の仕様が簡素になったり、使う建材の記載を省いたり、「これでも役所の検査は通るよ」と口頭で伝えたりするグレーゾーンが広がる。

　「そりゃ単にガバナンスが機能してないだけだよ」と結果を知らされた社外役員は後知恵で指摘するかもしれない。でも背景に、「この職場で長く平穏に勤めたい」社員のメンタリティがある以上、社外役員を登用して事前に監視し不正を予防しようとする処方箋は効かない。してみると、前

回考えた金融業の登録審査において、財務や法務の専門家を置くよう求める金融庁の体制整備主義にも相応の理由があるのかもしれない。

独立した専門家としての能力や矜持があれば、グレーゾーンの広がりを抑え、経営者（社長）の意識や行動にたがをはめ得る。でも事前予防のたがが効き過ぎると、経営者の発想の自由な飛躍も抑えられ、業績が低迷して社員さえ守れず顧客保護にも支障をきたす。このディレンマへの有効な処方箋は、まだ見つかっていないし、永遠に見つからないのかもしれない。

（注1）　コンプライアンスを不正防止の体制、コーポレート・ガバナンスを稼げる体制、とする本稿の言葉使いは便宜的である。法令を遵守し不正が防止されれば顧客を始めとするステークホルダーが守られ、ひいては社会に貢献するので、コンプライアンスを社会に貢献する体制と広く捉えても構わない。逆に法令遵守が自己目的化してステークホルダーを守る意識が退くなら本末転倒になる。コーポレート・ガバナンスは積極的に稼いで企業価値を上げてステークホルダーひいては社会に貢献する体制、コンプライアンスは企業価値を下げずに防衛してステークホルダーひいては社会に貢献する体制、と表現もできる。

（注2）　三井住友銀行から移った東芝社長は銀行時代、この連載を面白がる読者だったと編集担当の武下さんから聞いていた。共感するから面白いのだろうから、コーポレート・ガバナンス感覚に大きな欠陥があったとも思えないが、経産省と相談してのアクティビスト対応を批判され、辞任する展開に至る。そして辞任を促したらしい取締役会議長も、同じ穴の狢として株主総会で役員選任を否決される珍しい展開を見せた。

例によって失敗者を後知恵で断罪する論評ばかりだが、私の目にはさほど許し難いガバナンスには見えず、むしろさらに後の会社分割案の否決も含め、株主が容赦なくなってきたのが印象的である。が、同時多発不正会計が起きるほど社員を追い詰めてしまった後では、社外から誰を経営者に招こうが株主に支持されての円滑な再生は容易でないとは言えそうである。会社が株主のものか、ステークホルダー共同体のものかの議論を建設的と感じた記憶はないし、東芝の事業が国益に関わる以上経産省が関心を持つのも理解できる。が、東芝の現状を前提とすれば、自らの利益を追求するアクティビストの「正論」が、経産省が国益と感じる「思惑」を凌駕していくのは、東芝の再生にとってやはり必要な展開には見える（217　ガバナンスの現段階）。

第 23 章

無意識連想の連鎖 (145〜153)

規制の諸相の前章は仕事として携わった世界だから使命感を抱いて書いたのだろうが、読み返すと無意識の上から目線を感じてあまり居心地が良くない。ここで規制から離れてばらばらの関心事に向かうほうが、読み返すと楽しい。ばらばらの関心事とはいえ、皇室や愛国心や作家と歴史家の同質性や面倒くさい己の性格との葛藤や旅を介して、無意識の連想が連鎖しているようである。

145　無私の象徴

　皇室に関心ないが、昭和天皇や平成の天皇の存在は、この国と国民にとって幸いだったとは感じる。平成の天皇の即位時に老いた作家が、「これまでのように素直に万歳を唱和する気になれない」と語るのを見て、「困ったジジイがいるもんだ」と思ったが、自分が今同じ心境にいる。ともあれ、官僚世界の慣例に従って、平成の天皇の末期の園遊会に招かれた夫婦のささやかなエピソードになる。

146　時局に生きる

　対米戦回避を切望したが断念した昭和天皇が、戦後に自らの戦争責任を国民に表明しようとすると、吉田茂首相が象徴の行為にふさわしくないと諌めて止めた記憶が、カズオ・イシグロによる戦争の時局に生きた画家の物語に向かわせたように思う。後知恵で勝者を正当化するのが普通の人間の営みだから、優れた作家は、読者によって多義的な解釈が可能な物語を書かずにいられない。

147　産業革命と勤勉革命

　保守系作家の愛国心に基づく想像や読者への迎合を、史実に基づき判断しているつもりの若手歴史家が批判するが、歴史家も愛国心に基

づく想像を読者に受け入れてほしいと願う。労働を資本（機械）で代替したイギリス産業革命へのイギリスとイギリス以外からの評価の高低差と、資本（土地）を労働で代替した日本の勤勉革命が日本だけの通説という状況に、作家と歴史家の同質性を思う。

148　自　省　録

　怒っても怒りを発散する手段がないのは、怒りを発散してから後悔しないためには望ましい環境と思う。SNSが普及して無数の怒りが飛び交う時代になり、SNSを自制しようと自省するのは、経歴が似た官僚出身の年配評論家と若手歴史家の怒りの応酬論争にも由来する。前回は保守系の作家を批判したこの若手歴史家は、後にSNSの女性蔑視投稿が炎上して学界での地位から転落した。

149　シルクロードの後追い

　モロッコでの自省からシルクロードに飛ぶ。周りの期待に応えようと仕事の引退が遅れ、積年のシルクロード制覇計画が頓挫した信用金庫の元会長を時に思い出す。思い出して修業のように後追いの旅をしながら、社会に貢献したいが忙しくなるのも避けたいから仕事を選り好みし、社会を観察して書きたいが疲れるほど没頭したくもない、面倒くさい性格の己の第2の人生を点検する。

150　旅の時間効率と経済効率

　広い中国の物見遊山にバスや列車を乗り継いで訪れるのは時間がかかるが、街の人たちと混然一体になると居心地が良い。時間効率を改善しようとタクシーを使うと居心地が悪化したので、物見遊山のほうを減らして公共交通原則に戻るのは経済効率を改善する。ただ、中国で60歳以上無償の観光地が増える形で経済効率が改善するのは、60歳

未満に対する別の居心地の悪さが現れる。

151　面倒くさい性格

　仕事を選ぶ際、見識に期待されるなら応じるが、経歴に期待されるなら引いてしまう。「稼ぐために役に立ってなんぼ」ではあるが、稼ぐだけが目的でない経営者もいるから私みたいに面倒くさい性格の活動余地も生まれる。活動していると、自分が役所とパイプを務めるほうが手っ取り早いと思うが、パイプを務めることが、役所にとっても役に立たねばならない面倒くさい制約がかかる。

152　見識と情報（上）

　自分の見識を語っているつもりなのに、聞く側は役に立つ金融庁情報を求めている構図に往々に遭遇し、聞き手に無意識の忖度をする。野村総研の大崎貞和さんも東証１部をステップアップ先にふさわしくする見識を語ったが、野村内の伝言ゲームの中で東証有識者懇談会メンバーというインサイダーが東証から得た情報に変容した。この手の構図に巻き込まれるのは、他人事とは思えない。

153　見識と情報（下）

　金融庁が野村證券に求める水準は高い。情報の扱いで３度行政処分を受け、処分を受けるたびに改善努力するが、努力するたびに想定外の事態が起きる。見識を情報と思われると会話もできないが、客とは会話して稼がねばならない。もう野村の経営を心配する立場じゃないが、大崎さんが見識を示してくれないと言論活動する私はもとより、大崎さんに学んで立法活動する金融庁も困る。

145 無私の象徴

母の兄は陸軍士官学校から戦後の警察に転じて、そこそこ偉くなった（105 ミッシングワーカー）。母の姉の夫は海軍兵学校から戦後の海運会社に転じて世界をめぐった。母の妹の夫は町役場職員から町長に転じた。で、なにが起きるかと言うと、園遊会と叙勲に夫婦で招かれて上京し、私の実家に立ち寄って父の機嫌が悪くなる。高校教師から会社員に転じた父は、園遊会と叙勲の基準に届かなかった。「でも子供たち（私のいとこたち）で園遊会に出たのはあんただけだから、世の中良くできているとも言えるわね」と母の精神安定剤になった意味はあるかもしれない。でも、出るまでが平穏でなかった。

2015年明けに帰宅すると、「隠し事してたでしょ」と女房が詰問する。「なに？」「園遊会の招待状が来た」「行かねーぞ」「行かねーわきゃねーだろ、この非国民め！」「あのなあ、官僚にとって園遊会って、そろそろ退官だよごくろーさん、オマエみたいな奴をそこそこ偉くしてやったんだから、後はせいぜい民間で頑張りなって引導渡すだけの儀式なの」「どんな儀式だろうが、陛下のお招きを拒む国賊と結婚した覚えはないっ！」。延々続く非国民・国賊攻撃に根負けして屈服した。タキシードを着るのが面倒くさい。

園遊会は、赤坂御苑の一本道を両陛下と近しい皇族がゆっくり歩いて参加者と懇談する。スタート近くでは、すでに参加者の列が3重くらいできていたから、女房は最前列に出られるゴール近くに急いだ。参加者の列の背後には、私みたいに女房に連行された非国民・国賊オヤジたちが酒を飲んでぼやくテントが用意してある。「いやあ、おたくも我が家と似ているようですなあ」。

1時間以上が過ぎ酔いが回ってきた頃、高揚した女房が戻ってきた。

「天皇陛下に、「いつまでもお健やかで嬉しゅうございます」って言った
ら、「いえいえもう80過ぎですからねえ」とおっしゃった。「でも姿勢も顔
色もしっかりしておられます」って言ったら、「80過ぎればあちこちガタ
がきますよ」とおっしゃった」。これで家内安全なら以って瞑すべし。

　やがて令和○○年には自宅に叙勲の意向確認電話がきて、運良く私が出
れば、「政府に評価していただかなくても結構です」と遠慮する。でも固
定電話の受話器を取る習性がないからおそらく女房が出て、また非国民・
国賊攻撃に根負け屈服して皇居に行くのかもしれない。その頃になっても
まだ家庭で固定電話が使われているなら、変われない日本も相当重症では
あるが。

　NHKが平成の両陛下の歩みを追ったシリーズ番組を、途切れながら見
た。続けて見るのが辛いから途切れる。海外訪問で、「戦犯の子は来る
な」と言われても、反論も謝罪もできない。被災地を見舞っても、復興の
約束もできない。接する相手の幸せを祈り励ます以外になにもできないか
ら象徴なのである。でも、象徴の務めを全力で担ううちに、無私だからこ
そ、接する相手に深甚な感化を及ぼすのに気づく。自分たちの幸せを祈る
ために存在する象徴が来て励ましてくれたから、被災者は総理が来ても流
さない涙を流す。

　番組はすでに2010年に天皇が、80歳で退位の持論を侍従たちに伝えてい
たと明かした。侍従たちは、象徴の地位にはとどまり、公務の担い手と切
り離すよう懇願する。社長の精神を理解できない役員会みたいだが、ほど
なく東日本大震災が起き励まさねばならない被災者が爆発的に生まれて退
位どころでなくなった。

　被災地がやや落ち着いた2年半後に東京オリンピック開催が決まったの
が、天皇が退位の持論に回帰した契機だったろうと思う。万一開催中にX
デーが重なれば破局的事態になる。そうでなくとも世界から来る指導者や
王室に応対するのは、新天皇が務めを担ううえでかけがえない財産にな

る。無私の象徴の務めを全力で担っていれば、そう考えるに違いない。2015年春の園遊会で２度、女房に「80過ぎ」と応じてほどなく、平成の天皇は退位の意向を公式に表明した。

146 時局に生きる

　戦後から戦間期の日本を回顧するカズオ・イシグロの初期作『浮世の画家』がドラマ化されたのを機に、やはり戦後から戦間期のイギリスを回顧する代表作『日の名残り』に物語の構図が似ていると感じながら原作も読んだ（9　『日の名残り』）。ドラマ化はイシグロのノーベル文学賞受賞に由来し、ノーベル文学賞の存在意義など考えた経験もないが、選ぶならやはり透徹した歴史認識の下に人間の気持ちと行動を深く突き詰めた作家になるのだなとは改めて感じた。だから村上春樹は永遠に受賞できない、などと断言して毎年期待と落胆を繰り返すハルキストを怒らせる気もないが。

　『浮世の画家』の主人公は戦争が迫るにつれ耽美的な作風を捨て、日本国民の戦意を高揚させる絵画こそ時局に生きる画家の使命と信じて行動し画壇の寵児になる。敗戦後は一転して世間から指弾されて絵筆を折り、次女の縁談が頓挫したのも自らの過去のせいではないかとくよくよ悩む。新たな見合いの席上、意を決した主人公は、過去の信念に基づく行動の過ちを認め、因果関係は定かでないが、見合いは成功した。だが、過ちを認めた勇気のおかげと自己満足する主人公に長女は言う。「お父さんが唐突に昔のことを言い出すから、先方がびっくりされたじゃないの。ただの画家なんだから、戦争に影響するはずないでしょ」。

　主人公の罪悪感が自意識過剰なのか、あるいは長女が父の気持ちを楽にしようとしているのかは、イシグロ作品の例に漏れず読者の解釈に委ねられる。見合いの席上、「ブラームスよりショパン」と音楽談義になるのも、どこまでイシグロが計算したのか定かでない。ともに愛国心が強い作

曲家でも、ショパンは消えた祖国ポーランドを復活させたい愛国、ブラームスはポーランドを再び復活させないドイツの海外支配を熱烈支持する愛国だった。世間の後知恵は、ショパンの愛国を名作の原動力とし、ブラームスの愛国を大作曲家の生涯の瑕疵とする。

　私が例えば西条八十を、「いざ来いニミッツ、マッカーサー、出てくりゃ地獄へ逆落とし」と書いたとて指弾する気になれないのは、信念の芸術家に、戦争を客観的に評価する見識を求めてもせんない気がするからである。『浮世の画家』の主人公も、格差が広がり貧しい庶民が苦しんでいるのに、政治家や実業家や軍人はのほほんとしているように見え、戦争に訴えてでも欧米の帝国が歩んだ道を日本も歩むしかない、と思い至る。問題は、イギリスやアメリカが、「もはや素朴な帝国主義は時代錯誤」と考え始めた頃に、ドイツより後発の帝国主義国として日本が登場した間の悪さにある。

　『浮世の画家』で時局に生きた日本の芸術家は、後の『日の名残り』では時局に生きたイギリス貴族の物語になり、彼に使えた主人公の執事は、物語の終わりに自らの人生を回顧して泣く。驚いたのは、丸谷才一などの文学者がみな、「執事が尊敬し全力で仕えた主人が、戦後は対独融和論者として世間から指弾される程度の人間だったと悟って泣いた」とする解釈である。

　「アホかこいつら」と思う私は、執事の主人への尊敬は今もいささかも揺らいでおらず、「ドイツに勝ったからといって対独融和論者を指弾する世間の不条理と、執事の品格にこだわって女中頭からの好意にも素直に応じず、己の人間らしい感情を抑えつけてきた後悔に泣いた」と受けとめていた。第一次大戦後の対独賠償で主人が主張したようにイギリスがもっと融和していたらナチスがあれほど台頭しなかっただろうし、真珠湾攻撃によるアメリカの参戦でイギリスも勝てたのは結果論である。

　そこで、『日の名残り』も虚心に読み返すと、どちらの解釈も可能な構

造だと改めて気づく。してみると、戦争を客観的に評価する見識を求めて
もせんないのは、信念の芸術家に限らないのかもしれない。信念に基づい
て行動した政治家や実業家や軍人を後知恵で指弾するのがフェアでないと
主張する歴史家もおり、インドから東京裁判に参加したパール判事もそう
主張した。が、頭のおかしな右翼以外の世間は黙殺するから、作家は、読
者によって多義的な解釈を可能とする世界を描かずにはいられない。

147　産業革命と勤勉革命

　保守系の年配作家による日本史のベストセラーを若手歴史家が、「事実
を度外視した想像の産物に過ぎず、この国を誇りたい読者に迎合して売ろ
うとしている」と攻撃する。当たっているようでもあるが、作家と歴史家
の方法論はそんなに違うのかね、と疑問も覚えた。先のロンドン・オリン
ピックの開会式では、産業革命を再現するアトラクションが目立ち、イギ
リス人にとって今も誇らしい歴史なのだと感じさせる。各国の自薦案件を
ユネスコが審査する世界遺産も、イギリスには産業革命遺産が目立つ。訪
れてみると、工場内の紡績や織布の機械とその動力だけでなく、労働者の
住宅や病院や教会さらには子供の学校が揃い、近代的労働者の形成過程を
学べる。

　産業革命がイギリスで起きた原因は経済史上の重要テーマとして、無数
の学説が唱えられてきた。先立つオランダとの戦いを制して海上覇権を確
立し交易の利益を蓄積した事情や、農業革命による生産性向上と農地の囲
い込みが農民の都市への流入を促した事情を重視する論者もいる。私が腹
にすとんと落ちるのは、イギリスのインド支配が強まると大量の安いイン
ド綿布が輸入され、高いイギリス国産綿布が圧倒された事情に起因する。

　麻の服より着心地の良い綿の服を庶民は歓迎したが、国内繊維産業が壊
滅しないよう、政府は高関税をかけたり、輸入禁止にしたりする。それだ

けではインド綿布が欲しい庶民が収まらないから、国をあげて輸入代替国産化の努力が払われた。紡績や織布の機械とその動力としての蒸気機関は産業革命の最も有名な部分だが、機械と相性が良い綿花をアフリカからアメリカに輸出した奴隷のプランテーションで作らせたり、インド人が花や昆虫から抽出した染料を化学的に合成したりする。蒸気機関の動力の石炭は、たまたま国内に豊富にあった。綿布の生産性の向上は輸入代替にとどまらず、インドはもとより世界の市場を席巻する（**36　輸入代替**）。

　この簡単な要約だけでも、イギリス人の優れた資質（国民性）に起因するものもあれば、たまたま幸運に恵まれたものもあれば、負の側面を伴うものもある。イギリス人学者が優れた資質を強調し、他国人学者が幸運や負の側面を強調する傾向は否めない。いずれにせよ経済覇権は永続しないから、イギリスは次第にもの作りを他国に委ね、自らは国を開いて金融で生きる道を指向した。国を開いて自由に競争すれば、勝ち組と負け組の格差が広がり、「再び国を閉じよう」とする意見がEU離脱の国民投票を制する展開にもなる。伝統的にイギリス人の優れた資質を感じさせた議会運営が、EU離脱をめぐって迷走するさまを見るのは忍びない。

　明治維新後の日本がアジアのフロントランナーだったのは、単に幸運に恵まれて早く欧米を真似しただけではなく、歴史的に形成された優れた資質（国民性）に起因すると日本人は思いたい。その思いに呼応して生まれた学説が勤勉革命になる。イギリスの産業革命が労働を機械という資本が代替して労働生産性を高めたのに対し、人口が多く土地が狭い日本では土地という資本を労働が代替した。限られた土地に集約的に労働を投入して、土地当たりの資本生産性を高めたとする。

　イギリスがインド繊維産業の壊滅とアメリカへの奴隷輸出を伴って達成したインダストリアル・レボリューションによる労働の生産性向上を、日本は自前で平和裏にインダストリアス・レボリューションによる資本（土地）の生産性向上として達成し、明治維新後につなげたとする。日本国内

では直ちに通説化したが、もちろん世界の経済史学会ではそうはいかない（39　生産性と国民性）。

　歴史家は作家ほど想像には依存しないとしても、この国を誇りたい読者に応えて本を売り自説を広めたい思いにさほど違いはないのかもしれない。

　かもしれないと思うことが、イギリスと比べるともう1つ今の日本にあると気づく。イギリスの政権が、さして深く考えずに行ったEU離脱の国民投票のやり直しを頑なに拒んで迷走するのに対し、いったん葬られたはずの大阪都構想が、「認められるまで何度でもやり直すぞ」のノリでチャレンジされてもご都合主義と指弾されない意味不明の政治的柔軟性は、この国に残された仄かな希望なのかもしれない。行政単位間の権限の再分配によって大阪の生活が劇的に改善するとも思えないが、やらないよりやるほうがましならチャレンジできる環境は悪くないとは思う。

148　自 省 録

　モロッコのホテル代を現地通貨ディルハムで払おうとしたら、「ウチはユーロしか受けつけない」と言われ、「そんなの事前に説明なかっただろ」と腹を立てる。「広場の向こうの両替屋で替えてきな」と言われてしぶしぶ従うが、腹の虫が収まらない。予約したエクスペディアから、「チェックインはスムーズでしたか？」とメールが来ると悪口雑言を入力した。「観光に生きるしか能がない国なのに最低のサービス精神」。「投稿が掲載されました」と通知が来ると、「この国に魅力を感じて来たのに、この国を貶めてしまった」とにわかに自らの器の小ささを後悔する。この手の葛藤は旅行時に限らない。

　通勤途上の道路工事で迂回の指示が出ていると機嫌が悪くなる。「誰もいないから構わんだろ」と無視して横断しようとすると、遠くから注意が

飛んできた。「迂回って書いてあるでしょ」「まだ仕事は始まってないだろ」「ダメだよ、公共工事なんだから指示に従わなきゃ」（公共だと？　オマエはただの下請けのドカタだろ）と口に出さなくてよかったと思うまでには、数分を要する。自分が公共に携わってきた思い上がりがあるから、公共という言葉に神経を逆なでされたのだと自省して気持ちを鎮めねばならない。

　Ｅテレの『100分de名著』がローマ五賢帝最後のマルクス・アウレリウスの『自省録』を採り上げた。公開を予定しない日記において皇帝がぐずぐず悩むのが、対人関係において、「いかに怒りを抑えるか」になる。「怒りに怒りで対峙したら収拾がつかなくなる。相手は善と悪の区別がつかないのだから耐えねば」。こんな権力者ばかりだったら、歴史上の不毛な争いはずいぶん減ったに違いない。

　違うようで似ているのが、民主党政権時代に自民党から民主党に転身したので今は政治家として居場所をなくした田村耕太郎さんのベストセラー『頭に来てもアホとは戦うな』になる。「アホ」が職場の上司なら、単なる処世術に見えなくもないが、不条理に遭遇した怒りを「倍返しだ」と宣言して実現してしまう『半沢直樹』への懸念が執筆動機だったと田村さんは語る。

　倍返しに普通の視聴者はカタルシスを覚え、平成最高の視聴率を記録したが、倍返しできる頭脳と行動力を備えた半沢直樹は普通の人間ではない。普通の人間が倍返しを試みれば、社会は怒りの応酬で収拾がつかなくなる。敗北主義と紙一重のようでもあるが、私の記憶の田村さんは魅力的な政治家だったから、一理あると思いたい。

　SNSによりすぐに発信できるようになったのも、怒りが飛び交う社会の病を増幅させている。「せっかくこの国を訪れてやったのになんて態度だ」と怒った時に投稿の機会を得てそのまま感情をぶつけてしまった。「長年公共部門で働いてきたオレに公共づらするんじゃない」と怒った時

には発信手段がなかったのが幸いする。

　先日、言論サイトで若手歴史家と、官僚出身の年配評論家が論争した。「あれ？　この歴史家ってこないだ百田なんとかのベストセラーも攻撃してたな。血の気が多い奴みたいだなあ」と気づく。学問として資料読解の厳密な方法論を強調する歴史家と、歴史解釈には多様な人生経験も必要とする元官僚評論家の論争は、微妙にかみ合わないままエスカレートしていく。年下の歴史家の強硬さに業を煮やした年上の評論家がSNSで仲間向けに、「たかが助教に絡まれて」とつぶやいたのが、「アンタは何様？」と袋叩きの炎上を招いてゲームセットになった（注）。

　この顛末は、この評論家と経歴や年齢が近い私の教訓になる。社会で起きる出来事に触発されて発言したくなっても、深く考えないまますぐに感情をぶつけるのは避けねばならない。感情をぶつけると表現は必然的に客観的に劣化する。ずぼらなおかげで、これまで仲間向けに感情をぶつけるSNSに手を出さなくて幸いだったのを改めて痛感した。

（注）　前回は保守系作家の日本史のベストセラーを「事実を度外視した想像の産物」と攻撃した若手歴史家が、今回は学問として資料読解の厳密な方法論を主張し、「多様な人生経験なんてナンセンス」と年配の元官僚評論家を攻撃する延長戦が続いたようである。この若手歴史家が後に仲間向けSNSでの女性研究者への執拗な蔑視投稿が発覚して歴史家業界で転落するのは、攻撃をやめられない血の気が多い精神が、はけ口を仲間（フォロワー）に求めるリスクを示している。仲間向けでも仲間の数が多ければ、公開しているのと違わない。

　　そして人間とは、過去の己の攻撃より攻撃を自制した記憶により己の思慮に満足するものだと学ぶ必要がありそうな気はする。会議中、「なんであんたの話はいつも無内容で長いんだ」と言おうとして自制するのはむしゃくしゃする。が、翌日には言ってしまって今後の関係が気まずくならなくてよかったと思う。怒りがこみ上げてきたのは、会議が終わったら美術展の閉館まで1時間は見られるなと思っていたのに、と思い返すからでもある。

149　シルクロードの後追い

　かつて書いた文章のうち、年配の読者からしばしば、「身につまされた
よ」と言われたのが、積年のシルクロード制覇計画を70歳で引退後に始め
た途端に終わってしまった信用金庫の元会長の人生になる。近畿財務局に
いた20年前、「きっと話が合いますよ」と引き合わせてくれた部下の思惑
どおり、仕事そっちのけで旅談義になった。「本当は理事長で65歳引退し
たかったけど、周りが会長として後任を支えろと言うから、計画実行に残
された時間が少なくなってしまいましてね」。

　第1回は西安から敦煌まで。若き和辻哲郎が留学先でイタリア・ルネサ
ンスに接した感激を妻に書き送ったようなみずみずしいレポートが送られ
てきた。「敦煌からカシュガルまでの第2回を早く読みたいな」と思った
頃、奥様から届いたのが夫の訃報になる。NHKの新旧シルクロードシリー
ズを録画して繰り返し眺め、宮崎市定の歴史書から井上靖の西域小説まで
熟読したのに、第2回からローマに着く第10回までの計画を実際に体感で
きなかった残念さが偲ばれる。元会長はちっとも仕事中毒でなかったが、
「彼が最もうまくこなせる見識がある」と衆目が一致し、周りの期待に応
えるために積年の計画を引退後まで封印した。

　幸い私の仕事の見識は元会長ほど衆目が一致せず、もちろん仕事中毒で
もない。「働くために生きるのではなく、良く生きるには良く働くほうが
良いに過ぎない」だけなので、行政官時代から非常識なほど仕事を休んで
旅をした。両者の中間くらいの人間は結構いて、例えば東邦銀行の元頭取
で地銀協会長や地域経済活性化支援機構の社長を歴任した瀬谷俊雄さんも
そんな1人に見える。

　周りの期待に応えながらも、それが人生のすべてではない。まだ親しく
なる前に、瀬谷さんが書いたり語ったりした文章を拝見すると、仕事の話

をしながらも、どこか遠くを眺めているような風情を感じてきた。信用金庫元会長との出会いと同じく、福島県知事選に出馬した部下のおかげで引き合わされた10年前、仕事そっちのけで旅談義になる。こないだ聞いたのが、「こないだはハワイ島のマウナケア山の頂上に登り、寝袋にくるまって星を眺めましてね」。うーん、オレはこういう80歳になれるかな、と内心唸る。

　この（2019年）春ふと、信用金庫元会長の第1回西安―敦煌間実績と、第2回敦煌―カシュガル間計画の相当部分をまだ自分が体感していなかったのが気になって訪れた。高所の石窟に登ったり道なき砂漠を歩いたりするシルクロードを後追いするには若干の足腰を必要とし、還暦になった自分に残された時間も限られる。第1回分では、「ほう、こんな急階段をてっぺんまで登ったのか」と驚いたり、第2回分では、「この奇岩の絶景は体感したかっただろうな」としみじみ同情したりしながら後追いの旅をした。

　冒頭に紹介した信用金庫元会長の追想文章をかつて書いた時に念頭にあったのは、自分が役所を辞めた後の第2の人生になる。さほどの資質を必要としない仕事でも、組織の一員になってしまうと次第に余人を以って代え難くなり長く休めないのでは困る。さりとて、「普段はなにもしなくて結構ですが、役所のサルにマシンガンぶっ放されるイザという時は用心棒をお願いします」みたいな底意を勝手に感じても引いてしまう面倒くさい性格になる。「たまに経験に基づいて語ったり書いたりすれば、それに市場価値を感じてくれる仕事はないもんかな」と虫のいい妄想を抱いていた。その妄想は、今も続く。

　「ほとんどのサラリーマンが第2の人生に不満を抱いて生活のために苦労しているのに、旅の合間に仕事したいとはふざけた奴だ」と立腹する読者は想像できる。でも旅って、仕事中毒でない私が地球上の文化や自然を体感したくてやめられない中毒状態に陥り、修業しているようなものなの

である。元来面倒くさい性格の人間が、修業をやめられなくて旅と仕事の日程を綱渡りする第2の人生が今しばらく続く。

150 旅の時間効率と経済効率

　シルクロード制覇計画を始める前の信用金庫元会長との20年前の対話の記憶を続けると、「本当は電車やバスを乗り継いでゆったり旅するのが楽しいんだけど、もう古希で人生に残された時間が少ないからタクシーをチャーターします」と言われ、不惑だった私は、「まだまだ公共交通原則にこだわりますよ」と応じた。

　初めての街に着いた時は右も左も分からないが、電車やバスを乗り継ぐうちに街の輪郭をつかみ、去る頃には公共交通が自家薬籠中になっている。運転手や乗客と片言を交わし、迷いながら到達した物見遊山の先が、街の人たちの日常と渾然一体になり、「地に足が着いた旅をしているな」と自己満足でうきうきする。でもこの春、元会長のシルクロードを後追いする際に、還暦になった私に残された時間も少ないのを自覚せざるを得なかった。

　「バックパッカーみたいな移動方法はほどほどにして、タクシーを使おう」。その結果旅の時間効率は改善し、従来なら3泊していた街が2泊で済むようになる。でも同時に、物見遊山の先が街の人たちの日常と切り離され、自己満足のうきうきがかなり褪せてしまった。目的地間を次々とタクシーで移動すると、上から目線でノルマをこなす異邦人みたいな気分になる。

　「日程は変えたくないから、物見遊山の先を減らして公共交通原則を復活させよう」と再転向したら、公共交通の復活度合いに応じてうきうきも復活した。時間効率だけで測れない程度には、人間の性格は面倒くさくできているらしい。もとより公共交通の運賃は安いから旅の経済効率のほう

は改善する。ただ、今の中国には、もう1つ経済効率を改善する用意があって、こちらはうきうきとはいかない。

中国の観光地ではしばしば入場時に身分証明書を示さねばならず、パスポートとともに渡した入場料が、パスポートとともにしばしば戻ってくる。「あれ、今日はサービスデーなのかな？　それともこの寺は平安時代から日本の留学僧が大挙して学びにきていたから、まさか歴史に敬意を表して日本人はタダとか？」と想像が飛躍する。

何度目かに入場料が戻ってきた時、ようやく担当者は英語を話した。「60歳以上はタダなのよ」「え？　基準が若いね。外国人でも？」「もちろん内外無差別よ」。元会長がシルクロードを旅した頃、まだ外国人は中国人の100倍くらいの入場料を払っていたし、インドでは今もそうである（180　インド700円ツアー）。

やがて中国から外国人差別料金は消えたが、高齢者の料金免除まで無差別にしてもらうと居心地がかなり悪くなる。中学を出て45年働いた中国人の男が、残された平均余命は10年ちょっとだから晩年の負担を免除しているのだが、同年齢の男に残された平均余命が20年ちょっとある国から来た外国人まで同列に扱ってもらうのは、中国の青壮年層に申し訳ない。

これまで、「入場料の元を取らなきゃ」と思って観光した記憶はないが、そもそも入場料を払ってないと、地に足が着いた旅をしてない気分になる。現地で出会った三国志マニアの年配日本人男性から、「年金暮らしになると女房が海外の旅にいい顔しなくなったので、入場料の敬老免除は助かりますよ」と話しかけられ、「入場料が気になる境遇でも三国志の痕跡を体感せずにいられない日本人もいるんだな。「好きなだけ行ってきなよ」と女房に送り出されるオレの境遇は恵まれてるな」と自覚はした。

が、中国の青壮年層に負担してもらうすっきりしない気分は残る。料金が年齢でも内外でも無差別に免除されない電動カートやリフトに中国人と一緒に乗ったり、さして欲しくもないみやげを買ったり、さして食欲もな

いのに名物の料理を食べたりして、せめていくばくか還元する。時間効率と経済効率だけで測れない面倒くさい性格というテーマは、もう1回だけ考えてみる価値がありそうに思われる。

151 面倒くさい性格

　エコノミストの真似事はしても、ヤメ検弁護士の真似事はしたくないとずっと思ってきた。「イザという時は用心棒お願いします」とあからさまでなくとも、「検査で思わぬ指摘をされないとも限りませんし」と言われただけで、後輩とのパイプ役を期待されているのかと引いてしまう。『半沢直樹』の黒崎検査官が示したように、不当な検査はしばしばあるし、経験を重ねてきた先輩として後輩に反論するのは、検査の質を高めるのに寄与するかもしれない。ヤメ検弁護士の社会的な存在意義も、不当な捜査を抑止するにある。

　でも、現役の検査官や検察官は、客観的にはともかく主観的には不当な検査や捜査をしているつもりはないし、そもそも私の現役時代に、先輩から相談されて仕事の質が高まったと感謝した記憶もない。あるのはこんな記憶だけ。「実は関与先の会社が先週から相場操縦に遭っていてね」「どんな手口ですか」「先週だけで株価が3割も上がったんだよ」「それって単に買い占められただけじゃ？」「だとしても、他人の会社を無断で買い占めるのはけしからんだろ」「公開してるんなら誰が買い占めても文句言えないでしょ」。かくて私は消耗し、先輩は関与先の社長に、「後輩に注意喚起しておきましたから」と言い訳の証拠を残す。

　また、かつて法律を通すのを応援してくれた政治家から頼まれたりするのも、元行政官の弱みに違いない。「知り合いの社長が金融庁から不当な規制を迫られて困っているんだよ。有効に反論してくれるなら、報酬はいくらでも出すと言っている」。いったん電話を切ると断りにくいので、聞

きながら急いで検索し、規制が想定していないビジネスだが形式的には構成要件に当てはまる構図を認識した。「恐縮ですが先生、まじめな金融庁が形式的には規制に当てはまると主張するのも一理あり、お知り合いの社長が形式的な適用を不当と感じるのも一理ありで、理屈で決めようがない話のようですから、お役に立てそうにありません」。

さらに、同業他社で起きた不祥事が自社で起きないよう、体制強化のアドバイスを求められたりもするが、不祥事が起きた時の言い訳の証拠作りみたいな作業ばかりしているのを眺めれば、つい、「こんなの仕事の質に関係ないでしょ」と素直に指摘して気まずい沈黙が支配し、そのままなんとなく関係が終わったりする。

要は、見識に期待されるなら応じるが、経歴に期待されるなら引いてしまう面倒くさい性格なのである。でも、仕事のオファーを遠慮したり、受けてもすぐに辞めたりの経験を重ねると、元行政官の見識など社会があまり期待していないのは自覚せざるを得ない。特に大きな会社になるほど、私より法令の細部や判例に通じた社員がいたりする。

会社は稼ぐための組織だから、「稼ぐうえでコイツがどれほど役に立つか」を当然に判断する。でも同時にやはり当然ながら、「手段を選ばず稼ぐぞ」という人間ばかりでもない。自分の仕事が社会に貢献していると感じれば生き甲斐を覚えるのも人間の性だから、私みたいな元行政官がビジネスで活動する余地も生まれる。

「月1度お越しいただき、ご見識を伺い議論できれば幸いです」「役所とのパイプ役はしないという理解でよろしいですね」「それは私たちの仕事ですから」なんてやり取りをして関係が始まる。でも関係が深まると、「オレがパイプ役のほうが手っ取り早いのに」と感じる局面に遭遇する。そんな時後輩に、「関与先の会社だから」と言うのは私の面倒くさい性格が許さず、あくまで規制の運用のあるべき一般論をして、私のあるべき論を尊重するのが役所にとっても良いことだと主張する。

この連載で、資金決済法の仮想通貨交換業者の登録数が金商法の二種ファンドに比べて少な過ぎるとか、登録に当たって社内に財務や法務の専門家ばかりを求めるのは形式的ではないかと一般論をしている背景には、関与先の個別論が存在する（127　規制の運用姿勢、143　体制整備主義）。「自己満足の葛藤に過ぎない」と思う読者もいるだろう。が、この葛藤が必要な局面もあると感じた最近の出来事を次に書いてみたい。

152　見識と情報（上）

「○○と金融庁は考えるので」と講演で語る時、金融庁に聞いたわけでなく、自分の経験からそう考えるに違いないと判断している。ではなぜ、「私は考える」でなく、「金融庁は考える」になるのかは、聴衆が求めているのが、私がどう考えるかの「見識」でなく、金融庁がどう考えるかの「情報」だから、無意識に聴衆に忖度するのである。時に、「××と金融庁は言ったので」と聞いてもいないのに、言うに違いないからと勝手にエスカレートさえする。

東証の市場区分を議論する有識者懇談会のメンバーだった野村総研の大崎貞和さんが、野村證券のリサーチの同僚にメールした時も、同じ無意識の忖度が働いていた。「東証１部の基準となりそうな時価総額の情報を東証から聞いた大崎氏が同僚に漏らし、伝言ゲームで投資家まで伝わった」とする報道ほど腑に落ちない読後感は近年珍しかった。実相を金融庁の後輩に聞いてみたいが、立場を利用して情報を得るのはためらわれる。

金商法やフェア・ディスクロージャーの解説書を書く大崎さんは情報の扱いに人一倍敏感であり、長いつき合いのなかで、「野村のため」はおろか、「証券界のため」ですらなく、「投資家のため」に望ましい制度かという視点からだけ議論してきた。「そりゃあんたが行政側だからであって、野村の一員としての大崎には別の顔があるんだよ」と事情通なら言うだろ

う。それくらい、世間知らずの私だって分かる。でも本件では、むしろ野村の一員だからこそ、実相と報道が乖離したように思える。

　前にこの連載で東証1部の基準をギャグ半分に考えたのは、大崎さんが時々の話題を知人にメールする「資本市場動向メモ」に触発されていた（**141　東証市場区分**）。基準が緩いために肥大化した1部を、投資家にとってステップアップ先にふさわしくスリム化する「見識」を大崎さんは語っている。東証の有識者懇談会は他に神田秀樹教授や池尾和人教授など、金融審議会かよ、と見まがうメンバーで構成されている。

　規制機関である金融庁や東証が有識者に求めるのは当然ながらどう考えるかの「見識」だが、一方で東証は、「マザーズの後は1部にステップアップしましょう」と誘って営業してきた。再び1部から外される企業が、「誘っておいて梯子を外すのか」と怒るのも当然だから、有識者と東証と東証を監督する金融庁の相互作用で原案は形成される。

　今回の事態につき野村證券が外部弁護士に依頼した聞き取り調査の報告書によれば、大崎さんは野村證券のリサーチの同僚にも、いつものように自らの「見識」を語っている。ただ、野村證券が求めているのは、大崎さんがどう考えるかの「見識」でなく、東証がどう考えるかの「情報」だから、メールで「見識」の前に、「東証とやり取りしておりますと、」とつい無意識の忖度で大崎さんは書いてしまった。これを短縮すれば、「大崎氏が東証から聞いた情報を同僚に漏らした」になってしまう。

　それでもリサーチの同僚は、大崎さんに迷惑をかけないよう、「偏った情報源からの印象論」とコメントして営業の同僚に伝えた。営業の同僚はそのコメントに代え、「東証有識者懇談会メンバーからの情報」として投資家に伝えた。大崎さんが野村の一員だから、伝言ゲームがこのように変形する。伝達者の立場の違いを反映してさもありなんと思わせるが、第三者の目からは不穏な印象は避け難い。私が、「私は考える」でなく、「金融庁は考える」と無意識に語り、聞いた者が、「先輩が後輩から聞いた金融

庁の情報」と拡散させるのを想像するとちょっと気味悪い。

153 見識と情報（下）

　「野村證券は、情報の扱いにつき3度続けて金融庁の業務改善命令を受けた懲りない会社」という類の報道を真に受ける前に、私の記憶に残るインサイダー情報を知ってちょっと掘り下げて考えてみるのも、コンプライアンス担当にとって無駄ではないと思う。1度目は2008年、企業情報部の新入社員がインサイダー取引をして会社の責任を問うた。役員が違法行為をしたとか、組織ぐるみならともかく、新入社員個人の違法行為で会社に業務改善命令をした記憶がない。命令の理由は、案件の暗号管理や倫理研修が不十分とか、新人を中枢部門に配属した思慮不足とあり、なんだか言いがかりの経営介入みたいで金融庁の一員として居心地が悪かった。

　2度目が2012年、社員が公募増資情報を顧客に伝え、顧客が空売りした有名な事例になる。複数の社員が伝えていたから、会社の体質を問うのは不自然ではない。ただ、伝達の実相はこんな感じだった。「3メガの新BIS対応も、弱いとこほど早めに手を打つと思いますよ」「でしょうね」「ところで来週金曜、いつもの店で飲みませんか」「いいですよ」。これでなぜ、来週金曜にみずほ銀行が大型公募増資計画を公表する前の空売りを勧めているのかは、彼らの日常のやり取りを暗号解読みたいに追跡してようやく理解できる。当時の野村證券は、これでは法律の構成要件に当たらないし、阿吽の呼吸で相手が悟る形で勧誘するのはぎりぎりセーフのプロの技と認識していた。

　一方、摘発側は、暗号みたいだろうが現実に情報が伝わり、一般投資家が不公平と感じる取引が行われた以上は従来より踏み込んだ実質的な事実認定が必要と考えた。現場で双方が腹を割って話し合えばよかったのだが、野村の担当役員はトップに上げないまま調査の現場で、「不当認定に

徹底抗戦」する。金融庁のほうは役所らしくトップに上げ、「現実に情報が伝わったのに認めない神経」に怒りを募らせる。かくて、当時の野村ホールディグスのCEOが辞任を余儀なくされた。

　本件を機に、インサイダー取引をさせようとして情報を伝える行為は違法になる。森友学園騒動で近畿財務局の職員が自殺し、「人間が死ぬような話じゃないだろ」と言った評論家は不謹慎と批判されたが、私も不謹慎批判には無頓着に、「トップが辞めるような話じゃないだろ」と言っていた。兼務先の復興庁に行きっぱなしで、この件を野村證券とやり取りしていないから、「野村は金融庁内に腹を割って相談できる相手がいなかった」と過大評価気味の論評が現れる。もっとも、海外ビジネス指向が強かったトップが辞めるのが、経営体としての野村證券にとってマイナスか否かは別問題である。大崎貞和さんから当時、「これで国内営業の士気は上がるでしょうね」と聞いた記憶が残る（184　深読みの度合い）。

　3度目の変容する伝言ゲームの印象は前回書いた。「証券会社じゃよくある話」とトップがうそぶけば炎上してまた辞任を余儀なくされそうだから、本音はさておき、「ゆゆしき事態」と恭順の意を示している。外部弁護士の報告書は、「コンプライアンスとは単なる法令遵守でなく、社会の期待に応え貢献すること」と指摘しており、「オレも昔から検察出身の郷原信郎弁護士と一緒に同じ主張をしてきたな」とは思う（144　ガバナンスとコンプライアンス）。

　でも、なんだかすっきりしないのはなぜだろう。情報の扱いについて業務改善命令を受けるたびに野村證券は改善努力をするが、努力するたびに想定外の事態が起きる。情報に神経を使うほど顧客と自然に話せなくなるが、一方では顧客と話して稼げと圧力をかけられる。これで経営体として社員の士気を維持できるのかな、と感じなくもないが、もはや野村證券の経営を心配する立場でもない。確かなのは、大崎貞和さんが見識を披瀝してくれないと、言論活動を続けている私はもとより、金融庁でこれまで大

崎さんの見識に学びながら立法活動して日本の金融制度を作ってきた実務家たちも困ってしまうことである。

第 24 章

老後資金2000万円報告（154～156）

金融庁の老後資金報告が喚起した騒動は、日本的な風景ではあった。騒動になるのは、逆説的だがこの国で政府がいかに信頼されているかを示している。「2000万円を目指せ」が金融業界の謳い文句になり、「たまには金融庁も業界の役に立つ」事態になった。が、誰かを攻撃すれば解決する構造ではないのが意外と早く認識されて騒動は収束し、騒ぎ続けたいメディアと野党の思惑は外れる。

154　想定外の不条理

　貸金業制度改革の際、返せるのに借りられない副作用に備え、良かれと思って規制の例外を提案したら世間から袋叩きになった想定外の不条理を、良かれと思って老後に備える貯蓄の必要性を提案した金融庁が再び経験した。ミクロで貯蓄が増えればマクロで消費が減って経済を減速させ、政府による貯蓄奨励は、公的な保険より公的な貯蓄と観念されてきた年金の将来を不安にさせる。

155　貯蓄から投資へ

　金融行政スローガンの「貯蓄から投資へ」の投資は株式や投資信託の購入を意味し、貯蓄は銀行預金を意味する。いずれも経済学的には貯蓄だが、金融庁は不良債権処理に苦慮した経験から投資による貯蓄を奨励する。貯蓄を奨励して消費が減らないためには、併せて所得を再分配する必要があるが、再分配と聞いた途端に金融庁報告に賛同していた自助努力論者まで騒ぎ出すのは避け難い。

156　税金泥棒

　金融庁報告に年金不安を喚起された「保険料返せデモ」に脱力したが、国への支払いより国からの支給が多い人間を税金泥棒と呼ぶ勝ち

組も現れ、アメリカほど顕わでなかった国民の分断が現れる。分断の緩和には格差是正が必要だが、選挙で受けないから国民に年金不安をアピールする野党の戦略には一層脱力する。が、どうやら国民は、野党が期待したほどバカではなかったようである。

154 想定外の不条理

　金融庁で貸金業制度を担当していた2006年初め、NHK松江放送局の新人記者が地元取材で目覚めた多重債務者問題を取材にきた。霞が関の流儀に不案内な新人だから予告なくTVカメラ同伴だが、「まあ島根県内の放送なら構わんか」と受け、貸金業界に、「生半可な制度改革で済むと思うなよ」と言わんばかりにいささか挑戦的に語った。「評判がいいので中国地方全域で再放送します」と連絡されても驚かないが、さらに、「評判がいいので全国で再々放送します」と連絡されるとさすがに喧嘩腰だったのが気にならぬでもない。

　案の定、番組で私と対に語った温厚な貸金業協会長が更迭された代わりに戦闘能力が高そうな新会長が就任し、「上限金利を下げたら中小の貸金業者は廃業を余儀なくされ、違法なヤミ金がはびこる」と信仰を披歴した。その論理的可能性を否定はしないが、ほとんどのヤミ金の客は合法貸金業者から借りられなくなった挙句に手を出す。

　「違法な売春を抑止するために合法風俗業者の料金は高いほうがいいと言われたら、「おいおいちょっと待てよ」と思うのではないだろうか」と当時の金融財政事情に書いた。風俗業になぞらえられて怒った新会長は、自民党本部で私を名指し批判したから、若気の至りで言い返す。こんな具合だから、ワイドショーでの私は、「サラ金の敵」だった。

多重債務者は金利を払える限りは借入量を増やすから、上限金利を下げるなら上限貸出総量も収入から返せる水準に抑えないと多重債務化を止められない。さすがに金利と総量の両面から抑えると返せるのに借りられない副作用が懸念されるから、金融庁は、少額で短期の貸出に限って高金利を許容する特例措置を提案した。高金利でも少額で短期では儲からないから、貸金業界の意向ではない。が、公表した途端に金融庁は世論の袋叩きに遭い、サラ金の「敵」だった私は「手先」に墜ちた。

　とはいえ鈍感な私は、「良かれと思って提案しても、想定外の不条理に陥る局面はあるんだなあ」と呆れてのんびり構えていた。当時は、緩やかながら景気回復が続き、社会が弱者に目を向ける機運が醸成されていたと思う。やがてリーマンショックでそれどころじゃなくなり、施行を控えた新制度は借りられない副作用懸念一色になっていく。そして自民党政権の復帰後、やはり緩やかながら景気回復が続く中で総量規制の適用外だった銀行カードローンが増え、「なんで銀行にも総量規制をかけておかなかったんだ」と後知恵の批判一色になっていく（付録1　貸金業制度改革10年の感想）。

　こんな昔話をしているのは、もちろん今、良かれと思って老後に備える貯蓄の必要性を指摘した金融庁が想定外に袋叩きされる不条理に陥っているからである。2000万円報告の表現に工夫の余地はあったかもしれない。例えば、「引退世帯の毎月の支出26万円に対し年金収入は21万円だから5万円の赤字」と書くより、「貯蓄があるから年金収入を5万円超える支出ができている」と書くほうが、生活実感に近いだろう。

　「借金して収入を超える支出をするのではなく、備えの貯蓄が大切です」とでも書いておけば、神経を逆なでしにくいかもしれない。金融機関が同じ報告をしてもポジショントークとして相手にされないのに、金融庁がすると騒動になるのは、逆説的に言えばこの国で政府がいかに信頼されているかを示している。そしてこの信頼はすでに、2000万円を目指す国民

の防衛的貯蓄行動に現れ始めた。

　想定外の騒動になったから、はからずも報告の意図により早く近づくなら、かつての鈍感な私みたいに呆れてのんびり構えていればよいのかもしれない。でも国としての論点は、もちろんミクロの家計に必要な貯蓄額だけではない。ミクロが合成してマクロの貯蓄が増えれば消費が減り、消費が減れば消費される側の所得が減って経済は減速する。貯蓄奨励の機運が、公的な保険より公的な貯蓄と観念されてきた年金の将来を不安にする。国民の不安に応えて将来の生活をより確かにする建設的な議論が行われるなら、金融庁が一石を投じた意味もあった。でもこの国での国民の不安は、野党とメディアが政府を攻撃する材料にしかならない。

155　貯蓄から投資へ

　金融庁の老後資金報告は2000万円の貯蓄が必要とする前提部分が炎上したが、結論部分も、「つみたてNISAだのiDeCoだの金融業界の営業みたい」と言われる。つみたてNISAの恒久化が金融庁による報告の活用目的らしいので、恒久化されると負担が増す財務兼金融大臣は珍しく利益相反に陥って報告の受け取りを拒んだ。年金不信を喚起してしまったのも拒んだ一因かもしれない。すると大臣への批判が高まり、相対的に金融庁への同情が増す世論の力学が面白い。

　老後資金を補うだけなら、銀行預金してもいいのだが、金融行政は長年、「貯蓄から投資へ」というやや奇妙な政策スローガンに規定されてきた。ここでの投資は、株式や投資信託などの金融商品の購入であり、設備投資や住宅投資などの需要を構成する経済学的意味での投資（実物投資）ではない。スローガンの投資は経済学的には貯蓄であり、従ってスローガンの貯蓄は銀行預金という意味に限られる。

　この国は銀行型金融システムだから、バブル崩壊後の金融行政の最大の

課題は、銀行の不良債権処理だった。処理が峠を越えても、元本保証の預金を原資に、信用リスクもカバーできない低金利状況で、貸したら完済まで抱え込む銀行がリスクテイクするのは難しい。新興国が先進国に追いつく過程では通常、銀行型金融システムが有効に機能する。でも、追いついて先進国になり今後の成長分野が判然としない成熟経済に至れば、不特定多数の投資家が参加する証券市場を通じて資金が流れ、市場が今後の成長分野を見出していくシステムが整合する。

アメリカは、3L（Latin America、Land、LBO）と呼ばれた不良債権から銀行破綻が相次いだ1980年代に市場型金融システムに脱皮し、もの作りから解脱する産業構造の転換を支えた。同時期の日本では、株価と地価の常軌を逸した二重バブルが起きた。その崩壊過程で、銀行の不良債権処理や破綻処理に呻吟した記憶が今も金融行政には残るので、銀行預金で貯蓄を勧める気になれない。前世紀末から銀行でも投資信託を売れるようにしたが、目先の分配金の高さで誘って短期に乗り換えさせ、販売手数料を稼ぐ商法からなかなか脱皮できなかった。

厳しい経営環境で社員を食わせていかねばならない事情は行政も分かる。口が悪い私も、小豆島の高齢者が毎月孫に小遣いをあげたくて、毎月分配型投信のグローバル・ソブリン島になっても批判を控えた。でも、ジャンクボンドにFXを組み合わせた通貨選択型投信は、さすがに一線を超えたと思わざるを得ない。「アメリカの発行体の信用リスクと、ドルレアルの金利リスクと、レアル円の為替リスクを全部説明して売った奴なんか絶対いないぞ」。

こうした批判を個人芸でなく、組織として取り組み始めたのがここ数年の金融庁になる。バブル崩壊から30年も経てば、さすがに「国民に貢献しない金融機関は消えてくれ」と宣言し、商品性にも介入する。自分で選んだ商品を非課税にしたつみたてNISAを金融庁が恒久化したい気持ちは分かるが、私は税の優遇と投資の因果関係を昔からほとんど信じていない。

よしんば因果関係があっても、大幅に失われた税の再分配機能をさらに弱めてまで推進すべき政策かねと思う（**272 減税による誘導**）。

　ともあれ老後資金報告は、前提部分の炎上のおかげで、「金融業界の営業みたい」な結論部分が推進されている。今や、「2000万円を目指せ」がセールストークになり、「珍しく金融庁も金融業界の役に立つ」事態になったが、担当局長は引責辞任と報じられている。ただの定年退職だろうが、仮に責任を問うなら、マクロの消費減少を招きかねない事態に対してだと思う。

　設備投資や住宅投資といった実物投資と違い、「貯蓄から投資へ」の投資は経済学的には貯蓄だから需要を構成しない。と同時に、この貯蓄は、需要を構成する消費を減らす。ミクロで貯蓄に励めば、マクロで消費が減って消費される側の所得が減り、所得が減ればミクロの貯蓄目標も達成できないパラドクスになる。ただでさえ若い世代を中心に消費性向が下がっている中で、さらに拍車がかかるのを避けようとすれば、貯蓄奨励と併せて、消費を減らさないよう所得再分配を講じなければならない。でも、再分配と聞いた途端に、今度は金融庁報告に賛同していた自助努力論者が騒ぎ出し、議論は一層の迷宮に向かう。

156 税金泥棒

　金融庁の老後資金報告が年金不安を喚起すると、参院選での政府攻撃材料にしたい野党に、「おやめなさい、国民はあなたが考えるほどバカじゃない」と断言できる評論家がうらやましい。国民がどれほどバカじゃないかはよく分からず、「保険料返せデモ」を眺めればやれやれと脱力し、厚労省に代わってお礼を言いたくはなる。「ありがとうございます。お納めいただいた保険料は謹んでお返しします。これでみなさんへの年金支給義務から解放され、年金財政を改善できました」。

堀江貴文さんになると、より直截にデモに反応する。「バカばっか。そんな時間あったら働いて納税しろや税金泥棒め」。「デモに参加しただけでなぜ税金泥棒なの？」と問われれば、「政府への支払額より政府からの支給額のほうが多いから」が堀江さんの答えになる。政治的に動員された「プロ市民」が、働きもせず政府批判ばかりしている光景は、生理的嫌悪感を催させるらしい。もちろん堀江さんの答えに嫌悪感を催しても不思議でない。所得の再分配を受ける側が税金泥棒とは控え目に言っても乱暴だし、参政権と財産権を切り離す近代民主主義の否定にすら見える。さりとて堀江さんへの私のクイック・リスポンスも、嫌悪感よりはむしろ苦笑なのだった。

　「貧しいのは、努力が足りないのか、幸運が足りないのか」と問われれば、「基本的には努力が足りない」と堀江さんは答えるし、大半の勝ち組もまた同じだろう。「オレたちは努力していい大学、いい企業に入った。それに比べて連中は」みたいな主張を身近から何度聞いたか分からない。でもそれは、幸運にもお勉強が得意な頭脳に生まれたり、幸運にもお勉強しやすい家庭に生まれたりしたから、いい大学、いい企業に入るのにさして努力が必要なかったのかもしれない。逆にどんなに努力しても、貧しさから抜け出せない人間もいる。

　まあ、「今年（2019年）のGW10連休は職場の同僚もみな海外だから、我が家もハワイに行くかあ」なんて言いながらホノルル便の価格を50万円にしてしまう人たちを、政府が心配する必要もあるまい。かぼちゃの馬車とスルガ銀行に気をつければ、さして老後の苦労はしなくて済みそうではある。いい大学を出ていい企業に入ったワイドショーのアナウンサーが、「これまで年金を信頼して保険料を納めてきたのに」と、金融庁報告に激怒してみせるのは、誰に向けてのパフォーマンスなのかと訝しい。一方、政府が心配しなければならないのは、10連休対策に、ドラッグストアで客寄せの出血商品から食糧を仕入れるしかない人たちになる。

言論市場から政治目的のためにする議論を除けば、勝ち組の自助努力論者は概ね金融庁報告に共感しているように見える。年金は貯蓄より保険の機能が大切と感じてきたので、歳をとっても幸い仕事の収入があれば、支給が減る在職老齢年金の仕組みも受け入れる。仕事がないとか、あっても低賃金のより貧しい人たちに再分配するほうが、マクロで消費されるからである。でも、自助努力論者の大勢は、在職老齢年金が高齢期の勤労意欲を損なう副作用を強調し、再分配がマクロ経済を支える効果は省みない。

　元来野党とは、与党よりは貧しい人たちを心配する集団のはずである。老後資金2000万円報告は、アメリカほど顕わでなかった国民の分断を顕わにした。であれば、ミクロで貯蓄に励んで、マクロで消費不足を招かないために、税や社会保障や最低賃金制度でどう再分配して格差を是正するかが参院選の争点にふさわしい。でも貧しい人たちに焦点を当てると広範な国民にアピールしにくいから、広範な国民に年金不安を喚起しようとする野党の戦略には、やっぱりやれやれと脱力する（注）。

（注）　2000万円報告が出た2019年半ばは年金の財政検証を控えた時期だったから、厚労省は騒動に心穏やかでなかった。社会保障政策や労働政策は金融行政より人間の生活の基本を担うから、国会での与野党対立で法案が通らない経験が珍しくない。だから、年金の将来の支給水準を確かにするマクロスライドの強化にせよ、被用者保険加入者の一層の範囲拡大にせよ、当面の負担増が野党やメディアから揚げ足をとられないよう細心の注意を払う。

　　　法案が通らない経験などめったにしない金融庁が現行年金制度を前提に所要貯蓄額を素直に計算してみせたのは、厚労省にとって、不用意さの度合いにおいても、これから将来の年金をより確かにする制度改革をしなければならない自らの使命からも、「邪魔すんなよ！」と叫びたくなる。この騒動も踏まえ、年金の財政検証は参院選終了後まで公表を延ばし、一層周到に野党にツッコミどころを与えない出来になっていた（注の注）。

　　　与党時代は国の将来に責任を持つ発言をするようになった民主党が、野党になると先祖返りしたのが、年金の将来を確かにするための制度改革案を、「年金カット法案」と呼んで反対した2016年の騒動だった。野党より年金を勉強していたメディアや連合は民主党に愛想を尽かし始める。本稿を書いた時は、「また3年前の再現か」と脱力したが、結局、2000万円騒

動が不毛な対立を引きずりもせず、2020年の年金制度改革は久々に与野党が合意して成立した。その意味で、冒頭の評論家が断言したように、「国民はあなたが考えるほどバカじゃない」のかもしれない。

　在職老齢年金が高齢者の勤労意欲を損なわないよう支給を増やす改革を60代前半の経過期間に限って行ったのは、野党にツッコミどころを与えないための本体部分の先送りだが、格差是正か勤労意欲維持かの神学論争を年金制度だけで解決するのは無理と感じた。勤労意欲維持派の主張には在職老齢年金制度の廃止により答えると同時に、格差は正派の主張には（実現は容易でないとしても）所得税の再分配強化改革で答える役割分担が必要になる。

（注の注）　年金の財政検証が野党にツッコミどころを与えない出来だったのは、当然私のようなあまのじゃくインサイダーにはツッコミどころ満載の出来を意味する。実現するとはとても思えない物価上昇率は、年金を値切るマクロスライドを効かせて現役所得に対する年金の割合を下げるための前提になる。実現するとはとても思えない実質賃金上昇率は物価にスライドする年金支給を上回る保険料収入を得て年金財政を改善するための前提になる。この前提により支給開始年齢を70歳に上げなくても、100年安心の見通しになる。

　次の改革は、被用者保険加入者の適用範囲拡大の完全実施や、基礎年金加入期間の65歳への延長や、マクロスライド完全実施のための名目年金減額の容認や、在職老齢年金の廃止、がメニューとなる。その頃になると、物価上昇率や実質賃金上昇率の前提と実績の差が顕わになって、次の次の改革として、支給開始年齢の70歳への引上げが浮上する（76　年金制度改革の遠い記憶）。

　その成否は、高齢者雇用安定法で70歳雇用を努力義務とし、年金繰下げ受給を75歳まで延長した2020年改革のオプションがどれほど活きてくるかにも依存する（あまり活きていそうにないが）。誠にもって金融行政と違い、次の次まで見据えて慎重に進めねばならない仕事と言うしかない。そして、仮に年金支給開始年齢を70歳に上げるなら、65歳時点での平均的な世帯の所要貯蓄額は金融庁報告の5割増しの3000万円になる（271　（今更ながら）課税の公平）。

【著者略歴】

大森　泰人（おおもり　やすひと）

1958年生まれ
1981年　東京大学法学部卒業　大蔵省入省
1995年　以降20年間、金融制度の手直しや執行に従事
2015年　金融庁退官　以降、企業の顧問や取締役に従事
著書：『金融システムを考える』『霞ケ関から眺める証券市場の
　　　風景』（共に金融財政事情研究会）

金融と経済と人間と　I

2022年12月6日　第1刷発行

著　者　大　森　泰　人
発行者　加　藤　一　浩

〒160-8520　東京都新宿区南元町19
発　行　所　一般社団法人 金融財政事情研究会
企画・制作・販売　株式会社きんざい
出　版　部　TEL 03(3355)2251　FAX 03(3357)7416
販売受付　TEL 03(3358)2891　FAX 03(3358)0037
URL https://www.kinzai.jp/

校正：株式会社友人社／印刷：株式会社日本制作センター

ISBN978-4-322-14173-3